高职高专土木工程相关专业系列教材

铁路桥隧养护维修

主　编　张　佳　李　辉　李福林

副主编　任　龙　郭　岳　周健华
　　　　　李文佳　张学磊

西南交通大学出版社
·成都·

图书在版编目（CIP）数据

铁路桥隧养护维修 / 张佳，李辉，李福林主编.
成都：西南交通大学出版社，2025. 8. -- ISBN 978-7
-5774-0580-3

Ⅰ. U448.135.7；U459.1
中国国家版本馆 CIP 数据核字第 2025QV1569 号

Tielu Qiao-Sui Yanghu Weixiu
铁路桥隧养护维修

主　编 / 张　佳　李　辉　李福林

策划编辑 / 余崇波　李芳芳
责任编辑 / 姜锡伟
责任校对 / 余崇波
封面设计 / 吴　兵

西南交通大学出版社出版发行
（四川省成都市金牛区二环路北一段 111 号西南交通大学创新大厦 21 楼　610031）
营销部电话：028-87600564　　028-87600533
网址：https://www.xnjdcbs.com
印刷：成都中永印务有限责任公司

成品尺寸　185 mm×260 mm
印张　20　　字数　474 千
版次　2025 年 8 月第 1 版　　印次　2025 年 8 月第 1 次

书号　ISBN 978-7-5774-0580-3
定价　58.00 元

课件咨询电话：028-81435775
图书如有印装质量问题　本社负责退换
版权所有　盗版必究　举报电话：028-87600562

前　言

铁路作为交通网络的重要基石，其桥隧建筑物的养护维修工作至关重要。为顺应行业对专业人才的迫切需求，紧密贴合职业教育的育人方向，我们精心编写了这本教材。

本教材严格依据《普速铁路桥隧建筑物修理规则》（铁总工电〔2018〕125 号）等权威行业规范，以培养适应铁路桥隧养护维修一线需求的高素质技术技能人才为核心目标，匠心独运地构建起"理论＋实训"双轨并行的创新培养体系。这种体系设计，犹如鸟之双翼、车之两轮，为学生知识的积累与技能的提升提供了坚实保障。

全书分为 6 个项目。项目 1 至项目 5 构成理论篇，犹如搭建一座知识大厦的基石与框架，系统且全面地涵盖了桥隧维修基础理论、钢结构桥梁维护技术、混凝土梁病害处理、隧道结构养护等桥隧领域的核心知识内容。这些理论知识是学生深入理解桥隧养护维修工作的根基，为后续实践操作奠定了坚实基础。项目 6 则为实训篇，犹如将理论知识转化为实际行动的"桥梁"，配套详尽的桥隧作业指导书，精心设计了典型病害诊断、维修方案设计、施工安全管理等极具实操性的项目。通过这些实训项目，学生能够将所学理论知识真正应用于实践，在实战中提升专业技能。

具体分工如下：项目 1 由张佳编写，项目 2 由李辉编写，项目 3 由李福林、李文佳、周健华编写，项目 4 由郭岳、周健华编写，项目 5 由张佳、李辉编写，项目 6 由任龙、张学磊编写。全书由张佳、李辉、李福林任主编，任龙、郭岳、周健华、李文佳、张学磊任副主编。

本教材具备诸多鲜明特色：

（1）思政育人立体化：秉持立德树人的教育理念，我们全力构建了"思政要素＋能力目标＋知识体系＋职业素养"四位一体的全面培养体系。在编写过程中，将工匠精神、劳动教育、安全规范等德育元素巧妙且系统地融入各个项目与任务之中。尤为特别的是，以项目为单位精心设置思政小课堂，让学生在学习专业知识的同时，潜移默化地接受思政教育的熏陶，真正实现专业教育与思政教育的深度融合，培养出德才兼备的高素质专业人才。

（2）岗位能力导向化：始终以铁路桥隧工岗位标准为根本依据，创新采用"案例导入—知识讲解—技能训练"的科学教学模式。在内容编排上，重点聚焦于桥梁的病害检测、维修与养护，以及隧道衬砌裂损修复等关键技术环节。通过大量实际案例的引入，引导学生深入学习知识，并通过丰富的技能训练强化他们对病害判别、方案制订等核心能力的掌握，确保学生毕业后能够迅速适应岗位工作需求。

（3）校企合作动态化：为使教学内容紧密贴合行业发展前沿，我们积极联合工程单位共同开展教材开发工作，及时将无损检测技术、智能监测等行业内的新技术标准纳入教材内容体系；同时，参照现场作业指导书，精心设计了20个高速桥隧维修典型工作任务。这种动态化的校企合作模式，保证了教学内容能够与生产实际同步更新，让学生所学知识与技能始终与行业发展保持一致。

（4）数字资源立体化：本书作为2024年辽宁省职业教育精品在线课程铁路桥隧养护维修的配套教材，在数字资源建设方面成果丰硕。我们建设了丰富的微课程资源，学生只需扫码即可便捷学习；构建了典型工程案例库，为学生提供更多实际案例参考；还设有在线习题库，方便学生随时进行知识巩固与自我检测。此外，专门搭建了数字教育平台，网址为 https://zyk.icve.com.cn/courseDetailed?id=e113d05c-34ea-47a2-8bac-fcb7db0ca5bb&openCourse=6404adaf-3869-4673-9ab0-e932434b9474，为学生提供了更为广阔的学习空间与多元化的学习途径。

教材特别设立思则有备环节，通过"教-学-做-评"一体化的精心设计，全方位强化学生职业能力培养。无论是在教学适用性方面，还是对于现场工作的指导性方面，本教材都表现出色，不仅适用于高等职业院校铁道工程技术、高速铁路施工与维护、铁道桥梁隧道工程技术、城市轨道交通工程技术等专业的教学，对于铁路工务系统桥隧养护人员岗前培训以及桥隧养护技术人员知识更新培训也具有极高的实用价值。

我们深知，编写一本高质量的教材是一项长期而艰巨的任务。尽管我们竭尽全力，但由于时间和水平有限，教材中或许仍存在一些不足之处。在此，恳请广大读者不吝批评指正，以便我们在后续的修订中不断完善，为铁路桥隧养护维修人才培养贡献更多力量。

编 者

2025 年 2 月

目　录

项目 1 桥隧养护维修概述

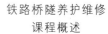

铁路桥隧养护维修
课程概述

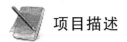 项目描述

1825 年 9 月 27 日，世界上第一条铁路——英国斯托克顿至达林顿铁路线建成通车，铁路交通就以其安全、准时、高效的特点在世界范围内迅速发展。国家铁路局数据显示，截至 2024 年年底，全国铁路营业里程约 16.2 万千米，其中高铁约 4.8 万千米，地方铁路超过 2.8 万千米，是我国目前主要的交通运输方式之一。

桥隧建筑物是铁路线路的重要组成部分，是构成铁路运输的重要基础设施，其结构复杂、技术要求高，修建困难，成本造价高，一旦损坏，修复困难，且影响铁路的正常运营，将会带来不可估量的经济损失。因此，做好铁路桥隧的养护维修工作，对于保证铁路运输安全，适应铁路运输发展需要有着重要意义。

本项目主要介绍桥隧养护维修的意义、国内外桥隧病害研究的现状、桥隧维修的基本内容及技术要求等，是实际开展工作任务的基础。

 拟实现的教学目标

> 思政要素

（1）宜万铁路的建设和发展不仅体现了中国铁路建设的卓越成就，还蕴含了发展之美、生态之美、奋斗之美。宜万铁路的建设和发展体现了中国铁路建设者的智慧、勇气和坚持不懈的精神，是中国铁路建设史上的奇迹，更是人类工程史上的壮举。

（2）我国高速铁路运营里程居世界第一，是世界上唯一实现高速铁路时速 350 km 商业化运营的国家，展示"中国速度"，激发自身的民族自豪感和爱国情怀。

> 能力目标

（1）具备对桥隧各项内容进行检查的能力。
（2）具备对运营桥隧状态进行等级评估的能力。
（3）熟知铁路桥隧基本技术要求。

> 知识目标

（1）掌握铁路桥隧的结构组成。
（2）掌握桥隧维修与养护的管理组织。

（3）了解我国铁路桥隧病害研究现状。

（4）了解桥隧养护维修的意义。

 素质目标

（1）养成严谨的科学态度，强化坚持不懈的科学精神。

（2）具备自学和独立思考的能力。

（3）具备分析问题和解决实际问题的能力。

（4）具备信息搜集能力和处理能力。

（5）具备一定的协调能力、协作精神。

相关案例

宜万铁路

宜万铁路，全称为宜昌至万州铁路，是中国铁路网"八纵八横"主骨架之一，同时也是沪汉蓉铁路通道的重要组成部分。该铁路东起湖北省宜昌市的既有鸦宜铁路花艳车站，向西跨越长江，经宜昌市点军区、长阳县、巴东县等地，最终到达重庆市万州区，接达万铁路的万州车站。铁路全长 377.128 km，其中湖北省境内长 324.424 km，重庆市境内长 52.704 km。宜万铁路全线处在喀斯特地貌地区，地质复杂，海拔变化大，全线桥隧比高达 74%，被称为"铁路桥隧博物馆"，开通运营时是我国地质条件最复杂、修建难度最高的铁路线（图 1-1）。

图 1-1　宜万铁路

自 1903 年最早提出川汉铁路（宜万铁路前身）的设想起，中国人为这条"蜀道"做了一个多世纪的梦，但囿于时局、技术、资金，川汉铁路的建设屡被搁置。

2003 年 12 月 1 日，宜万铁路正式开工修建，此时距离最早修建这条铁路的设想，已经过去了整整 100 年，7 年后的 12 月 22 日，全长 377 km 的宜万铁路正式通车，打破了"筑路禁区"的魔咒，改写了"蜀道之难，难于上青天"的历史，实现了鄂西山区民众的"百年梦想"。

❓ 思则有备

表 1-1   项目内容及自我评价

序号	项目	内容	自我评价			
1	自主学习计划		优　秀（　　）	良　好（　　）
			及　格（　　）	不及格（　　）
2	思维导图绘制		优　秀（　　）	良　好（　　）
			及　格（　　）	不及格（　　）
3	项目小结撰写		优　秀（　　）	良　好（　　）
			及　格（　　）	不及格（　　）
4	疑难问题剖析		优　秀（　　）	良　好（　　）
			及　格（　　）	不及格（　　）
5	学习体会概要		优　秀（　　）	良　好（　　）
			及　格（　　）	不及格（　　）
6	知识拓展方向		优　秀（　　）	良　好（　　）
			及　格（　　）	不及格（　　）

请你在学习开始之际填写第 1 项，在学习中逐步完善第 2 项，在学习之后完成第 3～5 项，课后完成第 6 项。

任务 1.1   桥隧养护维修的意义及病害研究

知识点 1   国内外桥隧病害的现状

自新中国成立以来，我国铁路现代化建设取得了重大进展，高速铁路、机车车辆、高原铁路、既有线提速等技术已迈入世界先进行列。截至 2024 年年底，全国铁路营业里程约 16.2 万千米，其中高铁约 4.8 万千米，地方铁路超过 2.8 万千米。我国高速铁路运营里程居世界第一位，是世界上唯一实现高速铁路时速 350 km 商业化运营的国家，树立了世界高速铁路商业化运营标杆，向世界展示了"中国速度"。

1.1.1   桥隧养护维修的意义

桥梁和隧道是铁路工务设备中永久性的大型结构物，也是铁路行车设施的重要组成部分，是确保铁路运输安全畅通的关键设备。桥隧建筑物在整个铁路交通固定资产中占比很大；在时速 200 km 以上的高速铁路中，桥隧的比例比普速铁路又高出很多。

　　桥隧比是指在公路和铁路建设（也适用于管道线路工程）过程中，桥梁和隧道的长度占总里程的比例，即（桥梁里程＋隧道里程）/总里程＝桥隧比。例如一条公路总长 200 km，其中桥梁长度为 60 km，隧道长度为 100 km，那么桥隧比就是（60＋100）/200＝80%。桥隧比直观地反映了桥梁和隧道在整个线路工程建设中的占比情况。桥隧比越大，表明该工程中桥梁和隧道占总里程的比例越大。表 1-2 给出了我国部分高速铁路的桥隧比。

表 1-2　我国部分高速铁路桥隧比

高铁线路	桥隧比 /%
池黄高铁	约为 89.7
杭黄高铁	87.6
昌景黄高铁江西段	87.3
昌景黄高铁安徽段	85.27
淮宿蚌城际铁路	88.15
淮宿阜城际铁路	83.2
巢马城际铁路江北段	75
六安至安庆铁路	78.7
通苏嘉甬高铁浙江段	达到 97.4
宁波至舟山铁路	超过 90
宁淮城际铁路	95.75
盐泰锡宜城际铁路	98.02
北沿江高铁安徽段	88.86
南沿江高铁正线	95

　　随着社会经济和交通运输业的快速发展，桥梁隧道负担着沉重的交通荷载及繁重的客货运输量。在建造与使用过程中，不可避免地受到各种不利因素的影响，使得桥隧结构在使用周期内，出现各种各样的问题，发生各种状态的退化。此外，随着交通运输需求的增长，桥隧建筑物的承载能力和通过能力也需要满足新的要求。对既有桥隧进行必要的日常养护，以及检测评估，对承载力不足、使用性能较差或安全性不能满足要求的桥隧结构物进行修理加固，可以恢复和提高既有桥隧的承载能力和通行能力，延长桥隧建筑物的使用寿命，满足新的交通运输需要。这样不仅能节省大量投资，获得良好的社会和经济效益，而且可以消除交通安全隐患。很多资料显示，当前一些交通发达的国家，已把桥隧建设的重点放在既有桥隧加固和改造方面，而新建桥隧已降为次要地位。所以必须重视桥梁隧道的养护维修工作，对已经投入运营的桥梁隧道，应建立养护维修档案，对已经出现的病害进行维修，消除潜在的隐患，确保桥梁隧道的技术状态得到很好的保障。

1.1.2　桥梁病害研究

铁路桥梁作为铁路运输系统的重要组成部分，其健康状况直接关系到铁路运输的安全性和稳定性。然而，在日常使用过程中，由于设计、施工、养护、管理、材料本身等诸多因素的影响，既有桥梁存在着不同程度的病害，这些病害不仅影响桥梁的正常使用，还可能危及行车安全。

主要原因包括：

1. 设计原因

早期桥梁的设计标准不够规范，设计方案不够科学合理，荷载设计要求较低。如若桥墩或梁体的尺寸设计过小，就无法承受实际的荷载，在铁路运营期间容易引发结构的变形甚至开裂。

2. 超载问题

铁路运力的不断加大，车辆速度不断加快，荷载不断加重，部分既有桥梁难以适应日益增长的交通运输量要求。当列车荷载超过桥梁的设计承载能力时，桥梁结构承受的应力超出正常范围。如桥梁的支座会因为过大的压力而加速磨损、变形或者出现裂纹。

3. 自然因素

桥梁隧道结构长期处于列车动荷载的作用下，加上材料老化、环境恶劣以及自然灾害等因素的联合作用，其结构内部和表面会出现各种损伤，从而导致桥梁隧道结构的抗力衰减。例如在寒冷地区，极低的气温使桥梁结构收缩，如果桥体各构件间的伸缩空间预留不够，构件内部可能会产生拉应力，致使结构损坏。

4. 人为因素

比如在一些既有铁路桥梁的施工中，前期的测量工作未落实到位，导致桥梁在实际施工中遗漏基底地质情况，再加上河水的冲刷，河床出现变化，致使桥梁的墩台基础逐渐暴露在河水表面，对稳定性产生影响；一些船只在通过桥下时若操作不当，可能会撞击桥墩或者梁体，给桥梁造成直接的损伤，如果任其发展，必然会给结构带来很大的安全隐患。

铁路桥梁如同大地的脉络，承载着铁路运输的重任。桥梁病害的发生，在各个国家都有存在。铁路桥梁病害的产生原因也是多方面的，值得我们深入探究。

在设计理念上，国外注重全寿命周期成本，标准严格灵活；而我国更侧重于建设可行性和初期投资成本，虽现在向全寿命周期成本靠近且标准逐步与国际接轨，但曾经的差异仍有影响。

在建设质量管控方面，国外如欧洲部分国家，有健全体系，多方严格把关；我国重视质量管控，大型企业精细化管理，监管制度严格，但部分地区存在小范围施工单位质量把控不细致的情况。

在运营维护上，国外投入资金多、技术先进，如日本利用传感器技术和大数据监测分析；我国虽投入增加、技术提高且建立了健康监测体系，但整体技术和投入与国外还有差距。

环境因素也不容忽视，国外如终年寒冷的阿拉斯加地区和部分滨海地区的铁路桥梁主要受冻融循环的影响；我国沿海地区桥梁则面临海水腐蚀的威胁等。这些环境因素都会给桥梁带来病害威胁。

1.1.3　隧道病害研究

隧道病害是一个世界性的难题，国外主要侧重于隧道的定期养护，而国内则侧重于防治方面的研究。已有的研究工作也大多是局限于某一类具体的病害及某一类具体的工程，而且对隧道病害机理的认识还不够深入，因此整治措施的可靠性和可操作性均不够理想。目前，我国铁路运营隧道存在的主要问题是：

（1）隧道病害数量大、类型多、整治难度大、所需费用多、周期长，而且修理投资缺口较大。

（2）由于建设年代不同，基础资料不完整，管理手段落后。

（3）对隧道病害的检查和检测手段落后且不够规范，早期病害难以发现，使某些可以早期整治的病害发展成严重的病害，彻底整治更加困难。

（4）受施工环境恶劣及材料耐久性差的影响，一些隧道病害的整治效果不明显。

（5）新建隧道的设计和施工遗留问题较多，某些隧道还相当严重。

在桥梁与隧道所产生的病害中，有些病害短期内不会对使用性能产生明显影响，但是病害的滞后处理，不仅会增加构件的维修更换成本，更会严重危害结构后期的安全性及耐久性，最终影响构件的使用寿命。

隧道病害研究涉及土木工程、地质学、材料科学等多学科。通过搜索结果对国内外隧道病害研究进行对比分析发现，隧道病害研究在多个方面各有千秋：

在病害类型及原因分析方面，国内将隧道病害详细分类为裂缝、渗漏和剥落等，裂缝多因环境、设计、施工等，渗漏与材料老化、施工缺陷、维护不当有关，剥落可能源于材料质量差、施工不当、物理化学腐蚀等；国外同样关注分类和原因，但更侧重于特定地质条件下的病害，如岩溶病害，且更多采用先进监测技术和数值模拟方法预测分析病害发展趋势。

在治理措施上，国内针对裂缝、渗漏、剥落提出了如表面封闭、注浆加固、修补漏水点等多种方法；国外则更注重技术创新和材料科学进步，更多采用高性能防水材料、智能监测系统和自动化修复设备等，强调综合治理方案。

在研究方法方面，国内有现场调查、实验室测试和数值模拟等；国外更多依赖三维地质建模、无人机巡检和大数据分析等高科技手段，且更注重跨学科合作。

在创新点与应用前景上，国内提出基于源头控制、强化监测和快速修复的综合治理方案，有助于提高隧道质量、耐久性，减少维护成本和延长服役寿命；国外则更多集中于新材料、新技术、新方法开发应用，如自愈合材料、智能传感器和自动化修复机器人等。

任务 1.2　铁路桥梁结构认知

知识点 2　铁路桥梁
结构认知

1.2.1　桥梁的定义及组成

铁路桥梁是铁路跨越河流、湖泊、山谷及其他障碍物，或与既有公路、铁路形成立体交叉而修建的建筑。于高速铁路桥梁而言，从用途角度可以将其分为高架桥、谷架桥和跨越河流的桥梁。

铁路桥梁由 4 个基本部分组成：上部结构、下部结构、支座、附属设施（图 1-2）。

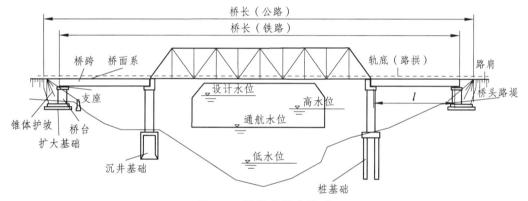

图 1-2　桥梁的结构组成

桥梁上部结构是支座以上部分，为桥梁的跨越结构（包含承重结构和桥面），主要作用是承担上部结构受到的全部荷载，并通过支座传递给下部结构。

桥梁下部结构是桥墩、桥台及基础的总称，其主要作用是支撑桥跨结构并将荷载传递给地基。桥墩位于多孔桥跨的中间部位，支承相邻两跨上部结构的建筑物，其功能是将上部结构荷载传至基础；桥台位于桥梁的两端，支承桥梁上部结构，并使其与路堤衔接，其功能是传递上部结构荷载于基础，并抵抗来自路堤的土压力。

桥梁基础是桥梁最下部的结构，上承墩台并将全部桥梁荷载传至地基。

桥梁支座是设于桥墩、桥台顶部，支承上部结构并将荷载传给下部结构的装置。它能保证上部结构在荷载、温度变化或其他因素作用下的位移功能。

桥梁附属设施包括桥头引线、护坡、导流堤、防护设备等。

1.2.2　桥梁的分类

铁路桥梁可以根据建筑材料、使用功能、跨越对象等形式进行分类，分类方法有十余种。

这里我们主要介绍根据桥跨结构的受力特点进行桥梁分类的方法，据此主要可以将铁路桥梁分为梁式桥、拱桥、刚架桥、悬索桥和组合体系桥。

梁桥：用梁作为桥跨结构的桥，承重结构以它的抗弯能力来承受荷载，有简支梁桥、连续梁桥、悬臂梁桥。梁桥在竖向荷载作用下的受力特点有：梁部只产生竖向反力；主梁承受弯矩和剪力（桁架杆件有轴力）；基础不受水平推力（图1-3）。

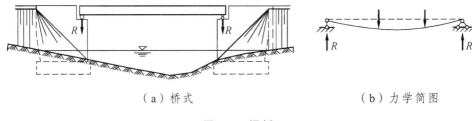

（a）桥式　　　　　　　　　　　（b）力学简图

图 1-3　梁桥

拱桥：用拱圈或拱肋作为桥跨结构的桥，主要承重结构是拱肋（或拱箱），以承压为主。拱桥又可按结构形式分为无铰拱（图1-4）、双铰拱（图1-5）、三铰拱；按有无外推力分为推力拱、无推力拱。拱桥在竖向荷载作用下有竖向反力和拱脚推力，无铰拱还有支承弯矩。其承重结构的弯矩、剪力和变形都要比同跨径的梁小。

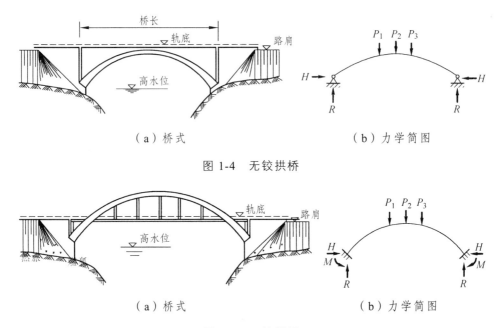

（a）桥式　　　　　　　　　　　（b）力学简图

图 1-4　无铰拱桥

（a）桥式　　　　　　　　　　　（b）力学简图

图 1-5　双铰拱桥

刚架桥：桥跨结构与桥墩或桥台刚性连接的桥，包括门形刚构、斜腿刚构、地道桥、T构等，桥跨和墩台刚性连接成整体，墩会参与主梁的受力，使结构的整体刚度上升，承载力变大。刚架桥在竖向荷载作用下和拱一样，有竖向反力和水平反力，无铰刚架还有支承弯矩（图1-6）。

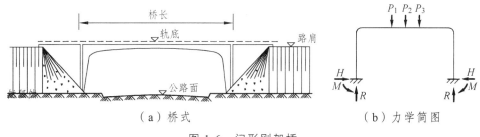

（a）桥式 （b）力学简图

图 1-6 门形刚架桥

悬索桥：用桥塔支承锚于两岸（端）的缆索，借助挂于缆索上的吊杆悬吊桥面和梁形成桥跨结构的桥，以悬索为主要承重结构，主塔受压，缆索受拉。悬索桥按主缆锚固方式分为地锚式［图 1-7（a）］和自锚式悬索桥［图 1-7（b）］。其主要构件有主缆（缆索）、索塔、吊杆、索鞍、锚碇、加劲梁、基础等。

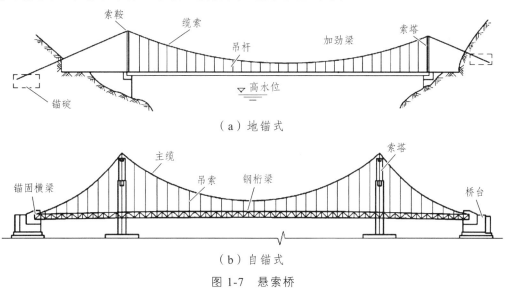

（a）地锚式

（b）自锚式

图 1-7 悬索桥

组合体系桥：由两个及以上基本体系构成的桥梁，主要有梁-索组合（斜拉桥）（图1-8）、梁-拱组合（系杆拱桥）（图 1-9）、索-刚构组合（图 1-10）、索-拱-梁组合（图1-11）等。

图 1-8 梁-索组合（斜拉桥）

图 1-9 梁-拱组合（系杆拱桥）

图 1-10　索-刚构组合

图 1-11　索-拱-梁组合

1.2.3　桥面设备

铁路桥面状态的稳定直接影响着列车行驶过程中的平稳性和桥梁的使用年限。铁路桥梁的桥面主要有明桥面、有砟轨道桥面（道砟桥面）和无砟轨道桥面。

1. 明桥面

普通铁路钢桥桥面一般不铺设道砟，而将支撑钢轨的桥枕（大多为木枕）直接设置在纵梁上，称为明桥面。其组成有基本轨、护轨、桥枕、护木及连接件等（图 1-12）。

明桥面特点：

（1）减轻恒载，节省钢材和投资。

（2）木材用量大，由于木材易腐朽，使用寿命很短。

（3）钢桥需要联结的部位繁多，维修周期短，效率低，养护成本高。

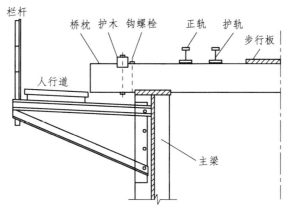

图 1-12 明桥面示意图

（4）钢轨接头处的 4 根桥枕，受到比正常情况大的冲击力，因此受到的破坏力也大，造成桥枕下切、劈裂、折断，使用周期缩短。

（5）明桥面系的纵横梁直接承受列车的冲击作用，影响线短，加载频繁。

（6）桥面上经常有人作业，无法适应高速行车的要求。

（7）噪声大、污染环境、整体性差，在铁路提速中出现了横向振幅超限、桥面稳定性差等问题。

（8）行车速度大于 160 km/h 时不宜采用明桥面钢桥。加固桥枕与纵梁的连接后车速可提高。

（9）平曲线、竖曲线、缓和曲线、大于 4‰的陡坡、变坡点在一般情况下均不能设在明桥面钢桥上。

2. 道砟桥面

铺设道砟的桥面称为道砟桥面，一般圬工桥为道砟桥面，多采用混凝土枕。道砟桥面由道床、道砟、轨枕、钢轨及联结零件等组成，高速铁路有砟道床外侧还设置有挡砟墙。

道砟具有弹性，能起到缓冲作用，可以减小噪声和列车振动，减小列车冲击力，同时增大受力面，可以吸热、增加透水性，能最大限度地保证桥上线路和路基上线路的一致性。

道床可减弱列车荷载对桥的冲击，缓和列车的振动，防止枕木移位，将车轮集中荷载分布到梁顶面，调整轨底标高。

为了承托桥面上的道砟和桥枕，应设置道砟槽。单线铁路桥道砟槽宽不得小于 3.9 m，枕木应高出挡砟墙顶面。枕木底下道砟厚度一般不得小于 25 cm，以适应机械化养护操作。

道砟桥面应设置挡砟墙及挡砟块，防止道砟滚出道砟槽外。为使其不参与主梁的受力，沿纵向每隔 3~4 m，设横向断缝（包括其纵向钢筋），缝内填塞防水材料（图 1-13）。

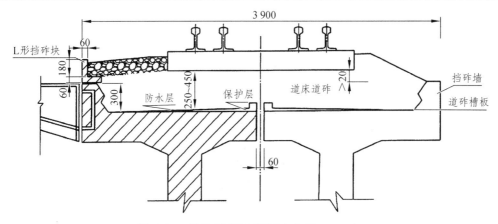

图 1-13　道砟桥面示意图（单位：mm）

道砟桥面特点：

（1）重量大，限制了圬工梁跨度的发展。

（2）提高了钢梁的重量和整体性。在桥面系上设置混凝土桥面板或钢桥面板，桥面板上设有砟轨道，可大大增加桥梁的横向刚度，改善桥梁动力性能，减少维修工作量，减小噪声。

（3）高速列车要求承轨结构具有较高的平顺性。为保证线路的平顺性，设计时力求降低梁体的徐变拱度。可以通过铺设道砟调节轨道标高，使轨道平顺，满足结构要求。欧洲高速铁路采用得较多。

（4）养护维修工作较明桥面少，且机械化养护维修技术成熟。

3. 无砟轨道桥面

无砟轨道桥面是以混凝土或沥青混合料等取代散粒体道砟道床而组成的轨道结构形式。无砟轨道桥面有无砟无枕桥面、无砟短枕桥面和长枕埋入式等形式。无砟桥面一般用于预应力钢筋混凝土梁桥上（图 1-14）。

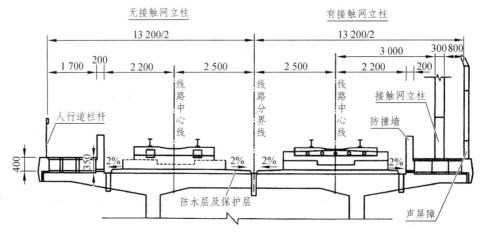

图 1-14　无砟轨道桥面示意图（单位：mm）

无砟轨道桥面特点：

（1）轨道稳定性好，线路养护维修工作量显著减少。

（2）几何状态能持久保持，平顺性及刚度均匀性好。

（3）耐久性好，服务期长（设计寿命 60 年）。

（4）结构高度低，减小隧道的开挖断面；自重轻，减轻桥梁二期恒载。

（5）道床整洁美观，无高速运行下的道砟飞溅。

（6）初期建设投资相对较高，振动、噪声较大；对下部基础的变形限制要求严；修复整治难度大。

4. 桥面附属设施

桥面附属设备包括维修作业通道、挡砟栏杆（或声屏障、防风墙）、防护墙、接触网立柱、轨道结构、综合接地系统、电缆槽、排水系统、防水层保护层、防腐层（仅钢桥面）等（图 1-15）。

（a）

（b）

图 1-15　桥面附属设施示意图

知识点 3　铁路隧道
结构认知

任务 1.3　铁路隧道结构认知

由于我国幅员辽阔，地形地貌和地质条件复杂多变，高速铁路建设过程中不得不修建大量的隧道工程。长度达数千米、数十千米的长大隧道也越来越多，我国已经成为名副其实的高速铁路大国、隧道大国。

隧道工程是修建在地下或水下或者在山体中，铺设铁路供列车或修筑公路供机动车辆通行的建筑物。隧道结构可分为主体建筑物和附属建筑物。主体建筑物是为了保持隧道的稳定，保证隧道正常使用而修建的，由洞身衬砌及洞门组成，在线路洞口附近容易坍塌或有落石危险时则需要加筑明洞；附属建筑物指保证隧道正常使用所需要的各种辅助设施。

1.3.1　洞身衬砌

衬砌的平、纵、横断面形状由道路隧道的几何设计确定，衬砌断面的形状和厚度由衬砌计算决定。隧道的衬砌结构形式，主要根据隧道所处的地质地形条件，考虑其结构受力的合理性、施工方法和施工技术水平等因素来确定。按支护理论，洞身的衬砌结构包括整体式混凝土衬砌、装配式衬砌、喷锚衬砌、复合式衬砌。

整体式混凝土衬砌指就地灌注混凝土（钢筋混凝土）衬砌，也称为模筑混凝土衬砌（图 1-16），明挖隧道应采用整体式衬砌。

图 1-16　整体式混凝土衬砌

装配式衬砌是把预制的构件运入坑道内，再用机械把它们拼装成一环接一环的衬砌（图 1-17）。

图 1-17　装配式衬砌

　　喷锚衬砌是采用混凝土喷射机，将掺有速凝剂的混凝土干拌料和水，高速喷射到清洗干净的岩石表面凝结，构成的一种支护形式，简称喷锚衬砌（图 1-18）。

图 1-18　喷锚衬砌

　　复合式衬砌是外层用喷锚作初期支护，内层用模筑混凝土作二次衬砌的永久结构，两层间根据需要设置防水层。矿山法施工的隧道应采用复合式衬砌（图 1-19）。

图 1-19　复合式衬砌

1.3.2　洞　门

隧道洞门是隧道两端的外露部分，是联系洞内衬砌和洞外路堑的支护部分。洞门用以保证洞口边坡的安全和仰坡的稳定，引离地表流水，减少洞口土石方开挖量。

隧道洞门的基本要求：

（1）隧道洞门设计应结合地形、地质和环境条件，综合考虑景观要求，采取"早进晚出"的设计原则。

（2）隧道洞门应避免通过危岩落石发育区，无法避免时应设置明洞、棚洞，同时采取清除、加固、拦截、遮蔽等综合整治措施。

（3）洞门附近有建筑物或特殊环境要求时，宜通过设置洞口缓冲结构降低微气压波峰值并满足微气压波峰值的要求。

（4）隧道洞门上方有公路跨越时，应在靠近铁路的公路路侧设置防撞护栏。

（5）两座隧道洞门距离小于 30 m 时，宜采用明洞形式连接。

常见的洞门结构形式有端墙式、环框式、柱式、台阶式、翼墙式、斜交式、喇叭口式、削竹式等。

1.3.3　附属设施

隧道的附属设施是为了养护、维修工作的方便以及供电、通信等方面的要求而修筑的，包括专用洞室、防排水设施、电力及通信设施、运营通风设施、隧道照明设施、辅助坑道等。

隧道内可不设置供维修人员使用的避车洞，但应考虑设置存放维修工具和其他业务部门需要的专用洞室。洞室应沿隧道两侧交错布置，每侧布置间距应为 500 m 左右。

高速铁路隧道的防水质量对隧道的寿命以及铁路安全运营有着重要的影响。因此，在隧道设计、施工时应对地表水和地下水做妥善处理，使洞内外形成一个完整的防排水系统，保障结构物和设备的正常使用和行车安全。一般采用"防、排、截、堵相结合，因地制宜，综合治理"的原则进行整治。

在隧道内外设置排水设施，以排放、疏干或减缓隧道内地下水。隧道排水主要分为洞外排水、洞内排水。洞外排水主要是将隧道上方地表洼地、浅埋等处以及洞口处的水排走，以免水流浸泡冲刷洞口仰坡，其形式主要有天沟、吊沟、泄水洞等；洞内排水主要是将隧道内的水流排走，其设施可分为侧沟、中心水沟、环向盲管（沟）、横向盲管（沟）、纵向盲管（沟）、泄水孔等（图 1-20）。

为了避免电缆被毁坏、腐蚀，以保证通信、信号工作的安全，应在隧道内设置电缆槽。

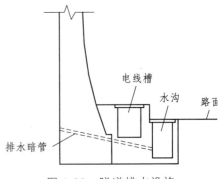

图 1-20　隧道排水设施

隧道长度大于 500 m 时，需在设有电缆槽的同侧大避车洞内设置余长电缆槽。

列车通过隧道时会排出大量有害气体，同时还会散发出许多热量，此外，衬砌缝隙也不时渗透出某些天然有害气体和潮湿气体，再加上维修人员在工作时不断呼出二氧化碳，这些因素使隧道内空气污浊、炽热和潮湿。因此，必须设法通风把这些有害气体排出隧道。隧道通风方式分为自然通风和机械通风。

全长 1 000 m 及以上的直线隧道和全长 500 m 及以上的曲线隧道应设照明设备；全长大于 3 000 m 的隧道应设置固定式照明设施；其他隧道可配备移动式照明设施。隧道照明的控制宜设在洞口，采用一端、两端或分段控制，在隧道内的控制范围不宜大于 1 500 m。

辅助坑道是指修筑隧道时，由于施工需要，在近旁另外开挖的一条通到正洞中线位置的小断面坑道。辅助坑道的纵断面可以是水平、倾斜甚至垂直的，分别称为横洞、平行导坑、斜井及竖井。

任务 1.4　铁路桥隧建筑物修理组织

知识点 4　铁路桥隧
建筑物修理组织

1.4.1　管理模式的变迁

铁路桥隧维修工作管理主要包括对管辖桥隧设备的管理和维修工作生产全过程的管理。其管理模式的变迁大致可以分为 4 个阶段：第一阶段为 2005 年之前的四级管理体制，即铁道部—铁路局—铁路分局—站段；第二阶段为自 2005 年 3 月 18 日起的三级管理体制，即铁道部—铁路局—站段；第三阶段始于 2013 年 3 月 17 日撤销铁道部，成立国家铁路局和中国铁路总公司；第四阶段始于 2017 年 12 月 19 日，中国铁路总公司更名为中国国家铁路集团有限公司（以下简称国铁集团），18 个铁路局更名为铁路局集团公司（以下简称铁路局），直接管理各站段，包括工务段。

依据现有信息，我国桥隧维修工作在技术业务方面由国铁集团领导，在铁路局施行路局—工务段—车间—工区的四级管理体制。此管理体制保障了桥隧维修工作高效且有序地开展，同时明晰了各级部门的职能与权限。中国国家铁路集团有限公司，负责制定发布有关桥隧维修的总方针、原则和标准；铁路局直接管理工务段，负责决策、组织；下设工务段作为基层设备管理部门，具体负责桥隧设备的检查和维修管理工作，分级管理，有机结合，加以实施。为做好专业技术业务管理，工务段必须设立专门的桥隧科或路桥科，且通过"工务段—车间—工区"的分工运作机制，实现设备检查和维修全过程管理。检查维修组织实行"检查和维修"分开的体制，工务段设置一定数量的桥隧车间，车间下分别设养修工区、检查工区，实现检查、维修的专业化和维修质量的异体监督（图 1-21）。

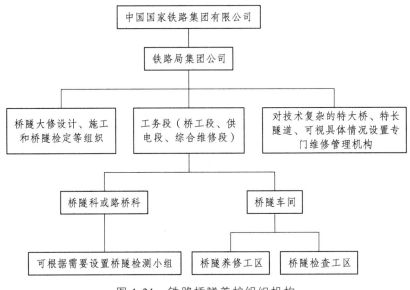

图 1-21 铁路桥隧养护组织机构

这种四级管理体系具有以下优势：

（1）明确的职责分工：各级单位都有明确的职责和权限，确保了维修工作的有序进行。

（2）高效的决策和执行：通过多层次的管理，可以迅速作出决策并付诸实施，提高了工作效率。

（3）专业的技术支持：国铁集团和工务段都拥有专业的技术团队，能够为维修工作提供强有力的支持。

（4）全面的质量控制：从日常巡检到大修，每一环节都有相应的质量控制措施，确保了维修工作的质量。

1.4.2 工作职责

1. 技术业务领导

国铁集团作为国内铁路的最高管理部门，承担着制定全国铁路技术政策与标准的职责，对全路的桥隧维修工作予以指导与监督。其具备专业的技术团队以及丰富的行业经验，能够为桥隧维修工作给予强大的技术支撑与决策引领。

2. 路局层级管理模式

铁路局身为铁路运输企业的基层单元，负责桥隧维修工作的具体施行。路局内部设置工务段，专门对桥隧设备的检查与维修管理工作负责。工务段下设车间和工区，构建起一套完备的管理体系。

3. 工务段职能

工务段为桥隧维修工作的关键执行主体，负责日常的检查、维修以及大修事务。它依据桥隧设备的技术状况与运输需求制订维修计划，并组织实施。工务段还需对维修质量进行复验，保证维修工作达到预期的标准与成效。

4. 车间职能

车间隶属于工务段，负责特定区域内的桥隧设备维修工作。它们通常基于地理位置或者线路分布来设立，从而更为高效地管理与维护所辖区域的桥隧设备。

桥隧车间全面负责所辖设备状态检查维护，组织生产，掌控作业安全、质量和进度；编制本车间维修月度生产计划和保养、检查的年度、月度生产计划，报工务段审核批准后执行；根据批准计划，制订各工区月度生产计划和检查、养修作业日计划，申报天窗作业计划；按规定完成设备检查、保养质量评定和维修质量复验，并对作业安全和质量进行全过程跟踪检查和考核;定期分析设备质量状态,适时调整生产计划。

5. 工区职能

工区属于最基层的单位，负责日常的巡检与简易维修工作。它们通常位于桥隧设备较为密集的区域，以便快速应对与处置突发问题。

桥隧检查工区负责桥隧设备经常检查，对桥隧车间制订的日计划提出建议，提报周检查报告；参加工务段组织的定期检查；参与保养质量评定、维修质量复验、维修工作量调查等工作。

桥隧养修工区负责桥隧设备保养、维修和部分大修工作以及桥隧周边环境检查工作，除河床断面测量以外的水文观测项目，对桥隧车间制订的日计划提出建议；完成保养质量自评、维修质量自验；参与防洪、地震等临时检查工作和现场应急处置；参与维修工作量调查。

6. 桥隧科职能

工务段桥隧科或路桥科全面负责桥隧设备技术状态的管理。按照铁路局相关要求及批准下达的桥隧生产任务、指标，根据管内桥隧设备实际状态并结合维修周期，制定年度维修计划及组织、技术措施；审核批准桥隧车间维修月度生产计划，保养和检查的年度、月度生产计划；组织定期检查，掌握安全生产信息；对生产过程进行指导、监督、验收和考核。工务段根据需要设置桥隧检测小组，业务上由工务段桥隧科或路桥科直接管理。

7. 桥隧检测小组

桥隧检测小组负责桥隧专项检测，以及水文观测中的河床断面测量，对技术复杂、难度大的项目可委托专业单位进行检测。

1.4.3 设立标准

车间、工区和桥隧检测小组的设立标准是根据管辖范围内桥隧建筑物的类型和数量的多少来确定的。由于钢桥、圬工桥、涵渠等每年需要花费的维修工作量不一样，而且相差很大，为了便于统计计算和合理配备维修人员，保证桥隧维修工作的正常运行，需把各类建筑物按其维修长度换算成统一的桥隧换算长度。

桥隧换算长度是以跨度 40 m 以下的钢板梁桥的维修长度为标准，把其他桥涵都换算成钢板梁桥的维修长度，然后根据桥隧建筑物的总换算米来设置车间工区和配备生产人员。折合系数见表 1-3。

桥隧换算长度 = 40 m 以下钢板梁桥维修长度 × 折合系数

维修长度指维修的桥隧建筑物长度。单线桥为全长，双线及多线桥为各线相加；单孔涵洞为全长，双孔及多孔涵洞为各孔相加；单线隧道为全长，双线及多线隧道为全长的 1.2 倍。桥隧换算长度计算标准见表 1-3。

注：桥梁全长指两桥台边墙外端（包括托盘和基础）间的距离，两边墙不相等时以短边计，曲线桥为中心线上墩台之间各段折线之和；涵洞全长指两端墙外端间的中心轴线长度。隧道全长指隧道长度。

表 1-3 桥隧换算长度计算标准

序号	设备分类	分类明细	折合桥隧换算米
1	钢梁和组合梁桥	跨度 40 m 以下的钢板梁（包括结合梁、箱形梁）	1.0
		跨度 40 m 及以上的钢板梁、结合梁、箱形梁及跨度小于 64 m 的钢桁梁	1.5
		跨度 64~80 m 的钢桁梁	2.0
		跨度 64~80 m 的混凝土梁 + 钢管拱组合结构	2.2
		跨度大于 80 m 的钢桁梁	3.0
		跨度大于 80 m 的混凝土梁 + 钢管拱组合结构	3.2
2	圬工桥	圬工桥（含框构桥）	0.3
3	隧道	隧道、明洞和棚洞（全长在 1 500 m 及以下）	0.4
		隧道（全长在 1 500 m 及以上）	0.5
4	涵洞	涵洞	0.2
5	河调	调节河流建筑物及桥涵上下游防护设备（每 1 m³ 体积）	0.025
6	桥涵限高防护架	钢管或型钢防护架（每吨钢材）	1.0
		钢轨防护架（每吨钢材）	0.5
		钢筋混凝土防护架（按跨度每米）	0.2

注：① 混合桥按类分别计算。

② 公路、铁路两用桥的公路部分及站内检查坑、渡槽比照圬工桥，天桥比照桥梁，地道比照隧道，倒虹吸管比照涵洞。

③ 设有整体道床的隧道，维修长度每米增加 0.1 桥隧换算米；设有通风及照明的隧道维修长度每米增加 0.005 换算米。

同时，规范中规定：

（1）桥隧车间管辖桥隧换算长不宜超过 3 万米；桥隧车间管理的营业长度，平原微丘区不宜超过 250 km，重丘山区不宜超过 200 km，险峻山区不宜超过 150 km，草原沙漠戈壁地区不宜超过 400 km。

（2）每个桥隧车间下设 1~2 个桥隧检查工区，山区铁路检查工区管辖范围可适当缩短。

（3）桥隧养修工区管辖桥隧换算长不宜超过 0.6 万米；管辖的营业长度，平原微丘区不宜超过 60 km，重丘山区不宜超过 50 km，险峻山区不宜超过 40 km，草原沙漠戈壁地区不宜超过 100 km。

（4）长大隧道或隧道较多的工务段，宜设置专门工区负责隧道低压通风、照明工作。

1.4.4　人员、设备配置

为进一步优化人力资源配置，遵循"按作业流程设岗、按生产任务定员、按定员组织生产"的原则，结合新技术新装备使用、生产资源整合以及劳动组织改革等状况，对桥隧修理人员的配员予以核定。依据铁路运输成本支出与劳力编制的管理办法，工务设备维修的费用计划和工人定编均按照所管理设备的数量来核定，也就是通过每线路换算公里的费率和定员进行计算，其中，桥隧设备以每百桥隧换算米折合为一个线路换算公里来统计。

工务段、桥隧检测小组、桥隧车间、工区基于专业化管理需求，应配备相应的交通运输工具、动力机械、专用检测设备以及作业机具。其机具配备标准依照《普速铁路桥隧建筑物修理规则》附录五执行。对于机具的运用状况，需建立相关台账，并按月开展统计分析。

任务 1.5　铁路桥隧设备检查

知识点 5　桥隧
设备检查

从桥隧养护维修的基本任务出发，为确保铁路运输安全畅通，适应列车提速、重载运输需要，桥隧维修工作应重点做好设备检查、状态分析评估和预防整治病害等工作。

桥隧设备检查是做好桥隧大修、维修工作的重要依据。对桥隧建筑物进行周密检查的目的是详细了解桥隧建筑物在运营中所发生的变化，及时发现病害和分析病害原因，并据以采取有效的防治措施。其检查内容包括：水文观测、专项检查、检定试验、经常检查、定期检查、临时检查。

1.5.1　水文观测

凡有洪水通过的桥涵，应在上游设置稳固而垂直的水标尺，或在墩台侧面的上游处或涵洞的进口端用油漆画出水标尺。水标尺的起点须与国家水准基点高程相对应，标出历史最高洪水位和发生年月日。

凡跨越江河水库的特大桥、大桥及其他需要了解墩台基础冲刷、河床变化、河道变迁、流量、冰凌等情况的桥梁，均应进行河床断面测量、洪水通过观测、结冰及流冰观测。其他有洪水通过的桥梁和涵洞，只需观测最高洪水位。

1. 河床断面测量

（1）测量时间：常年有水的桥梁，至少每年洪水后测量一次；对季节性河流上的桥梁，河床断面发生变化时，汛后测量一次。

（2）测量地点：一般在桥下及桥梁上下游各 25 m 的 3 个断面上进行，每次测量的断面应固定。

（3）测量范围：在桥梁全长范围内进行。

（4）测点位置：每隔 10 m 左右一个测点，必要时应增加测点；每次的测量点应相对固定。

（5）对常年有水的桥梁，需要了解墩周边冲淤变化时，应以桥墩中心为圆心，一定距离为半径，测量该范围内的水下地形。必要时，在墩台周边进行潜水摸测。

每次测量结果应绘在图纸上，用不同色笔绘制历年冲刷总图，每 5 年更换一次。图上应绘有各种水位、轨底、台顶、基底、河床的标高以及水深、墩台中心线及河床断面。

2. 洪水通过观察

洪水通过时，应观察水流流向、斜流、流木、漂浮物等情况，观测水位、水流流速等，同时应监视墩台、调节河流建筑物、防护设备和桥头路基的状态。对排洪能力不足和墩台稳定易受影响的桥涵，应加强观测。

对冲刷严重的墩台，可在该处设置自动记录的测深装置或在洪水通过时使用铅鱼等设备进行测深，必要时使用仪器测深。

洪水过后，应立即检查河道、河床、防护设备、调节河流建筑物和桥头路基的状态。位于泥石流区的桥涵，应注意检查泥石流的动态、谷坊内储量和冲积扇的变化。

设有巡守工的桥梁，应在汛期或水库放水时期每日上午 8 时观测水位一次，其余时间每旬首日上午 8 时观测水位一次，并填写水位观测记录。在主汛期水位上涨时，应增加观测次数，找出当年最高水位及其发生日期。其他排洪桥涵应设洪峰观测水尺，指派专人记录当年最高洪水位。设备管理单位应根据水位观测记录，定期绘制水位曲线图。

3. 结冰及流冰观测

结冰初期，须观测结冰时间、封冰情况、气温、水温、风力及风向。结冰期，须经常观测冰层厚度、河面及河岸处是否结冰、有无冰槽（亮子）及水温、气温情况。解冻期，须观测水位、冰层厚度、冰色及冰槽的变化和冰层初期的移动时间、流冰密度等，并测水温、风向，以判断流冰的可能及流向。

1.5.2　专项检查

对于特别长大、构造复杂、高墩、有严重病害或采用新型结构的桥梁应进行专项检查或检定试验。桥隧设备的专项检查主要涉及桥隧限界检查、刚度检查、墩台检查等方面。

1. 桥隧限界检查

当桥隧设备构造发生变化时，可能影响建筑限界，应进行限界测量。重要线路的桥隧限界每 5 年检查一遍，其他线路的桥隧建筑限界每 10 年检查一遍，并根据检查结果绘出每座桥隧综合最小限界图（综合最小建筑限界是指在规定范围内，建筑物和设备所有检测横断面轮廓的综合最小尺寸，在实际应用中主要为超限货物的运输提供基础控制数据），填写单个桥隧综合最小建筑限界尺寸表（工桥-9）（表 1-4）及线路（区段）桥隧综合最小建筑限界尺寸表（工桥-10）（表 1-5）。铁路局应绘制管内各区段桥隧综合最小限界图，当发现桥隧建筑物有变形、修理加固、线路拨线后，应立即检查该桥隧建筑物的限界。如影响原有最小尺寸时，应及时修正限界图并上报。

表 1-4　单个桥隧综合最小建筑限界尺寸

工桥-9

线路名称（复线注明上下行）：　　　　区段：（起讫站名）　　　面向站名：

桥隧名称			中心里程				起讫里程					
最小曲线半径/m			最大外轨超高/mm				最低接触网高度/mm					
距轨面高度/mm	直线部分				左曲线				右曲线			
	实际尺寸/mm		控制点位置、设施设备名称		折减后尺寸/mm		曲线半径/m	控制点位置、设施设备名称		折减后尺寸/mm		曲线半径/m	控制点位置、设施设备名称	
	左侧	右侧	左侧	右侧	左侧	右侧	左侧	右侧	左侧	右侧	左侧	右侧	左侧	右侧

表 1-5　线路（区段）桥隧综合最小建筑限界尺寸

工桥-10

线路名称（复线注明上下行）：　　　区段：（起讫站名）　　　面向站名：

桥隧总座数		小于国家标准直线建筑限界桥隧座数：桥梁＿＿＿＿＿座， 隧道＿＿＿＿＿座															
最小曲线半径/m				最大外轨 超高/mm					最低接触网 高度/mm								
距轨面 高度 /mm	直线部分				左曲线						右曲线						
	实际 尺寸 /mm		控制点位置、 设施设备 名称		折减后 尺寸/mm		曲线 半径/m		控制点位置、 设施设备 名称		折减后 尺寸/mm		曲线 半径/m		控制点位置、 设施设备 名称	
	左 侧	右 侧	左 侧	右 侧	左 侧	右 侧	左 侧	右 侧	左 侧	右 侧	左 侧	右 侧	左 侧	右 侧	左 侧	右 侧

2. 刚度检查

刚度系指桥跨结构受荷载后抵抗弯曲变形的能力。它是标志桥跨结构的整体性能和综合技术状态的一个重要指标。跨度在 40 m 及以上的钢梁，由工务段负责至少每 3 年测量一次挠度和拱度。挠度测量时，可先测动荷载所产生的挠度，必要时再复测静荷载所产生的挠度。

3. 墩台检查

技术复杂、重要桥梁及墩台基础病害严重的桥梁，对其墩台均应进行下沉或偏斜的观测。墩台高程测量应与国家水准基点相联系。

观测工作一般每年一次，经多年观测基本稳定时，可每隔若干年观测一次。

固定观测测点一般应设在墩台顶面的两端，全桥通视；设置强制归心装置，其"标心"既是仪器固定点，又是垂直位移和平面位移的观测点。

观测应尽可能使用精密仪器及相应的配套设施。大跨度桥梁观测墩台间距离的变化可采用激光测距等方法。

墩台基础类型和埋深不明时，应采用挖验、钻探、物探、声波、遥感等探测技术予以查明。

检查墩台及基础是否存在严重病害，可通过测量墩台、承台顶水平横向振动，与同类型墩台相比较，观测其波形、振幅和频率来判定。必要时挖验承台底与桩顶的连接状态。

1.5.3 检定试验

检查桥墩水下墩身和基础有无裂损、冲空时，可采用水下摄影或摸探等方法。新建的特殊结构、技术复杂的桥梁，应在动态验收试验中检定。在竣工移交时，其检定试验报告应作为交接验收资料的一部分。运营中的特殊结构、技术复杂的桥梁应每隔10年进行一次检定。桥梁出现严重病害，可能危及行车安全的，应及时检定。

（1）桥隧检定工作的主要任务有：

① 确定桥梁的承载能力，规定其运营条件。

② 确定桥梁的抗洪能力。

③ 提出养护措施和整治意见。

④ 对提报加固、换梁、扩孔、改建的桥梁进行技术状态检定，提出合理的处理意见。

⑤ 参与新建新型结构及加固后重要桥梁的竣工检定。

⑥ 对提速条件下的长期运营性能进行试验评估。

⑦ 为加强科学管理和提高桥梁检定技术水平创造条件。

（2）桥梁经检定后，应提出检定报告，主要内容包括：

① 桥梁的历史与特征。

② 桥梁及养护中存在的问题，提出整治意见。

③ 桥梁各部分的承载能力。

④ 桥梁的抗洪能力。

⑤ 桥梁的抗震能力。

⑥ 结构的实际工作状态。

⑦ 桥梁运用条件。

1.5.4 经常检查

对桥隧设备状态变化较快和直接影响行车安全的部位应经常检查。桥隧建筑物的日常检查管理责任部门为工务（桥工）段，由桥隧检查监控工区负责组织进行。桥隧检查监控工区每月应对钢梁桥、混合桥（钢梁部分）和其他重要桥隧设备（由工务段规定）检查一遍。

1. 检查部位

如明桥面桥枕、护木、护轨、各种联结螺栓、梁部裂纹、支座锚栓与横向限位装置、涵洞排洪设施与管节接缝、各种安全检查设备等应经常检查。

2. 检查周期

桥隧检查工区应根据桥隧检查计划表（工桥-2），每月对钢梁和工务段规定的重要桥隧设备及重点病害设备检查一遍；至少每半年对管内设备全面检查一遍；在每座桥隧综合维修时，应进行一次全面检查。仅通行货车且年运量小于 500 万吨的线路可适当放宽检查周期。

桥隧车间主任（副主任、技术员）每半年有计划地对管内桥隧设备全面检查一遍；至少每季度对钢梁和工务段规定的重要桥隧设备及重点病害设备检查一遍。

工务段段长至少每年对工务段规定的重点病害设备检查一遍；主管副段长至少每年对工务段规定的重要桥隧设备及重点病害设备检查一遍；桥隧科或路桥科至少每半年对钢梁和工务段规定的重要桥隧设备及重点病害设备检查一遍。

3. 检查结果与处理

桥隧车间、桥隧检查工区对每次检查情况，应认真填写桥隧检查记录簿（工桥-3），桥隧检查工区还应填写桥隧设备检查结果汇总表（工桥-4），将检查结果每周上报桥隧车间，车间汇总后报工务段备存。对超过保养标准的处所，桥隧检查工区应及时上报桥隧车间，由桥隧车间及时向桥隧保养工区下达桥隧设备紧急保养通知书（工桥-5），并由桥隧检查工区检查其完成情况。发现重要病害或病害发展较快时，应及时逐级上报，绘制病害示意图，记入桥隧登记簿或桥隧卷宗内。

工务段应对桥隧车间、桥隧检查及养修工区、桥隧检测小组填写的检查数据和状态描述进行不定期现场抽查核对，对检查质量进行考核。桥隧车间对桥隧检查及养修工区也应进行相应的考核。

1.5.5　定期检查

定期检查是指春融及汛前，应对桥隧设备的排水、泄洪及度汛防护设施进行一次检查。

春融时，冬季结冰的河流会使水位上涨，并和上游流冰同时发生，可能撞坏墩台，甚至会堵塞桥孔，堆积成冰坝和冰桥，对桥梁危害大。因此，在春融前应对破冰凌等防护设备、有大流冰凌的河流的冰层情况进行详细调查，严密观察开河解冻情况，采取有效安全措施。

汛前，对桥涵排水通道和调节河流建筑物防护设备进行检查，对上游水、植被、堤坝等进行调查，以便开展桥涵排水通道疏浚，淤泥、杂草的清理，整修防护、防洪设备，制定度汛应急措施。

秋季，开展一年一度的秋季大检查，对桥隧设备各部分状态进行全面细致的检查评定，据以拟定病害整治对策和安排修理计划。

工务段根据秋检结果，对每座设备填写桥隧状态评定记录表（工桥-6），凡劣化桥隧建筑物应填写桥隧状态评定明细表（工桥-7），并汇总填写桥隧状态评定报告表（工桥-8），提出病害发生原因、增减情况等状态分析报告，铁路局审查汇总后于 10 月底上报国铁集团。

1.5.6　临时检查

临时检查是当设备遭受地震、洪水、台风、火灾及车船撞击等紧急情况或发生突发性严重病害时，为及时得到结构物状态的信息而进行的检查。临时检查由工务段组织进行，必要时由铁路局组织。

1.5.7　分　析

为合理编制桥隧建筑物修理计划，设定设备的使用条件，制定桥隧建筑物修理的长远规划，应对桥隧建筑物检查结果进行分类、筛选、统计、分析。

工务段、桥隧车间、检查工区应按规定完成各类分析，确保分析结果准确可靠，不断积累分析结果形成的大数据，探索桥隧修理规律和设备病害发展趋势。

分析包括经常检查分析、定期检查分析、临时检查分析、专项检查分析。

（1）经常检查分析：桥隧检查工区根据检查结果形成周分析报告，桥隧车间形成月度分析报告并报工务段。周、月分析报告应包括检查基本概况、重点及病害设备检查情况、设备病害分析及整治措施、检查结果问题库销号情况和下一步处理意见，以利于工务段、桥隧车间、桥隧养修工区对桥隧设备检查结果进行分析掌控。

（2）定期检查分析：工务段根据春秋季检查情况，形成定期检查分析报告。

（3）临时、专项检查完成后，根据检查情况，形成分析报告。

任务 1.6　铁路运营桥隧状态评估

工务段每年应结合秋季设备大检查，对每座桥隧建筑物按项目进行一次全面的状态评定，填写桥隧建筑物状态评定记录表格。

本任务将从桥隧建筑物状态评定、状态评定技术文件管理和剩余寿命评估三方面，了解运营桥隧状态评估。

知识点 6　运营桥隧
状态的评估

1.6.1　桥隧建筑物状态评定

桥隧在运营过程中，承受荷载的作用和环境的侵害，必然会引起结构功能的变化，构成对行车安全的影响，也即桥隧状态的劣化。由于荷载作用和环境侵害的程度不同，影响结构功能和行车安全的程度也不相同，因此，桥隧的劣化程度也是不同的。

设备管理单位每年秋季应对每座桥隧建筑物按项目进行一次状态评定。设备状态评定按劣化程度分为 A、B、C 三级，A 级又分为 AA、A1 两等。具体分级如下：

结构物或主要构件功能严重劣化，危及行车安全的，评定为 A 级 AA 等；结构物或主要构件功能严重劣化，进一步发展会危及行车安全的，评定为 A 级 A1 等。

结构物或构件功能劣化，进一步发展将会升为 A 级的，评定为 B 级。

结构物或构件劣化，对其使用功能和行车安全影响较小的，评定为 C 级。

结构物或构件状态评定为 A 级者，其病害一般需要通过大修或更新改造进行整治；当结构物存在影响行车安全的病害时，应采取相应的限速或限载措施，遇紧急情况，应立即采取临时加固措施，并视具体情况，尽快安排彻底整治或列入下一年度的桥隧大修或更新改造计划及时整治。

结构物或构件状态评定为 B 级者，其病害一般需要通过维修进行整治（个别病害需要通过大修进行整治）。

结构物或构件状态评定为 C 级者，其病害可通过维修进行整治，个别病害只需加强观测并根据其变化情况采取相应的措施。

评定时以每座设备为单位，按表 1-6 所列的部位项目，对照铁路桥隧建筑物状态评定标准的规定，分别评定其等级，以其劣化程度最严重一项的等级，判定为该座设备的劣化等级，并采取相应措施，合理安排整修计划。

表 1-6　每座设备的部位项目

设备名称		部位项目
桥梁	明桥面	桥枕、伸缩调节器
	钢梁	裂纹、变位、铆钉或高强度螺栓、腐蚀、检定承载系数
	圬工梁	裂纹、变位、防水层及排水系统、保护层中性化
	支座	铸钢、橡胶
	墩台基础	裂损、倾斜、腐蚀、冻融、下沉
	桥渡	冲刷、淤积、孔径及净空、河调建筑物
隧道		衬砌、防排水设施、洞门及防护设施、冻害、腐蚀
涵渠		涵身、防护设施、孔径

1.6.2　状态评定技术文件管理

桥隧设备管理、修理和防灾工作实行信息化管理，建立完善的网络系统，实现对桥隧设备状态、灾害的有效监控。可通过有效的桥隧登记簿、桥隧设备图表和秋检报告及桥隧卷宗完成桥隧设备管理。

1. 桥隧登记簿

每座桥隧设备均应建立登记簿，记载主要病害及检查监测结果、设备改善情况以及建筑物上发生的重要事件（如水害、地震、冻害、撞击、火灾事故等）。桥涵登记簿由桥隧车间填写和保管。

2. 桥隧设备图表和秋检报告

桥隧设备图表和秋检报告主要记载桥隧设备的基本特征和技术状态，由设备管理单位编制，运用信息化管理技术管理，文档资料分存设备管理单位、铁路局和国铁集团，并根据设备变化情况，实时修改技术图表。桥隧状态评定资料每年逐级上报一次。为便于查阅和使用，设备管理单位可将桥隧设备基本的技术特征编制成概况表，分存于桥隧车间和检查工区。

3. 桥隧卷宗

桥隧建筑物应建立专门的卷宗，汇集该桥（隧）的历史、设计、施工、检定、水害、撞击、火灾等有关的图纸、照片、文件等技术资料，由设备管理单位、铁路集团公司、铁路局保管。

1.6.3　剩余寿命评估

桥隧在运用检修的寿命周期内，根据状态变化和健全衰退的程度，进行适时的修理，使其最大限度地恢复原有的功能。但随着时间的推移，其健全度必将逐步丧失，以致失去应有功能而报废。因此，对在运用过程中的桥隧，科学地诊断病害，有效地进行整治，在确保行车安全和适应运输发展的前提下，充分发挥桥隧功能的潜力，最大限度地延长使用寿命，取得最佳的技术经济效益，具有十分重要的意义。

随着计算机技术的普及应用，人们运用专家知识和模拟专家行为进行计算机编程，解决了较为复杂的疑难问题，这就是所谓的专家系统。

桥隧建筑物的管理实行"检养修"分开的生产组织模式，精细检修、定期评定是确保铁路运行安全的重要手段。

知识点 7　铁路桥隧
基本技术要求

任务 1.7　铁路桥隧基本技术要求

结构的安全性和耐久性是桥梁设计的重要指标，铁路桥隧的基本技术要求就是围绕结构安全性和耐久性而展开的技术标准。其基本技术要求有：限界、荷载、孔径与净空、刚度、基础埋置深度和抗震。

1.7.1　限　界

铁路桥隧限界是与线路纵向中心线垂直的横断面轮廓，指轨面以上一定宽度和高度范围内，除机车车辆以及同它有相互作用的设备以外，不允许有其他任何设备和建筑物侵入的最小净空尺寸（图 1-22～图 1-24）。

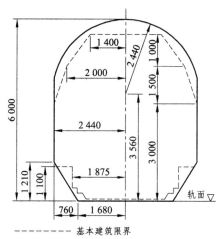

（a）内燃牵引区段

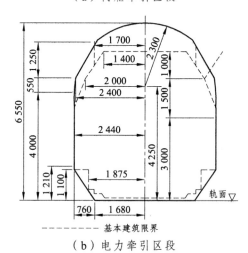

（b）电力牵引区段

图 1-22　$V \leqslant 160$ km/h 客货共线铁路桥梁建筑限界（单位：mm）

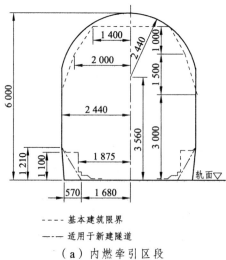

（a）内燃牵引区段

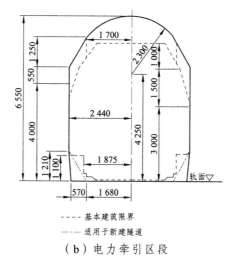

---- 基本建筑限界

—— 适用于新建隧道

（b）电力牵引区段

图 1-23　*V*≤160 km/h 客货共线铁路隧道建筑限界（单位：mm）

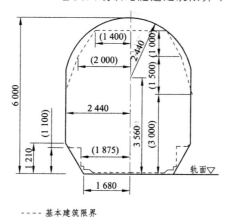

---- 基本建筑限界

（a）内燃牵引区段

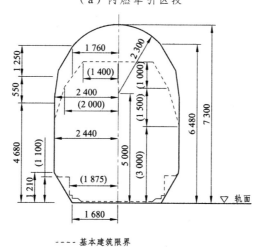

---- 基本建筑限界

（b）电力牵引区段

图 1-24　*V*>160 km/h 客货共线铁路桥隧建筑限界（单位：mm）

关于桥隧建筑限界的说明：

（1）图中用虚线表示基本建筑限界。

（2）桥梁的建筑限界比基本建筑限界稍大，为实线部分。在两者之间可以安装照明、通信及信号设备。曲线上的建筑限界需要按规定进行加宽。

（3）铁路隧道建筑限界，是为保证隧道内各种机车等的正常运行与安全，而规定在一定宽度和高度范围内不得有任何障碍物的空间限界，为实线部分。曲线上的建筑限界需要按规定进行加宽。

隧道限界与隧道断面是否一致呢？答案是否定的，隧道限界并不是隧道断面，隧道断面的几何形状由外轮廓线和内轮廓线组成，内轮廓线所包含的空间称为内净空，隧道的内净空必须比隧道限界大，才能保证行车安全。

（4）运营中的桥隧不能满足现行行业标准中桥隧建筑限界要求时，各部分及其附属设备均不得侵入基本建筑限界（图 1-25、图 1-26）。对于不能满足桥隧建筑物限界的桥隧，应有计划地逐步改造。

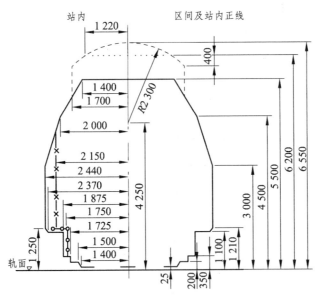

图 1-25　V≤160 km/h 客货共线铁路基本建筑限界（单位：mm）

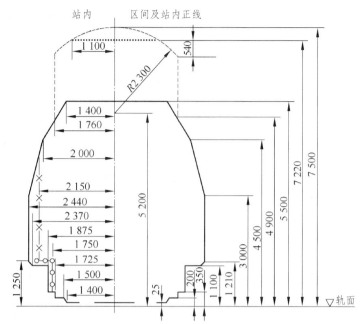

—×—×—　信号机、高架候车室结构柱和接触网、跨线桥、天桥、电力照明、
　　　　　雨棚等杆柱的建筑限界（正线不适用）
—○—○—　站台建筑限界（正线不适用）
━━━━　各种建（构）筑物的基本限界
－－－－　适用于电力牵引区段的跨线桥、天桥及雨棚等建（构）筑物
·············　电力牵引区段跨线桥困难条件下的最小高度

图 1-26　$V > 160$ km/h 客货共线铁路基本建筑限界（单位：mm）

1.7.2　荷　载

1. 铁路列车活载

铁路列车活载一般用普通活载和特种活载表示。

我国铁路早期主要为客货共线铁路。为规范设计，我国铁路行业根据机车车辆轴重、轴距对桥梁的不同影响及考虑车辆的发展趋势，制定了中华人民共和国铁路标准活载，简称"中—活载"（图 1-27）。随着铁路的快速发展，铁路客货运输呈现出客运高速、货运重载等新的特征，在与国际接轨的基础上，结合具体情况，我国制定了高速铁路、城际铁路、客货共线铁路、货运铁路列车荷载图示（表 1-7）。

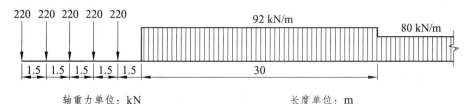

图 1-27　"中—活载"图示

表 1-7 铁路列车荷载图示

图式名称	荷载图式	
	普通荷载图式	特种荷载图示
ZK 荷载图式	64 kN/m 200 kN 200 kN 200 kN 200 kN 64 kN/m 任意长度 0.8 m 1.6 m 1.6 m 1.6 m 0.8 m 任意长度	250 kN 250 kN 250 kN 250 kN 1.6 m 1.6 m 1.6 m
ZC 荷载图式	48 kN/m 150 kN 150 kN 150 kN 150 kN 48 kN/m 任意长度 0.8 m 1.6 m 1.6 m 1.6 m 0.8 m 任意长度	190 kN 190 kN 190 kN 190 kN 1.6 m 1.6 m 1.6 m
ZKH 荷载图式	85 kN/m 250 kN 250 kN 250 kN 250 kN 85 kN/m 任意长度 0.8 m 1.6 m 1.6 m 1.6 m 0.8 m 任意长度	280 kN 280 kN 280 kN 280 kN 1.4 m 1.4 m 1.4 m
ZH 荷载图式	250 z kN 250 z kN 85 z kN/m 250 z kN 250 z kN 85 z kN/m 任意长度 0.8 m 1.6 m 1.6 m 1.6 m 0.8 m 任意长度 ($z \geqslant 1.10$)	280 z kN 280 z kN 280 z kN 280 z kN 1.4 m 1.4 m 1.4 m ($z \geqslant 1.10$)

注：z 为 ZH 列车荷载图示中重载等级系数。

2. 桥梁的检定

桥梁设计是按照给定的设计荷载，通过计算来构造一个结构，使该荷载能够以一定的速度安全通过。桥梁检定则是一个反过程，对一座既有桥梁，计算出该桥能承受多大荷载，这个能承受的荷载相当于一个标准荷载的倍数。

K 称为检定承载系数，相当于相应线路类型标准活载或中—活载的倍数。检定要求如下：

（1）$K \geqslant 1$ 时，表示桥涵结构承载能力满足标准活载的要求。

（2）$K < 1$ 时，表明桥涵结构承载能力不满足标准活载要求。

（3）临时性桥涵容许通过的运行活载，应满足 $Q < K$（Q 为运行活载相当于相应线路类型标准活载或中—活载的倍数）。

（4）承载能力不足（即 $K < 1$）的桥，应根据其技术状态确定加固、更换或改建。加固、更换或改建后的桥涵，其承载能力必须达到 $K \geqslant 1$ 的要求。对尚能满足 $Q < K$ 的桥是否暂缓加固、改造由铁路局根据情况确定。

1.7.3　孔径及净空

运营中的行洪桥涵孔径应能正常通过 1/100 频率的检定洪水。对特大桥及大中桥，若观测洪水（包括调查洪水）频率小于 1/100 但大于 1/300 时，应将观测洪水频率作为检定洪水频率。对技术复杂、修复困难或重要的特大、大桥，还应能安全通过 1/300 校验频率的洪水。

行洪桥下不通航的桥孔净空高度应符合桥下净空高度要求的规定（表 1-8），当原不通航桥孔需要通航时，其桥下净空高度及航行水位，地方相关部门应与铁路部门商定。

表 1-8　桥下净空高度

序号	桥的部位		高出检定水位的最小高度/m		高出校验水位的最小高度/m	
			钢梁	钢筋混凝土或预应力混凝土结构	钢梁	钢筋混凝土或预应力混凝土结构
1	梁底	一般情况	0.25	0.25	0.00	—
		洪水期有大漂流物	1.50	1.25	0.75	0.50
		有泥石流	1.00	1.00	0.50	0.50
2	支承垫石顶		0.00	—	—	—
3	拱肋和拱圈的拱脚		0.00	—	—	—

注：① 实体无铰拱桥洪水期无大漂流物时，检定洪水位到拱顶净空高度不应小于拱矢高的 1/4。
　　② 发生严重泥石流时，或在洪水期有特大漂流物通过时，可视具体情况，采用大于表列的净空高度。
　　③ 表列水位及注①中所指水位应根据河流具体情况，计入可能产生的壅水、浪高、水拱、局部股流涌高、河流超高和河床淤积等影响的高度。

行洪涵洞孔径一般按无压状态检定，按涵洞净高的 1.2 倍临界状态的水位检定。

行洪桥孔径或桥下净空不足时，应有计划地进行扩孔、抬高或改建。

在铁路线路下通行机动车辆的立交桥，其桥下净空高度不足 5 m 时，应按相关规定设置限高防护架。跨越铁路线路的立交桥上应按有关规定设置安全防护设施。

1.7.4　刚　　度

《铁路桥梁检定规范》（铁运函〔2004〕120 号）中规定桥梁运营性能检验有两个判别值：

（1）行车安全限值：保证列车以规定的速度安全通过，是桥梁结构必须满足的限值指标，超过此值时，必须采取一定的确保安全的措施。

（2）通常值：桥梁在正常运用中的挠度或振幅值的上限、频率实测值的下限以及结构校验系数实测值的均值。在铁路桥梁运营过程中，超过此值，应详细检查桥梁结构是否存在隐藏的病害，同时调查列车是否产生过异常的激励。

铁路桥梁应具有足够的刚度，保证列车以规定的速度通过时，桥梁结构不出现剧烈振动，满足列车平稳运行以及旅客乘坐舒适性、轨道状态的要求。

（1）梁体的竖向刚度：按 ZKH 或 ZH 荷载设计的桥梁，竖向挠度应满足现行行业标准《铁路桥涵设计规范》（TB 10002）的相关要求。

（2）梁体的横向刚度：改造钢梁不应采用上承式钢桁梁、上承式钢板梁，不宜采用半穿式钢桁梁，宽跨比应符合现行行业标准《铁路桥涵设计规范》（TB 10002）的有关规定。

（3）在列车活载作用下，支承垫石与梁底之间的横向相对变位不应大于 1 mm。

（4）对运营速度在 160 km/h 以上线路，跨度大于 64 m 的钢桁梁桥、单线中高墩桥梁和轻型墩桥梁，需要进行车桥耦合动力检算。

1.7.5　基础埋置深度

由地面到墩台基础底面的距离称为墩台基础的埋置深度。

1. 明挖基础和沉井基础

明挖基础和沉井基础的基底埋置深度应符合下列规定：

（1）对于冻胀、强冻胀土，在冻结线（即当地最大冻结深度）以下不少于 0.25 m；对于弱冻胀土，不小于冻结深度；多年冻土地区，基底设置应进行详细论证。冻胀土及强冻胀土中的基础埋设深度必须满足冻胀力计算的要求。

（2）在无冲刷处或设有铺砌防护时，一般在地面下不小于 2.0 m。

（3）对于有冲刷处，在墩台附近最大冲刷线下不小于表 1-9 所列安全值。

表 1-9　最大冲刷安全值

冲刷总深度/m			0	5	10	15	20
安全值 /m	一般桥梁		2.0	2.5	3.0	3.5	4.0
	特大桥（或大桥）属于技术复杂、修建困难、重要者	设计流量	3.0	3.5	4.0	4.5	5.0
		检算流量	1.5	1.8	2.0	2.3	2.5

注：冲刷总深度为自河床面算起的一般冲刷深度与局部冲刷深度之和。

（4）对于不易冲刷磨损的岩层，应嵌入基本岩层不小于 0.2～0.5 m（视岩层抗冲击性能而定）。如嵌入风化、破碎、易冲刷磨损岩层时，按未嵌入岩层计。

对于有冲刷现象的浅基桥(如泥质胶结的砂岩和页岩等)，应根据冲刷的发展情况，采取防护加固措施。

新建或改建位于非岩石地基上的排洪桥不应采用明挖基础。

2. 桩基础

桩基承台座板底面标高应符合下列规定：

（1）承台底面在土中时，应在冻结线以下不小于 0.25 m，或在最大冲刷线下不小于 2 m（桩入土中深度不明时）。桩在最大冲刷线下的入土深度必须保证墩台稳定。

（2）承台底面在水中时，应位于最低冰层底面以下不小于 0.25 m，或桩在最大冲刷线下的埋置深度必须保证墩台稳定。

（3）木桩顶面位于最低地下水位或最低水位以下不小于 0.5 m。

（4）钻（挖）孔浇筑桩为柱桩时，嵌入基本岩层以下不小于 0.5 m。

不符合上述（1）、（2）项规定中任一单项的墩台，列为浅基础。

对于运营中的桥梁，如河道稳定，并在长期运用中已安全经过检定洪水（或设计洪水），或大于检定洪水（或设计洪水）的一般大中桥的基础埋置深度，虽不符合表 1-9 的规定，仍可不列为浅基。

浅基墩台已作永久性的防护后，可不列为浅基。

浅基桥梁对于铁路运输安全是一个很大的威胁。如墩台基础深度不明，应认真进行挖验或钻探，摸清情况，对于浅基墩台进行永久性的防护、加固，从根本上改善安全情况。

3. 涵洞基础

（1）涵洞基础除设置在不冻胀地基土上者外，出入口和自两端洞口向内各 2 m 范围内的涵身基底埋深：

① 对于冻胀、强冻胀和特强冻胀土应在冻结线以下 0.25 m。

② 对于弱冻胀土，应不小于冻结深度。

（2）涵洞中间部分的基底埋深可根据地区经验确定：

严寒地区，当涵洞中间部分的埋深与洞口埋深相差较大时，其连接处应设置过渡段。冻结较深的地区，也可将基底至冻结线下 0.25 m 处的地基土换填为粗颗粒土（包括碎石类土、砾砂、粗砂、中砂，但其中粉黏粒含量应小于 15%，或粒径小于 0.1 mm 的颗粒应小于或等于 25%）。

1.7.6　抗　震

（1）对运营线设防烈度为 7 度、8 度、9 度的桥梁，位于 6 度区的 B 类桥梁，Ⅲ、Ⅳ类场地的 C 类桥梁，以及 C 类和 D 类隧道，应按照现行国家标准《铁路工程抗震设计规范》（GB 50111）的要求进行抗震设防，对抗震能力不足者应逐步采取抗震加固措施。

（2）对跨越铁路的跨线桥、天桥、立交明洞、渡槽等构筑物，按不低于该处铁路工程的抗震设防要求设防，对抗震能力不足者应逐步采取抗震加固措施。

（3）位于地震区的桥梁，其上部结构均应采取防止落梁、设置挡块等抗震措施，有条件时可采用减震装置，以减小地震作用效应。

（4）地震区棚式明洞应设置防止落梁设施，设防烈度为 8 度和 9 度时不应采用悬臂式棚洞。

 ## 铁路桥隧养护维修方式的发展历程

　　新中国成立初期，整个国家处于百废待兴的状态。铁路建设虽然在旧中国有一定的基础，但历经战争的破坏和多年的失修，线路急需修复和完善。桥隧作为铁路线路的关键组成部分，其维修工作也面临着巨大的挑战。

　　当时，由于各方面资源的匮乏，无论是人力、物力还是技术，都十分有限。桥隧维修只能作为线路维修的一部分来开展工作。这种维修模式主要以养路段的形式存在，养路段的工作人员承担着多种任务。他们在维修线路时，顺带兼顾桥隧的维修工作。这些工作人员往往缺乏专业的桥隧维修技能培训，更多的是凭借经验和一些简单的工具工作。他们每天的工作任务繁重，要沿着铁路线进行巡查，发现线路问题要及时修复，同时看到桥隧有明显的损坏或者隐患，也会尽力去处理。例如，对于一些小型的桥隧，可能只是简单地修补桥面上的坑洼或者清理隧道内的杂物。而对于较大型的桥隧，可能只能进行一些临时性的加固，像在桥梁的支撑结构周围堆砌石块来增加稳定性之类的。由于这种维修方式缺乏系统性和专业性，虽然在一定程度上维持了桥隧的基本运行，但对于桥隧长期的安全性和稳定性来说，存在着很多风险。这种初期的维修方式是适应当时特殊的历史条件和经济状况的，为后续桥隧维修方式的发展奠定了一定的基础。

　　20 世纪 50 年代，新中国开始大规模地建设和发展。在铁路建设方面，我们积极向苏联学习先进的经验和技术。苏联在铁路桥隧维修方面有着较为成熟的"养桥法"，我国便参照苏联的这一方法，建立了"桥隧计划预防性维修工作制度"。

　　这一时期，我国的铁路建设规模逐渐扩大，对桥隧维修的要求也越来越高。"桥隧计划预防性维修工作制度"的建立，标志着我国桥隧维修工作开始走向规范化和系统化。在这个制度下，针对维修方针，我国铁路维修明确了以预防为主，防患于未然的思想。这意味着不再是等到桥隧出现明显的问题才进行维修，而是提前规划，对可能出现的问题进行预判并采取措施。例如，根据不同桥隧的使用年限、地理位置、承载量等因素，制订不同的预防计划。在技术标准方面，规定了详细的桥隧结构、材料、施工工艺等的标准要求。例如，对于桥梁的钢材强度、混凝土的配比、隧道的衬砌厚度等都有了明确的数值规定。检查验收环节也变得严格起来，不再是简单地查看表面是否有问题，而是要深入桥隧内部结构进行检测。这就需要运用一些新的检测工具和技术，像探伤仪等设备开始被引入桥隧的检查中。在工区管理方面，明确了各个工区的职责范围，避免了之前可能存在的职责不清的情况。每个工区负责一定区域内的桥隧维修工作，并且要按照规定的流程和标准操作。经济核算也成为制度的一部分，这有助于合理分配资源，使得桥隧维修工作在经济上更加合理高效。这一制度的建立为我国桥隧维修工作在接下来几十年的发展提供了一个较为全面的框架。

　　20 世纪 60 年代末到 70 年代中期，我国社会处于特殊的历史时期。这一时期，社会动荡不安，许多正常的生产和管理秩序都受到了严重的冲击。

在桥隧维修领域，一些原本行之有效的规章制度和工作方法也遭到了破坏。由于当时的社会环境较为混乱，很多从事桥隧维修工作的人员无法正常开展工作。原本按照计划进行的维修工作被打乱，导致桥隧维修工作中出现了"以养代修"和"养修不分"的不正常现象。"以养代修"意味着在维修工作中，只是进行一些简单的养护工作，而忽略了真正的维修需求。例如，对于桥隧结构出现的一些裂缝或者损坏，只是进行表面的涂抹或者遮盖，而没有深入到问题的根源去解决。"养修不分"则表现为在工作中没有明确区分养护和维修的界限，使得维修工作缺乏针对性。原本需要专业维修技术和设备的工作，被当成普通的养护工作来处理，导致一些桥隧的隐患没有得到及时解决。这种情况使得桥隧的安全状况逐渐下降，许多桥隧的使用寿命受到影响，也给铁路运输带来了安全风险。在这个特殊的历史时期，桥隧维修工作面临着巨大的挑战，迫切需要在社会秩序恢复正常后进行全面的整顿。

20 世纪 70 年代末期，随着社会形势的逐渐好转，国家的工作重点开始转移到经济建设上来。铁路运输作为国民经济的大动脉，其安全性和可靠性显得尤为重要。因此，我国在桥隧维修方面进行了大量的整顿工作。

在这一时期，全面质量管理的理念被引入桥隧维修工作中。全面质量管理强调从多个方面对桥隧维修工作进行管理，不仅仅是关注维修工作的结果，更要注重维修工作的过程。在维修工作过程中，从维修人员的培训、维修设备的管理、维修材料的质量把控等多个环节入手。例如，对维修人员进行专业技能的培训，提高他们的维修水平，使他们能够准确判断桥隧的问题并采取有效的维修措施。在维修设备方面，定期对设备进行维护和更新，确保设备的正常运行。对于维修材料，严格把控质量，杜绝使用不合格的材料。通过这些措施，桥隧维修工作的管理得到了加强。同时，在整顿过程中，重新梳理了之前被破坏的规章制度，根据新的技术发展和实际工作需求，对一些规章制度进行了修订和完善。例如，在检查验收制度方面，增加了更多的检测项目和更高的检测标准，以确保桥隧的安全性。这种整顿工作为桥隧维修工作重新走上正轨奠定了坚实的基础，使得桥隧维修工作能够更好地适应国家经济建设对铁路运输的需求。

到了 20 世纪 80 年代初，我国的改革开放政策已经开始实施，经济建设进入了一个新的发展阶段。铁路运输量不断增加，对桥隧维修工作也提出了新的要求。

铁道部提出了线桥维修改革的意见，这一改革打破了之前一年一遍计划预防维修的模式。之前的模式虽然有一定的预防性，但存在过度维修的情况。新的维修模式实行钢桥 1～2 年，圬工桥、隧道、涵洞 2～3 年维修一遍的"区段修"维修方法。这种改革从宏观上对"过剩修"的状况进行了初步的改善。在这种"区段修"模式下，考虑到了不同类型的桥隧结构和材料的特点。钢桥由于其材料特性和使用环境的影响，相对来说需要更频繁的维修，但 1～2 年的维修周期也避免了过于频繁的不必要维修。而圬工桥、隧道、涵洞等结构相对较为稳定，2～3 年的维修周期既能保证其安全性，又能避免资源的浪费。在实际操作中，维修人员需要对桥隧进行详细的分类和评估，确定其属于哪一类维修区间。例如，对于钢桥，要根据其使用年限、承载量、腐蚀情况等因素进一步细分维修计划。这一改革是我国桥隧维修方式在适应经济发展和铁路运输需求方面的一次重要尝试，为后续更深入的维修改革提供了经验和思路。

　　尽管长期以来采用的养护维修方法在一定程度上保证了行车安全，但随着时代的发展和技术的进步，仍然暴露出许多不合理的弊端。因此，须根据桥隧维修工作的特点，按照设备"状态修"的原理，进行维修方式的改革。在状态修模式下，通过运用先进的检测技术，如无损检测技术、传感器监测技术等，对桥隧设备的各项参数进行实时监测。例如，可以在桥梁的关键部位安装传感器，实时监测桥梁的振动频率、应力变化等参数，在隧道内安装气体传感器，监测有害气体的浓度等。通过对这些数据的分析，可以提前预知桥隧设备可能出现的问题，从而在问题还处于萌芽状态时就进行修理。这种科学预防的方式能够大大提高桥隧设备的安全性和可靠性，减少设备故障对铁路运输的影响。目前，我国的桥隧维修方式主要包括定期检查、评估和必要的维修保养等，以确保其结构安全、功能正常和外观美观。

 思政小课堂

　　图 1-28 中被称作"小黄人"的工作人员，是中国铁路系统中的桥梁工，他们承担着对铁路桥梁定期检查、维修与养护的工作任务。这些工人一般会佩戴黄色安全帽、身着黄色作业服并系好安全带，以保障高空作业时的安全。在开展维修工作时，他们可能会运用悬挂于桥梁下方的狭窄吊篮。这样的工作环境对普通人而言极具紧张感与危险性。

图 1-28　"小黄人"

　　"小黄人"的工作内容包含对桥梁的钢铁托架、栏杆和支架进行检查与维修。在高温天气下，他们需顶着烈日开展作业，这对他们的体力与意志力均是巨大的考验。进行维修时，他们可能会使用诸如角磨机、钢丝刷等各类工具，来开展除锈与刷漆工作，从而防止桥梁结构因氧化和锈蚀而遭受损害。

在高空作业时，"小黄人"会实施一系列安全措施，包括系好安全带以及使用防毒口罩，以避免在狭小空间内吸入有害气体。他们的工作环境通常处于悬空状态，缺乏稳定的支撑，所以需要具备极高的专注力与协调能力。尽管工作条件艰苦，但他们仍能保持专业态度，专注于手头的任务，展现出对工作的热爱以及对责任的坚守。

"小黄人"在铁路桥梁底檐下的工作对铁路安全有着至关重要的意义。工作环境虽然艰苦，但他们凭借专业技能和坚韧不拔的精神，确保了铁路桥梁的安全性与耐久性。

 项目小结

本项目聚焦铁路桥隧养护维修概述，内容涵盖多方面关键要点。

在结构认知上，梳理了铁路桥隧的组成、分类及桥面、洞身等关键部位构造，明晰了不同类型桥隧特点。

在管理组织层面，介绍了桥隧养护维修管理模式的变迁，详述铁路局、工务段等各级职责，以及车间、工区的设立标准与人员设备配置。

设备检查包含水文观测、专项检查等多种类型，明确各检查的内容、周期与处理方式，为维修提供依据。通过劣化分级对运营桥隧状态进行评估，依据结果安排整治。同时，阐述铁路桥隧在限界、荷载、孔径等方面的基本技术要求，强调其对保障安全的重要性。回顾发展历程，从新中国成立初期的初步探索，到引入先进理念与改革创新，我国桥隧养护维修不断完善，持续保障铁路运输安全。

 复习思考题

1. 我国铁路现代化建设在铁路营业里程方面有哪些显著成果？

2. 桥隧养护维修对铁路运输安全的重要性主要体现在哪些方面？

3. 如何计算桥隧比？请举例说明。

4. 铁路桥梁病害产生的设计原因包含哪些具体内容？

5. 超载问题是如何影响既有铁路桥梁的？

6. 自然因素通过哪些方式导致铁路桥梁出现病害？

7. 人为因素引发铁路桥梁病害的常见情形有哪些？

8. 铁路桥梁的4个基本组成部分各自的主要作用是什么？

9. 梁式桥在竖向荷载作用下，梁部、主梁和基础的受力特点分别是什么？

10. 拱桥按结构形式和有无外推力分别可分为哪些类型？

11. 刚架桥的桥跨结构与桥墩或桥台的连接方式对其受力有何影响？

12. 悬索桥的主要承重结构及各主要构件的作用是什么？

13. 铁路桥梁桥面的3种主要类型各自适用于哪些场景？

14. 在明桥面的众多特点中，哪些限制了其在现代铁路中的应用？

15. 道砟桥面中道砟和道床分别起到什么作用？

16. 无砟轨道桥面在哪些方面体现出其优势和劣势？

17. 隧道结构中的主体建筑物和附属建筑物分别包含哪些部分？

18. 洞身衬砌的 4 种类型在施工工艺和适用条件上有何不同？

19. 隧道洞门设计时，"早进晚出"原则的具体含义和目的是什么？

20. 隧道附属设施中的防排水设施是如何保障隧道正常使用的？

21. 在铁路桥隧修理组织中，四级管理体制的各级职责分别是什么？

22. 桥隧车间和桥隧养修工区在设立标准上有哪些具体规定？

23. 工务段在桥隧设备检查工作中承担着怎样的职责？

24. 水文观测中的洪水通过观察需要关注哪些方面？

25. 专项检查中的桥隧限界检查在什么情况下需要立即进行？

26. 检定试验对新建和运营中的特殊结构桥梁分别有什么要求？

27. 在经常检查中，不同层级人员对桥隧设备的检查重点有何差异？

28. 定期检查中的春融及汛前检查与秋季大检查的侧重点分别是什么？

29. 桥隧建筑物状态评定为 A、B、C 级时，分别应采取怎样的整治措施？

30. 铁路桥隧限界与隧道断面之间的关系是怎样的？

 习 题

（一）单选题

1. 我国高速铁路运营里程居世界第（　　　）位。

    A. 一　　　　　　B. 二　　　　　　C. 三　　　　　　D. 四

2. 桥隧比是指（　　　）。

    A. 桥梁长度占总里程的比例

    B. 隧道长度占总里程的比例

    C. 桥梁和隧道的长度占总里程的比例

    D. 桥梁或隧道长度占总里程的比例

3. 池黄高铁的桥隧比约为（　　　）。

    A. 89.7%　　　　B. 87.6%　　　　C. 87.3%　　　　D. 85.27%

4. 铁路桥梁由 4 个基本部分组成，不包括以下哪一项？（　　　）

    A. 上部结构　　　B. 中部结构　　　C. 支座　　　　　D. 附属设施

5. 桥梁上部结构的主要作用是（　　　）

    A. 支撑桥跨结构并将荷载传递给地基

    B. 承担上部结构受到的全部荷载，并通过支座传递给下部结构

    C. 保证上部结构在荷载、温度变化或其他因素作用下的位移功能

    D. 连接桥梁与路堤

6. 梁式桥在竖向荷载作用下，梁部只产生（　　　）。

    A. 水平反力　　　B. 竖向反力　　　C. 弯矩　　　　　D. 剪力

7. 拱桥的主要承重结构是（　　　）以承压为主。

  A. 梁   B. 拱肋（或拱箱）

  C. 桥墩   D. 桥台

8. 刚架桥的桥跨结构与（　　　）刚性连接。

  A. 桥墩   B. 桥台   C. 桥墩或桥台   D. 基础

9. 悬索桥以（　　　）为主要承重结构。

  A. 梁   B. 拱   C. 悬索   D. 刚架

10. 铁路桥梁桥面主要有明桥面、有砟轨道桥面和（　　　）。

  A. 木质桥面   B. 钢桥面

  C. 无砟轨道桥面   D. 混凝土桥面

11. 明桥面的特点不包括（　　　）

  A. 减轻恒载，节省钢料和投资

  B. 木材用量大，使用寿命长

  C. 钢桥需要联结的部位繁多，维修周期短

  D. 噪声大、污染环境

12. 道砟桥面的道床作用不包括（　　　）。

  A. 减弱对桥的冲击   B. 缓和列车的振动

  C. 防止枕木移位   D. 增加桥梁的横向刚度

13. 无砟轨道桥面的特点不包括（　　　）。

  A. 轨道稳定性好，线路养护维修工作量显著减少

  B. 几何状态能持久保持，平顺性及刚度均匀性好

  C. 耐久性好，服务期长

  D. 初期建设投资相对较低

14. 隧道结构可分为主体建筑物和（　　　）。

  A. 附属建筑物   B. 洞身衬砌

  C. 洞门   D. 明洞

15. 按支护理论，洞身的衬砌结构不包括以下哪种？（　　　）

  A. 整体式混凝土衬砌   B. 装配式衬砌

  C. 砖石衬砌   D. 复合式衬砌

16. 隧道洞门的作用不包括（　　　）。

  A. 保证洞口边坡的安全和仰坡的稳定

  B. 引离地表流水

  C. 减少洞口土石方开挖量

  D. 增加隧道的通风效果

17. 隧道的附属设施不包括（　　　）。

  A. 专用洞室   B. 防排水设施

  C. 照明设施   D. 洞身衬砌

18. 铁路桥隧维修工作管理目前施行（　　　）的四级管理体制。

　　A. 国铁集团—铁路局—工务段—车间

　　B. 铁路局—工务段—车间—工区

　　C. 国铁集团—铁路局—工务段—工区

　　D. 路局—工务段—车间—工区

19. 桥隧车间管辖桥隧换算长不宜超过（　　　）。

　　A. 2 万米　　　　B. 3 万米　　　　C. 4 万米　　　　D. 5 万米

20. 桥隧养修工区管辖桥隧换算长不宜超过（　　　）。

　　A. 0.4 万米　　　B. 0.6 万米　　　C. 0.8 万米　　　D. 1 万米

21. 桥隧设备检查内容不包括（　　　）。

　　A. 水文观测　　B. 专项检查　　　C. 日常巡检　　　D. 定期检查

22. 常年有水的桥梁，河床断面测量至少每年（　　　）测量一次。

　　A. 洪水前　　　B. 洪水后　　　　C. 汛期　　　　　D. 枯水期

23. 重要线路的桥隧限界（　　　）检查一遍。

　　A. 3 年　　　　B. 5 年　　　　　C. 7 年　　　　　D. 10 年

24. 跨度在 40 m 及以上的钢梁，由工务段负责至少每（　　　）测量一次挠度和拱度。

　　A. 1 年　　　　B. 2 年　　　　　C. 3 年　　　　　D. 4 年

25. 桥隧检查监控工区每月应对（　　　）检查一遍。

　　A. 圬工桥

　　B. 钢梁桥、混合桥（钢梁部分）和其他重要桥隧设备

　　C. 隧道

　　D. 涵洞

26. 定期检查是指（　　　）应对桥隧设备的排水、泄洪及度汛防护设施进行一次检查。

　　A. 春融及汛前　B. 夏季　　　　　C. 秋季　　　　　D. 冬季

27. 设备状态评定按劣化程度分为（　　　）级。

　　A. 2　　　　　　B. 3　　　　　　C. 4　　　　　　D. 5

28. 结构物或主要构件功能严重劣化，危及行车安全，评定为（　　　）。

　　A. A 级 AA 等　　　　　　　　　B. A 级 A1 等

　　C. B 级　　　　　　　　　　　　D. C 级

29. 铁路桥隧限界是指轨面以上一定宽度和高度范围内，除（　　　）以及与它相互作用的设备以外，不允许有其他任何设备和建筑物侵入的最小净空尺寸。

　　A. 桥梁　　　　B. 隧道　　　　　C. 机车车辆　　　D. 轨道

30. 桥梁的检定承载系数 K（　　　）时，表示桥涵结构承载能力满足标准活载的要求。

　　A. ≥1　　　　　B. <1　　　　　　C. =1　　　　　　D. >1

（二）多选题

1. 我国铁路现代化建设取得重大进展，在以下哪些方面已迈入世界先进行列？
（　　　）
　　A. 高速铁路　　B. 机车车辆　　　C. 高原铁路　　　D. 既有线提速

2. 桥隧建筑物在铁路交通固定资产中占比很大，其养护维修的意义包括（　　　）。
　　A. 确保铁路运输安全畅通
　　B. 延长桥隧建筑物的使用寿命
　　C. 节省大量投资
　　D. 消除交通安全隐患

3. 铁路桥梁病害的主要原因包括（　　　）。
　　A. 设计原因　　B. 超载问题　　　C. 自然因素　　　D. 人为因素

4. 铁路桥梁由以下哪些部分组成？（　　　）
　　A. 上部结构　　B. 下部结构　　　C. 支座　　　　　D. 附属设施

5. 梁式桥有以下哪些类型？（　　　）
　　A. 简支梁桥　　B. 连续梁桥　　　C. 悬臂梁桥　　　D. 系杆拱桥

6. 拱桥按结构形式可分为（　　　）。
　　A. 无铰拱　　　B. 双铰拱　　　　C. 三铰拱　　　　D. 四铰拱

7. 刚架桥包括以下哪些类型？（　　　）
　　A. 门形刚构　　B. 斜腿刚构　　　C. 地道桥　　　　D. T 构

8. 悬索桥的主要构件有（　　　）。
　　A. 主缆（缆索）　　　　　　　　B. 索塔
　　C. 吊杆　　　　　　　　　　　　D. 索鞍

9. 铁路桥梁桥面主要有（　　　）。
　　A. 明桥面　　　　　　　　　　　B. 有砟轨道桥面
　　C. 无砟轨道桥面　　　　　　　　D. 木质桥面

10. 明桥面的特点包括（　　　）。
　　A. 减轻恒载，节省钢料和投资
　　B. 木材用量大，使用寿命短
　　C. 钢桥需要联结的部位繁多，维修周期短
　　D. 噪声大、污染环境

11. 道砟桥面的道床作用包括（　　　）。
　　A. 减弱对桥的冲击　　　　　　　B. 缓和列车的振动
　　C. 防止枕木移位　　　　　　　　D. 将车轮集中荷载分布到梁顶面

12. 无砟轨道桥面的特点包括（　　　）。
　　A. 轨道稳定性好，线路养护维修工作量显著减少
　　B. 几何状态能持久保持，平顺性及刚度均匀性好

　　　　C. 耐久性好，服务期长

　　　　D. 初期建设投资相对较高

13. 隧道结构的主体建筑物包括（　　　　）。

　　　　A. 洞身衬砌　　　B. 洞门　　　　　　C. 明洞　　　　　　D. 附属建筑物

14. 按支护理论，洞身的衬砌结构包括（　　　　）。

　　　　A. 整体式混凝土衬砌　　　　　　　B. 装配式衬砌

　　　　C. 喷锚衬砌　　　　　　　　　　　D. 复合式衬砌

15. 隧道洞门的常见结构形式有（　　　　）。

　　　　A. 端墙式　　　B. 环框式　　　　　C. 柱式　　　　　　D. 台阶式

16. 隧道的附属设施包括（　　　　）。

　　　　A. 专用洞室　　　　　　　　　　　B. 防排水设施

　　　　C. 电力及通信设施　　　　　　　　D. 运营通风设施

17. 桥隧设备检查内容包括（　　　　）。

　　　　A. 水文观测　　　B. 专项检查　　　C. 检定试验　　　　D. 经常检查

18. 水文观测包括（　　　　）。

　　　　A. 河床断面测量　　　　　　　　　B. 洪水通过观测

　　　　C. 结冰及流冰观测　　　　　　　　D. 桥梁变形观测

19. 专项检查主要涉及（　　　　）。

　　　　A. 桥隧限界检查　　　　　　　　　B. 刚度检查

　　　　C. 墩台检查　　　　　　　　　　　D. 桥梁裂缝检查

20. 桥隧建筑物状态评定按劣化程度分为（　　　　）。

　　　　A. A 级 AA 等　　　　　　　　　　B. A 级 A1 等

　　　　C. B 级　　　　　　　　　　　　　D. C 级

（三）判断题

1. 我国是世界上唯一实现高速铁路时速 350 km 商业化运营的国家。（　　　　）

2. 桥隧比越大，表明该工程中桥梁和隧道占总里程的比例越小。（　　　　）

3. 铁路桥梁的健康状况直接关系到铁路运输的安全性和稳定性。（　　　　）

4. 梁式桥的承重结构是以它的抗压能力来承受荷载的。（　　　　）

5. 拱桥在竖向荷载作用下只有竖向反力。（　　　　）

6. 刚架桥的桥跨和墩台刚性连接成整体，墩会参与主梁的受力。（　　　　）

7. 悬索桥的主塔受拉，缆索受压。（　　　　）

8. 道砟桥面重量大，限制了圬工梁跨度的发展。（　　　　）

9. 无砟轨道桥面的初期建设投资相对较低。（　　　　）

10. 桥隧车间管理的营业长度，平原微丘区不宜超过 250 km。（　　　　）

项目 2　桥梁病害检测

 ## 项目描述

自从水泥问世以来，桥梁建设经历了一个飞跃的发展过程。钢筋混凝土具有价格低廉、成型易、经久耐用等优点，使之几乎取代了其他所有的桥梁建筑材料。但随着时间的推移，号称"安如磐石"的钢筋混凝土出现了一些人们之前没有认识到的危害，如混凝土的老化、碳化以及钢筋的锈蚀等许多不可逆的物理、化学变化，使钢筋混凝土的使用寿命大打折扣。

桥梁一直长年累月地受到外界各种因素的影响，日久天长，缺陷不断扩大。表层破坏，使保护层厚度变薄或钢筋外露，导致钢筋锈蚀；严重时就会削弱结构的强度和刚度，致使桥梁结构破坏；有些表层损坏还会向深度发展，造成强度逐渐降低，危及结构安全使用，从而缩短桥梁的寿命。人们常说"三分建桥、七分养护"就是这个道理。

本项目主要介绍桥梁材料性能检测的任务和意义、无损检测技术检测强度、混凝土损伤及缺陷检测的方法等。

 ## 拟实现的教学目标

▷ 思政要素

（1）弘扬工匠精神：讲桥梁工程检测时，提及早期如唐胥铁路桥梁，先辈在技术、材料匮乏的条件下，仍严把工序和材料检测关，对石料、钢材细检，体现严谨、求精的工匠精神。引导学生思考，现代检测中如何传承，认真对待任务，保障工程质量。

（2）培养创新精神：讲述我国无损检测技术从引进设备，到科研人员自主创新，研制先进仪器、制定规程，推动技术发展的历程。鼓励学生学习时培养自身创新意识，助力行业进步。

（3）增强责任意识：对比桥梁因检测失职导致事故，和定期检测排隐患的案例，让学生明白检测人员责任重大，质量关乎安全与发展。引导学生树立责任意识，未来认真工作，增强社会责任感。

▷ 能力目标

（1）具备对桥梁主要材料性能检测的能力。

（2）具备初步检测桥梁混凝土强度的能力。

（3）具备初步检测桥梁混凝土结构缺陷的能力。

（4）具备钢筋性能进行检测的能力。

 知识目标

（1）掌握桥梁中主要工程材料的检测方法。

（2）掌握桥梁工程中混凝土缺陷损伤的检测方法。

（3）掌握钢筋的主要内容和方法。

▷ 素质目标

（1）养成严谨的科学态度，强化坚持不懈的科学精神。

（2）具备自学和独立思考的能力。

（3）具备分析问题和解决实际问题的能力。

（4）具备信息搜集能力和处理能力。

（5）具备一定的协调能力、协作精神。

相关案例

武汉府河大桥裂缝病害检测与处置案例

武汉府河大桥（图 2-1）位于武汉市汉口岱山西北的黄陂区，1995 年建成，全长 1 078.04 m，宽 24 m，是由武汉市市政设计研究所设计，武汉天河机场建设指挥部施工建造的。主桥上部结构为 3 跨预应力钢筋混凝土连续刚构，其跨径布置为 40 m + 60 m + 40 m 单箱单室变截面箱梁，在当地交通网络中占据着重要地位，是武汉天河机场的重要通道桥，也是岱黄一级公路的重要组成部分，对市区与郊区的经济和文化交流起到了积极的促进作用。

图 2-1　武汉府河大桥

2015 年，在日常巡检过程中，养护人员发现主桥箱梁底板出现了多条细微裂缝。

随着时间的推移，裂缝逐渐增多，且有明显的扩展迹象。这一情况引起了相关部门的高度重视，随即展开了全面深入的检测工作。

在外观检测阶段，检测人员使用裂缝观测仪对裂缝宽度进行了细致测量。经检测发现，部分裂缝宽度已超过规范允许值 0.2 mm，其中最宽处达到了 0.35 mm。同时，检测人员详细记录了裂缝的位置、走向和长度，并绘制了精准的裂缝分布图，以便后续对裂缝的发展趋势进行分析和跟踪。

在无损检测环节，检测人员采用超声平测法对裂缝深度进行检测。检测人员在裂缝两侧精心布置测点，保持测点连线垂直于裂缝走向，各测点间距设置为 200 mm。随后，使用超声仪测量超声传播时间，为确保数据的准确性，每个测点都重复测量 3 次并取平均值。经过计算，部分裂缝深度达到了 15 cm，这表明裂缝已深入箱梁内部，对桥梁结构的安全性构成了严重威胁。

为了进一步分析裂缝产生的原因，检测人员利用有限元软件对桥梁结构进行建模分析，模拟桥梁在各种荷载工况下的受力情况。分析结果显示，裂缝出现区域应力集中现象明显，主要原因是随着城市的发展，交通量不断增长，重载车辆日益增多，超出了桥梁原设计的承载能力。

针对这一裂缝病害，相关部门采取了压力灌浆法进行修补。首先对裂缝进行了全面清理，去除裂缝内的杂质和灰尘，为后续的灌浆工作做好准备；然后，使用专业的灌浆设备将环氧树脂浆液注入裂缝，使浆液填充密实，以恢复桥梁结构的整体性；同时，为了减少重载车辆对桥梁的损害，对桥梁实施了限载限行措施，加强了交通管理力度，确保桥梁在安全的状态下运行。

❓ 思则有备

表 2-1 项目内容及自我评价

项目	内容	自我评价			
自主学习计划		优　秀（　　）	良　好（　　）		
		及　格（　　）	不及格（　　　）		
思维导图绘制		优　秀（　　）	良　好（　　）		
		及　格（　　）	不及格（　　　）		
项目小结撰写		优　秀（　　）	良　好（　　）		
		及　格（　　）	不及格（　　　）		
疑难问题剖析		优　秀（　　）	良　好（　　）		
		及　格（　　）	不及格（　　　）		
学习体会概要		优　秀（　　）	良　好（　　）		
		及　格（　　）	不及格（　　　）		
知识拓展方向		优　秀（　　）	良　好（　　）		
		及　格（　　）	不及格（　　　）		

请你在学习开始之际填写第 1 项，在学习中逐步完善第 2 项，在学习之后完成第 3～5 项，课后完成第 6 项。

任务 2.1　试验检测的任务和意义

1881 年建成的唐胥铁路，是中国第一条自建铁路，其间修建了包括吴淞蕰藻浜桥在内的多座桥梁。随着我国交通运输行业的快速发展，铁路桥梁的数量和质量都有了显著提升。国家铁路局于 2025 年 6 月发布的《2024 年铁道统计公报》显示，全国铁路营业里程达 16.2 万公里，其中高铁 4.8 万公里。从线路结构看，山区铁路桥隧比通常超过 70%，平原地区桥梁占比约 30%～50%，铁路桥梁数量和长度仍保持增长趋势。为保证桥梁按照建设预期安全可靠、稳定耐久地服务，有必要对在建的桥梁以及既有桥梁进行桥梁工程的试验检测。

2.1.1　任　务

桥梁工程试验检测包含施工前、中、后的检测任务，涉及材料、工序、结构等多方面检测，保障工程质量。

1. 施工前期的检测任务

在桥梁建设施工前，需要对进场的原材料（包括各种钢材、水泥、砂石等材料）、成品（如预制梁）和半成品构件进行试验鉴定。只有通过检测，确定其力学性能，检测其尺寸偏差、外观质量等是否符合规定，判定其是否符合国家质量标准和设计文件的要求，才能被用于桥梁工程建设中。避免不合格材料进入施工现场，从而从源头上保证桥梁工程的质量，确保构配件的质量合格，保障后续安装施工的顺利进行。整个桥梁工程的结构受力分布以及与其他线路的衔接是确保桥梁质量的重要因素，在桥梁施工前，进行桥位放样测量检验是桥梁施工的基础工作。试验检测任务包括对桥位坐标、高程等测量数据进行检测核对。在一些复杂地形或水文条件下，更需要严格的测量检测来确保桥位放样的准确性。

2. 施工过程中的检测任务

在施工各环节，需对每一道工序和结构部位的工程质量进行检测判定。比如：在桥梁下部结构施工中，要检测地基承载力是否达到设计要求，基础的位置、尺寸和高程是否准确无误。在预制构件张拉、运输和安装时，需要控制其强度，进行强度控制试验检测，以免在施工过程中发生构件开裂、损坏等质量问题；同时，对预应力张拉控制进行检测，确保预应力施加符合设计要求的数值。在施工过程中要对桥梁结构的状态进行监测，比如通过对上部结构应力、应变监测能够实时掌握施工过程中结构的受力状态，如果应力应变超过警戒值，则可能提示施工工序不当或者结构存在危险，需要及时调整施工方法或采取加固措施。

3. 施工完成后的检测任务

施工结束后要对桥梁总体进行全面检测，检测内容涵盖桥梁的几何尺寸、外观质量、结构的整体线形等方面。若有必要，还需进行荷载试验，以此来对结构整体受力性能是否达到设计文件和标准规范的要求作出评价。如果桥梁建设中使用了新材料、新工艺，必须通过试验检测鉴定其是否符合国家标准和设计文件的要求。这一方面保证了桥梁工程质量，另一方面也为完善设计理论和施工工艺积累实践资料。

2.1.2　意　　义

从确保安全运营、优化养护、推动技术发展、兼顾效益等方面来理解桥梁工程试验检测任务的意义。

1. 确保桥梁安全运营

桥梁作为交通网络中的重要组成部分，一旦发生安全事故，将严重影响人民群众的生命财产安全和社会经济发展。既有桥梁结构在使用期间，会因为当初的设计、施工不当等而产生缺陷，同时受到洪水、撞击等灾害的影响。通过定期的桥梁检测，包括日常性检查、定期检测和特殊检测等，可以及时发现这类安全隐患的存在部位、程度以及发展趋势等情况，从而及时采取相应的维修加固措施防止病害进一步扩展，避免出现梁体断裂等危及桥梁安全运营的状况。

2. 优化桥梁维修养护策略

桥梁检测能够精准找到桥梁各个部位的缺陷和损伤，从而为制订合理的维修养护方案提供精确的信息基础，保证或延长桥梁的使用寿命。桥梁工程试验检测有助于降低桥梁全寿命周期成本；同时，桥梁检测提供的数据也有助于准确评估桥梁维护所需的资金预算，避免资金的浪费或者预算不足，确保资源合理使用在最需要的地方，提升养护管理效益。

3. 推动桥梁技术发展

随着材料科学和工程技术的发展，各种新材料（如高性能纤维增强复合材料等）、新工艺（如桥梁的装配式建造技术等）不断涌现。对于新的桥型、新材料、新工艺等，进行工程试验，可验证其效果，为我国桥梁工程质量检验评定标准等技术规范的修订完善提供数据依据，使规范更加贴合实际桥梁工程的需求，推动桥梁工程从设计、施工到运营维护全流程技术的不断发展进步。

任务 2.2　原材料性能检测

2.2.1　石　料

混凝土石料，通常被称为骨料，是混凝土中不可或缺的重要组成部分，是由天然岩石或卵石经破碎、筛分而得到的。骨料包括粗骨料（如碎石）和细骨料（如砂），它们提供了混凝土的骨架，确保了建筑物的稳定性和耐久性

粒径大于 4.75 mm 的骨料，属于粗骨料，也称为石子。常用的粗骨料有天然卵石和人工碎石两种。

石料的基本技术要求包括石料制品的物理、化学、力学性能要求。

（1）物理要求。

粒径：骨料的粒径应符合设计要求，确保混凝土的流动性和密实度。

级配：骨料的级配应合理，避免出现空隙率过大或过小的情况，影响混凝土的强度和耐久性。

含泥量：骨料中的含泥量应控制在规定的范围内，过多的泥土会影响混凝土的黏结性能和强度。

（2）化学性能。

碱活性：骨料不应具有碱活性，以免引起混凝土的膨胀和开裂。

化学稳定性：骨料应具有良好的化学稳定性，不会与混凝土中的其他成分发生有害反应。

（3）力学性能。

石料的强度、试件规格及换算应符合设计要求。

在混凝土工程中，石料强度对混凝土整体性能有重要影响。对石料进行强度试验，可以确保在混凝土配制中选择合适强度的石料，从而保证混凝土结构的安全性、质量和耐久性等。石料作为混凝土的重要组成部分，其强度试验的意义重大。通过石料强度试验，可以及时发现施工中可能存在的问题，当石料强度不达标时，可以通过更换石料来源、调整配合比等途径来纠正问题，避免因石料强度不足影响混凝土的强度，进而影响工程的稳定性和耐久性。

1. 抗压强度试验

试验原理：通过对石料施加轴向压力直至破坏，根据破坏时的压力值计算抗压强度。

石料的抗压强度受其矿物组成、结构、含水率和试件尺寸等一系列因素的影响。按照相关标准［如现行国家标准《混凝土物理力学性能试验方法标准》（GB/T 50081—2019）］制备石料试件，试件尺寸和形状需符合标准要求，一般为立方体或圆柱体。

将试件放置在压力试验机上，以一定的加载速率施加压力，直至试件破坏，记录破坏时的最大压力，根据公式计算抗压强度（抗压强度 = 破坏荷载/承压面积）。

2．抗拉强度试验

试验原理：通过间接加载方式（如劈裂法）测量石料抵抗拉伸破坏的能力。

采用劈裂法等进行抗拉强度试验。将圆柱形石料试件放置在压力试验机的上下压板之间，在试件的直径方向施加均匀的线性荷载，直至试件沿直径方向劈裂破坏，根据公式计算抗拉强度（抗拉强度 = $2P/\pi dh$，其中 P 为破坏荷载，d 为试件直径，h 为试件高度）。

3．抗冻性试验

一月份平均气温低于 $-10\ ℃$ 的地区，应进行冻融试验，抗冻性指标合格后方可使用。干旱地区不受冰冻部位可以不进行冻融试验。

试验原理：试件在浸水条件下，经过多次冻融循环作用后，测定实际的质量损失和单轴饱水抗压强度的变化。

桥梁工程用的石料试验，采用立方体试件，边长为 $70\ mm \pm 2\ mm$。将试件放入烘箱，在 $105 \sim 110\ ℃$ 下烘至恒量。按吸水率试验方法，让试件自由吸水饱和，经受规定次数的冻融循环后，测定质量损失率、吸水率、冻融系数，用以判断抵抗破坏的能力。

2.2.2　混凝土

混凝土是由胶结材料、砂、石和水，按一定的比例配制，经搅拌、捣实成型、养护硬化而成的一种人造石材。砂、石对混凝土起骨架作用，水和胶结材料包裹在所有的砂、石表面并填充在孔隙中。一般所称的混凝土是指水泥混凝土。预拌混凝土是指水泥、砂、石、水以及根据需要掺加的外加剂、矿物掺合料等组分按一定比例，在搅拌站经计量、拌制后出售，并采用运输车在规定时间内运至使用地点的混凝土拌合物。

1．水泥混凝土各组成材料的技术要求

1）水　泥

混凝土工程必须严格依据配合比要求选用水泥，禁止擅自更改水泥品种和强度等级。

装运水泥的车辆需配备性能良好的棚盖或覆盖帆布，避免水泥在运输途中受潮、受污染。

袋装水泥在装卸、搬运期间，严禁抛掷，防止包装破损。

水泥按品种、强度等级分批堆垛，垛高一般不超 10 袋，特殊情况最多 12 袋；堆垛底部离地面 0.2 m 以上，与四周墙壁保持 0.2 ~ 0.3 m 距离或留出通道。

储存水泥的仓库应建在地势较高处，四周设排水沟，保证仓库内干燥，无积水隐患。

遵循先进先用原则，不得露天堆放；若临时露天堆放，必须做好上盖下垫防护。

水泥进场后，按规定抽样检测，检测合格方可使用。

2）砂、石

料场采用 C15 混凝土硬化，厚度为 10 cm，防止二次污染；不同骨料场间用 1.2 m 高砖墙隔离。

运抵工地的粗细骨料，按产地、规格、品种等条件分批堆放。

每批骨料到场后，进行外观检查，并按规定取样试验，试验合格才可用于施工。

3）水

用于拌和和养护混凝土的水，必须经过严格检验。未经检验合格的水，严禁用于混凝土实体施工。

4）外加剂

外加剂掺用前需进行试验，确定其性质、有效物质含量、溶液配制方法及最佳掺量。

外加剂掺用过程中要搅拌均匀，并定期检查，确保使用效果。

运抵工地的外加剂分类、分批存放在专用仓库或固定场所，妥善保管。

2. 水泥混凝土性能试验

1）混凝土立方体抗压强度试验

混凝土是由水泥、砂、石、水等材料组成的非均质复合材料。在压力作用下，试件内部的微裂缝和缺陷会逐渐发展和扩展。随着压力的不断增大，这些微裂缝会相互连接、贯通，最终导致试件失去承载能力而破坏。此时所施加的压力即为试件的破坏荷载。

强度计算依据：混凝土立方体抗压强度以单位面积上所能承受的最大压力来表示。通过测量试件的尺寸确定承压面积，记录破坏荷载，计算出混凝土的立方体抗压强度。

2）混凝土棱柱体轴心抗压强度试验原理

试验时，将 150 mm × 150 mm × 300 mm 的标准棱柱体试件放置在压力试验机上，使压力均匀地作用在试件的轴心线上。确保试件轴心与试验机上下压板中心对准，这样可保证试件在受压过程中，各个部位所承受的压力均匀一致，避免产生偏心受力或局部应力集中的情况，使试件处于理想的轴心受压状态，从而准确测量混凝土在轴心受压时的力学性能。

混凝土属于脆性材料，在轴心压力作用下，其内部会产生压应力。随着压力逐渐增加，当达到混凝土的极限抗压强度时，混凝土内部的微裂缝会不断扩展、连通，最终导致试件失去承载能力而破坏。通过测量试件破坏时所承受的最大荷载，计算出混凝土棱柱体的轴心抗压强度。

2.2.3　钢　材

钢材力学性能优越，强度、韧性和抗疲劳性好，加工性能佳，可焊、成型且精度高，施工速度快、安装方便，耐久性好，耐腐蚀、抗风化，能回收利用，全寿命周期成本低，还适应不同跨度与复杂环境，因此广泛应用于各种不同类型的桥涵工程结构中。

1. 主要力学性能

1）强　度

钢材的强度是指钢材在外力作用下抵抗永久变形和断裂的能力。

屈服强度：也称屈服点，是钢材开始产生明显塑性变形时的应力。对于有明显屈服现象的钢材，屈服强度是一个重要的设计指标。在工程应用中，结构或构件所承受的应力通常不允许超过钢材的屈服强度，以确保结构的安全性和可靠性。

抗拉强度：钢材在拉伸过程中所能承受的最大应力。它反映了钢材抵抗拉伸破坏的能力，是衡量钢材强度的重要指标之一。抗拉强度与屈服强度的比值（强屈比）也是一个重要的参数，强屈比越大，说明钢材在破坏前有较大的塑性变形能力，结构的安全性越高。

2）塑　性

钢材的塑性是指钢材在受力破坏前可以经受永久变形的性能。

伸长率：钢材在拉伸试验中，试件拉断后标距的伸长与原始标距的百分比。伸长率越大，表明钢材的塑性越好，在承受外力时能够产生较大的变形而不发生突然断裂，有利于结构在受力时通过变形来消耗能量，提高结构的抗震性能等。

断面收缩率：试件拉断后，颈缩处横截面积的最大缩减量与原始横截面积的百分比。它也是衡量钢材塑性的重要指标，断面收缩率越大，钢材的塑性越好。

3）韧　性

钢材的韧性是指钢材在冲击荷载作用下，吸收能量并抵抗破坏的能力。

冲击吸收功：通过冲击试验测定，指一定形状和尺寸的标准试件，在冲击试验机上受冲击荷载而折断时，试件所吸收的冲击功。冲击吸收功越大，钢材的韧性越好，在动荷载作用下越不容易发生脆性断裂。

韧脆转变温度：钢材的韧性随温度的降低而降低，当温度降低时，钢材的韧性急剧下降而发生脆性转变的温度范围。韧脆转变温度越低，钢材的低温韧性越好。

4）硬　度

钢材的硬度是指钢材表面局部体积内抵抗外物压入产生塑性变形的能力。

常用的硬度指标有布氏硬度（HB）、洛氏硬度（HRA、HRB、HRC）、维氏硬度（HV）等。布氏硬度适用于测定退火、正火、调质处理后的软钢和铸铁等；洛氏硬度操作简便、迅速，适用于成品检验；维氏硬度适用于测量薄件、表面渗碳、渗氮层等的硬度。

5）疲劳性能

钢材的疲劳是指钢材在循环荷载作用下，在远低于抗拉强度甚至屈服强度的应力下，经过一定次数的循环后发生突然断裂的现象。

疲劳极限：在规定的循环次数下，钢材不发生疲劳破坏的最大应力值。一般通过疲劳试验来确定钢材的疲劳极限，它是设计承受循环荷载结构或构件时的重要依据。

疲劳寿命：钢材在循环荷载作用下，从开始加载到发生疲劳破坏所经历的循环次数。疲劳寿命与所承受的应力水平有关，应力水平越高，疲劳寿命越短。

2. 常见焊接方法

1）闪光对焊

钢材的闪光对焊是指通过给钢筋端部施加电压，利用电流产生的电阻热，快速将钢筋端部加热至塑性状态，随后迅速施加顶锻力完成焊接的方法。该方法适用于热轧钢筋、余热处理钢筋等的对焊，常用于预制构件厂内钢筋接长，比如预应力钢筋与螺丝端杆的焊接。它焊接效率高、接头质量好、成本较低，还能实现自动化操作；但缺点是对设备要求高，需专用对焊设备，且不适用于施工现场竖向钢筋连接。

2）电弧焊

钢材电弧焊是指借助电弧产生的高温，把焊条与焊件局部加热至熔化状态，让焊条金属和焊件金属熔合，形成牢固焊接接头的方法。依据接头形式不同，电弧焊可分为帮条焊、搭接焊、坡口焊等。帮条焊和搭接焊适用于各种位置的钢筋连接，坡口焊适用于大直径钢筋连接。电弧焊设备简单、操作灵活，适用于各类施工现场，不过焊接质量受焊工技术水平影响较大，焊接速度也相对较慢。

3）电渣压力焊

钢材电渣压力焊是指利用电流通过渣池产生的电阻热，熔化钢筋端部，再施加压力使钢筋连接在一起的方法。该法主要用于现浇钢筋混凝土结构中竖向或斜向（倾斜度在 4∶1 范围内）钢筋的连接，像高层建筑的柱、墙等部位的钢筋连接。此方法设备简单、焊接速度快、成本较低，但仅适用于竖向钢筋连接，且对焊接参数要求严格。

3. 质量控制要点

1）焊接材料选择

焊条、焊剂等焊接材料的质量直接关系到焊接质量，必须选用符合国家标准和设计要求的产品。针对不同种类的钢筋，要挑选与之匹配的焊条型号，从源头上保障焊接质量。

2）焊接工艺参数控制

焊接电流、电压、焊接时间等参数至关重要。不同焊接方法和钢筋规格，需相应调整焊接工艺参数。例如采用电渣压力焊时，电流过大易造成钢筋烧伤，电流过小则可能出现未焊透问题，所以精确控制参数是确保焊接质量的关键。

3）外观质量检查

焊接完成后，需对焊接接头进行外观检查，查看有无裂纹、气孔、夹渣、咬边等缺陷。一旦发现不符合要求的接头，应及时返工处理，避免影响整体结构性能。

4）力学性能检验

按规定抽取一定数量的焊接接头，进行拉伸试验、弯曲试验等力学性能检验，保证接头的强度和韧性达到设计要求，确保焊接接头在实际使用中安全可靠。

任务 2.3　无损检测技术概述

知识点 8　无损检测技术概述

桥梁材料性能检测，是桥梁诊断工作中的重要环节，指的是对桥梁结构及其构件现存的缺损状况展开全面、细致的检测、试验与判断的过程。在实际操作中，需依据缺损的具体类型、所处位置以及检测的特定要求，灵活选用合适的检测方法，比如表面测量、无破损检测、半破损检测等。

2.3.1　无损检测技术的发展

在现代土木工程领域，混凝土作为一种关键建筑材料，其质量与性能的准确评估至关重要。混凝土无损检测技术应运而生，它能在不破坏结构受力性能以及其他使用功能的前提下，直接在结构上测定特定物理量，以此精准判定混凝土的强度、均匀性、连续性和耐久性等一系列性能指标。值得一提的是，桥梁工程中无损检测技术的兴起与发展，与混凝土无损检测技术的进步紧密相连，二者相互促进、协同发展。

1. 探索起源（20 世纪 30—50 年代）

20 世纪 30 年代，混凝土无损检测技术的探索之旅正式开启。1930 年，表面压痕法率先崭露头角，成为该领域的先驱方法。它通过在混凝土表面施加一定压力，观察压痕的形态和尺寸，以此初步推断混凝土的强度等性能。尽管这种方法相对简单粗糙，但在当时的技术条件下，为混凝土性能检测提供了一种全新的思路。

1948 年，瑞士人施密特（E. Schmidt）凭借其卓越的智慧和不懈的努力，成功研制出混凝土回弹仪。这一创新性的仪器通过弹击混凝土表面，测量回弹值，进而根据回弹值与混凝土强度之间的经验关系，快速估算混凝土的强度。回弹仪的出现，极大地简化了混凝土强度检测的流程，使得检测工作更加便捷高效，在全球范围内得到了广泛应用。

1949 年，加拿大的莱斯利（Leslie）等科研人员大胆尝试，运用超声脉冲对混凝土进行检测并取得成功。超声脉冲技术利用超声波在混凝土中的传播速度、衰减等特性，来分析混凝土内部的结构和缺陷情况。这一技术的突破，进一步拓展了无损检测技术的应用范畴，为混凝土内部质量检测提供了有力手段。

2. 技术整合与发展（20 世纪 60—80 年代）

到了 20 世纪 60 年代，罗马尼亚的费格瓦洛（I. Facaoaru）提出超声回弹综合法。该方法巧妙地综合利用超声脉冲和回弹仪两种检测手段的优势，通过对超声声速和回弹值的综合分析，更全面、准确地评估混凝土的强度和内部质量。相比单一的检测方法，超声回弹综合法有效克服了各自的局限性，显著提高了检测结果的准确性和可靠性。这一创新方法的提出，标志着混凝土无损检测技术进入了一个新的发展阶段，为后续的技术研究和应用奠定了坚实基础。

随着时间的推移，无损检测技术在全球范围内得到了越来越广泛的应用和深入的研究。众多国家纷纷意识到制定统一技术标准的重要性，以规范检测流程、确保检测质量。于是，一系列相关技术标准相继出台，为无损检测技术的规范化、标准化发展提供了有力保障。

3. 我国的发展历程（20 世纪 50 年代至今）

我国自 20 世纪 50 年代开始从瑞士、英国、波兰等引进回弹仪和超声仪等先进设备。这些设备的引入，为我国混凝土无损检测技术的研究和应用提供了宝贵的实践基础。国内科研人员和工程技术人员紧密结合工程实际需求，积极开展研究工作，深入探索这些设备在不同工程环境下的应用效果。

经过数十年的不懈努力，我国在混凝土无损检测技术领域取得了显著成就，不仅自主研制出一系列先进的无损检测仪器设备，如具有更高精度和稳定性的回弹仪、智能化的超声检测仪等，还在工程实践中进行了广泛应用和深入研究。在这一过程中，我国陆续出版了一系列技术规程，包括《回弹法检测混凝土抗压强度技术规程》（JGJ/T 23—2011）、《超声回弹综合法检测混凝土强度技术规程》（T/CECS 02—2020）、《拔出法检测混凝土强度技术规程》（CECS 69—2011）以及《无损检测 术语 超声检测》（GB/T 12604.1—2020）等。这些规程系统地总结了我国在混凝土无损检测技术方面的研究成果和实践经验，为工程建设提供了科学、规范的技术指导，有效解决了工程实践中的诸多问题，创造了巨大的社会、经济效益，有力地推动了我国混凝土无损检测技术的持续发展与广泛应用。

2.3.2　无损检测技术的优缺点

无损检测技术与常规的混凝土结构破坏试验相比，具有以下特点：

1. 优 点

（1）对检测构件不破坏，不影响其使用性能，且简便快捷。

（2）可以在构件上直接进行表层或内部的全面检测，对新建工程和既有结构物都适用。

（3）可以检测出破坏试验不能获得的一些信息，例如能检测出混凝土内部空洞、疏松、开裂、不均匀性、冻害及化学腐蚀等。

（4）可在同一构件上进行连续测试和重复测试，使检测结果有良好的对比性。

（5）测试快速方便，费用低廉。

2. 缺 点

因为是间接检测，故检测结果要受到许多因素的影响，检测精度相对低一些。

目前，混凝土无损检测技术主要用于既有结构的强度判定、施工质量检验、结构内部缺陷检测等方面。随着对混凝土制作全过程质量控制要求的不断提高，对既有结构物维修养护的日益重视，无损检测技术在工程建设中会发挥越来越重要的作用。

2.3.3 常用无损检测方法的分类和特点

混凝土无损检测技术，凭借其在判定混凝土强度以及检测均匀性、连续性等质量指标方面的关键作用，在新建工程质量评估和已建工程安全性评价中占据着不可或缺的地位。

1. 混凝土强度的无损检测方法

混凝土强度的无损检测方法根据原理可分为以下 3 种。

（1）半破损法。

半破损法是以不影响构件的承载能力为前提，在构件上直接进行局部破坏性试验，或直接钻取芯样进行破坏性试验。这类方法常见的有钻芯法、拔出法、射击法等。其优点是以局部破坏性试验获得混凝土强度，因而数据较为直观可靠；其缺点是造成结构物的局部破坏，需进行修补，因而不宜用于大面积检测。

钻芯法：运用专用钻机从混凝土结构中钻取芯样，以此检测强度或观察内部缺陷。它的优势在于数据直观准确，然而对构件损伤较大，检测成本也高，所以通常与其他非破损方法联合使用。

拔出法：借助拔出仪器拉拔埋在混凝土表层的锚固件，通过混凝土抗拔力推算抗压强度，分为预埋法和后装法。

射击法：使用射击装置将硬质合金钉打入混凝土，依据钉的外露长度推算强度。此方法适用于测定混凝土早期强度以及同一结构不同部位混凝土强度的相对比较，不过受混凝土粗骨料影响显著。

（2）非破损法。

非破损法以混凝土强度与某些物理量之间的相关性为基础，检测时在不影响混凝土性能的前提下，测试这些物理量，然后根据相关关系推测被测混凝土的强度。这类方法常用的有回弹法、超声脉冲法、射线吸收与散射法、成熟度法等。这类方法的特点是测试方便、费用低廉，但其测试结果的可靠性主要取决于混凝土的强度与所测试物理量之间的相关性。

回弹法：利用回弹仪进行测定，原理基于弹性力学，回弹仪中重锤撞击混凝土表面冲击杆后，依据回弹值推定混凝土强度。

超声脉冲法：依据超声波在混凝土中的传播速度与强度的关系来评估强度，不仅如此，还能检测混凝土中的空洞、裂缝等缺陷，以及监测混凝土结构的变形和损伤。

成熟度法：以"度时积"（温度和时间的乘积）作为推定强度的依据，主要用于现场把控混凝土早期强度发展状况，常作为施工质量控制手段，但受养护条件等因素制约。

射线法：根据射线在混凝土中的穿透衰减或散射强度推算密实度，进而推定强度。因涉及放射线防护问题，该法目前应用较少。

（3）综合法。

所谓综合法就是采用两种或两种以上的无损检测方法，获取多种物理参量，并建立强度与多项物理参量的综合相关关系，以便从不同角度综合评价混凝土强度的方法。由于综合法采用多项物理参数，能较全面地反映构成混凝土强度的各种因素，因而它比单一物理量的无损检测方法具有更高的准确性和可靠性。目前，已被采用的综合法有超声回弹综合法、超声钻芯综合法、超声衰减综合法等，其中超声回弹综合法已在国内外获得广泛应用。

超声回弹综合法是指采用超声仪和回弹仪，在构件混凝土同一测区分别测量声音和回弹值，然后利用已建立起的测强公式推算测区混凝土强度（混凝土抗压强度）的一种方法。与单一回弹法或超声法相比，超声回弹综合法具有受混凝土龄期和含水率影响小、测试精度高、适用范围广、能够较全面地反映结构混凝土的实际质量等优点。

2. 混凝土缺陷的无损检测方法

所谓混凝土的缺陷，一般是指那些宏观材质不连续、性能参数有明显变异，而且对结构的承载能力和使用性能产生影响的区域。即使整个结构混凝土的普遍强度已达到设计要求，这些缺陷的存在也会使结构整体承载力严重下降，或影响结构的耐久性。因此，必须探明缺陷的部位、大小和性质，以便采取切实的处理措施，排除安全隐患。混凝土缺陷的成因十分复杂，检测标准也不尽相同。混凝土缺陷常见的现象有蜂窝、麻面、坑洞、露筋、缺棱、掉角、砂线、水线、爆模、涨模、错台、挂帘、夹渣、疏松、气泡、裂缝等。

混凝土缺陷的无损检测方法主要有超声脉冲法、冲击回波法、雷达扫描法、红外热谱法、声发射法等。

（1）超声脉冲法检测内部缺陷有穿透法和反射法两种。

穿透法：通过超声脉冲穿透混凝土时，缺陷区的声时、波幅、波形、接收信号频率等参数的变化来判断缺陷，只能在被测结构的两个相对面或相同面上测试，技术成熟，应用广泛。

反射法：根据超声脉冲在缺陷表面产生反射波的现象判断缺陷，可在一个测试面上检测，对于一些只能单面检测的结构物意义重大。

（2）冲击回波法是利用一个短时的机械冲击（用一个小钢球或小锤轻敲混凝土表面）产生低频的应力波，应力波传播到结构内部，被缺陷和构件底面反射回来，这些反射波被安装在冲击点附近的传感器接收下来并被送到一个内置高速数据采集及信号处理的便携式仪器。对所记录的信号进行幅值谱分析，谱图中的明显峰正是冲击表面、缺陷及其他外表面之间的多次反射产生瞬态共振所致，它可以被识别出来并被用来确定结构混凝土的厚度和缺陷位置。

（3）雷达扫描法是利用混凝土反射电磁波的原理，先对被检测的结构物发射电磁波，在电特性（电容率及导电率）不同的物质界面产生反射波，再根据反射波的性质，分析反射波的影像，便可直接检测出结构的内部缺陷。其特点是可迅速对被测结构进行扫描，能做到大面积快速扫测道路、机场等结构物。

（4）红外热谱法是测量或记录混凝土热发射的方法。当混凝土中存在缺陷时，这些部位与正常部位相比，温度上升与下降的情况是不同的，在其外表面会产生温度差，从红外线照相机所测得的温度分布图像中，便能直观推断出缺陷的位置和尺寸。

（5）声发射法是指在混凝土受力时，内部会出现微小区域破坏而发声的现象，根据声发射信号分析混凝土损伤程度的一种方法。这种方法常用于混凝土受力破坏过程的监视，用来确定混凝土的受力过程和损伤程度。

3. 混凝土其他性能的无损检测方法

混凝土除了强度和缺陷检测以外，还有很多其他性能可以用无损检测方法来测定。其他性能主要是指与结构物使用功能相关的各种性能。主要测试的有碳化深度、保护层厚度、受冻层深度、含水率、钢筋位置、钢筋锈蚀状况和水泥含量等指标。现代工程结构物所处的环境越来越复，对其他性能的要求越来越高，强度大其他性能未必就好，随之而来的是，其他性能的无损检测技术也在迅速发展。常用的检测方法有共振法、敲击法、磁测法、电测法、微波吸收法、中子散射法、中子活化法、渗透法等。

任务 2.4　混凝土强度检测

2.4.1　回弹法

技能点 1　混凝土
强度的现场检测

回弹法的主要测试仪器是回弹仪（机械式无损检测仪器）。因混凝土的抗压强度与其表面硬度之间存在一定特殊关系，而回弹仪的弹击锤被一定的推力击打在混凝土表面上，其回弹高度（即回弹值）与混凝土表面硬度有一定的比例关系。用回弹值推得混凝土表面硬度，从而推断出混凝土的抗压强度值。

混凝土强度的检验与评定应按现行国家标准《混凝土结构工程施工质量验收规范》（GB 50204）及《混凝土强度检验评定标准》（GB/T 50107）执行。

当结构中混凝土实际强度有下列检测要求时，可以考虑依据现行行业标准《回弹法检测混凝土抗压强度技术规程》（JGJ/T 23），采用回弹法来检测，检测结果可作为评价混凝土质量的依据：

① 标准养护试件或同条件试件数量不足或未按规定制作试件。

② 制作的标准试件或同条件试件与所成型的构件在材料用量、配合比、水灰比等方面有较大差异，已不能代表构件的混凝土质量。

③ 标准试件或同条件试件的试压结果不符合现行标准、规范规定的对结构或构件的强度合格要求。

④ 对结果存疑。

回弹法检测混凝土强度具体步骤如下：

1. 测区、测点的选择

单个构件检测时，首先应在每个构件上均匀布设测区，要求一个方向的尺寸不小于 4.5 m、另一个方向的尺寸不小于 0.3 m 的构件，测区数不应少于 10 个；当不满足上述条件时，测区数不应少于 5 个。

批量检测时，抽检数量不得少于同批构件总数的 30%，且不少于 10 件，每个构件测区数量不应少于 10 个（抽检构件应具一定代表性）。

测区应选在使回弹仪处于水平方向检测混凝土浇筑侧面，当不满足这一要求时，可使回弹仪处于非水平方向的混凝土浇筑侧面、表面和底面等位置。

测区表面应清洁、平整、干燥，不应有接缝、装饰面层、粉刷图层、油垢、蜂窝、麻面等（否则所测回弹值会偏低）；必要时可使用砂轮机、粗砂纸等清除杂物，打磨不平整处，并清除残留粉尘、灰屑。

相邻两测区的间距应不超过 2 m，测区离构件边缘的距离不宜大于 0.5 m。

测区宜在构件的可测表面上均匀分布，并直接避开位于混凝土内保护层附近设置的钢筋和预埋金属构件。测区选择上要求在构件的两相对表面上有两个大致对称的测试面（测面），如不能满足这一要求，则一个测区只允许有一个测面。

测区的面积不宜大于 0.04 m²。测点宜在测区范围内均匀分布，相邻两测点的间距一般不小于 20 mm。测点距构件边缘或外露钢筋铁件的距离一般不小于 30 mm。测点应避开构件气孔和外露石子。同一测点只能弹击一次，每个测区应测试记录 16 个回弹值。

2. 回弹值计算

1）平均回弹值计算

当回弹仪水平方向测试混凝土浇筑方向的侧面时，应从测区两个相对测试面的 16 个回弹值中，分别去除 3 个最大值与最小值，剩余的 10 个回弹值按式（2-1）计算：

$$R_\mathrm{m} = \frac{\sum_{i=1}^{10} R_i}{10} \qquad (2\text{-}1)$$

式中：R_m——测区平均回弹值（计算精确至一位小数）；

　　　R_i——第 i 个测点的回弹值。

2）回弹值角度修正

当回弹仪为非水平方向测试时，根据回弹仪轴线与水平方向的角度 α，将测得数据按式（2-1）求出测区平均回弹值 $R_{\mathrm{m}\alpha}$，再按式（2-2）修正：

$$R_\mathrm{m} = R_{\mathrm{m}\alpha} + R_{i\alpha} \qquad (2\text{-}2)$$

式中：$R_{\mathrm{m}\alpha}$——回弹仪与水平方向成 α 角测试时测区的平均回弹值。

　　　$R_{i\alpha}$——按表 2-2 查出的不同测试角度的回弹修正值。

表 2-2　非水平状态检测时回弹值修正值

测试角度 $R_{i\alpha}$	检测角度 α/（°）							
	+90	+60	+45	+30	−30	−45	−60	−90
20	−6.0	−5.0	−4.0	−3.0	+2.5	+3.0	+3.5	+4.0
30	−5.0	−4.0	−3.5	−2.5	+2.5	+3.0	+3.5	+4.0
40	−4.0	−3.5	−3.0	−2.0	+1.5	+2.0	+2.5	+3.0
50	−3.5	−3.0	−2.5	−1.5	+1.0	+1.5	+2.0	+2.5

3. 回弹值浇筑面修正

当回弹仪处于水平方向测试时，应将测得数据按式（2-1）求出平均回弹值 R_m^t 和 R_m^b，再按式（2-3）和式（2-4）进行修正：

$$R_\mathrm{m} = R_\mathrm{m}^\mathrm{t} + R_\mathrm{a}^\mathrm{t} \qquad (2\text{-}3)$$

$$R_\mathrm{m} = R_\mathrm{m}^\mathrm{b} + R_\mathrm{a}^\mathrm{b} \qquad (2\text{-}4)$$

式中：R_m^t、R_m^b——水平方向检测混凝土浇筑表面、底面时测区平均回弹值；

R_a^t、R_a^b——表面、底面回弹值的修正值（表 2-3）。

表 2-3 不同浇筑面的回弹值修正值

R_m^t 或 R_m^b	表面修正值（R_a^t）	底面修正值（R_a^b）	R_m^t 或 R_m^b	表面修正值（R_a^t）	底面修正值（R_a^b）
20	+ 2.5	− 3.0	40	+ 0.5	− 1.0
25	+ 2.0	− 2.5	45	0	− 0.5
30	+ 1.5	− 2.0	50	0	0
35	+ 1.0	− 1.5			

当回弹仪为非水平方向且测试非浇筑侧面时，修正顺序应先进行角度修正，然后再进行浇筑面修正。

2.4.2 超声回弹综合法

当超声波在混凝土这种介质中传播时，其纵波波速与混凝土的物理特性密切相关。具体而言，纵波波速 v 的平方与混凝土的弹性模量 E 成正比，与密度 ρ 成反比，用公式表示为：

$$v^2 = E/\rho \qquad (2-5)$$

其中：v 为纵波波速；E 为弹性模量；ρ 为密度。

而混凝土强度的大小又和其密度有着紧密联系。通常情况下，混凝土强度越高，内部结构越致密，密度相对更大，弹性模量也会更高。这就使得超声波在其中传播的速度越快。基于此原理，利用声速与混凝土强度的对应关系来检测混凝土强度的方法，就是超声法。

超声回弹综合法，是一种综合运用超声波穿透试件内部的声速值以及试件表面硬度的回弹值，以此来精准检测结构混凝土抗压强度的先进方法。这一无损检测方法起源于 20 世纪 60 年代，自诞生以来，凭借其独特的优势，在全球范围内得到了广泛应用。与单一的检测方法相比，它具有显著的优越性。比如：单纯的超声法虽然能较好地反映混凝土内部的密实程度，但对于混凝土表面状况的敏感度较低；而回弹法主要反映混凝土表面的硬度，对内部结构情况的反映有限。超声回弹综合法将两者结合，实现了优势互补。通过声速值了解混凝土内部的整体性能，借助回弹值掌握混凝土表面的硬度情况，从多个维度对混凝土强度进行评估，大大提高了检测结果的精度和可靠性，适用范围也更为广泛。在我国，无论是高楼大厦的建筑施工，还是公路、铁路等基础设施的建设，超声回弹综合法都发挥着不可或缺的作用，成为保障工程质量的关键技术之一。

　　在超声回弹综合法中，所使用的超声波检测仪有着严格的技术要求。低频超声仪合格的工作频率范围在 10～500 kHz，既可以是模拟式的，也可以是数字式的。换能器作为超声波检测仪的关键部件，其工作频率一般处于 50～100 kHz。常见的换能器主要有厚度振动方式和径向振动方式这两种类型。不同的振动方式决定了换能器在检测过程中的性能特点和适用场景。厚度振动方式的换能器在常规检测中应用广泛，能较为准确地获取声速数据；径向振动方式的换能器则在一些特殊结构或对混凝土内部情况进行更深入检测时发挥重要作用。

　　换能器的布置方式会根据测试位置的不同而有所变化，主要有三种方法：对测法、角测法和平测法。对测法是将两个换能器分别置于混凝土试件的相对两侧，超声波直接穿透试件，这种方法能直接反映混凝土内部的整体情况；角测法是将两个换能器呈一定角度布置在试件表面，适用于检测一些边角部位或对混凝土内部缺陷有初步怀疑的区域；平测法是将两个换能器布置在试件的同一表面，通过测量声速的变化来推断混凝土内部的质量状况。换能器探头的布置方法如图 2-2 所示，合理选择布置方式，能够更全面、准确地获取混凝土内部的信息。

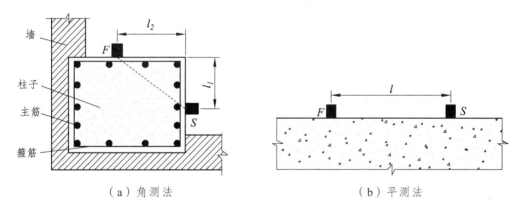

（a）角测法　　　　　　　　　　　（b）平测法

图 2-2　换能器探头的布置方法

　　综合法的测区及其尺寸等相关要求与回弹法基本相同，但在实际操作过程中，还需要特别注意以下几点：

　　（1）当采用平测法时，为了保证检测数据的准确性和代表性，测区尺寸建议宜为400 mm × 400 mm。这样大小的测区既能涵盖一定范围的混凝土，又能避免因测区过大或过小而导致数据偏差。

　　（2）对于每一测区，检测顺序十分关键，应先进行回弹测试，后实施超声测试。这是因为先进行回弹测试可以避免因超声测试对混凝土表面造成微小损伤，从而影响回弹值的准确性。

　　（3）在计算混凝土强度时，必须严格遵循规范，不是同一测区的回弹值和声速值绝对不得混用。只有使用同一测区的对应数据进行计算，才能真实反映该区域混凝土的强度情况，确保检测结果的可靠性。

2.4.3　钻芯法

钻芯法检测混凝土强度是指利用专用取芯设备，在混凝土结构中钻取芯样，来测定普通混凝土强度的方法。

1. 使用条件

钻芯法是一种直观准确的方法，其使用条件如下：

（1）对试块抗压强度的测试法具有怀疑时。

（2）因故发生混凝土质量问题时。

（3）混凝土受到破坏时。

（4）需检测多年使用的结构物时（如旧桥）。

2. 钻芯取样检测混凝土强度要注意的几个问题

（1）有些情况下不宜采用回弹、超声等非破损方法检测混凝土强度，如混凝土内外质量不一致、混凝土遭受腐蚀或火灾或混凝土在硬化过程中受到冻伤时。

（2）如果非破损测强曲线技术条件差异较大，或者测试旧混凝土结构等，可配合非破损检测技术通过钻取少量芯样，以提高非破损检测的测试精度。

（3）对于强度等级小于 C10 的混凝土，钻芯过程易破坏砂浆与集料的黏结力，这时不建议采用钻芯法。

（4）对于测试正在工作中的结构，特别是经使用多年的陈旧结构，应尽量采用非破损检测技术；必须采用钻芯法时，对取样位置、取样数量等应严格控制。

（5）钻取芯样后的构件应及时对孔洞进行修补，修补可采用灌浆（硬化材料）或微膨胀细集料混凝土。

3. 钻芯取样的设备

（1）钻取芯样的钻芯机。

（2）加工符合芯样尺寸所需的锯切机。

（3）加工芯样削面的磨平机。

（4）探测钢筋位置的磁感仪、雷达等。

4. 钻取芯样要求

（1）芯样钻取位置应尽量选在结构或构件受力较小的部位；选取混凝土强度有代表性的部位；取芯位置应尽量避开钢筋、管线；用钻芯法与非破损法综合测定强度时，应与非破损法取同一测区。

（2）按单个构件检测时，每个构件的芯样数量至少 3 个，较小构件可取 2 个。

（3）芯样直径不宜小于集料最大粒径的 3 倍，并不得小于集料最大粒径的 2 倍。芯样直径一般为 100 mm 或 150 mm，芯样的高度与直径比应在 1～2 范围内。

5. 影响芯样强度的因素

影响芯样强度的因素很多，主要有以下几种：

（1）芯样尺寸，特别是芯样高度对其抗压强度影响较大。通常来说，芯样高度与直径均为 100 mm 时与边长为 150 mm 的立方体试件强度相当。

（2）芯样含筋率对其强度有一定影响。有螺纹筋的芯样会提高强度，但有光圆钢筋的芯样降低强度，故芯样钻取时应尽可能地避开钢筋位置。

（3）芯样的含水率对强度影响明显。一般而言，含水率高则强度低，故按自然干燥状态试验时，芯样应在室内自然干燥 3 d 以上；按潮湿状态试验时，芯样应在水中泡 40 ~ 48 h。

芯样强度的换算值系指将芯样实测强度换算成边长为 150 mm 立方体试件的抗压强度值。

2.4.4 拔出法

拔出法属于微破损检测范畴。它具有精度高、破损程度小、使用方便、适用范围广等特点。这一方法是在硬化混凝土表面钻孔、磨槽、嵌入锚固件，使用拔出仪进行拔出试验，测定极限拔出力，并根据预先建立的拔出力与混凝土强度之间的相关关系检测混凝土强度。

拔出法有两种：第一种是在浇筑混凝土时预先埋入锚固件，待混凝土硬化后进行拔出试验，称为预埋拔出法；第二种是在硬化的混凝土构件上嵌入锚固件后进行拔出试验。

1. 测试要求

单个构件检测时，通常应在构件上均匀布置 3 个测点。当 3 个拔出力中的最大拔出力和最小拔出力与中间值之差均小于中间值的 15% 时，布置 3 个测点即可；当最大拔出力或最小拔出力与中间值之差大于中间值的 15% 时（包括两者均大于中间值的15%），应在最小拔出力测点附近再加设 2 个测点。

当同批构件按批抽样检测时，抽检数量应不少于同批构件总数的 30%，但不少于10 件，每个构件至少设置 3 个测点。

测点宜布置在构件混凝土成型的侧面，如不能满足该要求，可布设在混凝土成型的表面或底面。构件受力较大及薄弱部位应布置测点，相邻测点距离不应小于 10h（ h 为锚固深度），测点距构件边缘的距离应大于 4h。

测点应避开接缝、蜂窝、麻面部位和混凝土表层的钢筋、预埋件等；测试面应平整、清洁、干燥，对装饰面层、浮浆等应清除，必要时进行磨平处理；结构或构件的测点应设有编号，并应绘制测点布置的示意图；在钻孔过程中，钻头应始终保持与混凝土表面垂直，垂直度偏差不应大于 3°；在混凝土孔壁磨环形槽时，磨槽机的定位圆盘应始终紧靠混凝土表面回转，磨出的环形状应圆顺。

2. 成孔尺寸要求

（1）钻孔直径 d_1 应比规定值大 0.1 mm，但不宜大于 1.0 mm。

（2）钻孔深度 h_1 应比锚固深度 h 深 20～30 mm。

（3）锚固深度应符合规定，允许误差为 ±0.8 mm。

（4）环形槽深度 c 建议 3.6～4.5 mm 为宜。

任务 2.5　混凝土损伤和缺陷检测

技能点 2　混凝土的
缺陷伤损的检测

桥梁在施工、运营过程中，构件往往会产生某些缺陷和损伤。混凝土构件中常见的缺损有裂缝、掉块、碎裂、层离、蜂窝、空洞、腐蚀和钢筋锈蚀等；钢构件中常见的缺损主要有锈蚀、裂缝（包括由于应力集中和疲劳等引起的裂缝）、机械损伤、局部变形、焊缝缺陷和保护（油漆）层损坏等。

这些缺陷和损伤往往会严重影响结构物的承载能力和耐久性，因此是桥梁养护工作中必须检测的项目。造成这些缺陷和损伤的主要原因有：因施工不当造成内部孔洞、不密实、蜂窝和保护层不足、钢筋外露等，混凝土非外力作用裂缝，外力作用形成裂缝，长期腐蚀或冻融造成构件由外到内的层状疏松，等等。

混凝土缺陷探伤是采用无损检测的手段，确定混凝土内部缺陷的大小、位置和性质。常采用探伤的无损检测手段有超声脉冲法、射线法、声波检测法、射线照相法、红外线检测法、雷达检测法等。其中超声法是目前使用最多、最有效的探伤方法（金属探伤也利用超声波在内部缺陷界面上的反射特性判断内部缺陷状态）。

2.5.1　超声法

超声探伤法常用来探查金属、焊缝和混凝土中存在的裂缝、空洞、夹渣等。由于混凝土是非均质材料，必须用方向性弱的低频脉冲（20～150 kHz）并且要求传递距离不大于 80 cm；平行于脉冲方向的钢筋对探测结果影响很大，故配筋多的混凝土构件采用此方法会有所限制；窄的裂缝会通过接触点或钢筋传递脉冲。因此，超声探伤法最适合用来探测较大的空洞和裂缝。

1. 检测原理

混凝土缺陷超声检测，是基于超声波在混凝土中的传播特性来实现的。其工作机制主要涉及超声波传播速度、波幅、频率以及相位这几个关键参数在混凝土存在缺陷时的变化，以此来判定混凝土内部的缺陷状况。

传播速度：超声波在混凝土中传播时，其速度与混凝土的密实度和弹性相关。在均匀、密实的混凝土中，超声波传播路径规则，速度稳定。一旦混凝土内部存在空洞、疏松、裂缝等缺陷，超声波传播路径就会改变。它可能绕过缺陷，或者在缺陷处散射、折射，致使传播路径变长，传播时间增加，实测的传播速度也就随之降低。基于混凝土的类型、配合比等因素，能够确定正常混凝土的超声声速参考值。将实际测量声速与参考值对比，便能初步判断混凝土内部是否存在缺陷以及缺陷程度。

波幅：在传播过程中，超声波能量会随着传播距离和介质特性而改变。在理想的均匀介质中，波幅衰减主要与传播距离有关，遵循特定衰减规律。但如果混凝土内部有缺陷，缺陷界面会反射、散射超声波，导致部分超声波能量无法沿原方向传播，接收端接收到的波幅就会显著降低。一般来讲，缺陷越大、数量越多，波幅衰减越明显。通过测量、比较不同测点的波幅大小，就可以判断混凝土内部缺陷的分布。

频率：超声波在混凝土中传播时，频率成分相对稳定。可一旦碰到混凝土内部缺陷，由于缺陷对不同频率的超声波衰减程度不一样，接收信号的频率成分就会变化。通常高频成分的超声波更容易被缺陷散射、吸收，使得接收信号中高频成分减少，低频成分增加，接收信号的主频也就降低了。分析接收信号的频率变化，能辅助判断混凝土内部缺陷及其性质。

相位：超声波作为一种机械波，具有相位特性。在均匀的混凝土里，超声波传播到接收点的相位稳定。但当混凝土内部存在缺陷时，超声波在缺陷处传播路径和速度的改变，会导致接收信号的相位变化。通过测量、分析接收信号相位，就能获取混凝土内部缺陷的信息。相位变化原理在相控阵超声检测技术等高精度超声检测技术中应用广泛。

2．检测方法

1）超声平测法

超声波在均匀、密实的混凝土中传播时，其传播速度相对稳定，传播路径也较为直接。但当混凝土中存在浅裂缝时，超声波无法直接穿过裂缝，只能沿着裂缝两侧的混凝土绕过裂缝传播，这就导致传播路径变长。根据速度、时间和路程的关系：路程 s 等于速度 v 与时间 t 的乘积，在速度相对不变的情况下，路程变长，传播时间就会增加。通过测量不同测距下超声波的传播时间，并与无裂缝时的理论传播时间进行对比，就可以利用相应的数学模型和公式计算出裂缝深度。

（1）测点布置：测点布置的合理性直接影响检测结果的准确性。在裂缝两侧布置测点时，要保证测点连线垂直于裂缝走向，这样能使超声波尽可能垂直地入射到裂缝面，减少因角度偏差导致的测量误差。各测点之间应保持 100～300 mm 的相等距离，这是经过大量实践验证的合适间距。距离过小，可能会导致相邻测点的超声信号相互干扰；距离过大，则可能遗漏裂缝深度变化的关键信息。

（2）测量方法：使用超声仪测量超声传播时间时，仪器的操作规范至关重要。在测量前，要确保超声仪的参数设置正确，如发射电压、接收增益等。每个测点重复测量 3 次以上，是为了减小测量过程中的偶然误差。取平均值作为该测点的声时数据，可以使测量结果更接近真实值。

（3）数据处理：常用的超声平测法计算公式是建立在几何声学和波动声学理论基础上的。一般根据测量得到的声时数据、测距以及已知的混凝土中超声波波速等参数，通过公式来计算裂缝深度。在实际应用中，还需要对数据进行必要的修正和误差分析，以提高计算结果的准确性。

2）超声斜测法

当超声波以一定角度斜向入射到混凝土裂缝时，由于裂缝界面两侧介质的声学特性发生突变，超声波会在裂缝界面发生反射、折射和绕射等复杂的物理现象。根据波动理论，这些现象会导致接收信号的声时、波幅和频率等参数发生变化。例如：当超声波遇到裂缝时，一部分能量会被反射回来，使得接收端接收到的波幅降低；同时，由于传播路径的改变和散射等，传播时间会增加，频率也可能发生变化。通过分析这些参数的变化情况，就可以推断出裂缝的相关信息。

（1）换能器布置：将发射换能器和接收换能器分别放置在裂缝两侧，并使换能器的轴线与混凝土表面成30°～60°的角度。这是为了让超声波能够以合适的角度入射到裂缝中，充分激发裂缝对超声波的反射、折射和绕射等现象。角度过小，超声波可能受裂缝的影响不明显；角度过大，则可能会使超声波在混凝土中的传播损耗过大，影响接收信号的质量。

（2）测量与分析：在测量不同角度和位置下的超声参数时，需要系统地改变换能器的布置角度和位置，全面获取超声信号的变化信息。一般可以采用一定的角度间隔（如5°～10°）和距离间隔（如50～100 mm）测量。在分析声时、波幅和频率等参数的变化规律时，要结合混凝土的材料特性、结构形式等因素进行综合判断。例如，对于不同强度等级的混凝土，其正常情况下的超声参数范围是不同的，需要根据具体情况确定声时增大、波幅降低或频率变化的阈值，以此来准确判断裂缝的深度和走向。

2.5.2　冲击回波法

1. 检测原理

冲击回波法的核心在于利用应力波特性来检测混凝土结构厚度与内部缺陷。具体操作时，通过专用激振锤在混凝土表面进行瞬时冲击，从而产生瞬态冲击弹性波。这种弹性波会在混凝土内部不断传播，当遇到诸如孔洞、裂缝、不密实区等缺陷，或者传播到构件底面等边界位置时，会引发一系列复杂的物理现象，包括反射、折射以及绕射（图2-3）。

此时，布置在混凝土表面的接收装置会迅速采集这些反射回来的弹性波信号。专业人员通过深入分析冲击弹性波及其回波的波速、波形以及主频等关键参数的变化情况，就能够精准判断混凝土结构内部是否存在缺陷。举例来说，一旦混凝土内部存在缺陷，弹性波的传播路径会被迫改变，传播过程中的能量也会逐渐衰减，进而导致接收信号出现主频降低、波幅减小以及波形畸变等明显特征，技术人员便可依据这些特征来识别缺陷的存在、精准定位其位置，并大致确定其范围。

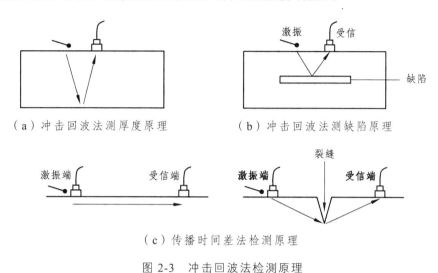

（a）冲击回波法测厚度原理　　　　　（b）冲击回波法测缺陷原理

（c）传播时间差法检测原理

图 2-3　冲击回波法检测原理

2. 操作要点

1）测点布置

测点布置是否科学合理，对检测结果的准确性起着决定性作用。在实际操作中，技术人员需要依据检测对象的具体形状、尺寸大小以及可能存在缺陷的具体部位，精心规划测点的分布。一般而言，会在构件表面进行均匀布置，测点间距通常控制在 200～500 mm 之间。这是因为间距过小，相邻测点采集的信号容易相互干扰，影响检测结果的可靠性；而间距过大，则极有可能遗漏关键的缺陷信息。对于大体积混凝土结构，或者怀疑缺陷分布较为复杂的区域，技术人员会适当增加测点密度，以确保不遗漏任何可能存在的缺陷。

2）仪器操作

（1）仪器选择与校准：必须选用符合检测要求的冲击回波仪，并确保仪器在使用前经过严格校准，处于性能良好的状态。校准过程能够有效消除仪器本身的误差，保证检测数据的准确性。

（2）参数设置：根据不同的混凝土构件类型以及具体的检测要求，技术人员需要对仪器的各项参数进行合理设置。其中，采样频率决定了仪器对信号的采集精度，增益控制着信号的放大倍数，触发阈值则用于确定信号的有效起始点。只有这些参数设置得当，才能确保仪器准确采集到弹性波信号。

（3）信号采集：使用激振锤对混凝土表面进行瞬时冲击，从而产生弹性波。与此同时，传感器会迅速接收反射回来的弹性波信号。为了保证采集数据的可靠性，每个测点通常需要多次采集信号，然后对这些数据进行综合分析处理，以排除偶然因素的干扰。

3）现场环境要求

检测现场的环境条件对检测信号的准确性有着重要影响。因此，应尽可能避免振动、电磁干扰等外界因素的干扰。外界的振动可能会使采集到的信号产生噪声，而电磁干扰则可能直接影响仪器的正常工作。另外，环境温度一般应控制在 0～40 ℃ 之间。温度过低可能导致仪器的电子元件性能下降；过高则可能使混凝土材料的物理特性发生变化，进而影响弹性波在混凝土中的传播特性，最终干扰检测结果的准确性。

3. 数据处理与结果分析

1）频谱分析

对采集到的时域信号运用快速傅里叶变换等专业算法进行处理，从而得到频谱图。频谱图中蕴含着丰富的信息，技术人员通过仔细分析其中的主频、峰值等关键特征，能够清晰辨别正常混凝土区域与存在缺陷区域。一般来说，存在缺陷的区域往往会出现主频降低、峰值变化等异常情况，这些特征为缺陷的判断提供了重要依据。

2）波速计算

依据已知的混凝土构件厚度，或者通过其他可靠方法预先测定的波速，再结合采集到的信号传播时间，利用特定的计算公式，就可以准确计算出弹性波在混凝土中的实际波速。波速的变化与混凝土的密实程度以及内部缺陷状况密切相关。当混凝土内部存在缺陷时，弹性波传播会受到阻碍，导致波速降低，因此波速的变化可以直观反映混凝土内部的质量状况。

3）缺陷定位与判断

技术人员需要综合考虑信号的变化特征、波速分布情况以及频谱分析结果，对混凝土内部缺陷进行全面判断。例如，在频谱图中出现异常峰值或者主频明显变化的区域，很可能就是缺陷的所在位置。再结合波速降低的程度，就能够进一步推测缺陷的严重程度，从而为后续的处理措施提供科学依据。

4. 适用范围

冲击回波法在建筑工程领域有着广泛的应用范围，尤其适用于板状结构的检测，如常见的梁板、隧道衬砌、地铁管片、轨道板等。此外，它还能够用于检测混凝土结构中预应力管内未灌浆区域和灌浆不密实区域。不过，该方法也存在一定的局限性，目前其可检测的最大深度一般在 1.5～2 m，对于更深层次的缺陷检测，则需要结合其他检测方法共同完成。

任务 2.6　钢筋检测

技能点 3　钢筋的检测

2.6.1　钢筋锈蚀的评定方法

在钢筋混凝土结构中，钢筋锈蚀与混凝土病害之间存在着千丝万缕的联系，它们相互作用、相互影响，共同威胁着结构的安全性和耐久性。混凝土的性能指标，如抗渗性、含水率、含氯盐量、碳化深度、保护层厚度以及是否开裂等，均会对内部钢筋的锈蚀情况产生显著影响。而钢筋一旦发生锈蚀，又会反过来加速混凝土的劣化进程，导致结构出现裂缝、剥落等问题，严重时甚至可能危及整个结构的安全。因此，通过检测混凝土的质量状况来推断钢筋的锈蚀情况，对于保障钢筋混凝土结构的稳定性和可靠性至关重要。目前，针对钢筋锈蚀的评定方法主要分为直接检测和间接检测两大类。

1. 直接检测

直接检测钢筋锈蚀的技术主要包括以下两种：

（1）半电池电位检测法：该方法以电化学原理为基础，通过将混凝土中钢筋的极电位与已知且恒定的基准电极的极电位进行精确对比，从而快速、高效地测量钢筋的极电位，进而准确判定钢筋是否发生锈蚀。尽管半电池电位检测法无法直接给出钢筋锈蚀速率的具体数值，但它凭借独特的优势，成为目前唯一可用于在役桥梁，直接检测混凝土中钢筋锈蚀程度的非破损技术。其设备轻巧便携、操作简单易懂，在现场检测时极为方便，因此在钢筋混凝土桥梁结构的耐久性评定中得到了广泛应用，为桥梁的安全评估提供了重要依据。

（2）重量损失法与截面损失法：这两种方法均属于局部破损检测手段。在实际操作中，需要首先对已经锈蚀的桥梁钢筋混凝土构件进行截取，然后再进行后续的检测工作。由于检测过程对构件造成了破坏，所以这两种方法只能反映桥梁构件局部的锈蚀率，无法全面、准确地反映整个结构中钢筋的锈蚀情况。在使用这两种方法时，需要谨慎选择检测部位，确保检测结果具有代表性。

2. 间接检测

间接检测钢筋锈蚀的技术则主要涵盖以下几种：

（1）混凝土碳化深度的现场检测：操作时，将浓度为 2% 的酚酞酒精溶液均匀喷洒在混凝土的新鲜断口处。根据酸碱指示剂的变色原理，当混凝土的 pH 值 ≥10 时，断口会显示紫红色，这表明混凝土尚未发生碳化；而当 pH 值 <10 时，断口呈现无色，说明混凝土已经碳化。若碳化深度发展到钢筋部位，就意味着混凝土对钢筋的保护作

用已被破坏，钢筋极有可能已经开始锈蚀。通过检测混凝土的碳化深度，可以初步判断钢筋所处的环境是否安全，为钢筋锈蚀的评估提供重要参考。

（2）混凝土保护层厚度现场检测：利用专业的保护层测定仪，可以精确检测钢筋的混凝土保护层厚度是否符合设计要求。在实际检测过程中，当需要进行取芯或钻孔操作时，保护层测定仪还可以用来探测钢筋的具体位置，避免对钢筋造成损伤。此外，在对缺乏详细资料的桥梁进行评估时，该测定仪还能够通过一定的方法估测钢筋的直径。目前，市面上常见的保护层测定仪检测深度可达 220 ~ 250 mm，检测精确度能够控制在 ± 5%，为混凝土保护层厚度的检测提供了可靠的技术支持。

（3）混凝土电阻率检测：混凝土的电阻率与其中的含水率密切相关，而钢筋的锈蚀过程又与混凝土中的水分和离子迁移密切相关。因此，我们可以根据混凝土电阻率与含水率的关系来间接检测钢筋是否发生锈蚀。一般来说，混凝土的电阻率越高，锈蚀电流就越弱，钢筋发生锈蚀的可能性也就越小。当混凝土的电阻率超过 12 000 $\Omega \cdot cm$ 时，钢筋通常不会发生锈蚀；而当电阻率低于 500 $\Omega \cdot cm$ 时，钢筋则极有可能已经发生锈蚀。通过检测混凝土的电阻率，可以快速判断钢筋所处环境的锈蚀风险，为钢筋锈蚀的早期预警提供依据。

（4）混凝土中氯离子含量检测：氯离子是导致钢筋锈蚀的主要因素之一，因此直接检测混凝土中的氯离子含量，可以有效地判定氯盐对钢筋的锈蚀作用。在混凝土中，氯离子会破坏钢筋表面的钝化膜，使钢筋失去保护，从而加速钢筋的锈蚀进程。通过准确检测混凝土中氯离子的含量，并与相关标准进行对比，可以及时发现钢筋锈蚀的潜在风险，采取相应的防护措施，延长钢筋混凝土结构的使用寿命。

（5）混凝土气透性检测：混凝土的气透性反映了其对碳化和有害离子侵蚀的抵抗能力。通过检测混凝土的气透性，可以间接评定钢筋的锈蚀情况。气透性较差的混凝土能够有效阻止空气中的二氧化碳和有害离子侵入，从而减缓混凝土的碳化和钢筋的锈蚀速度。相反，气透性较好的混凝土则更容易受到外界环境的影响，钢筋发生锈蚀的风险也相应增加。因此，混凝土气透性检测为评估钢筋锈蚀风险提供了一种重要的间接手段，有助于全面了解钢筋混凝土结构的耐久性状况。

2.6.2　钢筋锈蚀自然电位检测

钢筋锈蚀，从科学原理来讲，是一个典型的电化学反应过程。在对钢筋锈蚀电位进行测量时，将钢筋和混凝土共同视为一个半电池。其检测原理基于电化学中的电位差概念，通过精准测定这个半电池与参考电极之间的电位差值，就能有效实现对钢筋锈蚀电位的量化评估。

这种检测钢筋锈蚀电位的方法，在实际工程检测领域应用极为广泛。它最大的优势在于操作简便易行，检测人员无须掌握极为复杂的技术和流程，就能快速上手开展检测工作。而且，整个检测过程不会对混凝土结构造成任何实质性破坏，这对于保护建筑结构的完整性、稳定性意义重大，尤其是对于那些具有重要历史价值或正在使用

中的建筑结构，非破坏性检测至关重要。同时，它非常便于在施工现场实施，不需要
大型、复杂的专业设备，仅需一些便携的检测仪器，就能随时随地开展检测，大大提
高了检测的灵活性和效率。此外，检测结果直观透明，检测人员和相关技术人员能够
一目了然地获取钢筋锈蚀电位的情况，无须复杂的分析和解读过程。

特别值得一提的是，该检测方法具有很强的适用性，不受混凝土构件尺寸大小的
限制，无论是小型的建筑构件，还是大型的桥梁、大坝等基础设施中的巨型构件，都
能精准检测。而且，它也不会受到钢筋保护层厚度的影响，能够稳定、可靠地检测出
钢筋锈蚀电位，适用于混凝土构件寿命期间的任何阶段，无论是新建建筑的质量检测，
还是服役多年建筑的定期维护检测，都能发挥重要作用，为保障建筑结构的安全性和
耐久性提供了有力的技术支持。

1. 钢筋锈蚀电位检测仪的技术要求

（1）检测仪应通过技术鉴定，并定期校核，保证产品合格证齐全。

（2）检测仪器的技术性能要求主要有以下几点：

① 测量范围大于 1 V。

② 准确度高于 0.5% ± 1 mV。

③ 输出电阻 > 10^{10} Ω。

④ 半电池参考电极为铜/硫酸铜电极，温度系数 0.9 mV/°C。

⑤ 采用数字显示屏显示方式。

⑥ 数据输出有标准打印机输出口，按矩阵或序列形成输出电位值并绘制等电位图。

⑦ 具备数据自动存储功能并保证使用过程中不断电。

⑧ 电源为直流电，连续正常工作时间 ≥ 6 h。

⑨ 仪器使用环境条件保证温度在 0 ~ + 40 °C，相对湿度 ≥ 85%。

⑩ 测量连接导线：导线长不大于 150 m，截面积 ≤ 0.75 mm²。

2. 钢筋锈蚀电位检测仪的使用、维护与保管

仪器的使用、日常维护与保管应参考相应的说明书规定；对于充电电池供电的仪
器，应注意每 1 ~ 2 个月充放电一次，以保持电池不失效。

3. 钢筋锈蚀电位检测仪的校准

铜/硫酸铜电极的校准可使用甘汞电极。将铜/硫酸铜参考电极接在测量仪正极，
甘汞电极接在测量仪负极，并把两电极同时接触于一块湿润的棉花上，在 22 °C 时，
两电极之间的电位差在（68 ± 10）mV 之间，则铜/硫酸铜电极就是满足要求的。每次
检测之前应对电极进行校准，二次仪表的校准一般应每年进行一次。

4. 钢筋锈蚀电位的测试方法

（1）铜/硫酸铜参考电极的准备：饱和硫酸铜溶液是将试剂级硫酸铜晶体溶解在蒸

馏水中，当有多余的未溶解硫酸铜晶体积于溶液底部时，可认为该溶液是饱和的。电极铜棒应保持清洁，无明显缺陷，否则需用稀释盐酸溶液清洁铜棒，并用蒸馏水彻底冲净。硫酸铜溶液每月定期更换，长时间不用再次使用时也应更换，以保持溶液清洁，溶液应充满电极。

（2）测区与测点布置：

① 测区应根据构件的环境差异、外观检查的情况来确定，应有各种程度和差异的代表，每种条件的测区数量不宜少于 3 个。

② 在测区上布置测试网格，网格节点即为测点，网格间距可选 20 cm×20 cm、30 cm×30 cm、20 cm×10 cm 几种，根据构件尺寸而定，测点位置距构件边缘应 > 5 cm，测点数可根据仪器功能要求及规范要求确定，一般不宜少于 20 个。

③ 当一个测区内存在相邻测点的读数超过 150 mV 时，应减小测点的间距。

④ 测区按要求统一编号，并描述外观情况，注明位置。

（3）混凝土表面处理：用钢丝刷、砂纸打磨测区混凝土表面，除去涂料、浮浆、污迹、尘埃等，并将表面润湿。表面润湿使用的接触液，可为水或加入适量液态洗涤剂的水溶液。

（4）钢筋锈蚀电位测量系统按要求正确连接、正确操作：

① 现场检测，二次仪表的正输入端一般接铜/硫铜电极，钢筋接二次仪表的负输入端。

② 局部打开混凝土，在钢筋上钻一小孔并拧上自攻螺钉，用加压型接线夹夹在钉帽上，保证电连接良好；若在远离钢筋连接点的测区进行测量，必须用万用表检查内部钢筋的连续性，如不连续，应重新进行钢筋的连接。

③ 铜/硫酸铜参考电极与测点的接触，测量前应预先将电极前端多孔塞充分润湿，以保持良好的导电性；正式测读前应再次用喷雾器将混凝土表面润湿，两个测点之间应注意不许有自由表面水。

5. 钢筋锈蚀电位测量值的采集

测点读数变化不超过 2 mV，可视为稳定。同一测点、同一支参考电极，重复测读的差异不超过 10 mV；不同的电极重复测读的差异不超过 20 mV。若不符合稳定要求，应对各个环节进行系统检查。

数据按测量仪器的操作要求进行保存，并在第二个工作日及时输出处理数据。

6. 测量时应注意的问题与数据的修正

（1）混凝土含水率对测量值有明显影响，因此测量时构件应处于平时自然状态，含水率约为 2%～3%，否则不能作为判据。

（2）当现场环境温度在（22±5）℃范围之外时，要对铜/硫酸铜电极做温度修正。

（3）各种外界因素产生的杂散电流都会影响测量精度，特别是靠近地面的测区，应避免各种电强场的干扰。

（4）考虑混凝土保护层电阻对测量值产生的影响，除测区表面处理要符合规定外，仪器的输入阻抗也要符合技术要求。

7. 测试结果的记录格式与评定

依据电化学原理，钢筋锈蚀自然电位相对于铜/硫酸铜参考电极应为负值，为了提高现场测试的稳定性，本项目介绍的方法测得的读数为正值，评定时按惯例将数据加上负号即可。

数据格式：按一定的比例绘制测区平面图，标出相应测点位置的钢筋锈蚀电位，获得数据阵列，绘制出电位等线图。通过数值相等的各点或内插各等值点绘出等值线，等值线差值建议为 100 mV。

8. 钢筋锈蚀电位测试的改善措施

钢筋锈蚀自然电位的检测，会受到许多因素的干扰，为了提高现场检测结果判读与评定的准确性，可进行少量的现场比较性试验。对于需要进行钢筋锈蚀测定的构件，已出现钢筋暴露或很容易暴露的部位，只要测出其周围的锈蚀电位，比较这些钢筋的锈蚀程度和相应的测量值就可缩小判据的范围，提高准确性。通过扩大范围检测，就能评定整个被测结构的钢筋锈蚀状态。

2.6.3　混凝土碳化深度检测法

在钢筋混凝土结构中，混凝土的碱性环境是保护钢筋的"盾牌"。可混凝土碳化会逐渐削弱这层保护，一旦碳化深度到达钢筋，其保护作用就会失效。失去保护的钢筋，在湿度大、氧气足、有侵蚀性介质的环境里，很容易生锈。这不仅会降低钢筋强度，还会让混凝土开裂，严重影响结构安全。所以，检测混凝土碳化深度，对判断钢筋状态非常关键。通过检测，能及时掌握钢筋周边环境变化，提前评估锈蚀风险，为结构维护和安全评估提供重要依据，保障结构稳定。

1. 检测方法

混凝土碳化深度的检测一般使用酸碱指示剂喷涂在混凝土的新鲜破损面上，根据指示剂颜色的变化，可推断出混凝土的碳化深度。

2. 检测前的准备

（1）目前常用的指示剂为酚酞试剂。其配制方法是：75%的酒精溶液与白色酚酞粉末配置成酚酞体积浓度为 1%～2%的酚酞溶剂，装入喷雾器备用。溶剂应为无色透明的液体。

（2）测区位置的选择原则上可参照钢筋锈蚀自然电位测试的要求，若在同一测区，测试顺序依次为先进行保护层、锈蚀电位、电阻率的测量，再进行碳化深度的测量。

（3）结构外侧面应布置测区。

（4）每一测区应布置测试孔 3 个，成"品"字排列，孔距应根据构件尺寸大小确定，一般大于 2 倍孔径。

（5）测孔距构件边角的距离大于 2.5 倍保护层厚度。

3. 操作过程

（1）采用钻头直径为 20 mm 的冲击钻在测点位置钻孔。

（2）成孔后用圆形刷清理孔中碎屑、粉末，并用皮老虎吹净，露出混凝土新茬。

（3）将酚酞指示剂喷到测孔内壁上。

（4）待酚酞指示剂变色后，用专用卡尺测量混凝土表面至酚酞变色交界处的深度，准确至 1 mm。酚酞指示剂从无色变为紫色时混凝土未碳化，酚酞指示剂未改变颜色处的混凝土已经碳化。

（5）将测区、测孔统一编号，并绘制示意图，注明测量结果。

（6）测量值的数据应包含最大值、最小值和平均值。

4. 混凝土碳化对钢筋的影响

若混凝土碳化深度已达到钢筋保护层的厚度，则意味着钢筋失去保护，很快就会有锈蚀的危险。

2.6.4 混凝土中氯离子含量测定法

有害物质侵入混凝土，将会对结构的耐久性产生影响。混凝土中氯离子可引起并加速钢筋的锈蚀；硫酸盐（SO_4^{2-}）的侵入可导致混凝土易碎、松散、强度下降；碱（K^+、Na^+）的侵入通常是在集料具有碱活性时，可能引起碱集料反应破坏。因此在进行结构耐久性评定时，根据需要应对混凝土中 Cl^-、SO_4^{2-}、K^+、Na^+ 含量进行测定。目前，对混凝土中氯离子含量的测定方法比较成熟，已被普遍推广应用于现有结构。

氯离子含量的测定方法主要有两种：一是滴定条法，这种方法比较简便，可在现场完成；二是实验室化学分析法，这种方法结果准确，但对操作人员素质要求较高。下面主要介绍滴定条法。

1. 混凝土粉末分析样品的取样部位和数量

（1）分析样品的取样部位可参照钢筋锈蚀电位测试测区布置原则确定。

（2）测区的数量应根据结构的工作环境条件及构件本身的质量状况确定，在工作环境条件质量状况有明显差异的部位布置测区。

（3）每一测区取粉的钻孔数量不宜少于 3 个，取粉孔可与混凝土碳化深度测量孔一并使用。

（4）测区、测孔应统一编号。

2. 混凝土取样方法

（1）使用钻头直径在 20 mm 以上的冲击钻在混凝土表面钻孔，钻孔前应检查确定钢筋位置。

（2）钻孔取粉应分层收集，一般深度间隔可取 3 mm、5 mm、10 mm、15 mm、20 mm、25 mm、50 mm 几种；若需测定指定深度处的钢筋周围氯离子含量，取粉间隔可进行相应调整。

（3）钻孔深度由附在钻头侧面的标尺杆控制。

（4）用一硬塑料管和塑料袋收集粉末，对每一深度应使用一个新的塑料袋收集粉末。每次采集后，钻头、硬塑料管及钻孔内都应用毛刷将残留粉末清理干净，以免不同深度粉末混合。

（5）同一测区的不同孔，相同深度的粉末可收集在一个塑料袋内，质量应≥25 g，若不够可增加同一测区测孔数量。不同测区的测孔，其相同深度的粉末不应混合在一起。

（6）采集粉末后，塑料袋应立即封口保存，注明测区、测孔编号及深度。

3. 分析步骤

（1）将采回的样品过筛，去掉其中较大的颗粒。

（2）将样品置于（105±5）℃烘箱内烘干 2 h 后，冷却至室温。

（3）称取 5 g 样品粉末（误差精度 ±0.1 g）放入烧杯中。

（4）缓慢加入 50 mL（1.0 mol/L，HNO_3）并彻底搅拌直至嘶嘶声停止。

（5）先用石蕊试纸检查溶液是否呈酸性（石蕊试纸变红），如果不呈酸性，再加入适量硝酸；最后加入约 5 g 无水碳酸钠（Na_2CO_3）。

（6）用石蕊试纸检查溶液是否呈中性；如果不是中性，再加入少量无水碳酸钠直至溶液呈中性。

（7）用过滤纸作一锥斗压入液体，当纯净的溶液渗入锥头后，把滴定条插入液体中。

（8）待滴定条顶端水平黄色细条变成蓝色，取出滴定条并沿由上至下的方向将其擦干。

（9）读取滴定条颜色变化处的最高值，然后，在该批滴定条表中找出所对应的氯离子含量值，此值是以百万分之几（10^{-6}）表示的。若分析过程取样 5 g，加硝酸 50 mL，则将查表所得的值除以 1 000 转为百分比含量。

（10）若使用样品质量不是 5 g 或使用过量的硝酸，需要修正其百分比含量。

2.6.5　钢筋保护层厚度及分布检测法

混凝土保护层对钢筋起保护作用,其厚度和浇筑均匀性,直接影响钢筋耐久性,所以结构质量检测时必须测钢筋保护

技能点 4　钢筋保护层厚度的检测

层厚度。一般使用基于电磁感应原理的测量仪器，当探测传感器靠近钢筋时，电感和两端电压变化，借此就能测定钢筋位置、直径和保护层厚度等数据，为结构质量评估提供依据。

1. 钢筋保护层测试仪的技术要求

（1）该测试仪应通过技术鉴定，配备产品合格证。

（2）仪器的保护层测量范围应 > 120 mm。

（3）仪器的精度应满足：0 ~ 60 mm，± 1 mm；60 ~ 120 mm，± 3 mm；>120 mm，± 10%。

（4）可适用钢筋直径范围 6 ~ 50 mm，不少于符合有关钢筋直径系列规定的 12 个档次。

（5）仪器应具有在未知保护层厚度的情况下，测量钢筋直径的功能。

（6）仪器适用于常用的碳素钢、低合金钢钢筋和普通水泥。当出现超出仪器适用范围的钢材、水泥品种范围时，仪器仍可以工作，但需做专门的校准来修正测量值。

（7）仪器应能适用于温度 0 ~ 40 ℃，相对湿度 ≤85%，无强磁场干扰的环境条件。

（8）仪器工作时应为直流供电，连续正常工作时间 ≥6 h。

2. 钢筋保护层测试仪的使用、维护与保管

（1）仪器的使用、维护与保管应按照说明书规定进行。

（2）仪器接通电源后不要立即测读，宜预热 10 min，再进行正式测读。

（3）在测量的整个过程中，应随时检查和调节仪器的零点。

（4）测量时应避免强磁场的干扰，两台仪器同时使用时，距离应 > 2 m。

（5）对于充电电池供电的仪器，应保证每 1 ~ 2 个月充放电一次，以保证电池不失效。

3. 钢筋保护层测试仪的标定

（1）保护层测试仪使用期间的标定校准，应使用专用的标定块。当测量标定块所给定的保护层厚度时，测读值误差应不超过仪器说明书所给定的精度范围。

（2）标定块由一根直径 16 mm 的普通碳素钢筋垂直浇铸在长方体无磁性的塑料块内，使钢筋距离 4 个侧面分别为 15 mm、30 mm、60 mm、90 mm。

（3）标定应在无外界磁场干扰的环境中进行。

（4）每次检测前均应对仪器进行标定，若达不到应有精度，应送专门机构校核。

4. 钢筋保护层测量的一般原则

（1）测区布置原则：

① 单个构件检测时，应根据构件尺寸大小，在构件上均匀布置测区。每个构件上的测区数一般不少于 3 个。

② 对于最大尺寸 > 5 m 的构件，应适当增加测区数量。

③ 测区应均匀分布，相邻两测区的间距不宜小于 2 m。

④ 测区表面应清洁平整，避开接缝、蜂窝、麻面、预埋件等位置。

（2）测区应排好编号，并描述测区位置和外观情况。

（3）测点数量及要求：

① 构件上每一测区测点不少于 10 个。

② 测点间距应不大于保护层测试仪传感器长度。

（4）对某一类构件的检测，可采取抽样的方法，抽样数量不少于同类构件数的 30%，且不小于 3 件。每个构件测区布置按单个构件要求设置。

（5）对结构整体的检测，可先按构件类型分类，再按类型要求进行检测。

5. 钢筋保护层测量的试验步骤

（1）测试前应了解相关图纸资料，以确定钢筋的种类和直径。

（2）进行保护层厚度测读前，应先在测区内确定钢筋的位置与走向，做法如下：

① 将保护层测试仪传感器在构件表面缓慢平行移动，当仪器显示值最小时，传感器正下方即是所测钢筋的位置。

② 找到钢筋位置后，将传感器在原处左右转动一定角度，仪器显示最小值时传感器长轴线的方向即为钢筋的走向。

③ 在构件测区表面画出钢筋位置与走向。

（3）保护层厚度的测读：

① 将传感器置于钢筋所在位置正上方，并左右缓慢稍稍移动，读取仪器显示的最小值即为该处保护层厚度。

② 每一测点值宜读取 2 ~ 3 次稳定读数取其平均值，准确至 1 mm。

③ 应避免在钢筋交叉位置进行测量。

（4）对于缺少资料，无法确定钢筋直径的构件，应首先测量钢筋直径。对钢筋直径的测量宜采用 5 ~ 10 次测读，剔除不合格数据，最后求出其平均值的测量方法。

 **桥隧检测设备——混凝土回弹仪**

在建筑工程领域，确保混凝土质量至关重要，而混凝土回弹仪作为检测混凝土抗压强度的关键工具，应用极为广泛。它是一种无损检测仪器，能快速、简便且经济地获取混凝土质量和强度相关数据，是现场检测的不二之选。

回弹仪的工作基于一个巧妙的原理：内部弹簧驱动重锤，重锤以恒定动能撞击与混凝土表面垂直接触的弹击杆。这一撞击使局部混凝土发生变形，部分能量被吸收，剩余能量转化为重锤的反弹动能。当反弹动能全部转化为势能时，重锤反弹至最大距离，仪器将这一最大反弹距离以回弹值（即最大反弹距离与弹簧初始长度之比）的形式显示出来。回弹仪构造如图 2-4 所示。

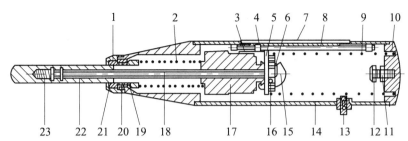

1—盖帽；2—弹击拉簧；3—指针片；4—指针块；5—导向法兰；6—挂钩压簧；7—刻度尺；8—指针轴；
9—压簧；10—尾盖；11—紧固螺母；12—调零螺钉；13—按钮；14—外壳；15—挂钩；
16—挂钩销子；17—弹击锤；18—中心导杆；19—拉簧座；20—卡环；
21—密封毡帽；22—弹击杆；23—缓冲压簧。

图 2-4 回弹仪构造

随着人们对工程质量的关注度不断提高，无损检测技术迅猛发展并日趋成熟，在建设工程中的应用愈发广泛。它不仅成为工程事故检测与分析的重要手段，还在工程质量控制以及建筑物使用期间发挥着可靠的监控作用，贯穿于工程施工、验收和使用的各个阶段。

要精准测量混凝土强度，常规做法是将混凝土试块加载至破坏极限，获取试验值，但试件也随之报废。而无损检测方法是在不破坏结构和构件的前提下，得到破坏应力值，这就需要找到与混凝土强度相关且测试时不影响混凝土受力功能的值，其实质是一个间接推算值。其与混凝土实际强度的吻合程度，取决于所选物理量与混凝土强度的相关性，回弹法测强度便是常用的无损检测技术之一。

自 1948 年瑞士学者发明回弹仪以来，回弹法已历经 70 多年的应用历程。尽管不断有新的无损检测方法涌现，但回弹法凭借所用仪器构造简单、操作便捷、测试值在特定条件下与混凝土强度相关性良好以及测试成本低廉等优势，始终在现场检测中占据重要地位，被国际学术界公认为混凝土无损检测的基本方法。

目前，国内广泛使用的是指针式示读回弹仪，它在建筑施工、市政工程和路桥建设等领域的混凝土抗压强度检测中发挥着重要作用。然而，该回弹仪缺乏数据记录和处理功能，需操作人员手动完成检测和记录，大量人工处理工作难免影响检测结果的客观性。随着工程质量监督检测手段的不断完善和检测仪器的持续发展，质量监督检测工作的科技含量日益提升，国内外逐渐采用数字式混凝土抗压强度检测系统替代指针式测试系统。

国内已开发出全自动回弹仪采集处理系统，市面上的智能回弹仪系统主要有两种类型。一种利用接触式电阻作为位移传感器，安装在回弹仪游标导轨处，通过游标位置变化产生不同电阻值来工作。但这种传感器使用寿命有限，会增加滑块阻力，影响测试精度，且受使用次数和环境温度等因素影响较大，难以长期稳定使用，对于测点众多的混凝土抗压强度检测系统而言并非理想选择。另一种则通过测量机械回弹仪标尺滑块的速度，结合与机械回弹仪指针直读式仪器的对应方法来推算回弹值。不过，目前智能回弹仪存在价格昂贵等问题，限制了其在国内的推广应用。

思政小课堂

在 1881 年唐胥铁路桥梁建设时期，技术落后，物质条件极为艰苦。那时，检测工具十分简陋，全靠先辈们凭借丰富经验和严谨态度完成检测工作。

对于石料检测，先辈们没有先进的抗压、抗拉强度检测设备，只能通过观察石料外观，查看是否有明显裂纹、质地是否均匀。在挑选用于桥墩的石料时，他们会用小锤子轻轻敲击，根据声音判断内部结构。若声音清脆，便初步判定石料内部致密、无明显缺陷；若声音沉闷，则进一步检查。为检测石料强度，他们还会在施工现场进行简单的加载试验，将石料放置在简易支架上，逐步增加重物，观察石料在多大压力下会出现破裂，以此粗略估算其强度是否符合桥梁建设要求。

钢材检测同样困难重重。当时没有专业的力学性能检测仪器，先辈们就从钢材的外观、硬度等方面着手。他们用锉刀在钢材表面锉动，根据锉痕的深浅和难易程度判断钢材硬度是否达标。对于钢材的延展性，他们会将钢材加热后进行弯曲试验，观察其在弯曲过程中是否出现裂缝或断裂，以此确保钢材能承受桥梁建造和使用过程中的应力。

每一道工序更是严格把关。在桥梁基础施工时，先辈们会反复测量基础的位置、尺寸和高程，确保将误差控制在极小范围内。他们使用简陋的测量工具，如标杆、绳索等，通过多次测量、相互验证，保证基础位置精准无误。在桥墩浇筑过程中，他们会安排专人时刻观察混凝土的浇筑情况，确保混凝土均匀分布，无漏振、离析现象。

如今，现代桥梁工程试验检测拥有先进的设备和科学的方法。以回弹仪检测混凝土强度为例，在操作过程中，学生们应像先辈们一样严谨。每次使用回弹仪前，要仔细检查仪器是否正常，校准参数。在选择测区时，严格按照规范要求，确保测区均匀分布、避开钢筋和预埋件等。在测量回弹值时，要保持回弹仪垂直于混凝土表面，用力均匀，读取数据准确无误。对待每一个检测数据都要认真记录、分析，若发现数据异常，要及时查找原因，重新检测，以追求更高的检测精度，保障桥梁工程质量。

 项目小结

本项目聚焦桥梁工程试验检测，全力保障桥梁质量与安全。在桥梁试验检测任务方面，施工前对材料、构件及桥位放样进行检测，施工中把控各工序质量并监测结构状态，施工后全面检测桥梁总体并鉴定新材料、新工艺，对保障桥梁安全运营、优化养护策略和推动技术发展意义重大。

原材料性能检测涉及石料、混凝土、钢材。对于石料，关注其物理、化学、力学性能，对混凝土则注重其各组成材料的技术要求和性能试验，对钢材则重视其力学性能、焊接方法及质量控制。无损检测技术发展历程丰富，具有诸多优点但精度受限，常用方法涵盖强度、缺陷及其他性能检测。

混凝土强度检测采用回弹法、超声回弹综合法、钻芯法、拔出法。混凝土损伤和缺陷检测运用超声法和冲击回波法。钢筋检测通过评定锈蚀方法、检测锈蚀自然电位、碳化深度以及保护层厚度等，全方位评估钢筋状态，为桥梁工程质量提供有力支撑。

 复习思考题

1. 桥梁工程试验检测在施工前期的主要检测任务有哪些？

2. 为什么要对桥位放样测量数据进行检测核对？

3. 施工过程中对桥梁下部结构的检测内容有哪些？

4. 简述预制构件张拉、运输和安装时强度控制试验检测的重要性。

5. 桥梁施工完成后的总体检测涵盖哪些方面？

6. 桥梁工程试验检测对确保桥梁安全运营有何重要意义？

7. 如何通过桥梁检测优化桥梁维修养护策略？

8. 新的桥型、材料和工艺如何推动桥梁技术发展？

9. 石料作为混凝土骨料，其物理要求包含哪些方面？

10. 石料化学性能中的碱活性和化学稳定性对混凝土有何影响？

11. 简述石料抗压强度试验的原理和操作步骤。

12. 混凝土由哪些材料组成，各起什么作用？

13. 水泥在混凝土工程中的使用有哪些注意事项？

14. 砂、石材料在用于混凝土施工前需要做哪些准备和检测？

15. 钢材在桥涵工程结构中有哪些优势？

16. 钢材的屈服强度和抗拉强度在工程应用中有何重要意义？

17. 伸长率和断面收缩率如何体现钢材的塑性？

18. 简述冲击吸收功和韧脆转变温度与钢材韧性的关系。

19. 闪光对焊、电弧焊和电渣压力焊各有什么特点和适用范围？

20. 焊接质量控制要点包括哪些方面？

21. 无损检测技术在混凝土性能检测中有哪些优势？

22. 简述超声回弹综合法的原理和优势。

23. 钻芯法检测混凝土强度适用于哪些情况？

24. 拔出法检测混凝土强度的操作要点有哪些？

25. 超声法检测混凝土缺陷的原理基于哪些参数的变化？

26. 超声平测法和超声斜测法检测混凝土裂缝的原理和操作要点分别是什么？

27. 冲击回波法检测混凝土结构厚度与内部缺陷的原理是什么？

28. 钢筋锈蚀与混凝土病害之间存在怎样的相互关系？

29. 半电池电位检测法和重量损失法与截面损失法检测钢筋锈蚀有何不同？

30. 混凝土碳化深度检测的原理和操作步骤是什么？

习　题

（一）单选题

1. 中国第一条自建铁路唐胥铁路建成于（　　　）。

　　A. 1880 年　　　　　B. 1881 年　　　　　C. 1882 年　　　　　D. 1883 年

2. 下列关于桥梁施工前期检测任务的表述，正确的是（　　　）。

　　A. 仅需检验预制梁的外观质量，无需测定其力学性能

　　B. 桥位放样测量时，需核对桥位的坐标和高程数据

　　C. 进场钢材的检测内容仅包含尺寸偏差验证

　　D. 施工前期检测无需考虑桥位周边的地形和水文条件

3. 在桥梁工程试验检测中，施工前期对进场原材料进行检测，主要是为了（　　　）。

　　A. 降低成本　　　　　　　　　　　B. 从源头上保证工程质量

　　C. 加快施工进度　　　　　　　　　D. 满足施工人员需求

4. 以下哪项不属于施工前期检测任务？（　　　）

　　A. 原材料试验鉴定　　　　　　　　B. 桥位放样测量检验

　　C. 预制构件张拉强度控制　　　　　D. 半成品构件尺寸偏差检测

5. 在施工过程中，检测地基承载力是在（　　　）施工时进行。

　　A. 桥梁上部结构　　　　　　　　　B. 桥梁下部结构

　　C. 桥面铺装　　　　　　　　　　　D. 附属设施

6. 桥梁施工完成后，进行荷载试验是为了（　　　）。

　　A. 评估结构整体受力性能　　　　　B. 检查桥梁外观

　　C. 测量桥梁几何尺寸　　　　　　　D. 确定桥梁线形

7. 在混凝土石料中，粒径大于 4.75 mm 的骨料属于（　　　）。

　　A. 细骨料　　　　B. 粗骨料　　　　C. 中骨料　　　　　D. 特粗骨料

8. 石料的物理要求不包括（　　　）。

　　A. 粒径　　　　　B. 级配　　　　　C. 碱活性　　　　　D. 含泥量

9. 一月份平均气温低于（　　　）的地区，石料应进行冻融试验。

　　A. − 5 ℃　　　　　B. − 10 ℃　　　　　C. − 15 ℃　　　　　D. − 20 ℃

10. 在混凝土立方体抗压强度试验中，强度计算的依据是（　　　）。

　　A. 单位面积上所能承受的最小压力

　　B. 单位面积上所能承受的最大压力

　　C. 单位体积上所能承受的最大压力

　　D. 单位体积上所能承受的最小压力

11. 钢材的屈服强度是指（　　　）。

　　A. 钢材开始产生明显塑性变形时的应力

　　B. 钢材在拉伸过程中所能承受的最大应力

C. 钢材在受力破坏前可以经受永久变形的性能

D. 钢材在冲击荷载作用下，吸收能量并抵抗破坏的能力

12. 以下哪种焊接方法适用于预制构件厂内钢筋接长？（　　　）

　　A. 闪光对焊　　　　　　　　　　　B. 电弧焊

　　C. 电渣压力焊　　　　　　　　　　D. 电阻点焊

13. 在混凝土无损检测技术中，最早出现的是（　　　）。

　　A. 表面压痕法　　　　　　　　　　B. 超声脉冲法

　　C. 回弹仪　　　　　　　　　　　　D. 超声回弹综合法

14. 回弹法检测混凝土强度时，测区面积不宜大于（　　　）。

　　A. 0.02 m² 　　　B. 0.04 m² 　　　C. 0.06 m² 　　　D. 0.08 m²

15. 在超声回弹综合法中，超声波检测仪的工作频率范围在（　　　）。

　　A. 10 ~ 100 kHz 　　　　　　　　　B. 10 ~ 500 kHz

　　C. 50 ~ 100 kHz 　　　　　　　　　D. 50 ~ 500 kHz

16. 钻芯法检测混凝土强度时，芯样直径不宜小于集料最大粒径的（　　　）。

　　A. 2 倍　　　　　B. 3 倍　　　　　C. 4 倍　　　　　D. 5 倍

17. 拔出法属于（　　　）检测范畴。

　　A. 无损　　　　　B. 半破损　　　　C. 微破损　　　　D. 破损

18. 超声法检测混凝土缺陷时，最适合探测（　　　）。

　　A. 微小裂缝　　　　　　　　　　　B. 钢筋锈蚀

　　C. 较大的空洞和裂缝　　　　　　　D. 混凝土强度

19. 冲击回波法检测混凝土结构缺陷时，利用的是（　　　）。

　　A. 超声波　　　　B. 应力波　　　　C. 电磁波　　　　D. 光波

20. 在钢筋锈蚀评定方法中，半电池电位检测法属于（　　　）。

　　A. 直接检测　　　B. 间接检测　　　C. 化学检测　　　D. 物理检测

21. 检测混凝土碳化深度时，常用的指示剂为（　　　）。

　　A. 甲基橙　　　　B. 酚酞试剂　　　C. 石蕊试剂　　　D. 品红试剂

22. 采用滴定条法测定混凝土中氯离子含量时，分析样品的钻孔数量每一测区不宜少于（　　　）。

　　A. 2 个　　　　　B. 3 个　　　　　C. 4 个　　　　　D. 5 个

23. 钢筋保护层测试仪的保护层测量范围应（　　　）。

　　A. > 50 mm 　　　B. > 80 mm 　　　C. > 120 mm 　　　D. > 150 mm

24. 桥梁工程试验检测的任务不包括（　　　）。

　　A. 施工前期检测　　　　　　　　　B. 施工过程中的检测

　　C. 施工完成后的检测　　　　　　　D. 桥梁运营后的检测

25. 在施工过程中，对桥梁结构状态进行监测，主要监测（　　　）。

　　A. 上部结构应力、应变　　　　　　B. 下部结构位移

　　C. 桥面平整度　　　　　　　　　　D. 附属设施完整性

26. 钢材的塑性指标不包括（　　　）。

　　A. 伸长率　　　　　　　　　　　B. 断面收缩率

　　C. 硬度　　　　　　　　　　　　D. 以上都是

27. 以下哪种不属于混凝土缺陷？（　　　）

　　A. 蜂窝　　　　　B. 麻面　　　　　C. 强度不足　　　　　D. 露筋

28. 在超声回弹综合法中，测区检测顺序应（　　　）。

　　A. 先超声测试，后回弹测试　　　B. 先回弹测试，后超声测试

　　C. 两者同时进行　　　　　　　　D. 无先后顺序要求

29. 钻芯法检测混凝土强度时，芯样高度与直径比应在（　　　）范围内。

　　A. 0.5 ~ 1　　　　B. 1 ~ 2　　　　C. 2 ~ 3　　　　D. 3 ~ 4

30. 采用冲击回波法检测混凝土缺陷时，测点间距通常控制在（　　　）。

　　A. 100 ~ 200 mm　　　　　　　　B. 200 ~ 500 mm

　　C. 500 ~ 800 mm　　　　　　　　D. 800 ~ 1 000 mm

（二）多选题

1. 桥梁工程试验检测的意义包括（　　　）。

　　A. 确保桥梁安全运营　　　　　　B. 优化桥梁维修养护策略

　　C. 推动桥梁技术发展　　　　　　D. 降低桥梁建设成本

2. 施工前期检测任务包括（　　　）。

　　A. 原材料试验鉴定　　　　　　　B. 桥位放样测量检验

　　C. 预制构件张拉强度控制　　　　D. 半成品构件外观质量检测

3. 石料的基本技术要求包括（　　　）。

　　A. 物理要求　　　　　　　　　　B. 化学性能

　　C. 力学性能　　　　　　　　　　D. 加工性能

4. 在水泥混凝土各组成材料的技术要求中，关于水泥的要求有（　　　）。

　　A. 严格依据配合比选用　　　　　B. 防止受潮、受污染

　　C. 按品种、标号分批堆垛　　　　D. 可露天堆放

5. 钢材的主要力学性能包括（　　　）。

　　A. 强度　　　　B. 塑性　　　　C. 韧性

　　D. 硬度　　　　E. 疲劳性能

6. 常见的钢材焊接方法有（　　　）。

　　A. 闪光对焊　　　　　　　　　　B. 电弧焊

　　C. 电渣压力焊　　　　　　　　　D. 气焊

7. 无损检测技术的优点包括（　　　）。

　　A. 对检测构件不破坏　　　　　　B. 可全面检测

　　C. 检测精度高　　　　　　　　　D. 可重复测试

　　E. 费用低廉

8. 混凝土强度的无损检测方法有（　　　）。
　　A. 半破损法　　　　　　　　　　B. 非破损法
　　C. 综合法　　　　　　　　　　　D. 破损法

9. 半破损法检测混凝土强度的方法有（　　　）。
　　A. 钻芯法　　　　　　　　　　　B. 拔出法
　　C. 射击法　　　　　　　　　　　D. 回弹法

10. 非破损法检测混凝土强度的方法有（　　　）。
　　A. 回弹法　　　　　　　　　　　B. 超声脉冲法
　　C. 射线吸收与散射法　　　　　　D. 成熟度法

11. 综合法检测混凝土强度的方法有（　　　）。
　　A. 超声回弹综合法　　　　　　　B. 超声钻芯综合法
　　C. 超声衰减综合法　　　　　　　D. 射线回弹综合法

12. 混凝土缺陷无损检测方法有（　　　）。
　　A. 超声脉冲法　　　　　　　　　B. 冲击回波法
　　C. 雷达扫描法　　　　　　　　　D. 红外热谱法
　　E. 声发射法

13. 超声法检测混凝土缺陷的原理涉及（　　　）参数变化。
　　A. 传播速度　　　B. 波幅　　　　C. 频率　　　　　　D. 相位

14. 冲击回波法检测混凝土缺陷的操作要点包括（　　　）。
　　A. 测点布置　　　　　　　　　　B. 仪器操作
　　C. 现场环境要求　　　　　　　　D. 数据处理与结果分析

15. 钢筋锈蚀的评定方法分为（　　　）。
　　A. 直接检测　　　　　　　　　　B. 间接检测
　　C. 物理检测　　　　　　　　　　D. 化学检测

16. 直接检测钢筋锈蚀的技术有（　　　）。
　　A. 半电池电位检测法　　　　　　B. 重量损失法
　　C. 截面损失法　　　　　　　　　D. 混凝土碳化深度检测法

17. 间接检测钢筋锈蚀的技术有（　　　）。
　　A. 混凝土碳化深度检测　　　　　B. 混凝土保护层厚度检测
　　C. 混凝土电阻率检测　　　　　　D. 混凝土中氯离子含量检测
　　E. 混凝土气透性检测

18. 钢筋锈蚀电位检测仪的技术要求包括（　　　）。
　　A. 测量范围大于 1 V　　　　　　B. 准确度高于 0.5%±1 mV
　　C. 输出电阻 > 10^{10} Ω　　　　　D. 半电池参考电极为铜/硫酸铜电极

19. 混凝土碳化深度检测前的准备工作包括（　　　）。
　　A. 配制酚酞试剂　　　　　　　　B. 选择测区位置
　　C. 确定测孔数量和位置　　　　　D. 准备冲击钻

20. 钢筋保护层测试仪的标定要求包括（　　　）。

　　A. 使用专用标定块

　　B. 标定在无外界磁场干扰环境中进行

　　C. 每次检测前均应对仪器进行标定

　　D. 测读值误差应不超过仪器说明书所给定的精度范围

（三）判断题

1. 桥梁工程试验检测只需要在施工完成后进行。（　　　）

2. 石料的含泥量对混凝土的黏结性能和强度没有影响。（　　　）

3. 钢材的强屈比越大，结构的安全性越高。（　　　）

4. 无损检测技术的检测精度比常规破坏试验高。（　　　）

5. 采用回弹法检测混凝土强度时，测区应选在使回弹仪处于水平方向检测混凝土浇筑侧面，不能有其他位置。（　　　）

6. 超声回弹综合法受混凝土龄期和含水率影响大。（　　　）

7. 钻芯法对构件损伤较大，检测成本也高，通常与其他非破损方法联合使用。（　　　）

8. 冲击回波法可检测混凝土结构中预应力管内未灌浆区域和灌浆不密实区域。（　　　）

9. 混凝土中氯离子含量越高，钢筋越不容易锈蚀。（　　　）

10. 钢筋保护层测试仪使用期间的标定校准，应使用专用的标定块。（　　　）

项目 3　桥梁养护维修

 项目描述

钢桥是以钢材建造桥跨结构的桥梁。因钢材强度高、性能优、密度与应力比值小，钢桥跨越能力强。其构件具有适合工业化制造、运输、安装便捷，工期短，损坏后易修复更换的特点，在铁路线上被广泛采用。与混凝土结构相比，钢结构缺点明显，如抗腐蚀性差、易生锈、养护难度大、后期维护费用高等，及时合理的涂装能有效延长钢结构使用寿命。在跨越宽阔河流、峡谷等地形的铁路桥梁建设中钢桥应用广泛。

圬工梁是一种主要以砖、石、混凝土等材料通过人工砌筑或浇筑而成的梁结构。它利用这些材料的抗压性能，将其组合形成能够承受一定荷载的梁体结构。在实际应用中，圬工梁通常由砌石或混凝土等圬工材料构成梁的主体，有时也会配置少量的钢筋来增强某些部位的性能，但钢筋并非其主要的受力构件。

在一些早期建设的普速铁路干线上，如京沪线、京广线等的部分区段，以及一些地方铁路、厂矿专用铁路等上，由于当时的技术条件和运输需求，圬工梁被广泛应用于跨越小河、山谷、道路等的桥梁中。在一些连接干线铁路与矿区、工厂、港口等的支线铁路上，由于运输量相对较小，对桥梁的承载能力和跨度要求不是特别高，圬工梁能够满足其使用需求，并且具有造价低、维护简单等优点。大量既有铁路上的圬工梁由于服役时间较长，受到列车荷载反复作用、自然环境侵蚀等因素的影响，出现了诸如混凝土开裂、钢筋锈蚀、石砌体风化等病害，导致梁体的承载能力和耐久性下降。为了确保铁路运输安全，需要对这些圬工梁进行检测、评估和加固改造，或者在必要时进行更换。

本项目主要介绍钢桥的组成结构、分类方式以及养护维修方法，圬工梁拱、墩台及基础的常见病害类型，圬工梁拱、墩台及基础的检测方法，圬工梁拱、墩台及基础养护维修技术。

 拟实现的教学目标

▷ **思政要素**

（1）培养责任意识：让学生深刻认识到桥梁养护维修工作对保障交通顺畅和人民生命财产安全的重要性，树立高度的责任感和使命感，在工作中严谨认真，不放过任何一个可能影响桥梁安全的细节。

（2）弘扬工匠精神：通过学习桥梁养护维修的专业知识和技能，培养学生精益求精、追求卓越的工匠精神，使其在面对复杂的桥梁病害时，能够耐心钻研、精心修复，不断提升自己的专业水平。

（3）增强环保与安全意识：在桥梁养护维修过程中，引导学生关注施工对环境的影响，培养环保意识，采取合理措施减少对周边生态环境的破坏；同时，强化安全意识，确保施工过程中的人员安全和桥梁结构安全。

➤ 能力目标

（1）能够熟练运用各种检测方法和工具检测钢桥、圬工梁拱、圬工墩台及其基础的病害。

（2）具备编写桥梁养护维修措施方案的能力。

（3）具备按照维修方案进行桥梁养护维修施工的能力。

➤ 知识目标

（1）掌握钢桥的组成、分类及养护维修方法。

（2）掌握圬工梁拱、墩台及基础的常见病害类型。

（3）掌握圬工梁拱、墩台及基础的检测方法。

（4）熟悉圬工梁拱、墩台及基础养护维修技术。

➤ 素质目标

（1）具备扎实专业知识与技能，关注行业动态，提升专业水平。

（2）具备自学和独立思考的能力。

（3）具备分析问题和解决实际问题的能力。

（4）具备信息搜集能力和处理能力。

（5）具备一定的协调能力、协作精神。

 相关案例

铁路圬工梁桥加固案例分析

在铁路交通网络中，圬工梁桥扮演着重要角色。然而，随着时间的推移和列车荷载的反复作用，许多桥梁出现了各种病害，危及行车安全，因此加固工作至关重要。下面通过对焦柳线大树村大桥和陇海铁路天兰段（天水—兰州）老旧圬工梁的加固案例进行分析，来了解铁路圬工梁桥加固的实际情况。

1. 焦柳线大树村大桥加固

焦柳线大树村大桥于 1972 年竣工，位于三江县和程村车站之间，中心里程为 K1416+705，桥梁全长 273.3 m。它由 8×31.7 m 预应力钢筋混凝土 T 形简支梁组成，桥上线路为曲线，半径为 600 m，坡度为 −5‰。经测试发现，该桥的预应力钢筋混凝土 T 形简支梁横向振幅及自振频率均不符合要求，这对行车安全构成了严重威胁。

针对这一情况，相关单位采用了以横隔板加厚为主要手段，配合增加横向水平板联结的加固方案。加厚梁端横隔板，能够有效约束梁端水平转角，进而提高梁端横向连接的剪切刚度。与以往单纯增加横向水平板进行横向加固的方法相比，此方案取得了显著效果，不仅桥梁的横向刚度得到较大提高，而且新增混凝土重量较小且集中于梁端，使得梁恒载弯矩增加有限，极大地减小了对梁竖向刚度的影响，保障了桥梁的安全稳定，确保列车能够安全通行。

2. 陇海铁路天兰段老旧圬工梁加固

陇海铁路天兰段的圬工梁由于服役时间长，出现了诸多病害，其中防排水体系不良以及混凝土保护层碳化等问题较为突出。这些病害严重影响了梁体的性能和使用寿命，成为铁路安全运营的隐患。

在加固方案上，纵向加固采用了多种方法，包括增设新构件、减小跨度、扩大截面、粘贴钢板、粘贴碳纤维（玻璃纤维）、增设钢板锚栓及体外预应力加固等；横向加固则主要通过增设预应力横隔板和横向水平板，以此来加强双片式梁的整体性。

通过实施这些加固方法，陇海铁路天兰段老旧圬工梁的病害问题得到了有效解决。桥梁的承载能力和耐久性大幅提高，有力地保障了铁路的安全运营，使得这条重要铁路干线能够持续稳定地发挥运输作用。

综上所述，铁路圬工梁桥的加固对于保障铁路交通安全至关重要。不同的桥梁病害需要有针对性的加固方案，通过合理选择加固方法，能够有效解决桥梁病害，提高桥梁性能，延长桥梁使用寿命，确保铁路运输的安全与畅通。在未来的铁路建设与维护中，应不断总结经验，探索更先进、更有效的加固技术和方法，以适应铁路事业不断发展的需求。

 思则有备

表 3-1　项目内容及自我评价

项目	内容	自我评价			
自主学习计划		优　秀（　　　）	良　好（　　　）		
		及　格（　　　）	不及格（　　　）		
思维导图绘制		优　秀（　　　）	良　好（　　　）		
		及　格（　　　）	不及格（　　　）		
项目小结撰写		优　秀（　　　）	良　好（　　　）		
		及　格（　　　）	不及格（　　　）		
疑难问题剖析		优　秀（　　　）	良　好（　　　）		
		及　格（　　　）	不及格（　　　）		
学习体会概要		优　秀（　　　）	良　好（　　　）		
		及　格（　　　）	不及格（　　　）		
知识拓展方向		优　秀（　　　）	良　好（　　　）		
		及　格（　　　）	不及格（　　　）		
请你在学习开始之际填写第 1 项，在学习中逐步完善第 2 项，在学习之后完成第 3~5 项，课后完成第 6 项。					

任务 3.1　钢结构养护维修

知识点 9　钢桥的认知

3.1.1　钢结构认知

钢桥是指桥跨结构全部或部分由钢材制成的桥梁。钢桥因其独特的优点，在现代桥梁建设中占有重要地位，尤其是在建造长大跨度桥梁时，采用钢桥通常被认为是比较经济合理的方案。

1. 钢桥的优点

1）高强度与轻质特性

钢材以高强度和轻质而闻名，在承受相同荷载时，钢桥所需的断面积和体积最小，进而减轻了桥梁整体重量。钢材的密度与容许应力的比值在所有材料中最小，这表明在抵抗外力方面，钢结构更具高效性与经济性。

2）施工的简易性

钢桥的构件可在工厂预制，随后运至现场组装，极大地简化了施工流程。这种预制化的施工方式不仅削减了现场工作量，降低了施工风险，而且在恶劣天气条件下也能施工。

3）维修的便捷性

当活载增加致使桥梁部分受损时，钢桥的修理加固相对便利，通常能在维持通车的情况下进行。即便遭受严重损坏或破坏，钢桥也可在较短时间内修复。

4）设计的灵活性

钢结构桥梁的设计灵活性极高，能够设计出多种复杂的结构形式，如拱桥、悬索桥和斜拉桥等。这些结构不但在视觉上颇具吸引力，而且在结构上也更具高效性。

2. 钢桥的缺点

1）易生锈腐蚀

钢材易受环境因素影响而生锈，所以需要定期涂刷油漆予以保护。这不但增加了维护成本，还可能影响桥梁的美观度。

2）明桥面构造

钢桥通常采用明桥面设计，桥枕直接铺设在钢梁之上。这种设计使钢梁相较于圬工梁拱更易受到活载的冲击，从而增加了维修频率与费用。

3）对地基要求严苛

钢桥虽自重轻，但大跨度钢桥的整体质量绝对数值仍较大，且钢结构连接对基础沉降更敏感，对地基的要求相对较高。特别是在软土地基上，需采取额外措施以确保桥梁的稳定性与安全性。

3. 钢桥与其他桥梁类型的比较

1）与钢筋混凝土桥的对比

与钢桥相比，钢筋混凝土桥存在自重大的问题，且跨度越大，自重所占比值越显著增大，这在一定程度上限制了其跨越能力。然而，钢筋混凝土桥在节省钢材和水泥方面具有优势，且耐久性良好、养护维修费用较低。

2）与预应力混凝土桥的对比

预应力混凝土桥借助预应力筋或钢束产生的预压或预拉，使混凝土在受载前预先受压，从而在运营阶段不出现拉应力。这种桥梁具有较大的跨越能力和良好的抗裂性能，但施工技术要求较高，且成本相对较高。

钢桥凭借其高强度、轻质、施工简便和设计灵活等优点，在现代桥梁建设中占据重要地位。然而，易生锈、明桥面设计和较高的地基要求是其主要的缺点。在选择桥梁类型时，需要综合考量各种因素，以选择最为适宜的桥梁结构形式。目前，中、小跨度的钢梁已基本被钢筋混凝土梁所取代。

4. 钢结构的技术要求

（1）钢结构应具有要求的刚度、强度和稳定性。运营中根据钢结构形式，加强对各部联结节点、杆件、铆钉、销栓、焊缝的检查养护，使其经常处于良好状态。对承载能力或刚度不足、结构不良的钢梁，应进行加固或改善，确保行车安全。

（2）钢结构应保持清洁，要经常清扫污垢、土，冬季要及时清除冰雪。钢梁上的存水处所应设直径不小于 50 mm 的泄水孔，钻孔前须对杆件强度进行检算。

（3）钢梁件伤损容许限度超过钢梁杆件伤损容许限度的规定时（表3-2），应及时进行整修、加固或更换（经检定不影响钢梁正常使用者除外）。

5. 钢结构的检查重点

（1）杆件及其联结铆钉、螺栓、焊缝的伤损状态及其发展情况；对老龄化钢梁，要特别注意严寒季节发生杆件裂纹和断裂。

（2）大跨度下承钢桁梁伸缩纵梁端横联结处，上承板梁支座位置不正时，应检查支座上下翼缘角钢是否有裂纹。

（3）结合梁应注意混凝土与钢梁联结部位的共同作用位置是否良好。

（4）对塔架墩台应注意水位升降部位是否锈蚀、裂纹，水下部分应注意摸探。

（5）对钢梁角落隐蔽部位，特别是纵梁上翼缘桥枕覆盖部位应注意锈蚀的检查。

表 3-2 钢梁杆件伤损容许限度

序号	伤损类别		容许限度
1		竖向弯曲	弯曲矢度小于跨度的 1/1 000
2	板梁、纵梁、横梁	横向弯曲	弯曲矢度小于自由长度的 1/5 000,并在任何情况下不超过 20 mm
3		上盖板局部垂直弯曲	$f < a$ 或 $a < B/4$ d—钢板或钢板束的厚度 B—由腹板至盖板边缘的宽度
4		盖板上有洞孔	洞孔直径小于 30 mm,边缘完好
5		腹板上有洞孔	工字梁的洞孔直径小于 50 mm,板梁小于 80 mm,边缘完好
6		腹板受拉部位有弯曲	凸出部分直径小于断面高度的 0.2 倍或深度不大于腹板厚度
7		腹板受拉部位有弯曲(受压区)	凸出部分直径小于断面高度的 0.1 倍或深度不大于腹板厚度
8	桁梁	主梁压力杆件弯曲	弯曲矢度小于杆件自由长度的 1/1 000
9		主梁拉力杆件弯曲	弯曲矢度小于杆件自由长度的 1/500
10		主梁腹杆或连接杆件弯曲	弯曲矢度小于杆件自由长度的 1/300
11		洞孔	洞孔直径小于杆件宽度的 0.15 倍并不得大于 30 mm

常用的检查方法有以下两种:

(1)采用探伤仪器。

超声波探伤仪:利用超声波在金属材料中的传播特性,当遇到缺陷时,超声波会发生反射、折射等现象,通过分析反射波的情况来判断内部是否存在裂纹、气孔等缺陷,可检测出较小的内部缺陷,对钢结构内部质量检测效果较好。

磁粉探伤仪:适用于铁磁性材料表面和近表面缺陷的检测。当表面或近表面有裂纹等缺陷时,会引起磁力线的畸变,通过撒上磁粉,磁粉会在缺陷处聚集形成磁痕,从而显示出缺陷的位置和形状,能快速检测出表面及浅层缺陷。

射线探伤仪:通过发射 X 射线或γ射线穿透钢结构件,根据射线在不同材料中的衰减程度不同,在底片上形成不同的影像来判断内部缺陷情况,可直观显示缺陷的形状、大小和位置,但设备成本较高,检测过程较为复杂。

(2)化学药剂和手工结合进行。

化学药剂检测:使用一些特定的化学试剂,如除锈剂、酸洗剂等,对钢结构表面进行处理,可去除表面的锈蚀层,使潜在的缺陷更易暴露出来。同时,也可利用化学试剂与某些金属离子的显色反应等原理,来判断是否存在特定的腐蚀产物等。

手工检查：检查人员凭借肉眼、放大镜、小锤等工具进行检查。用肉眼直接观察钢结构表面是否有明显的裂纹、锈蚀、变形等情况，对于一些细微的裂纹或不明显的缺陷，可借助放大镜进一步观察。用小锤敲击钢结构表面，通过声音和手感来判断是否存在松动、空鼓等问题。

3.1.2　钢板梁构造

知识点 10　钢板梁构造

在钢桥体系中，钢板梁桥的构造相较于钢桁梁桥更为简洁。当跨度处于 40 m 以下时，综合制造、安装以及养护等多方面因素考量，板梁展现出相较于桁梁更为突出的优势。

板梁桥依据结构形式可划分为上承式和下承式两种类型。上承式是应用较为广泛的一种形式，其主梁间距相对较小，采用明桥面，直接铺设在主梁之上，无须额外的桥面系结构，用钢量较少。基于此，相较于下承式板梁，使用上承式板梁时桥墩台的圬工数量也会相应减少，因此在经济和结构复杂性方面更具优势。通常只有在建筑高度受到严格限制的特殊情况下，才会考虑选用下承式板梁。

1. 上承式板梁

上承式板梁桥的结构主要涵盖桥面、主梁、联结系以及支座这四个关键部分。

（1）主梁：作为桥跨结构的核心承重部件，主梁承担着将整个桥跨的自重以及列车荷载，通过支座传递至墩台结构的重要任务。一般情况下，主梁设置为两片，呈对称分布于线路两侧。焊接板梁的主梁采用工字形截面，由腹板以及上下翼缘共同构成。其中，翼缘包含翼缘角钢和翼缘盖板，如图 3-1 所示。此外，为确保腹板的稳定性，需要在腹板侧面增设加劲肋（加劲角钢）。

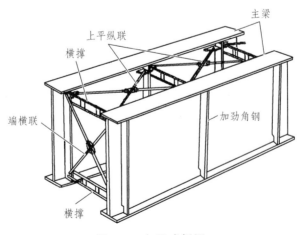

图 3-1　上承式板梁

（2）联结系：联结系由上、下平纵联以及横联共同组成，与主梁协同作用，构建成一个稳固的空间结构。其主要作用包括：确保所有构件维持在准确的位置；有效承受横向水平力，如风力、列车横向摇摆力以及离心力，并将这些力传递至支座；缩短受压翼缘的自由长度；中间横向联结系能够显著增强桥跨的横向刚度，保障两片主梁受力均匀。上承板梁的纵向联结系分为上平纵联和下平纵联，分别设置于主梁的上、下翼缘平面内，与翼缘板共同形成水平桁架结构。其两弦对应主梁的翼缘，腹杆则由斜杆和横撑杆构成。腹杆的形式主要有三角式和交叉式两种，具体形式如图 3-2 所示。

（a）三角式　　　　　　　　（b）交叉式

图 3-2　上承式板梁纵向联结系形式

横向联结系又可细分为中间横向联结系和端部横向联结系，两者均采用叉架式撑架结构，如图 3-3 所示。其上下水平杆件即为纵向联结系中的横撑杆，竖直杆件则是板梁内侧的加劲角钢。

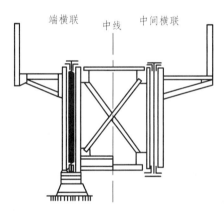

图 3-3　上承式板梁横向联结系

2. 下承式板梁

下承式板梁与上承式板梁在多个关键方面存在显著差别，具体如下：

（1）桥面系布局：下承式板梁的一大显著特点，便是其桥面系位于主梁的下方，由纵梁与横梁协同搭建而成。桥面稳稳铺于纵梁之上，而纵梁依靠横梁支撑，横梁进而承载于主梁上。纵横梁在实际建造中，通常选用钢板作为制作材料，其具体结构可参照图 3-4。这种布局与上承式板梁直接将桥面置于主梁上且无须额外复杂桥面系的形式，形成了鲜明对比。

（2）主梁间距确定方式：下承式板梁的主梁间距并非随意设定，而是严格依据限界要求以及设计的具体需求来精准确定。限界要求涉及桥梁所能容纳的交通流量、车辆规格等因素，而设计需求则涵盖了桥梁的预期承载能力、结构稳定性等多方面考量。与之不同，上承式板梁的主梁间距确定虽然也遵循一定原则，但在具体数值和影响因素的侧重点上，与下承式板梁存在差异。

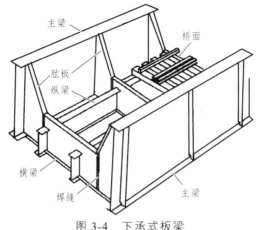

图 3-4 下承式板梁

（3）联结系构成特点：下承式板梁的联结系构成较为独特，它摒弃了上平纵联和横联，仅保留了下平纵联。由于所有的横向力都由下平纵联独自承担，这使得杆件承受的压力较大。为适应这种高强度的受力状况，下承式板梁的腹杆采用了交叉式结构，值得一提的是，其横撑杆实际上就是横梁。在横梁与主梁的连接部位，专门设置了三角形的肱板，以此增强连接强度。不仅如此，为进一步保障连接的稳固性，在横梁肱板与主梁的连接处，还增设了一个开口刚架。反观上承式板梁，其联结系由上、下平纵联以及横联共同构成，在结构和受力分配上与下承式板梁截然不同。

3.1.3 钢桁梁构造

当桥梁跨度不断增大，若依旧沿用板梁结构，腹板、盖板、加劲角钢以及接头等部件会变得极为庞大、沉重，不仅增加施工难度，还可能影响桥梁的整体性能。而采用腹杆替代腹板构建桁梁，犹如一场结构革新，有效减轻了

知识点 11 钢桁梁构造

结构重量，为大跨度桥梁的建造开辟了新路径。不过，由于桁梁构造相对复杂，对设计和施工要求较高，一般适用于 48 m 及以上的大跨度桥梁。钢桁梁主要分为上承式与下承式两种类型，在跨越大跨度河流时，下承式通常凭借其独特的结构优势，成为主要的选择形式，其具体结构可参考图 3-5。下面深入剖析钢桁梁的关键结构组成。

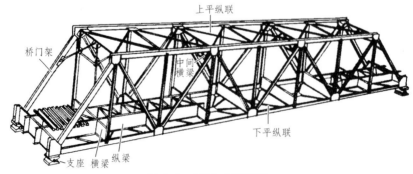

图 3-5 下承式钢桁梁

1. 主桁架

主桁架在桥跨结构中占据着最为核心的地位，堪称整个桥梁的"心脏"。所有竖向荷载，无论是日常交通中川流不息的车辆重压，还是恶劣天气下的额外负荷，都必须通过它传递到支座，其作用与板梁桥中的两片主梁相当，却在结构和功能上更为复杂和关键。

从组成结构来看，主桁架一般由上下弦杆、斜杆以及竖杆构成，其中斜杆和竖杆合称为腹杆，具体结构可参考图 3-6。由于桁梁外形以及腹杆系统形式丰富，桁架演变出多种不同的形式。在实际应用中，通常情况下，跨度较小的桁梁适宜采用三角形桁架，这种结构简单直接，内力传递清晰，能以较为经济的方式满足较小跨度的承载需求；而大跨度的桁架则多采用菱形，菱形结构能够更好地分散和承受巨大的荷载，适应大跨度带来的力学挑战，如图 3-7 所示。

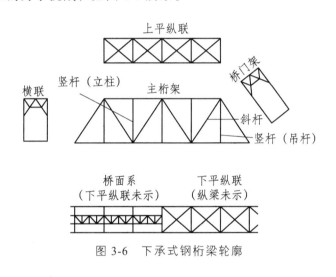

图 3-6　下承式钢桁梁轮廓

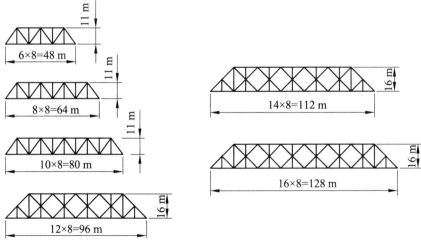

图 3-7　单线铁路下承式钢桁梁示意

在杆件材料与连接方面，主桁架杆件大多采用角钢或钢板，以 H 形截面较为常见，参考图 3-8。H 形截面构造简单，制造便捷，大大提高了施工效率，降低了制造成本。然而，它也存在一些缺点，如容易积存雨水和污物，尽管在腹板上钻有直径为 50 mm 的泄水孔，试图解决这一问题，但实际使用中却难以将雨水和污物完全排净，长期积累可能影响结构的耐久性。主桁各杆件在节点处交汇，通过节点板利用铆钉或高强度螺栓连接起来，这种连接方式既保证了结构的整体性，又能有效传递内力。同时，联结系杆件和横梁也都在节点板处与主桁架实现连接，使得整个结构紧密协同工作。

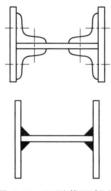

图 3-8　H 形截面杆件

2. 桥面系

桥面系是直接与车辆和行人接触的部分，宛如桥梁的"脸面"，为交通提供了至关重要的通行表面。它的主要功能是直接承受车辆和行人的荷载，并将这些荷载传递至主桁结构，开启荷载传递的关键旅程。

从构成组件来看，桥面系包含纵梁、横梁以及纵梁之间的联结系。纵梁和横梁一般都采用板梁结构，这种结构形式具有良好的抗弯性能，能够有效承受桥面传来的荷载。纵梁之间的联结系与上承式板梁一致，起到增强纵梁稳定性和协同工作能力的作用。纵梁的长度和主桁架节间长相等，其两端借助连接角钢和横梁相连，这种连接方式简单可靠，确保了荷载能够顺利从纵梁传递到横梁。横梁两端通过连接角钢与肋板连接到主桁节点和竖杆上，进一步将荷载传递至主桁架，完成整个荷载传递路径。

3. 联结系

联结系在钢桁梁结构中扮演着至关重要的角色，是形成空间稳定结构的关键要素。为了有效承受横向力，减小受压弦杆的自由长度，保障结构稳定，必须设置多种形式的联结系。

（1）平面纵向联结系：需在主桁架的上下平面内设置。它就像一张无形的网，用于承受横向风力、离心力（曲线上的钢桥）以及因弦杆变形引发的扭转力。其构造形式多为交叉式，这种形式能够充分利用杆件的力学性能，有效抵抗各种复杂外力。杆件截面以成对角钢为佳，成对角钢具有较好的稳定性和强度，能够满足平面纵向联结系的受力需求。

（2）端横联：下承桁梁的端横联肩负着重要使命，不仅要保证桥跨的横向稳定，像一位忠诚的卫士守护着桥梁的横向安全，还需将上平纵联所受的风力传递给支座，实现力的合理传递。它也被称作桥门架，可设置在端斜杆平面内或第一根吊杆平面内，如图 3-9 所示，不同的设置位置会对结构的受力和稳定性产生不同的影响，需根据具体工程情况合理选择。

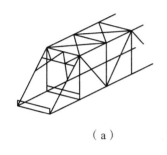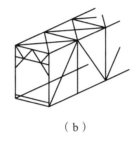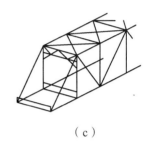

（a）   （b）   （c）

图 3-9 桥门架

（3）中间横向联结系：设置中间横向联结系是为了防止桁架发生扭曲，确保两主桁架间竖向荷载均匀传递，同时保证桁架在装配时具备局部刚性。它设置在主桁竖杆横向平面内，间距不大于两个节间，如图 3-10 所示。通过合理布置中间横向联结系，能够有效增强桥梁的整体稳定性，提高结构的可靠性。

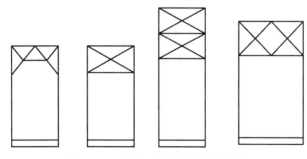

图 3-10 下承式桁架横向联结系

（4）制动撑架：当桥梁跨度大于 48 m 时，为避免横梁因列车的制动力和牵引力作用产生过大挠曲，需设置制动撑架。制动撑架常设置于跨度中心，这里是受力的关键部位。沿纵梁传递的制动力或牵引力会通过制动撑架传递到相应的主桁节点，再沿主桁弦杆传至固定支座上。制动撑架常见的设置方式有两种，如图 3-11 所示：（a）图是加强下平纵联的斜杆，并使其与纵梁下翼缘紧密联结，同时在联结处设置制动横杆，这种方式通过增强斜杆和纵梁的连接，提高了结构对制动力的抵抗能力；（b）图是在下平纵联斜杆交会处到纵横梁联结处增设制动杆，并增加纵联斜杆，通过增加杆件和优化连接方式，进一步提升了制动撑架的性能。

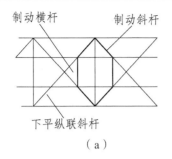

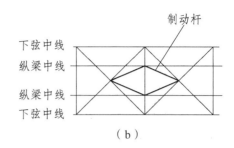

图 3-11　制动撑架设置方式

3.1.4　钢结构修理

1. 焊缝修理

1）检查方法

知识点 12　钢结构修理

（1）目视法：观察焊缝及相邻漆膜状态，发现有鼓起等可疑位置时将漆膜除净。用 10 倍放大镜检查。

（2）铲去表面金属法：将可疑处的漆膜除净，用铲刀铲去一薄层金属再仔细观察是否有裂纹，如未发现有裂纹，不得重铲。

（3）硝酸酒精浸蚀法：将可疑处漆膜除净，磨光，再用丙酮或苯洗净，滴上体积浓度为 5%～10% 的硝酸酒精（浓度依据钢材表面光洁度而定，光洁度高时，浓度宜低）浸蚀，如果有褐色显示表明此处有裂纹存在。

（4）着色探伤法：将可疑位置漆膜除净，打光，洗净（用丙酮或苯），吹干后喷涂渗透液，间隔 5～10 min，最长不超过 30 min（时间根据光洁度与气温而定）后，用洗净液除去多余的渗透液，擦干，再喷涂白色显示液，干燥后在缺陷处即可显示红色痕迹。这个方法也可用于杆件裂纹的检查。

红色渗透液配方：硝基苯 100 mL，煤油 700 mL，苯 200 mL，红色染料（苏丹红）Ⅲ 号 9 g。

显示液配方：珂珞酊（火棉胶）700 mL，苯 200 mL，丙酮 100 mL，氧化锌白（或油质氧化锌白）50 g。（珂珞酊配制方法：将硝棉溶于乙醚和蒸馏酒精的混合液中。）

2）检查的重点内容

（1）主、横梁联结处及纵、横梁联结处的焊缝及原材。

（2）联结部位对接焊缝。

（3）受拉或受反复应力作用的杆件焊缝及邻近焊缝热影响区的钢材。

（4）杆件截面断面变化处焊缝。

（5）联结系节点焊缝。

（6）加劲肋、横隔板及盖板处焊缝。

（注：应特别注意受反复应力的杆件及其接头处焊缝的检查。）

3）焊缝裂纹的处理

经检查发现在焊缝及附近的钢材上有裂纹时，应做如下处理工作：

（1）立即向负责人汇报，并根据裂纹的严重程度，采取保证列车安全运行的措施，如限速、限制过桥机车类型等。

（2）加强观察，必要时派专人监视。检查人员应在裂纹的尖端与裂纹垂直方向用红漆作出箭头标记，箭头指向裂纹的位置并与之相距 3~4 mm，在箭杆端部写明日期，并将裂纹的位置、长度、发展情况及检查日期记入《桥梁检查记录簿》。

（3）防止裂纹发展的应急措施：在裂纹的尖端钻与钢板厚度大致相等的圆孔（直径一般为 10~12 mm），但最大不超过 32 mm。裂纹的尖端必须落入孔中，防止裂纹继续发展。

（4）永久性的加固措施是采用高强度螺栓加固，加固前裂纹尖端处凡能钻孔者均应钻孔，有必要时更换杆件或换梁。在不能保证焊缝质量的情况下，桥上焊缝不得补焊。

2. 铆钉和高强螺栓修理

1）铆钉检查方法

（1）锤检目视法：用检查小锤（质量为 0.3~0.4 kg）敲打钉头。如发现震手或钉头周围流锈时，就是松动铆钉；当钉头四周油漆开裂时，也可能是松动铆钉。

（2）光谱法检测：该方法是通过激励铆钉表面，检测出铆钉材料中的成分。在检查过程中需要使用专业设备进行检测，并参照相关标准进行比对。

（3）强度测试：使用拉伸试验机对铆钉的拉伸强度和抗剪强度进行测试，以检查铆钉是否符合相关标准。

（4）尺寸检测：使用专业仪器检测铆钉的直径、长度、孔径等尺寸，并参照相关标准进行比对。发现松动应做出标记。

2）高强螺栓检查方法

维修时，要经常对高强度螺栓进行仔细的观测，随时掌握其技术状态。发现异常后，应及时分析原因，进行妥善处理，并记入《桥梁检查记录簿》内。

检查方法有目视法、敲击法、应变仪测定法和扭矩测定法 4 种。

（1）目视法。如发现杆件滑移（通常表现为连接部位漆膜开裂或流锈水），导致拱度变化，这就表明连接处高强度螺栓大部分欠拧；如发现个别螺栓头或螺母周围漆膜开裂脱落或流锈水，即表明该螺栓严重欠拧、漏拧或出现裂纹。

（2）敲击法。用质量约 0.25 kg 的检查小锤敲击螺母一侧，手指按在相对另一侧，若手指感到颤动较大，则应该是严重欠拧的螺栓。

（3）应变仪测定法。其步骤为：

① 在可疑高强度螺栓杆端面和螺母的相对位置上画一直线，然后将其拆卸、除锈、涂油待用。

② 在原栓孔处贴有电阻片的高强度螺栓上测定所需的初拧扭矩值（螺栓预拉力 N 和螺母转角 θ 的变化曲线成直线变化时的最低值）和所需要的终拧螺母转角范围（包括设计预拉力的容许误差 ±10% 和预拉力损失在内）。预拉力的损失规定：M22 的螺栓为 10 kN，M24 螺栓为 15 kN。

③ 拆卸上述贴有电阻片的螺栓。

④ 将前述待用螺栓装上，进行初拧，使其达到上述测定所需的初拧扭矩值。

⑤ 测量螺栓杆端面和螺母上原画直线间的角度，并与上述测定的所需螺母终拧转角范围比较，即可判明该螺栓是否欠拧或超拧。

（4）扭矩测定法。更换高强度螺栓时，如采用扭矩法施工，则终拧后复验，可采用如下检查方法：

先在螺杆端面、螺母相对位置画一直线，用扳手将螺母松回 30°～50°，再用定扭扳手将螺母拧回原位，测取扭矩值。利用该扭矩值换算的螺栓预拉力应在设计预拉力的容许范围以内。

有严重锈蚀、裂纹或折断的高强度螺栓应立即更换；有严重欠拧、漏拧或超拧的高强度螺栓应予卸下，经检查如不能再用时（严重锈蚀、严重变形和有裂纹以及施拧超过设计预拉力 15% 以上者）应予更换。

在秋检时还应选择具有代表性的节点，拆卸其螺栓总数的 2%（至少 1 个）细致检查螺栓及栓孔内壁锈蚀的情况，做好记录。除此之外，还应进行挠度和拱度测量。

3）重点检查内容

（1）主、横梁连接处及纵、横梁连接处的高强度螺栓。

（2）受拉、受反复应力作用的杆件节点及联结系节点的高强度螺栓。

（3）铆钉检查时，应特别注意以下部位：钢梁联结系的联结铆钉；纵梁与横梁及主梁与横梁联结角钢处；承受反复应力杆件（如桁梁斜杆）的节点处；纵梁或上承板梁上翼缘角钢的垂直肢处；钢梁和支座联结铆钉。

4）病害处理

（1）对经检查确定有严重锈蚀、裂纹或折断的高强度螺栓应立即更换。

（2）对延迟断裂的高强度螺栓还应详细记录断裂的时间、温度、所在部位、螺栓断口锈蚀情况，同时将实物送交有关单位分析原因。

（3）对经检查判明有严重欠拧、漏拧、超拧的高强度螺栓应予拆卸更换。如卸下的螺栓无严重锈蚀、严重变形（指不能自由插入栓孔）和裂纹的，或施拧预拉力未超过设计预拉力 10% 的，为了安全起见，也建议更换。

安装高强度螺栓时，应将栓孔内壁清除干净。高强度螺栓更换，对于大型节点，同时更换的数量不得超过该节点螺栓总数的 10%；对于螺栓数量较少的节点，则要逐个更换。该项工作要求在天窗点内进行。

3.1.5 钢结构涂装

钢梁、钢塔架、钢拱肋、限高防护架等钢构件都应进行保护涂装，防止钢结构锈蚀。积极推广新型涂装材料和技术的应用，新建或改造桥梁时，作业通道托架、台吊篮

知识点 13 钢结构涂装

等小型钢构件防腐宜采用热浸锌工艺，并符合现行国家标准《金属覆盖层 钢铁制件热浸镀锌层 技术要求及试验方法》（GB/T 13912）的要求。

1. 钢结构涂装失效的鉴定方法

漆膜粉化、露底、裂纹、剥落、起泡、吐锈等，这些都是失效的现象。漆膜失效的检查鉴定方法如下：

1）肉眼观察

明显的面漆粉化、露底或龟裂、起泡、剥落、锈蚀等都是比较容易发现的，但细小的裂纹及针尖状的吐锈等不容易被发现，可借助放大镜观察。另外，如发现漆膜表面有不正常的鼓起（角落部位用光照射有凹凸不平现象），则下面可能有锈蚀。

2）用手触摸

用手指轻触漆膜表面，当有粉末沾手时，表示漆膜粉化。对角落隐蔽部位如手摸感到粗糙、凹凸不平，则可能有锈蚀存在。

3）刮膜检验

对怀疑有锈蚀的部位，铲除表面漆膜，检查钢材是否锈蚀；对有脱皮位置，可用刮刀检查其失效范围。如用刮刀铲起漆膜，漆膜成刨花状卷起，底漆色泽鲜艳，表明漆膜良好；如漆膜用刮刀一触即碎或呈粉末状，底漆色泽暗淡，或一并带起，说明漆膜已经失效或接近失效。

4）滴水检验

在漆膜表面喷水，如水珠很快流淌，无渗透现象，则漆膜完好；如水很快从表面向里渗透或扩散，则表示漆膜粉化，渗水的深度即为漆膜失效的厚度。

2. 钢结构涂装前的表面清理等级要求

根据使用的涂料品种、施工方法和构件部位的不同，涂装对钢结构表面清理等级要求如下，对应除锈程度应达到要求：

（1）电弧喷铝或涂装环氧富锌底漆时，钢表面清理应达到 Sa3 级或 PSa3 级。

（2）涂装红丹醇酸、红丹酚醛或聚氨酯底漆时，钢表面清理应达到 Sa2 级或 PSa2 级。

（3）非密封的箱形梁和非密封的箱形杆件内表面涂装环氧沥青涂料时，钢表面清理应达到 Sa2 级或 PSa2 级。

（4）限高防护架、作业通道栏杆、扶手、托架、墩台吊篮、围栏等桥梁附属钢结构及铆钉头、螺栓头或局部维护涂装使用红丹防锈底漆时，钢表面清理应达到 St3 级或 PSt3 级。

3. 钢结构涂装前的表面清理粗糙度要求

（1）涂装涂料涂层时，钢表面粗糙度为 25～50 μm；选用最大粗糙度不得超过涂装体系干膜厚度的 1/3。表面粗糙度超过要求时，需加涂一道底漆。

（2）电弧喷铝时，钢表面粗糙度为 50～100 μm；当表面粗糙度超过 100 μm 时，涂层应至少超过轮廓峰 125～150 μm。

4. 钢料表面的清理方法

钢梁除锈及表面处理是为了去除结构上的尘埃、油垢、水、氧化皮、铁锈或已经起鼓的漆膜，以增强新涂漆膜与钢梁表面或旧漆膜间的附着力，提高油漆施工质量。任何氧化皮或铁锈的余痕均会促使钢梁继续生锈，影响漆膜和钢梁的使用寿命。经常采用的清理方法如下：

1）手工清理

一般用各种钢丝刷、钢刮铲、敲锈锤、钢凿子或砂布进行除锈，这种方法劳动强度大、效率低，一般适用于工作量不大时。

2）小型机械工具清理

可使用风钻（或电钻）装上钢丝刷，如图 3-12 所示，或用小风铲进行除锈，铆钉头等特殊部位可装上特制工具头进行除锈，但在拐角狭窄处仍配以手工工具除锈，效率高于全用手工除锈。

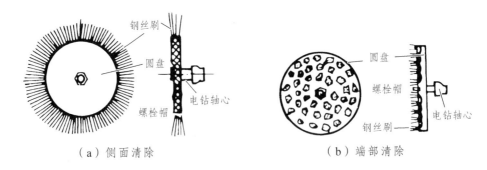

（a）侧面清除   （b）端部清除

图 3-12   钢丝刷清理

3）喷砂清理

利用压缩空气使洁净干燥的石英砂粒通过专用喷嘴以高速度喷射于钢板表面，由于砂粒的冲击和摩擦，将旧漆膜、污垢、铁锈、氧化皮等全部除去。喷砂器的构造如图 3-13 所示。这种方法的优点是除锈效率高、质量好，缺点是施工时的粉尘危害人体健康。也有采用湿喷砂的，即在喷砂中加入少量水，它减少了粉尘，但要在水中加少量防锈剂，以保持钢件在短时间内不生锈，其效果不如干喷砂。

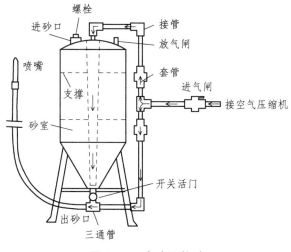

图 3-13　喷砂器构造

5. 涂层施工注意事项

涂层质量与现场施工操作有很大关系。一般涂刷中要注意下列事项：

（1）除锈完毕应清除基层上杂物和灰尘，在 8 h 内尽快涂刷第一道底漆，如遇表面凹凸不平，应将第一道底漆稀释后重复多次涂刷，使其透入凹凸毛孔深部，防止孔隙部分再生锈。

（2）不要在 5 ℃ 以下或 40 ℃ 以上，以及太阳光直晒或 85% 湿度以上情况下涂刷；否则，易产生起泡、针孔和光泽下降等。

（3）底漆表面充分干燥以后才可涂刷次层油漆，间隔时间一般为 8~48 h，第二道底漆尽可能在第一道底漆完成后 48 h 内施工，以防第一道底漆漏涂引起生锈；对于环氧树脂涂层，如漆膜过度硬化易产生漆膜间附着不良，必须在规定时间内做上面一层涂料。

（4）涂刷各道油漆前，应用工具清除表面砂粒、灰尘，对前层漆膜表面过分光滑或干后停留时间过长时，建议用砂布、水砂纸打磨后再涂刷上层涂料。

（5）一次涂刷厚度不宜太厚，以免产生起皱、流淌现象；为保证漆膜厚度均匀，应做交叉覆盖涂刷。

（6）涂料黏度过大时才使用稀释剂。稀释剂在满足操作需要情况下，应尽量少加或不加。稀释剂掺用过多会使漆膜厚度不足，密实性下降，影响涂层质量。稀释剂使用必须与油漆类型匹配。

（7）一般来说，油基漆、酚醛漆、长油度醇酸磁漆、防锈漆用 200 号溶剂汽油、松节油；中油度醇酸漆用 200 号溶剂汽油与二甲苯（1∶1）混合剂；短油度醇酸漆用二甲苯；过氯乙烯漆采用溶剂性强的甲苯、丙酮。稀释剂用错会出现渗色、咬底和沉淀离析缺陷。

（8）焊接、螺栓连接处、边角处最易发生涂刷缺陷与生锈，所以要特别注意保证不漏涂和涂刷均匀，一般应加涂来弥补。

（9）涂刷过程中出现的缺陷及处理方法见表3-3。

表3-3　涂层缺陷原因及处理方法

缺陷	现象	原因	处理与防范
留痕	垂直面之部分面积流下，结成厚膜	一次涂刷量太多太厚；油漆黏度太低；光滑涂面上涂刷；稀释剂挥发太慢	调整涂刷量；调整黏度；用砂纸磨粗；换挥发快的稀释剂；泄流部分磨平后重涂
橘子皮	产生橘皮状凹凸皱皮	油漆黏度太高，稀释剂溶解力不好，或挥发太快；温度或气温太高或暴晒；漆刷太厚，油漆质量不好	适当调低黏度，使用规定的稀释剂；避免高温或暴晒，保证良好施工环境；调整漆厚，用优良油漆；砂纸磨平后重新涂刷
刷纹	随漆刷运行方向留下凹凸刷纹	使用粗短毛刷施工，刷毛过硬；油漆本身流展性不良；被涂刷物粗糙，吸漆性强	改用优良漆刷；选用流展性好的油漆或配合少量树脂清漆或调薄剂；用同一油调薄，先刷一遍；用砂纸磨平重涂
气泡	涂料混入空气留在漆膜中变成小泡	强劲搅拌油漆，未待空气排出即予涂刷；稀释剂挥发太快或被涂刷物温度太高；油漆黏度太高	不激烈搅拌，搅拌后待气泡消除再涂刷；使用挥发性慢的稀释剂，控制施工温度；适当调稀；用砂纸研磨或除去漆膜重涂
针孔	涂面有针状小孔	被涂面上有灰尘、水及油分附着；油漆中有油、水分存在；稀释剂挥发太快；底层漆未干透	表面处理干净；防止油、水混入油漆中；换挥发慢的稀释剂；待底层完全干透后，再做上层涂层；用砂纸磨后重涂
白化	涂层发白混浊现象	空气湿度高，空气中水分凝结于涂面发白混浊；夜间气温下降，水分凝结于涂面上；被涂物温度较气温低	避免下雨天或温度高时施工，用挥发性慢的稀释剂；油性或环氧类油漆干燥慢，应避免傍晚施工；被涂物温度升高后再施工；待湿度下降时，喷涂防发白水即可消除
发黏	漆膜呈现发黏现象	基层面上有油、酸、碱、盐等未清除干净；头道未干，即刷二道；煤气作用或水汽冷凝于漆表面	清除杂质，处理好基层；控制操作时间，干后再刷下道；已刷漆面应避免水汽、煤气作用；若长时间放置还黏，除去漆膜重涂

续表

缺陷	现象	原因	处理与防范
颜色分离	涂面之颜色浓淡不匀	稀释剂用量太多； 油漆搅拌不匀； 涂层厚度不均匀； 调色不均匀	调整用量； 充分搅拌均匀； 不做过厚涂层，不用劣质漆刷； 两色以上调和时要充分搅拌，做适应性试涂； 用砂纸研磨后重涂
剥离	底层漆剥离	上层漆溶剂太强，渗入底漆； 底层漆与上层漆配套不当； 底层漆与上层漆涂刷间隔太短； 在过分光滑的金属面上涂刷	不过分调稀； 避免异种漆叠涂； 待底层充分干燥后，再涂上层； 用砂纸、砂轮磨粗后再涂； 除去剥离漆膜，打磨后重涂
吐色	底层漆颜色被上层漆溶化，透出面漆	有机类红色颜料及沥青层上做浅色面漆； 未干底层漆膜上做上层涂层	快速喷刷一层薄膜，使稀释剂快速挥发，然后再涂刷上层油漆； 待底层干透再做上层； 再加一层油漆
干燥不良	漆层在规定时间内不干	气温太低、温度太高或不通风场所施工； 涂面上有水分或油迹； 过分厚涂	改善涂刷环境； 完善表面处理； 按标准厚度施工； 经长期暴露还不干，除去漆膜重刷
龟裂	涂层表面产生裂纹	涂膜太厚； 下层油漆未干； 温度急剧下降； 上层与下层涂层配料配套不当	避免过分厚涂； 待下层干透后再涂上层； 发生气候变化时，停止施工； 慎重选择涂层材料，避免异种油漆叠加涂用； 应除去龟裂漆膜重刷涂层
失光及光泽不均	漆膜失去光泽呈部分无光泽	粗糙基层上涂刷； 涂膜厚度不匀	做加层涂刷油膜； 做均匀涂层； 做加层涂层至出现均匀光泽
起泡	漆膜产生气泡、浮肿现象	因生锈拱起漆膜； 被涂面有水分或涂料器具内有水分存在	做好表面处理与防锈涂层； 做好表面处理与器具处理； 要除去气泡漆膜，重做涂层

3.1.6　钢梁明桥面维修

1. 明桥面木桥枕的防腐

知识点 14　钢梁
明桥面维修

前期处理与细节防腐：木桥枕在投入使用前，必须进行专业的防腐处理，以延长其使用寿命。对于挖槽、削平以及螺栓孔眼等新产生的外露面，应均匀涂抹防腐油，形成有效的防护层。

道钉安装与钉孔处理：新铺设的桥枕，需预先钻设道钉孔。在钻孔完成后，向孔内注入少量的防腐油膏或防腐油，之后再打入道钉。若使用螺纹道钉，务必缓慢打入，且打入深度不得超过钉长的 1/3，随后旋入道钉孔，以此避免枕木出现持钉不良的状况以及防止枕木劈裂。当道钉被拔出后，钉孔内应加装道钉孔木塞。木塞长度为 40 mm，厚度在 5~15 mm，宽度比道钉小 1 mm。木塞需提前进行防腐处理，具体方法是将其置于 4%~4.5% 的氟化钠溶液中煮沸，随后浸泡 24 h，取出晾干后备用。

扣件选择与防爬措施：明桥面上的线路通常不允许安装防爬器。为有效防止钢轨爬行，明桥面上适宜采用 K 形分开式扣件或新型明桥面弹条扣板扣件，这两种扣件能够凭借其独特的结构设计，提供可靠的防爬性能。

2. 木桥枕腐朽检查

易腐朽部位与腐朽类型：木桥枕容易发生腐朽的部位，多集中在裂缝、压伤、凹陷处，各类孔眼，轨底铁垫板接触区域，护木联结处以及步行板下方，尤其是垫板下的钉孔部位。木桥枕的腐朽情况主要分为以下三种：其一，腐朽由外向内逐步发展，这种情况大多出现在表面防腐层被削去后未及时进行防腐处理的地方；其二，腐朽从里向外蔓延，常发生于各种孔眼以及注油后出现裂缝的部位；其三，虫害导致内部蛀空，这种现象在南方地区较为常见，北方地区相对较少发生。

全面检查方法：

（1）外观观察：仔细观察木桥枕的外表，查看是否存在腐朽迹象，同时留意列车通过时木桥枕的挠曲状态，以判断其内部结构的稳定性。

（2）敲击判断：使用检查小锤轻轻敲击枕木侧面，依据发出的声响来判断内部是否腐朽。若发声清脆，则表明内部状况良好；若发声沉闷或有空响，则提示内部可能已腐朽。

（3）探针探测：针对内部可能存在腐朽的部位，使用直径为 3~5 mm 的探针进行探测。若容易插入，说明内部已腐朽；若难以插入，则说明内部结构坚实。对于确认腐朽的部分，要精确测量其腐朽的范围和深度。

（4）钻孔取样：当敲击无法准确判断腐朽程度时，可采用直径为 12~14 mm 的电钻钻取实样，通过直接观察实样来检查腐朽情况。

3. 木桥枕修理

1）桥枕腻缝

（1）腻缝关键部位：主要针对桥枕顶面出现的裂缝以及侧面可能进水的裂缝进行腻缝处理，以防止水分渗入导致进一步腐朽。

（2）优质腻缝材料：选用防腐油膏或橡塑油膏，也可使用氟化钠和煤焦油按重量比 1:1 混合而成的防腐浆膏。该防腐浆膏的调制方法为：先将煤焦油加热至 30 ℃，然后加入氟化钠并充分搅拌。在冬季，若浆膏过于浓稠，可在加热的煤焦油中掺入少量柴油。要求腻缝材料不仅具备强大的防腐、杀菌能力，还应具有一定的弹性，以适应桥枕的微小变形。

（3）精细腻缝流程：传统的腻缝方法是首先彻底清除裂缝内的污垢，然后用压缩空气吹净裂缝处。对于直径为 2～3 mm 宽的裂缝，直接用浆膏灌注；对于 3 mm 以上宽的裂缝，需用浆膏浸麻刀（麻刀长度为 4～30 mm，浆膏与麻刀质量比宜为 5：1～6：1）塞缝；对于较宽的裂缝，可先灌入部分浆膏，再用经过防腐处理的木片填塞（注意木片不要打紧，木片顶应低于枕木面 2～3 mm），最后再次灌入浆膏。对于细小的裂缝，可用较稀的浆膏灌注。由于第一次灌满后，在列车震动的作用下浆膏会下沉，所以需要再次灌注，直至不再下沉，最后将表面刮平即可。（麻刀：一种纤维材料，并非刀具，简单来说是一种细麻丝、碎麻。）

（4）木桥枕裂缝愈合处理：采用直径为 3.5～4.0 mm 的镀锌铁线对枕木端部进行捆头操作。在捆扎之前，需使用枕木夹榨器夹紧枕木，在距离枕木端 100 mm 处捆扎 2～3 圈。捆扎时，铁线要与枕木各边保持垂直，并且要捆紧，铁线两头均应牢固固定在枕木侧面上。若桥枕存在纵向裂缝且较长，那么桥枕中间部位也需要进行捆扎。需要特别注意的是，严禁使用阻钉板（棘齿板、S 钉及 C 钉）对枕木头进行钉固，因为阻钉板不具备整治桥枕裂缝的作用。

2）木桥枕削平或镶补

（1）精准削平：当桥枕表层出现腐朽，或者钢轨垫板处因列车长期运行产生机械磨损，出现毛刺或切入深度超过 3 mm 时，必须进行削平处理。削平范围为垫板外 30～60 mm。削平后的表面要求平整顺滑，无积水现象，并涂抹防腐剂，以防止再次腐朽。

（2）规范镶补：若桥枕磨损或腐朽情况严重，则应进行镶补作业。首先将腐朽损坏部分彻底挖除并削平，然后涂抹防腐油，再填补经过防腐处理的镶木，最后用木螺钉固定。镶木厚度不宜超过 50 mm。镶补过程要做到去腐彻底、挖除量最少、镶补紧密贴合、浆膏涂抹均匀、连接牢固。镶木应做成梯形，侧面带有斜度，顶面窄、底面宽，以确保嵌紧密实或结合牢固。

3）防腐油膏的性质及使用方法

橡塑油膏在常温下呈现黑色固体状态，具有耐高温和耐低温的特性，在 80 ℃ 的高温下不流淌，在 -42 ℃ 的低温下不脆裂，有效弥补了防腐浆膏遇高温下沉塌陷的缺陷，同时具备良好的防水防腐性能。

橡塑油膏、煤焦油、氟化钠的质量比为 1：1：0.25。这种配比制成的油膏流动性良好，易于灌注，与木材质的黏结性强，防水性能优异，对于既深又宽的裂缝整治效果尤为显著。

4）规范作业流程

（1）清缝准备：在清缝、灌缝之前，先将缝内的尘埃、杂质彻底清除干净，同时刮净裂缝口的旧腻料。

（2）精准加温：一般在作业现场进行加温操作。为便于油膏溶化，先在锅内（或桶内）放入煤焦油，再将橡塑油膏切成小块放入锅内，边加热边加料并不断搅拌。当油温升高至 100 ℃ 时，油膏开始溶化；当温度升至 120 ℃ 时，油膏全部溶化。此时加入氟化钠并搅拌均匀，即可投入使用。

（3）细致灌缝：将溶化的油膏用扁嘴壶或油灰刀沿裂缝边灌边捣，确保灌实腻平，最后可用烧热的平铲沿缝刮至与桥枕面齐平。

（4）注意事项：

① 温度控制：油膏加温时火力不宜过猛，应徐徐升温，并持续搅拌，以油膏不冒烟为适宜状态。

② 趁热使用：溶化的油膏要趁热使用，当温度低于 45 ℃ 时，油膏会变稠，不适宜进行灌缝作业。

③ 端头处理：对于桥枕端头裂缝，应先用木楔堵头，然后再进行灌缝，防止油膏流失。

④ 天气限制：下雨天及潮湿天气不宜进行施工作业，以免影响油膏的黏结效果和防腐性能。

4. 明桥面防爬角钢

（1）钢梁安装原则：对于跨度在 5 m 及以上的钢梁，每孔梁两端各安装一对防爬角钢。若钢梁跨度较长，仅在端部安装无法有效阻止桥面爬行，或者两端防爬角钢出现切入桥枕的现象时，可在中部每隔 5～10 m 再安装一对。

防爬角钢的作用：作为建筑结构中的重要组成部分，可承受各种力的作用；可以组成各种不同的受力构件，也可作为构件之间的连接件；广泛用于各种建筑结构和工程结构，如房梁、桥梁、输电塔、起重运输机械、船舶、工业炉、反应塔、容器架以及仓库货架等中，另外也常用来保护柱、挡墙等易撞部位。

（2）桥面系钢梁安装细节：设置桥面系的钢梁，为防止线路爬行，每个节间纵梁两端需各安装一对防爬角钢。若节间长度在 4 m 以下，可在每两个节间纵梁的两端各安装一对。

（3）角钢规格与安装要求：防爬角钢的最小尺寸为 125 mm×80 mm×12 mm。钢梁两端防爬角钢的水平肢应装成相反方向，桥枕与防爬角钢垂直肢（长肢）间应垫设 15～30 mm 厚的木板，并用直径为 20～22 mm 的螺栓联牢。在此处，桥枕可以不安装钩螺栓。

5. 明桥面的经常保养工作

（1）消灭吊板：按照规定定期对上下吊板进行全面检查，对于个别超限处所，可采用在轨下垫板或抽换不良防磨垫板的方法，使线路保持平顺。若未设置防磨垫板或轨下垫板层数过多，应及时进行桥面抄平，全面增设或调整防磨垫板，以确保行车安全和平稳。

（2）防止爬行：定时观测桥头线路是否存在爬行现象，按照规定对桥头两端线路进行防爬锁定，锁紧防爬器，防止爬行力传递到桥上。对于桥上不符合规定的轨缝，应串动钢轨进行调整，并采取有效措施消灭不合格的冻结接头，保障线路的稳定性。

（3）螺栓保养：确保各种螺栓无松动、无失效、无缺损，丝口涂抹润滑油。钩螺栓要正确钩住纵梁上翼缘，其锁紧程度要恰到好处，既要保证螺栓杆无横移的可能，又不能过紧而压伤护木或枕木。

（4）木料养护：除桥枕外，其余木料应根据实际情况每隔 1～2 年涂刷一遍防腐油，进行防腐处理。木料削平后必须作防腐处理，尤其要重点做好铁垫板下及钉孔部位的防腐工作。旧钉孔要加装防腐木塞。若桥枕、护木等出现腐朽情况，应及时进行挖补或更换。对于木料裂缝，要及时做好腻缝及防裂工作，延长木料的使用寿命。

（5）桥面清洁：经常对桥面进行清扫，及时清除垃圾，避免桥面积水。在冬季，要及时清除积雪，防止结冰，使桥面始终保持清洁干燥，为行车提供良好的环境。

任务 3.2　圬工梁拱养护维修

3.2.1　重点检查内容

知识点 15　圬工梁的维修

（1）钢筋混凝土梁钢筋锈蚀、混凝土破碎、掉角情况；钢筋混凝土梁、预应力混凝土梁横隔板裂纹和顺主筋方向的水平裂纹，缝宽超过规定限值的垂直裂纹及斜裂纹的变化和发展，并按要求绘制平面展示图。

（2）悬臂梁的锚梁和端梁在动荷载作用下的稳定状态，并检查受拉部位有无裂纹。

（3）连续梁、框构和刚架桥应重点检查有无因墩台发生不均匀沉降所造成的梁体裂纹以及支座的状态，长跨连续梁还应检查活动伸缩装置的工作情况。

（4）装配式梁拱及预应力混凝土串联梁等应检查各联结部位在动荷载作用下有无开裂情况。

（5）拱桥的拱圈有无纵向裂纹，拱顶及 1/4 梁跨处有无横向贯通裂纹；边墙及拱圈在拱脚附近有无外臌开裂等。

（6）空腹式钢筋混凝土拱桥应检查拱肋以及拱上结构的立柱在上下联结处有无裂纹、吊杆和系杆有无裂纹；大跨度拱桥应重点检查拱肋有混凝土缺失、钢筋锈蚀等情况。

（7）斜拉桥应定期检查缆索索力或频率的变化，缆索防护是否完好，缆索锚具有无变化，索塔在恒载和活载情况下的纵横位移和振动，以及缆索与梁体联结处在动、静载作用时的下挠情况。

（8）无砟轨道梁桥面应检查螺栓锚固是否牢固，扣件及轨下弹性垫层接触是否正常，桥头与线路衔接状态是否良好。

（9）当圬工梁拱发现渗水、漏水时应检查防水层和泄水管状态是否完好。

（10）每年应合理安排计划，对圬工梁拱中性化深度进行检测，并逐年对比。

（11）预应力混凝土梁上拱度变化及桥面道砟厚度不均匀情况。

（12）梁体与桥台胸墙、相邻梁端、相邻跨人行道是否顶紧，伸缩缝能否自由伸缩。

（13）混凝土梁湿接缝部位。

（14）桥上无砟轨道混凝土底座和凸形挡台外露部分裂缝。

（15）梁缝位置止水装置。

（16）梁体混凝土横隔板裂缝、掉块、露筋。

3.2.2　混凝土表层缺陷

1. 常见缺陷类型

1）蜂　窝

混凝土浇筑时振捣不充分是蜂窝产生的关键原因。当振捣不足时，混凝土里的空气和多余水分排不出去，粗骨料聚集，砂浆填不满骨料间隙，就会在表层形成蜂窝状孔洞。比如，使用插入式振捣器时，振捣点间距过大或者振捣时间短，就容易让部分区域振捣不到位。同时，混凝土配合比不合理，像砂率小、石子粒径大、水泥浆量不够等，会让混凝土和易性变差，浇筑时难以均匀填充模板，增加蜂窝出现的概率。产生蜂窝缺陷时，混凝土表面呈现大小不一的蜂窝状小孔洞，深度较浅，集中在表层，既影响美观，又削弱混凝土的密实度和强度。

2）麻　面

模板表面粗糙没清理干净，有杂物附着，会阻碍混凝土和模板紧密贴合，这是麻面产生的常见原因。模板安装前若没充分清理打磨，残留的水泥浆、灰尘等会让混凝土表面出现麻点。另外，模板湿润不够，浇筑时吸收混凝土水分，使混凝土表面失水过快，水泥浆干缩，也会形成麻面。而且，振捣时间过长，混凝土表面泌水，水泥浆上浮，粗骨料下沉，硬化后表面就会有麻面。产生麻面缺陷时，混凝土表面布满密密麻麻的小凹坑，类似麻子，虽不严重损伤内部结构，但影响外观质量和耐久性。

3）孔　洞

混凝土内部有空隙没被水泥浆填满就形成了孔洞。在钢筋密集部位，混凝土下料困难，无法通过钢筋间隙，就容易缺浆形成孔洞。比如在复杂节点处，钢筋布置密，若不注意浇筑方法和下料速度，就容易出现这种情况。此外，混凝土里混入木块、泥块等大杂物且没及时清除，这些杂物占了空间，混凝土硬化后就成了孔洞。产生孔洞缺陷时，混凝土表面或内部有大小、深度不一的孔洞，严重时可能贯穿构件，极大削弱混凝土的强度和承载能力，威胁结构安全。

4）露　筋

钢筋保护层厚度不足是露筋的主要原因。施工时钢筋绑扎位置不准，垫块数量不够或位置不对，混凝土浇筑时钢筋位移，使钢筋和模板距离变小甚至接触，都会导致钢筋保护层厚度不够而外露。混凝土振捣时振捣棒碰撞钢筋使其位移，以及混凝土浇筑高度不够，钢筋顶部未被完全覆盖，也会造成露筋。产生露筋缺陷时，混凝土表面能明显看到钢筋外露，钢筋周围混凝土可能剥落、疏松，使钢筋直接接触外界，加速锈蚀，影响结构耐久性和安全性。

2．对结构的不良影响

1）耐久性降低

圬工梁混凝土表层的蜂窝、麻面、孔洞、露筋等缺陷，破坏了混凝土密实性和钢筋保护层。这让氧气、水分、侵蚀性介质（如氯离子、硫酸根离子）容易渗入混凝土内部，和钢筋发生化学反应，导致钢筋锈蚀。钢筋锈蚀体积膨胀，挤压周围混凝土，使裂缝扩大，恶性循环，严重降低结构耐久性，缩短桥梁使用寿命。

2）结构强度削弱

蜂窝、孔洞减少混凝土有效截面积，使应力分布不均，局部应力集中，降低承载能力；露筋削弱钢筋和混凝土黏结力，影响钢筋受力性能，导致结构整体强度下降。在长期荷载作用下，这些缺陷还可能让结构变形过大，出现裂缝扩展、构件破坏等严重后果，危及桥梁安全使用。

3）外观与使用功能受影响

混凝土表层缺陷影响圬工梁外观，对城市景观桥或重要交通枢纽桥梁来说，会给公众留下不好的印象。同时，麻面、蜂窝等让桥面不平整，影响行车舒适性和安全性，增加车辆颠簸和磨损。

3．检测手段

1）外观检查

肉眼直接观察圬工梁混凝土表面，记录缺陷类型、位置、范围和严重程度。用钢尺、游标卡尺测量蜂窝、孔洞大小、深度以及露筋长度、位置。细微缺陷如麻面，借助放大镜观察，能快速发现明显表层缺陷，但对内部缺陷检测能力有限。

2）无损检测

超声检测：利用超声波在混凝土中的传播特性，当内部有缺陷时，超声波传播速度、频率、振幅等参数会变化。在混凝土表面布置超声换能器发射和接收超声波，分析参数变化，判断内部是否有孔洞、裂缝等缺陷及位置、范围，可检测内部较深部位缺陷，判断表层缺陷是否延伸到内部。

回弹法：用回弹仪测混凝土表面回弹值，根据回弹值和混凝土强度关系推算强度。在缺陷部位进行回弹测试，了解缺陷对混凝土强度的影响程度，操作简单快速，但受混凝土表面状态、碳化深度等因素影响大，需修正和综合分析。

3）局部破损检测

钻芯法是从圬工梁混凝土结构钻取芯样，观察芯样外观是否有缺陷，测量缺陷深度、范围；对芯样进行抗压、抗拉等力学性能测试，准确评估混凝土实际强度。检测结果直观准确，但属于有损检测，会损伤结构，选择检测位置要谨慎，选对结构影响小的部位。

4. 修复办法

1）表面处理法

针对麻面、小蜂窝等轻微缺陷，先用钢丝刷或高压水枪清理缺陷表面松散材料、灰尘，清水冲洗湿润。麻面涂抹水泥浆或聚合物水泥浆使其平整光滑；小蜂窝用水泥砂浆修补，填入蜂窝压实抹平，确保修补材料和原混凝土紧密结合。修补后养护，保持湿润，防止修补材料失水干缩。

2）填充修补法

混凝土表层有较大蜂窝、孔洞时，先彻底凿除缺陷部位松散混凝土，清理干净后用高压水枪冲洗。蜂窝用比原混凝土强度高一级的细石混凝土填充，分层振捣密实，每层厚不超 30 cm；孔洞用高强度等级混凝土或灌浆料填充，确保填满无空洞。填充后覆盖塑料薄膜或湿麻袋养护不少于 7 d。

3）钢筋修复与混凝土置换法

出现露筋缺陷时，先对钢筋除锈，用钢丝刷或除锈剂清除锈迹至露出金属光泽，变形钢筋要矫正。修复钢筋后处理混凝土缺陷部位，凿除松动、剥落混凝土至露出坚实基层。钢筋表面涂刷防锈漆或阻锈剂，然后用比原混凝土强度高一级的混凝土置换修复。浇筑新混凝土前在基层表面涂刷界面剂保证黏结牢固，浇筑后充分养护，让新浇筑混凝土强度正常发展。

3.2.3　普通钢筋混凝土梁病害

1. 裂缝病害

1）荷载作用下产生的裂缝

圬工梁在承受自身重力、车辆荷载以及其他附加荷载时，内部应力分布不均。当局部拉应力超过圬工材料（如混凝土、砌石等）的抗拉强度时，就会产生受力裂缝。例如：在跨中位置，由于承受较大的弯矩，常出现竖向裂缝；在支点附近，因剪力较大，可能产生斜向裂缝。裂缝的出现会削弱结构的有效截面，降低结构的承载能力。随着裂缝的发展，钢筋可能会暴露并锈蚀，进一步影响结构的耐久性和安全性。

2）温度裂缝

圬工材料具有热胀冷缩特性，当外界温度变化较大时，结构内部会产生温度应力。如果温度应力超过材料的抗拉强度，就会导致裂缝产生。比如：在昼夜温差大的地区，混凝土梁表面与内部温度不一致，容易在表面产生裂缝；在夏季高温时段，阳光直射使梁体表面温度升高，也会引发裂缝。温度裂缝不仅影响结构外观，还会使水分、有害气体等容易侵入结构内部，加速混凝土碳化和钢筋锈蚀，缩短结构使用寿命。

3）收缩裂缝

混凝土在硬化过程中会发生收缩，包括塑性收缩、干燥收缩等。塑性收缩发生在混凝土浇筑后初期，由于水分快速蒸发，混凝土表面失水收缩而内部仍处于塑性状态，产生收缩应力导致裂缝。干燥收缩则是混凝土在长期干燥环境下，水分逐渐散失引起体积收缩，当收缩受到约束时产生裂缝。收缩裂缝会降低结构的整体性和防水性能，为其他病害的发展创造条件，如水分侵入导致钢筋锈蚀，进而影响结构的力学性能。

2. 环境影响中产生的裂缝

1）混凝土碳化

混凝土中的水泥石与空气中的二氧化碳发生化学反应，生成碳酸钙等物质，使混凝土的碱性降低。当碳化深度达到钢筋表面时，钢筋表面的钝化膜被破坏，在有水和氧气的条件下，钢筋容易发生锈蚀。混凝土碳化降低了混凝土对钢筋的保护作用，加速了钢筋锈蚀，导致钢筋体积膨胀，使混凝土开裂、剥落，严重影响结构的耐久性和承载能力。

2）混凝土侵蚀

（1）化学侵蚀：当圬工梁处于有侵蚀性介质的环境中，如受到酸、碱、盐等化学物质的侵蚀时，混凝土中的成分会与这些介质发生化学反应，导致混凝土结构破坏。例如：在化工厂附近的桥梁，可能受到酸性气体或液体的侵蚀；在沿海地区，桥梁会受到海水的氯盐侵蚀。

（2）冻融侵蚀：在寒冷地区，混凝土结构在饱水状态下，反复遭受冻融循环作用。水结冰时体积膨胀，对混凝土内部孔隙产生压力。经过多次冻融循环后，混凝土内部结构逐渐破坏，表面出现剥落、疏松等现象。

混凝土侵蚀会使混凝土强度降低、结构表面破损，严重时导致结构失效，影响桥梁的正常使用和安全。

3.2.4　预应力钢筋混凝土梁病害

1. 预应力损失异常

预应力混凝土梁通过张拉预应力筋对混凝土施加预压应力，在这个过程中会出现预应力损失，如摩擦损失、锚固损失、混凝土收缩徐变损失、钢筋松弛损失等。这些损失如果计算不准确或控制不当，会导致梁体实际预应力与设计值不符，影响梁的承载能力和抗裂性能。而普通混凝土梁不存在预应力施加及损失的问题。

预应力损失过大可能使梁体在使用阶段出现过早开裂、变形过大等问题；预应力损失过小则可能导致梁体在张拉过程中出现混凝土被压碎等现象。

2. 预应力筋锈蚀与断丝

预应力筋通常处于高应力状态，对锈蚀更为敏感。同时，预应力筋一般采用高强度钢材，一旦发生锈蚀，其力学性能下降更为明显。此外，预应力筋在张拉和使用过程中，可能由于应力集中、材质缺陷、张拉工艺不当等出现断丝现象。普通混凝土梁中的钢筋一般处于低应力状态，锈蚀和断丝的风险相对较低。

预应力筋锈蚀会导致钢筋有效截面积减小，降低预应力效果，严重时会使梁体出现裂缝和变形。断丝则会直接影响预应力的传递，使梁体局部受力状态改变，可能引发局部破坏。

3. 混凝土沿预应力筋方向的裂缝

在预应力混凝土梁中，预应力筋对混凝土产生预压应力，如果预应力施加不均匀，或者混凝土局部抗压强度不足，可能会在预应力筋附近产生沿筋方向的裂缝。普通混凝土梁一般不会因为预应力问题产生此类裂缝。

这种裂缝通常较为细小，初期可能不明显，但随着时间的推移和荷载的作用，裂缝可能会逐渐扩展，影响梁体的耐久性和整体性。

4. 端部局部受压破坏

在预应力混凝土梁的端部，预应力筋集中锚固，会产生较大的局部压应力。如果端部混凝土的配筋不合理，或者混凝土浇筑质量不佳，就容易出现局部受压破坏。普通混凝土梁端部一般不存在这种因集中锚固预应力筋而产生的高局部压应力情况。

端部混凝土可能会出现剥落、破碎等现象，严重时会影响预应力的锚固效果和梁体的承载能力。

5. 反拱过大或过小

预应力混凝土梁在预应力作用下会产生反拱。如果预应力施加过大或混凝土弹性模量取值不准确等，可能导致反拱过大；反之，若预应力不足，则反拱过小。普通混凝土梁不存在因预应力作用产生的反拱问题，其变形主要由外荷载引起。

反拱过大可能会影响梁上结构的安装和使用功能，如导致桥面铺装层厚度不均匀、梁体与相邻结构连接不顺等；反拱过小则可能使梁体在使用阶段的下挠变形偏大，影响结构的安全性和适用性。

3.2.5　养护加固

1. 防水系统维护

坞工梁的隐蔽部位，如道砟槽，极易被积水渗入，因此必须铺设防水层。防水层能有效阻挡水分，保护桥梁主体结构。当梁体的外露部分出现潮湿斑点、流白浆，或者泄水管外部有滴水、潮湿痕迹时，表明防水层可能已出现破损，急需检查与修复。

修补或更换防水层是一项精细且耗时的工程。为了在施工期间不中断交通，通常会采用设置吊轨梁的巧妙方法。具体来说，先将线路的上部建筑临时转移到吊轨梁上，这就像是给桥梁搭建了一个临时的"交通便道"；之后，再分段挖除道砟，拆除破损的防水层；最后铺设新的防水层。

2. 排水系统优化

在雨天，如果发现泄水管没有水流流出，很可能是泄水管被道砟、泥土等杂物堵塞。此时，可以使用高压水进行强力冲洗，让水流的冲击力冲散堵塞物。若堵塞情况严重，就需要更换新的泄水管，以恢复排水畅通。

3. 季节性维护

在冬季，为防止泄水管被冰块堵塞，可将其设计成上小下大的圆锥管形状。这种特殊的形状能够让冰块更容易滑落，确保排水不受影响。此外，桥上道砟的洁净度和拱桥填筑材料的质量，也会影响排水效果。如果道砟不洁净或填筑材料不良，应及时进行清筛或更换。

4. 钢筋混凝土梁加固

（1）预应力钢筋加固：对钢筋混凝土梁桥而言，在梁的下缘受拉区设置由高强度钢筋或钢丝制成的预应力拉杆，能有效增强梁体的承载能力。

（2）横向收紧张拉法：将拉杆（高强度粗钢筋）布置在梁肋底面两侧，靠近梁端适当位置向上弯起，焊接在固定于梁端的 U 形锚固板上。通过收紧器收紧横向钢筋，对梁体下部产生预压应力。施工流程包括粘贴锚固板、焊接拉杆、安装张拉装置、预张拉、张拉以及对拉杆和 U 形板进行防护处理（图 3-14）。

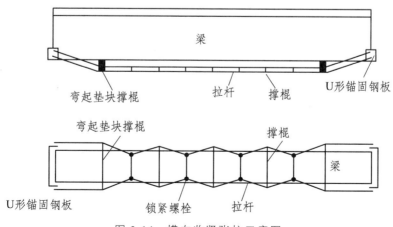

图 3-14　横向收紧张拉示意图

（3）纵向张拉法：拉杆沿梁底布置，两端向上弯起，穿过上翼缘板伸至桥面，端部设有丝扣，用轧丝锚固于梁顶的锚固槽内。施工工艺为：在梁端顶部凿出锚固槽，在锚固槽内沿腹板两侧按设计斜度钻平行孔洞，用环氧树脂粘贴锚固垫板和梁底的短柱支座垫板，安装拉杆钢筋、张拉、封锚，最后进行防护处理（图 3-15）。

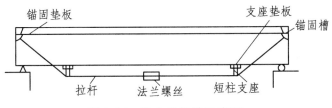

图 3-15　纵向张拉法示意图

（4）预应力钢丝束加固：采用预应力钢丝束加固混凝土梁时，钢丝束可按直线形、折线形或曲线形（如沿梁肋侧面按抛物线布置）布置。为保证曲线线形并固定钢丝束位置，可在梁底每隔一定距离设置定位箍圈，或在梁肋侧面埋设定位销。钢丝束两端穿过翼缘板上的斜孔，锚固于梁端顶部。施工工艺包括凿出锚固槽并按设计角度钻孔、安装锚板和定位箍圈或定位销、张拉锚固和浇筑封头混凝土以及防护处理（图 3-16）。

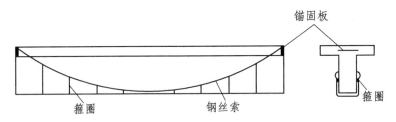

图 3-16　按抛物线设置钢丝束加固示意图

（5）道砟槽边墙补强技术：在线路大中修时，若根据设计要求需加高线路，在钢筋混凝土桥上往往要相应增加道砟槽边墙的高度。为使边墙的新旧部分形成一个整体，增设边墙的钢箍应与原边墙的钢筋牢固连接，需将原边墙顶墙凿成凹口，露出原有钢筋。若抬高边墙仍无法满足线路加高要求或影响桥梁承载能力，可抬高整个桥跨结构（图 3-17）。

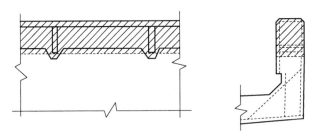

图 3-17　道砟槽边墙加高时钢筋布置

5. 圬工拱桥加固

（1）拱圈卸载加固：当圬工拱桥损坏严重或无法承担现行增大的荷载时，需要进行加固。对拱圈卸载加固的方法是去掉拱上填充物，并铺设可对拱圈起到全部或部分减载作用的钢筋混凝土板。但这种方法需封锁线路，施工时间较长。

（2）拱圈补强加固：在原拱圈之上或之下增设混凝土或钢筋混凝土拱圈。对空腹式拱桥，若拱顶上部有足够高度，可在原拱圈上建造新拱圈；当桥下净空和过水面积允许时，也可在原拱圈下面建造新拱圈，施工时可不封锁线路，但在混凝土初凝阶段需列车限速行驶。新拱圈加固厚度需根据原拱圈厚度以及拱桥使用状况综合分析确定。对不能增设新拱圈的情况，可考虑在原拱两侧建造新拱肋。无论在拱上或拱下增设拱圈（肋），都必须在浇筑混凝土之前，在旧拱圈上设置锚杆、阴阳榫接缝等，以保证新旧拱圈共同工作。多数情况下，可能还需要对墩台进行加固，以承受新拱圈的重量。

任务 3.3　圬工墩台养护维修

3.3.1　重点检查内容

知识点 16　圬工墩台的维修

（1）墩台应重点进行裂缝、腐蚀、倾斜、滑动、下沉、冻融、空洞等病害的检查。

（2）高桥墩须观测墩顶位移。高墩曲线桥，应注意线路与梁跨中线、梁跨与墩台中线所造成的叠加偏心对墩台的不利影响。对于砌筑的高桥墩应注意墩身受拉而产生的裂纹及其发展。

（3）柔性墩应检查有无水平裂纹和斜裂纹、双线及多线桥墩两线间有无裂纹，并应经常检查支座状态，定期测量墩顶位移及桥上线路有无异常。

（4）空心桥墩应测定内外温差变化，注意因温度变化造成裂纹的发展。当发现裂纹内外对应时，应确定裂纹是否贯通。除此之外，还应检查桥墩因进水而造成的冻胀裂损。

（5）桩柱式桥墩应检查不均匀沉降而产生的墩顶剪切裂纹。锚定板桥台应检查肋柱、锚板有无裂损、下沉和外臌。

（6）拼装式板凳桥墩应检查所有接头部位，特别是顶帽与柱头联结部位，并定期观测墩顶位移。

（7）高桩承台桥墩，当发现支座、墩身有位移偏移时，应仔细检查承台下基桩有无环状裂纹或断裂。

（8）桥台护锥和背后盲沟，应检查有无损坏、空洞、雨天有无水从护锥排出、护锥有无下沉变形、土体有无陷穴（黄土、粉细砂填筑者尤须注意）等。

（9）严寒地区应检查水位变化对墩台基础的冻害、腐蚀程度。

（10）对加固、加宽的墩台基础还应重点检查新旧混凝土结合处的状态。

（11）对横移梁跨的墩台应重点检查支承垫石有无裂缝、掉角等现象。

（12）梁跨的横向限位装置作用是否良好。

（13）有冲刷的桥梁，应检查墩周局部冲刷的深度及基底有无被掏空破坏的状况。在水库下游的桥梁，应检测河床因河水下切而导致墩台埋置深度的影响。跨越泥石流区域的桥梁，还应注意桥下冲淤情况。

3.3.2 技术标准

1. 材料选用

（1）石料：优质的石料是构建坚固墩台的基础，要求质地均匀、坚硬且无裂缝，具备良好的抗风化性能，抗压强度一般不低于 30 MPa。片石虽形状不限，但中部厚度不小于 150 mm，能在砌筑中提供稳定支撑；块石大致方正，上下表面平整，厚度在 200～300 mm，宽度是厚度的 1.0～1.5 倍，长度为厚度的 1.5～3.0 倍，这种尺寸规格利于相互契合，增强结构稳定性。

（2）砖：砖的强度等级需契合设计要求，通常不低于 MU10，外观应尺寸规整、无缺损裂缝。同时，砖必须具备良好的抗冻性，在规定冻融循环次数后，质量损失与强度降低均不能超过规定值，确保在严寒或温差大的环境下，墩台性能不受影响。

（3）混凝土：混凝土强度等级依设计而定，常用 C20、C30。在耐久性上，需满足抗渗、抗冻、抗侵蚀等要求。根据不同环境，对水灰比、水泥用量、外加剂使用有不同规定。如在侵蚀性环境中，要采用抗侵蚀水泥或添加外加剂，增强抗侵蚀能力。对于整体灌筑混凝土墩台，台身混凝土强度等级不低于 C30，基础不低于 C25。

2. 结构设计

（1）墩台高度：墩台高度的确定需综合线路纵断面、桥梁跨度、地形地质条件以及桥下净空要求等因素。铁路与公路桥梁墩台高度虽因桥而异，但都必须保证桥下有充足净空，满足泄洪、通航等需求。

（2）墩台截面尺寸：墩身截面尺寸依据墩高、荷载大小及分布、地基承载力等计算确定。一般圆形墩直径不小于 1.0 m，矩形墩长宽也有最小值规定，以保障墩身的稳定性与强度。桥台台身尺寸除考虑上部结构荷载外，还需考虑台后土压力，台身宽度一般不小于 1.5 m，高度根据填土高度等确定。此外，墩台上相邻钢筋混凝土梁间、梁端与桥台挡砟墙间的间距，梁跨≤16 m 时为 6 cm，梁跨＞16 m 时为 10 cm。重力式桥墩基础一般采用 C20 混凝土，平面尺寸比墩身底面略大，四周各放大 20 cm，高度约 50 cm。

（3）基础埋深：在土质地基中，基础底面需埋在天然地面以下一定深度，保证地基稳定与承载能力。一般非岩石地基上的基础，最小埋深不小于 2.0 m，且要在冻结线以下，防止地基土冻胀破坏基础。在岩石地基中，基础嵌入基岩的深度根据岩石风化程度、完整性确定，微风化岩石中嵌入深度不小于 0.5 m，强风化岩石可能需 1.0 m以上。

3. 施工质量

石料或砖砌筑采用坐浆法，确保灰缝饱满、厚度均匀，一般灰缝厚度为 10~20 mm。砌体表面应平整，砌缝横平竖直，上下层错缝砌筑，避免通缝。砌体平整度允许偏差为 ±10 mm，竖直度或坡度允许偏差为 ±0.5%。

混凝土浇筑应连续进行，避免施工缝。若出现施工缝，需按规范处理，在继续浇筑前，将施工缝表面凿毛、清理干净，并铺一层水泥砂浆。振捣要密实，杜绝蜂窝、麻面等质量缺陷。混凝土表面平整度允许偏差为 ±8 mm，尺寸偏差应控制在设计和规范允许范围内。

圬工墩台表面应光洁、无裂缝，颜色均匀。对于非受力裂缝，宽度 <0.2 mm 时，可进行表面封闭处理；宽度 ≥0.2 mm 时，需进行灌缝处理。墩台棱角应顺直，无缺棱掉角现象。

4. 耐久性要求

（1）防水与排水：墩台顶面设置不小于 3% 的排水坡，并配备完善的排水系统，及时排走雨水，防止积水渗入内部。墩台身表面进行防水处理，可采用喷涂防水涂层、铺设防水卷材等方法，抵御雨水、地表水侵蚀。同时，圬工梁拱、框构及桥台顶面可能积水渗入处，均应铺设耐久性好的新型防水层和不小于 4 cm 厚的 C40 级纤维混凝土保护层。

（2）侵蚀防护：处于侵蚀性介质环境（如沿海地区、化工污染区）的墩台，应根据侵蚀介质类型和程度，采取相应防护措施，如采用耐侵蚀混凝土材料、在墩台表面设置防腐涂层等。

5. 特殊防护的必要举措

墩台伸缩缝：拱桥跨度 >10 m 的混凝土边墙或跨度 >15 m 的石砌边墙，应在拱脚附近设置温度伸缩缝，相邻孔的拱上刚架及刚架与墩台间也应设伸缩缝，缝宽一般为 1.0~2.0 cm。

防撞要求：当桥墩台受船、筏、漂流物撞击、磨损或冰压力作用时，在上述外力作用高度以下，不宜采用空心墩。若桥墩可能受汽车撞击且影响行车安全，应采取加固措施，如增设防撞设施、加固墩身结构等。位于水库、江河中的桥梁，若墩台不足以承受冰压力，应在冬季结冰期进行破冰工作。

3.3.3　养护维修

1. 圬工墩台裂缝病害维修

1）表面封闭法

此法适用于宽度小于 0.2 mm 的裂缝。此类裂缝对结构强度影响相对较小，但为防止外界有害介质侵入，需进行封闭处理。

使用钢丝刷、砂纸仔细清理裂缝表面，去除灰尘、松散颗粒等杂质，随后用丙酮或酒精擦拭，确保表面洁净干燥，为后续封闭工作提供良好基础。

将环氧胶泥或专用裂缝封闭涂料均匀涂抹在裂缝表面，形成一层致密的密封膜，有效阻止水分、有害气体等对裂缝的侵蚀，延缓裂缝发展。

2）压力灌浆法

针对宽度大于 0.2 mm 的裂缝，压力灌浆法能有效恢复结构整体性和耐久性。

沿裂缝方向每隔 20～50 cm 钻孔，孔径依据灌浆材料和施工要求确定，随后安装灌浆嘴，确保灌浆通道顺畅。

用快硬水泥、密封胶等密封材料对钻孔周围及裂缝表面进行密封，防止灌浆过程中浆液泄漏，保证灌浆效果。

通过灌浆设备将配制好的环氧树脂浆液、水泥浆液等以一定压力注入裂缝，使浆液充分填充裂缝并与裂缝壁紧密黏结，增强结构的整体性。

灌浆完成后，及时清理表面残留浆液，待浆液固化后拆除灌浆嘴，并对钻孔进行封堵，恢复墩台表面平整。

2. 混凝土剥落、破损维修

1）浅层破损维修

当混凝土剥落、破损仅发生在表层，深度较浅时，将破损部位的松散混凝土彻底清除，形成规则、坚实的修补面，确保无松动颗粒，为后续修补提供可靠基础。

对暴露的钢筋进行除锈处理，可采用手工、机械或化学除锈方法，使钢筋表面露出金属光泽，随后涂刷防锈漆，防止钢筋进一步锈蚀。

采用比原混凝土强度等级高一级的水泥砂浆或聚合物砂浆进行修补，分层涂抹，每层厚度不宜过大，涂抹后压实、抹平，使修补表面与原混凝土表面平齐。之后进行适当养护，保持湿润状态，养护时间根据修补材料要求确定，确保修补材料强度正常发展。

2）深层破损维修

若混凝土剥落、破损深度较大，将破损部位的混凝土全部凿除，直至露出坚实基层，确保病害部位完全清除。

对钢筋进行全面检查和修复，如钢筋有断裂、变形等情况，及时进行焊接、矫正处理，恢复钢筋的力学性能。

支设具有足够强度、刚度和稳定性的模板，保证浇筑混凝土时不发生变形和位移。向模板内浇筑比原混凝土强度等级高一级的细石混凝土或微膨胀混凝土，浇筑过程中振捣密实，确保混凝土充满整个修补空间，避免出现空洞、蜂窝等缺陷。

浇筑完成后，及时进行养护，养护时间不少于 7 d，其间保持混凝土表面湿润，可采用覆盖塑料薄膜、洒水等方式，促进混凝土强度增长。

3. 桥梁墩台加固方法

（1）钢筋混凝土套箍加固墩台身：为防止墩台身裂缝的继续发展，可采用钢筋混凝土套箍进行加固。套箍的数量、宽度需根据裂缝的具体情况精确计算决定。在施工前，先在墩台身内按照一定的间距和深度埋置锚杆（或拉杆、钢钎等），锚杆的材质应具有足够的强度和耐久性，埋置深度要经过严格的力学计算，确保能够与墩台身牢固结合。将围带内钢筋网与锚杆相连，钢筋网的间距和直径要根据套箍的受力情况进行设计，保证钢筋网能够有效传递应力。然后浇筑套箍混凝土，混凝土的配合比要经过试验确定，确保其强度和耐久性满足要求。在浇筑过程中，要采用振捣设备充分振捣，保证混凝土的密实度。最后，采用合适的材料填塞裂缝，填塞材料要具有良好的黏结性和抗渗性，确保裂缝得到有效封闭（图 3-18）。

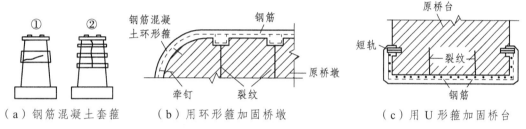

（a）钢筋混凝土套箍　　　（b）用环形箍加固桥墩　　　（c）用 U 形箍加固桥台

图 3-18　钢筋混凝土套箍加固墩台

（2）钢筋混凝土护套加固墩台：当墩台身存在影响整体强度的裂缝或表面破损和风化十分严重时，可采用钢筋混凝土护套对墩台进行加固（图 3-19）。护套的尺寸应通过详细的力学分析和计算，确保能满足承受全部或大部分活载的要求。同时，对墩台顶部进行改造，用支承于护套上的钢筋混凝土板替代原支承垫石，钢筋混凝土板的厚度和配筋要根据受力情况进行设计，保证其能够有效传递荷载。护套内需配置合理的钢筋网，钢筋网的布置要考虑护套的受力特点和与原

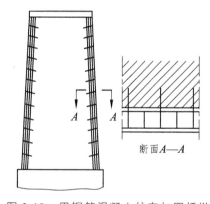

图 3-19　用钢筋混凝土护套加固桥墩

墩台的连接方式。原墩台与护套仍靠锚杆等与钢筋网相连，锚杆的设置要均匀分布，确保连接的可靠性。在包箍开始至浇筑的混凝土达到一定强度前，最好不使被加固的墩台受力，如采取临时墩架空措施时，列车通过时要严格按照慢行规定执行，安排专人对桥梁的变形和混凝土的浇筑质量进行实时监测，以保证混凝土的浇筑质量。

（3）喷射钢纤维混凝土加固：桥梁墩台的加箍加固，也可采用喷射钢纤维混凝土的方法。其总厚度约为 300 mm，在旧墩台混凝土表面经凿毛（或喷砂）处理后，先喷上约 30 mm 厚的水泥砂浆，凿毛或喷砂处理的目的是增加混凝土表面的粗糙度，提高新旧混凝土之间的黏结力。水泥砂浆的配合比要严格控制，确保其具有良好的黏结

性。待其凝固后，喷约 100 mm 厚的早强混凝土，早强混凝土能够在较短时间内达到一定的强度，满足施工进度要求。再喷约 140 mm 厚的钢纤维混凝土，钢纤维的加入可以显著提高混凝土的抗拉、抗弯和抗冲击性能。然后喷厚约 30 mm 厚的水泥砂浆保护层，保护层可以防止钢纤维混凝土受到外界环境的侵蚀。喷射所用水泥可采用硫铝酸盐 P · O32.5 级水泥，这种水泥具有早期强度高、凝结时间短等优点；石砟粒径为 5 ~ 15 mm，保证混凝土的和易性和强度；钢纤维桥隧修规格为 0.5 mm × 0.5 mm × 18 mm，略呈弯形，用量约为水泥质量的 3% ~ 5%，合适的钢纤维规格和用量能够有效提高混凝土的性能；砂子为普通中粗砂，混凝土配合比由试验决定，以确保混凝土的各项性能指标满足设计要求。

4. 墩台变形病害维修

1）查明变形原因

在维修前，详细调查混凝土墩台变形原因是关键。

地基承载力不足，如软土地基在长期荷载作用下发生压缩变形，导致墩台基础沉降、倾斜。

混凝土浇筑过程中振捣不密实、养护不当等，可能导致墩台结构强度不均匀，引发变形。

温度变化引起的混凝土热胀冷缩、地震等自然灾害，以及上部结构荷载分布不均等，都可能导致墩台变形。

2）针对性维修措施

（1）地基加固：若因地基承载力不足导致变形，可采用注浆加固法，将水泥浆、化学浆液等注入地基土中，填充土颗粒间空隙，提高土体强度和稳定性；也可采用桩基础加固，在墩台基础周围增设桩基础，将上部荷载传递到深层稳定土层。

（2）结构加固：对于因自身结构强度不足引起的变形，可采用增大截面法，在墩台侧面、底面等部位浇筑新的混凝土，增大截面尺寸，提高承载能力和稳定性；也可采用粘贴碳纤维布、钢板等方法，利用其高强度特性，提高墩台的抗弯、抗剪能力。

（3）监测与维护：维修后，对混凝土墩台进行长期监测，定期测量沉降、位移、倾斜等参数，观察变形是否得到有效控制。同时，加强日常维护，检查墩台表面是否有裂缝、剥落等病害，及时处理发现的问题，确保墩台长期稳定。

任务 3.4　圬工墩台基础维修

知识点 17　圬工墩台
基础的维修

3.4.1　一般要求

1. 前期探测与情况掌握

（1）基础探测：当基础情况不确定时，务必认真开展挖验或钻探工作。挖验工作需严格按照相关规范流程进行，对基础周边土壤进行细致挖掘，观察土壤质地、结构以及是否存在异常情况。钻探则借助专业钻探设备，获取不同深度的土壤样本，通过实验室分析，准确摸清地下的地质状况，包括土层分布、岩石特性等，为后续工作提供可靠依据。

（2）河床测量：对于有桥梁的情况，必须严格依照《铁路桥隧建筑物大修维修规则》的规定执行。定期对河床断面进行测量，测量周期可根据桥梁的重要性、所在河流的特性等因素综合确定，一般建议每年至少进行一次全面测量。测量手段除了传统的人工测量方法外，还可充分利用回声测深仪进行全断面测量。在测量过程中，详细查明河床冲刷情况，包括最大流量时的冲刷深度，通过对不同时期测量数据的对比分析，精准掌握冲刷深度的变化趋势；测量流速，运用流速仪等设备，在不同位置、不同深度进行测量，获取准确的流速数据；确定流向，借助水流流向标记物或专业的水流监测仪器，明确水流方向。必要时，安排专业潜水员对水下基础进行摸探检查，潜水员需具备丰富的经验和专业技能，携带必要的防护设备和检测工具，对基础表面的完整性，是否存在裂缝、破损等情况进行仔细检查，并做好详细记录。

（3）人为活动限制：严格限制人为因素造成桥址河床的下切。任何单位和个人不得在铁路桥梁（含道路、铁路两用桥）跨越的河道上下游各 1 000 m 范围内进行围垦造田、抽取地下水、拦河筑坝、架设浮桥，以及修建其他影响或者危害铁路桥梁安全的设施。这是因为围垦造田可能改变河道的自然形态，影响水流的正常流动；抽取地下水可能导致地面沉降，进而影响桥梁基础的稳定性；拦河筑坝和架设浮桥会改变水流条件，增加桥梁受到的水流冲击力。同时，任何单位不得在桥梁上下游一定范围内采砂：跨河桥长 500 m 以上的铁路桥梁，河道上游 500 m、下游 3 000 m；跨河桥长100 m 以上不足 500 m 的铁路桥梁，河道上游 500 m、下游 2 000 m；跨河桥长不足 100 m 的铁路桥梁，河道上游 500 m、下游 1 000 m。采砂行为会破坏河床的稳定性，导致桥梁基础失去支撑，严重威胁铁路桥涵的安全。

2. 浅基墩台桥梁的整治措施

对于浅基墩台，除了要全面掌握其勘测资料，包括基础的尺寸、埋深、地质条件等信息外，还应深入掌握计算资料。通过对计算资料的分析，如基底应力计算、基础稳定性验算等，准确弄清浅基病害的程度，为后续的整治工作提供科学依据。对浅基墩台桥梁的整治，一般可采取局部防护、整体防护和加深基础等措施。

局部防护主要针对浅基墩台基础局部受到冲刷或损坏的情况。可采用铺设石笼、安装防护板等方式，对基础的薄弱部位进行重点保护。石笼一般选用高强度的钢丝编制而成，内部填充石块，具有良好的抗冲刷能力和柔韧性。防护板则根据基础的形状和尺寸定制，采用耐腐蚀、高强度的材料制作，通过螺栓或焊接等方式固定在基础表面。

整体防护适用于浅基墩台基础整体稳定性较差的情况。常见的方法有修筑防护堤、采用土工织物覆盖等。防护堤的修筑应根据河流的水流情况和地形条件进行设计，采用坚固的材料，如混凝土、块石等，确保防护堤能够有效抵御水流的冲刷。土工织物覆盖则是将具有良好透水性和抗腐蚀性的土工织物铺设在基础周围的河床上，起到保护河床和基础的作用。

当浅基墩台基础的埋深不足，无法满足承载要求时，可采用加深基础的方法。加深基础的施工方法有多种，如沉井法、顶管法等。沉井法是先在地面制作一个井筒状的结构，然后通过挖土使其逐渐下沉到设计深度，最后在井内浇筑混凝土形成基础。顶管法是利用顶进设备将预制的管道顶入地下，达到加深基础的目的。在施工过程中，要密切关注桥梁的变形情况，确保施工安全。

3.4.2　基础加固方法

1. 扩大基础加固法

扩大基础加固法指扩大基础的底面积以减轻基底压力的加固方法（图 3-20）。该法适用于圬工墩台的明挖基础，且其承载力不足或埋置较浅的情况。在施工过程中，基础开挖施工应特别注意墩台的变位，采用合理的开挖顺序和支护措施，如分段开挖、设置临时支撑等，避免因开挖导致墩台出现过大的位移和沉降，以免影响行车安全。开挖完成后，要对基底进行处理，确保基底的承载力满足设计要求。然后按照设计要求浇筑扩大基础的混凝土，混凝土的浇筑要保证其均匀性和密实度。

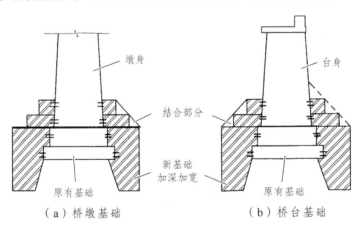

（a）桥墩基础　　　　　　　（b）桥台基础

图 3-20　墩台扩大基础加固法

2. 补桩加固法

在桥下净空允许或净空不足但施工设备不影响行车的情况下，可在原桩基础的周围补加钻孔桩或打入钢筋混凝土预制桩扩大原承台（图 3-21）。该法的优点是加固效果显著，能够有效提高基础的承载能力。其缺点是需搭设钻孔打桩设备，施工成本较高，且施工过程较为复杂。在补桩施工前，要对原桩基础的情况进行详细检测，确定补桩的位置和数量。钻孔桩施工时，要控制好钻孔的垂直度和深度，确保桩身质量。打入钢筋混凝土预制桩时，要采用合适的打桩设备和工艺，保证桩的入土深度和垂直度符合设计要求。

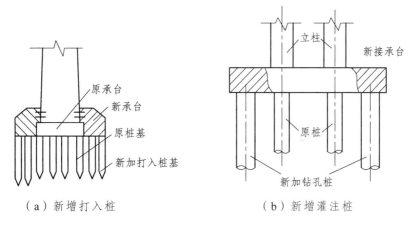

（a）新增打入桩　　　　　　　　　　（b）新增灌注桩

图 3-21　增补桩基加固桥墩基础

3. 人工地基加固法

对因基础松软而导致承载能力不足，或深层土质不良而引起基础沉降的情况，可采用砂桩或注浆等技术改造加固天然地基，以提高基础的承载能力。

（1）砂桩加固：当软弱地基层较厚时，可借用挤密砂桩提高地基的密实度。施工时，将钢管或木桩打入基础周围的软弱土层中，钢管或木桩的直径和长度要根据地基的情况和设计要求确定。然后将桩拔出，灌入干燥的粗砂，粗砂的粒径和含泥量要符合相关标准。经捣实后形成砂桩，砂桩的间距和排列方式要经过计算，确保能够有效挤密地基。对容易坍孔的地基，可采用砂袋套管的方法处理，即在钢管内放置砂袋，然后将钢管打入地基，拔出钢管后，砂袋留在地基中形成砂桩，这种方法可以有效防止坍孔现象的发生。

（2）注浆加固：注浆是指在墩台附近直向或斜向钻孔或打入管桩，通过孔眼或管孔，采用压力把浆液（加固剂）注入土层中，随着浆液的渗透凝固，原来松软的土被固结为有一定强度和防渗性能的土体，达到加固地基的目的。注浆根据压力的不同，分为静压注浆和高压喷射注浆。针对不同的地质条件和所需解决的问题，静压注浆分为填充注浆、裂缝注浆、渗管注浆和挤压注浆等方式，高压喷射注浆分为旋转喷射注浆和定向喷射注浆。其中，旋喷注浆技术的用途广泛，质量可靠，经济效益好，已逐步成为地基加固的重要方法之一。在注浆施工前，要对地基的地质条件进行详细勘察，确定注浆的参数，如浆液的配合比、注浆压力、注浆量等。在施工过程中，要严格控制注浆质量，确保浆液能够均匀地渗透到地基中，达到预期的加固效果。

任务 3.5   桥梁支座维修

桥梁支座是桥梁结构中至关重要的部分，承担并传递桥梁上部结构的荷载，同时确保桥梁位移和转角的正常运行。依据不同的分类标准，桥梁支座具有多种类型。

3.5.1   支座类型及其选择

1. 按制作材料分类

（1）钢支座：靠钢部件的滚动、摇动和滑动实现支座的位移和转动功能（图 3-22），承载能力强，能适应桥梁位移和转动的需求，目前仍应用于铁路桥梁。常用的有铸钢支座和新型钢支座。铸钢支座能较好适应不同跨度桥梁要求，但构造复杂，用钢量大，大型辊轴支座可高达数米，当弧面半径很大时，若积有污垢，转动就会不灵，需要定期养护。公路桥梁已较少采用铸钢支座，铁路桥梁也开始使用盆式橡胶支座。

图 3-22   钢支座

平板支座：由平面钢板组成，构造简单，位移量有限，梁的支撑端不能完全自由旋转，一般用于小跨度梁，在铁路桥上可用到 8 m 跨度。

弧形支座：由上、下支座板和销钉组成，一般用于 16 m 以下的铁路桥梁上。

摇轴支座：有固定支座和活动支座之分，由底板、下摆（摇轴）和上摆组成，适用于铁路桥梁跨度在 20～32 m 之间。

辊轴支座：承载能力较大，通过辊轴的滚动来适应梁体的位移和转动，适用于跨度较大、荷载较重的铁路桥梁，如一些大型的铁路跨海、跨江大桥等。

（2）聚四氟乙烯支座：通常与其他类型支座配合使用，利用聚四氟乙烯低摩擦系数的特性，可使支座在水平方向更顺畅地滑动，以适应桥梁的位移需求。

（3）橡胶支座：

① 板式橡胶支座：有矩形和圆形（图 3-23），由多层天然橡胶与薄钢板镶嵌、黏合、硫化而成，以氯丁橡胶为主，也可采用天然橡胶。氯丁橡胶一般用于最低气温不超过 − 25 ℃ 的地区，天然橡胶用于 − 30 ℃ 至 − 40 ℃ 的地区。常用的板式橡胶支座采用薄钢板或钢丝网作为加劲层以提高支座的竖向承载能力，适用于支座反力为 70 ~ 3 600 kN 的公路、城市桥梁。其他类型板式橡胶支座还包括桥梁球冠圆板式橡胶支座、坡型板式橡胶支座、铅芯橡胶支座。其中，球冠圆板式橡胶支座由圆形板式支座改进而来，传力均匀，可改善或避免支座底面产生偏压、脱空等现象，适用于一般小跨径桥梁，也适用于纵横坡度较大（3% ~ 5%）的立交桥和高架桥。

图 3-23 板式橡胶支座

② 盆式橡胶支座：钢构件与橡胶组合而成的新型桥梁支座（图 3-24），分固定支座与活动支座。活动盆式橡胶支座由上支座板、聚四氟乙烯板、承压橡胶块、橡胶密封圈、中间支座板、钢紧箍圈、下支座板以及上下支座连接板组成，组合上、中支座板构造或利用上、下支座连接板即可形成固定支座。盆式橡胶支座具有承载能力大、水平位移量大、转动灵活等特点，适用于支座承载力为 1 000 kN 以上的大跨径桥梁。有常温型（适用于 − 25 ~ 60 ℃）和耐寒型（适用于 − 40 ~ 60 ℃）之分，适用于 8 度地震以下（含 8 度）和柔性桥墩的铁路桥梁，可用于直线、平坡、曲线及坡道的线路上，能满足按现行铁路运行标准设计的多种混凝土、预应力混凝土梁。

图 3-24 盆式橡胶支座

（4）混凝土支座：一般由混凝土浇筑而成，常用于一些对耐久性要求较高、荷载相对较小且位移和转动需求不大的小型桥梁或临时工程。

（5）铅支座：利用铅的可变形性和减震性能，主要用于有特殊减震需求的桥梁，如在一些抗震要求较高的地区可能会采用。

2. 按支座容许变形分类

（1）固定支座：限制桥梁在各个方向的位移和转动，主要作用是固定桥梁的位置，传递竖向和水平荷载，保证桥梁结构的稳定性。

（2）单向活动支座：允许桥梁在一个方向上产生位移，通常是水平方向，而在其他方向上的位移和转动受到限制，适用于对某个方向位移有特定要求的桥梁。

（3）多向活动支座：能满足桥梁在多个方向上的位移和转动需求，适用于复杂受力和变形情况的桥梁结构，如大跨度的斜拉桥、悬索桥等。

3. 按能否承受拉力分类

（1）只受压支座：只能承受竖向压力，将桥梁上部结构的荷载传递到下部结构，当桥梁结构主要承受压力作用时使用。

（2）拉压支座：既能承受压力又能承受拉力，适用于一些特殊的桥梁结构，如部分采用吊索或拉索体系的桥梁，在不同工况下可能会承受拉压两种力。

4. 其他支座

（1）简易支座：采用几层油毛毡或石棉制成，压实后的厚度不小于 1 cm，可用于跨径小于 10 m 的板梁桥。

（2）球型支座：能提供更大的自由度和适应性，允许各个方向的位移和转动，就像一个球体在球窝内可以自由转动和移动一样。由于具有承载力高、传力均匀、耐久性好等特点，球型支座多用于连续梁及有特殊要求的铁路桥梁设计中，如大跨度的铁路斜拉桥、悬索桥等。

（3）抗震支座：具有减震和抗震功能，通过特定的材料和形状吸收地震波的能量，从而降低桥梁的震动，适用于地震多发区的铁路桥梁。

（4）减隔震支座：除具备一般支座的承载和传力功能外，还能在地震发生时，有效地隔离和消耗地震能量，通常应用于处于地震带上的铁路桥梁，如在一些地震活动频繁的山区铁路桥梁中经常会采用。

（5）抗风支座：主要用于悬索桥、斜拉桥等存在漂浮结构的铁路桥梁的梁体横向，用于抵抗风荷载，保证桥梁在强风作用下的稳定性。

5. 桥梁支座的选择

应综合考虑桥梁结构的跨径、支点反力的大小、梁体的变形程度等因素来选取支座类型。一般来说，中小跨度公路桥通常采用板式橡胶支座；大、中跨度连续梁桥一般采用盆式橡胶支座；铁路桥采用盆式橡胶支座和钢支座。同时，桥梁所处的环境条件，如温度变化、湿度、腐蚀介质等，以及桥梁的使用功能，如是否为铁路桥、公路桥、公铁两用桥等，也是选择支座时需要重点考虑的方面。例如，在跨海大桥等强腐蚀环境下，可能需要选择具有更好耐腐蚀性的支座材料和构造形式。

3.5.2　支座安装及布置要求

桥梁支座架设于墩台上，其顶面支撑着桥梁上部结构。它具有两大关键功能：一是将上部结构稳固地固定在墩台之上，承受作用于上部结构的各类力，并将这些力安全可靠地传递给墩台；二是在荷载、温度变化、混凝土收缩和徐变等因素影响下，支座能够适应上部结构的转角和位移，确保上部结构可以自由变形，而不会产生额外的附加内力。

在实际安装和使用中，支座的设计不仅要保证有足够的强度、刚度以及自由转动或移动的性能，还需充分考虑便于后续的维修和更换。施工时，必须高度重视座板下混凝土垫层的平整度，同时依据当时的气温来确定支座的安放位置。在地震区域，还应专门制定抗震措施，以保障桥梁在地震发生时的安全性。

1. 桥梁支座的安装要求

在安装前，需对支座的型号、规格进行仔细核对，确保与设计要求一致。同时，要清理墩台顶面和支座垫石表面，保证无杂物、油污和松散混凝土等，使支座安装面平整、清洁。还要对支座进行外观检查，查看是否有损伤、变形等缺陷，对于有问题的支座严禁使用。

先在垫石上准确放出支座中心位置的十字线，然后将支座平稳吊放至垫石上，使支座中心与垫石上的十字线对齐。对于需要灌浆的支座，在支座就位后，应及时进行灌浆作业，灌浆材料应符合设计要求，且灌浆要饱满、密实，确保支座与垫石紧密结合。

在安装过程中，要严格控制支座的水平度和高程。支座的水平度偏差应控制在极小范围内，避免出现倾斜影响受力。高程方面，要确保支座顶面高程符合设计要求，误差控制在允许范围内，以保证桥梁上部结构的安装高度准确。

在完成支座安装且灌浆强度达到设计要求后，再进行桥梁上部结构的安装。将上部结构与支座进行连接时，要确保连接牢固，螺栓紧固力矩符合设计标准，防止出现松动现象。

2. 桥梁支座的布置

桥梁支座的布置方式主要依据桥梁的结构形式和桥梁宽度来确定。

（1）简支梁桥：一端设置固定支座，另一端设置活动支座。

（2）连续梁桥：每联（由两伸缩缝之间的若干跨组成）仅设一个固定支座。为防止梁的活动端伸缩量过大，固定支座适宜布置在每联长度靠近中间支点处。不过，若该支点处墩身较高，就需要考虑避开，或者采取特殊措施，避免墩顶承受过大的水平力。

（3）铁路桥梁：因桥宽较小，支座横向变形极小，一般仅需设置单向（纵向）活动支座。

（4）公路桥梁：由于桥面较宽，必须考虑支座横桥向移动的可能性。

（5）曲线连续梁桥：支座布置直接关系到梁的内力分布，其布置应确保能充分满足曲梁纵、横向自由转动和移动的需求。曲线箱梁中间通常设置单支点支座，仅在一联范围内梁的端部（或桥台上）设置双支座，用于承受扭矩。有意将曲梁支点向曲线外侧偏离，可有效调整曲梁的扭矩分布。

（6）坡道桥梁：当桥梁位于坡道上时，固定支座应设置在较低一端，这样可使梁体在竖向荷载沿坡道方向分力的作用下受压，从而抵消一部分竖向荷载产生的梁下缘拉力；当桥梁位于平坡上时，固定支座宜设置在主要行车方向的前端。

在支座安装过程中，需严格按照上述布置原则进行操作，确保支座位置准确无误，以保障桥梁结构的稳定性和正常使用性能。

3. 支座设计与选型考虑因素

（1）荷载条件：涵盖恒载、活载、温度效应、风载等，这些荷载因素会对支座的承载能力和变形需求产生影响。在安装和使用过程中，若实际荷载超出设计范围，可能导致支座损坏，影响桥梁安全。

（2）结构形式：不同的桥梁结构，如简支梁、连续梁、拱桥、斜拉桥等，对支座的要求各异，需选择适配的支座类型。在安装时，必须根据桥梁结构准确选择合适的支座，否则无法满足桥梁的受力和变形要求。

（3）环境条件：温度变化、湿度、腐蚀性物质等环境因素，会对支座的耐久性和性能造成影响。在使用过程中，需根据环境条件对支座进行定期检查和维护，确保其性能稳定。

（4）施工与维护：支座的安装、维护和更换的难易程度也是设计选型时必须考虑的因素。在设计阶段，应充分考虑施工的便利性以及后续维护和更换的可行性，以便在桥梁使用过程中能够顺利进行相关作业。

3.5.3　支座劣化类型

1. 移位与变形

（1）移位：铁路桥梁支座在使用过程中可能会发生水平或垂直方向的移位。列车的动力荷载、温度变化、基础沉降等因素都可能导致支座移位。例如，在一些软土地基上的桥梁，由于地基的不均匀沉降，可能会使支座产生较大的水平或垂直位移。

（2）变形：支座可能会出现整体或局部的变形，如橡胶支座的压缩变形、剪切变形，钢支座的弯曲变形等。长期承受重载列车的压力、环境温度的变化以及支座自身材料性能的变化等都可能引起支座变形。比如，当列车通过桥梁时，支座会承受瞬时的较大荷载，反复作用下可能导致支座产生不可恢复的变形。

2. 材料老化与损伤

（1）橡胶支座老化：橡胶材料在长期使用过程中会发生老化现象，表现为橡胶表面龟裂、变硬、变脆、弹性降低等。这主要是由于橡胶材料长期暴露在自然环境中，受到紫外线、氧气、温度变化、化学物质等因素的影响。例如，一些沿海地区，由于空气中含有较多的盐分等腐蚀性物质，会加速橡胶支座的老化。

（2）钢支座锈蚀：钢支座容易受到外界环境的侵蚀而发生锈蚀。湿度、氧气、酸碱盐等腐蚀性介质是导致钢支座锈蚀的主要原因。在潮湿的环境中，钢支座表面会形成一层电解质溶液薄膜，与钢材中的铁发生化学反应，从而引发锈蚀。例如，在一些工业污染严重的地区，空气中的酸性气体与水汽结合后，会对钢支座造成严重的锈蚀。

（3）混凝土支座破损：混凝土支座可能会出现裂缝、剥落、掉块等破损现象。混凝土的收缩、徐变，以及在施工过程中可能存在的质量缺陷，加上长期的荷载作用和环境因素影响，都可能导致混凝土支座出现破损。比如，混凝土在浇筑过程中如果振捣不密实，就会在内部形成孔隙和缺陷，在后续的使用过程中，这些薄弱部位容易在荷载作用下产生裂缝并逐渐发展。

3. 功能失效

（1）脱空：支座与梁体或桥墩之间可能会出现脱空现象，导致支座不能有效地传递荷载。这可能是由于施工安装误差、梁体变形过大、支座垫石不平整等。例如，在支座安装过程中，如果支座垫石的顶面平整度不符合要求，就可能导致支座与垫石之间存在间隙，从而出现脱空。

（2）转动不灵：支座在需要转动时不能正常转动，影响桥梁的受力状态。这可能是由于支座内部的转动部件磨损、锈蚀，或者被杂物卡住等。比如：钢支座的销轴在长期使用后可能会出现磨损，导致转动不灵活；橡胶支座如果受到油污等污染，也可能影响其转动性能。

（3）剪切破坏：对于橡胶支座等具有剪切变形能力的支座，可能会发生剪切破坏。当支座承受的水平荷载过大，超过了橡胶材料的抗剪强度时，就会出现剪切裂缝甚至剪断的情况。在一些曲线桥梁或斜交桥梁中，支座所承受的水平力相对较大，更容易发生剪切破坏。

4. 其他劣化类型

（1）密封件损坏：一些支座带有密封装置，用于防止灰尘、水分等进入支座内部，保护支座的性能。但密封件可能会因为老化、磨损等而损坏，失去密封作用，使支座内部的部件更容易受到外界环境的侵蚀。

（2）螺栓松动或损坏：支座与梁体、桥墩之间通常通过螺栓进行连接，螺栓可能会因为振动、锈蚀等而松动或损坏，影响支座的稳定性和连接可靠性。列车运行时产生的振动会使螺栓受到交变荷载作用，长期下去可能导致螺栓松动。

3.5.4　支座检查

1. 铸钢支座重点检查

（1）位移与梁温监测：需定期测量铸钢支座的位移值和梁温。一旦发现位移值超出规定限值，或是固定支座出现滑动现象，应顶起梁身，检查活动支座锚栓是否存在异常，同时查看支座安装是否符合标准要求。在测量支座位移值时，务必安装指示标（尺）。此外，对于辊轴（或摇轴）支座，还要检查辊轴是否有变形、磨损情况。

（2）锚栓状况检查：查看上下锚栓（尤其是弧形支座的锚栓）是否有弯曲、断裂现象。若发生剪断，需进一步检查墩台是否发生位移。

（3）支座密贴与完整性检查：检查支座上座板与梁身、支座下座板与支承垫石之间是否紧密贴合，有无"三条腿"、翻浆冒锈等异常状况，同时确认支座各部分是否完好无损。

（4）支承垫石检查：观察支承垫石是否存在裂损、不平整的问题。

（5）特殊支座观测：针对连续梁桥及柔性墩桥上的固定支座，应观测其是否变形；活动支座则需检查其变位方向是否与温度变化保持一致，倾斜度是否在允许限度之内。

2. 橡胶支座重点检查

（1）平板橡胶支座检查：查看平板橡胶支座有无裂纹、不均匀外臌、钢板外露、剪切变形超限、位置串动等问题，同时确认限位装置是否可靠。

（2）盆式橡胶支座检查：检查盆式橡胶支座的钢件有无裂纹、脱焊、锈蚀，聚四氟乙烯板是否磨损，位移转角是否超限等。

（3）密贴情况检查：确认支座与梁身、支承垫石间是否紧密贴合。

（4）横向位移限位装置检查：检查梁端横向位移的限位装置是否正常发挥作用。

3. 圆柱面钢支座重点检查

（1）聚四氟乙烯板检查：查看聚四氟乙烯板有无串出，是否存在突出变形的情况。

（2）螺栓检查：检查固定、限位螺栓是否松动。

（3）密贴情况检查：确认支座与梁身、支承垫石是否紧密贴合。

（4）限位挡块检查：查看限位挡块是否开裂。

4．双曲面钢支座重点检查

（1）相对位置偏差检查：测量上、下座板相对水平扭转角度偏差，以及上、下座板相对水平错动位移量。

（2）聚四氟乙烯板检查：检测聚四氟乙烯板 4 个角点的外露高度。

（3）滑动间隙偏差检查：检查非活动方向的滑动间隙偏差。

（4）限位挡块检查：查看限位挡块是否开裂。

5．铰轴滑板钢支座重点检查

（1）平面滑板检查：查看平面滑板是否清洁，有无锈蚀情况。

（2）螺栓检查：检查固定、限位螺栓是否松动。

（3）密贴情况检查：确认支座与梁身、支承垫石是否紧密贴合。

（4）聚四氟乙烯板检查：查看聚四氟乙烯板有无滑动、是否变形。

（5）铰轴检查：检查铰轴是否存在裂纹。

3.5.5 支座养护

桥梁支座养护要点如下：

1．清洁与防护

支座各部应保持完整、清洁。每季至少检查一次，半年至少清扫一次。清除支座周围的油污、垃圾，防止积水，冬季清除积雪和冰块，保证支座正常工作。

在滚动支座滚动面上应定期涂一层润滑油（一般每年一次），涂油前把滚动面揩擦干净。

对钢支座要进行除锈防腐，除铰轴和滚动面外，其余部分均应涂刷防锈油漆。

对盆式橡胶支座应定期进行清扫，维护防尘罩，防止尘埃落入或雨、雪渗入支座内，支座的外露部分应定期涂防锈漆进行保护。

2．部件维护

及时拧紧钢支座各部接合螺栓，使支承垫板平整紧密。

仔细检查支座与梁体、墩台的连接部件，如锚栓、螺栓、销钉等是否松动、断裂或缺失，如有问题应及时修复或更换。

检查支座与梁底、墩台顶面的接触面是否密贴，有无脱空现象，若存在脱空，应采取垫塞钢板、灌注环氧砂浆等措施处理。

3．橡胶支座维护

橡胶支座应清扫污水，防止橡胶支座接触油污引起老化、变质，对梁底及墩、台帽上的残存机油等应进行清洗。

定期检测橡胶支座橡胶材料的性能，如硬度、拉伸强度、老化性能等，通过抽样检测等方式，判断橡胶是否出现老化、龟裂、脆化等现象，以便及时更换。

4. 观测与检测

定期观测支座的位移情况，包括水平位移和竖向位移，查看是否超出设计允许范围，在温度变化较大的季节，更应加强对支座位移的观测。

观察支座是否有变形现象，如橡胶支座的压缩变形、剪切变形，钢支座的扭曲、弯曲等，发现变形异常要及时分析原因。

对于钢支座，要检测钢材的锈蚀程度、疲劳性能等，可采用超声波检测、磁粉检测等无损检测技术，对钢支座的关键部位进行检测，查看是否存在内部缺陷。

3.5.6　支座病害预防

（1）确保各部件紧密贴合：梁跨与上摆、上摆与下摆、下摆与辊轴、辊轴与底板、底板与支承垫石间都应密贴紧靠，不应有缝隙，避免因松动引发病害。

（2）保持滚动面清洁：支座的滚动面必须经常保持清洁，不积水、不积灰尘，冬季应及时清除积雪，防止结冰，以免影响支座的正常滚动性能。

（3）做好排水工作：支座周围应保持排水良好，避免积水对支座造成侵蚀。

（4）防锈处理：为防止生锈，上下摆应涂油漆，辊轴和滚动面应定期进行擦拭、擦石墨或填以黄油，保护金属部件。

（5）安装防尘设备：为防止煤渣、灰尘、雨雪进入支座滚动面，应安装有效的防尘设备，这对大跨度的梁尤为重要，可延长支座使用寿命。

（6）保护锚栓：支座锚栓应用塑料或铁皮制的罩盖住，防止雨水进入螺栓孔，避免螺栓松动、锈死。

（7）及时整修或更换缺陷部件：若支座的滚动面不平整，底板或轴承座发生裂纹或个别辊轴发生支承不均匀等现象，应对有缺陷的部位和直径不合适的辊轴进行整修或更换，保证支座正常运行。

3.5.7　支座病害整治

尽管采取了预防措施，病害仍可能出现，因其成因复杂，需认真分析并进行针对性综合整治，才能取得良好效果。下面是几种常见病害的整治方法。

1. 小跨度钢筋混凝土板梁横向移动的整治

跨度小于 6 m 的钢筋混凝土板梁，由于梁体重量较轻，且支座多为沥青麻布或石棉垫，易受列车冲击和震动影响而发生横向移动。针对此类梁，除顶起移正梁身外，还应在墩台顶上靠板梁侧埋设角钢或加筑挡墙（图 3-25）。

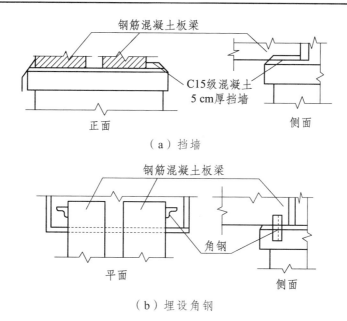

（a）挡墙

（b）埋设角钢

图 3-25　防止板梁横移办法

2. 支座上下锚栓剪断弯曲的整治

　　若墩台上支座锚栓折断或弯折，较为彻底的整治方法是在支座旁斜向凿去部分混凝土，拆除旧锚栓，重新安装新锚栓。若锚栓在支承垫石面剪断，剩余部分仍牢固，且现场具备电焊条件，可凿除一小部分混凝土，清除被剪断螺栓杆的上部，采用电焊接上新螺栓杆。

　　当圬工梁上锚栓剪断时，可将支座上座板与梁底镶角板焊起来（此方法需确保镶角板与梁体连成整体，若发现镶角板与梁体里面的支座螺栓外端脱开，必须焊牢）。具体做法为：采用 60 mm × 40 mm × 8 mm、长 200 mm 的不等肢角钢，每个支座设置 2 根，沿梁长方向将角钢短肢焊于梁底的镶角板上，长肢焊于支座的座板上（若无此种角钢，也可用 10 mm 厚的钢板弯制），如图 3-26 所示。

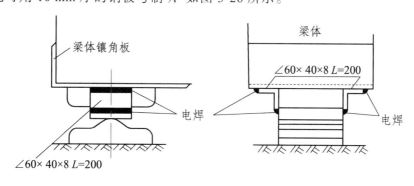

顺桥方向　　　　　　　　　　　垂直桥方向

图 3-26　上锚栓折断后加固（上下锚栓未示）（单位：mm）

3. 支座位置不正、滑行或歪斜超过容许限度的整治

可使用千斤顶顶起梁身，进行适当修理或矫正，或移正梁身后重新安装支座。

利用拉紧框架或弹簧整正支座辊轴，可避免起顶梁身的麻烦。框架由两根角钢和两端带丝扣及螺帽的拉杆组成（图 3-27）。整正时，将一根角钢支承在支座底板上，另一根角钢紧贴辊轴的联结角钢，上紧拉杆螺栓，利用列车通过时辊轴的滚动及时拧紧拉杆，使列车通过后辊轴不能返回原位。多次重复整正，即可将辊轴调整到位。

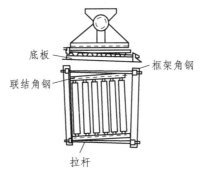

图 3-27　用框架整正支座

弹簧整正支座辊轴是用千斤顶横向顶住辊轴来移正位置，千斤顶一端支承在固定支座或挡砟墙上，在千斤顶和辊轴间垫上弹簧，顶紧弹簧，利用列车通过时辊轴的滚动，使辊轴被顶动，再适当上紧千斤顶，经过多次整正，可将辊轴顶回原来位置（图 3-28）。

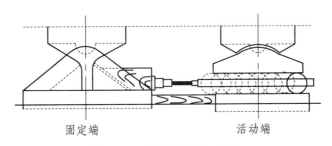

图 3-28　用弹簧整正支座

4. 支承垫石不平的整治

对于钢梁或圬工梁平板支座，若底板下支承垫石有少量麻坑或不平整，可采用垫沥青麻布的方法进行整治。该方法经行车挤压后能自行弥补填平，效果较好。不宜采用垫铅板、铁板、木板和石棉板等方法，实践证明这些方法不易成功。

具体做法是：将硬沥青（最好用 10# 石油沥青）加温到 $100 \sim 190\ ^\circ\mathrm{C}$，加入 20% ~ 30% 的滑石粉或石棉粉，边加边搅匀，然后将大小合适的细麻布放入浸制，取出浇水冷却后即可使用，最少要垫两层。

5. 支座陷槽、积水、翻浆、流锈病害的整治

一般可采用细凿垫石排水坡的方法，结合支座下垫沥青麻布或胶皮板进行处理，能取得一定效果。排水坡度约为 3%，以便水能迅速排走。

具体细凿方法有两种：一是在离石外缘 20 mm 处开始向中心推进（防止损坏边缘），最后将周边的窄条敲下来，稍加修凿即可；二是先在垫石四边（桥台为三边）的外侧打上要凿去的线条，用扁凿对准线条朝里敲打，后续步骤与第一种方法一致：敲除周边窄条→修凿→打磨，确保表面平整度。细凿完成后，用废砂轮打磨光滑。在细凿过程中，若发现局部麻坑不平或边缘缺损，可用环氧树脂砂浆腻补，凝固后一并用旧砂轮打磨平整。

此外，要防止挡砟墙上的水流到桥台，必要时在挡砟墙与支座垫石间凿小槽排水，防止支座底板下面进水。

6. 支座、支承垫石病害导致梁体不平的整治

当支承垫石裂损、支座不平（四角支点不在同一平面上）、梁体出现"三条腿"（个别支座明显悬空）现象，或因线路大修需整孔抬高梁体时，可采用以下整治或处理方法：

（1）支座下捣填半干硬水泥砂浆（水灰比 0.2 ~ 0.25），适用于抬高量为 30 ~ 100 mm 的情况。

（2）垫入铸钢板，适用于抬高量为 50 ~ 300 mm 的情况。

（3）就地浇筑钢筋混凝土垫块或更换钢筋混凝土顶帽，适用于抬高量在 200 mm 以上的情况。

（4）采取其他压力灌注灰浆措施等。

　　铁路圬工结构形式

1. 圬工结构的概念

圬工结构是一种建筑结构形式，它可分为两类：

（1）砖石结构：采用砖、石材作为建筑材料，通过与砂浆或小石子混凝土砌筑而成的砌体所建成的结构。

（2）混凝土结构：由砂浆砌筑混凝土预制块、整体浇筑的混凝土或片石混凝土等构成的结构。其主要利用材料的抗压性能，常用于以承受压力为主的工程结构中。

2. 铁路圬工结构形式

在铁路桥梁建设中，圬工结构以其独特的优势和特点，在不同的工程场景中发挥着重要作用。以下将详细介绍几种常见的铁路桥梁圬工结构形式。

1）拱　桥

板拱：板拱的拱圈为实体板状截面，结构简单直接，施工工艺相对简便，可就地取材，利用石材或混凝土进行建造。在受力方面，主要依靠自身拱圈承担荷载，将其传递至拱脚。由于其结构特性，板拱适用于中小跨径的铁路桥梁，如跨越小型山谷、河流的铁路桥。

肋拱：肋拱的拱圈由两条或多条相互分离的拱肋组成，拱肋之间通过横系梁连接成一个整体，大大增强了拱圈的横向稳定性。这种结构在保证强度的同时减轻了自身重量，适用于较大跨径的铁路桥梁，可降低建设成本，提高桥梁的跨越能力。

双曲拱：双曲拱的主拱圈由拱肋、拱波、拱板以及横向联系构件共同构成，在纵横两个方向均呈弧形曲线。这种独特的结构形式能够充分发挥材料性能，有效节省圬工体积。在 20 世纪 60—70 年代，双曲拱在铁路桥梁建设中得到了广泛应用。

箱形拱：箱形拱的拱肋采用箱形截面，挖空率高，能够大量减少圬工体积，减轻桥梁重量，从而节省上下部结构的造价。此外，箱形拱还具有较大的抗扭刚度，适用于大跨径铁路拱桥，能更好地应对复杂的受力情况。

2）梁　桥

石板梁桥：石板梁桥采用石板作为梁体，结构简单，造价低廉。然而，由于石板的承载能力有限，此类桥梁一般适用于小跨度的铁路便桥或农村支线铁路桥梁。

混凝土梁桥：混凝土梁桥分为普通混凝土梁桥和预应力混凝土梁桥。普通混凝土梁桥施工方便，耐久性良好；预应力混凝土梁桥则通过施加预应力，显著提高了梁的抗裂性能和承载能力，适用于中、大跨度的铁路桥梁。

3）桥　墩

实体重力式桥墩：实体重力式桥墩为实体圬工墩，主要依靠自身重量来平衡外力，具有刚度大、防撞能力强的优点。但其阻水面积较大，适用于地基承载力较高、覆盖层较薄、基岩埋深较浅的地基。

空心桥墩：空心桥墩在保证截面强度和刚度满足受力要求的前提下，减少了圬工数量，使结构更加经济。它分为部分镂空实体桥墩和薄壁空心桥墩，其中薄壁空心桥墩通常采用强度高、墩身壁较薄的钢筋混凝土构件。

4）桥　台

重力式桥台：主要依靠自身重量来平衡台后的土压力，台身建筑材料多为石砌、片石混凝土或混凝土等圬工材料。常见的类型有 U 形桥台、埋置式桥台、八字式和一字式桥台等，在铁路上还有 T 形桥台、十字形桥台等其他形式。

 思政小课堂

英雄之桥，精神永铸

在陇海铁路的蜿蜒轨迹上，有一座特殊的桥梁——杨连第桥（图 3-29）。它不仅是钢铁与混凝土的构造，更是一座精神的丰碑，承载着英雄的故事与永恒的价值。

图 3-29　杨连第桥

　　1949 年 5 月，解放战争的烽火正炽，解放军挥师西进，解放大西北的战略任务迫在眉睫。此时，交通命脉陇海铁路的畅通至关重要，而 8 号桥却因战火破坏，成为前进路上的巨大阻碍。铁道兵部队临危受命，一场与时间赛跑的抢修战役就此打响。

　　面对没有登高设备的艰难处境，杨连第挺身而出。他手持一根带钩木杆，凭借着无畏的勇气与过人的胆识，向着高耸且光秃秃的桥墩发起挑战。每一步攀爬都充满危险，稍有不慎便会粉身碎骨，但他心中只有一个信念：尽快抢通大桥，为部队进军和战略物资运输开辟通道。在他的带领下，战士们齐心协力，克服重重困难，最终提前 20 天完成了抢修任务。杨连第因这一壮举荣获"登高英雄"称号，他的名字和他的英勇事迹，成为激励无数人的精神力量。

　　然而，英雄的征程并未就此结束。在抗美援朝战争的硝烟中，杨连第再次投身保家卫国的战斗。1952 年，他在执行任务时壮烈牺牲，将自己年轻的生命永远留在了异国他乡的土地上。但他的精神却如同一座永不熄灭的灯塔，照亮着后来者前行的道路。

　　时光流转，如今李玉斌祖孙三代人接力守护着杨连第桥。他们传承着杨连第的登高精神，在日复一日的坚守中，确保管辖范围内未发生一起行车安全事故。无论是烈日炎炎还是寒风凛冽，他们始终以高度的责任感和使命感，守护着这座英雄之桥，让它在岁月的洗礼中依然坚固如初，保障着铁路运输的安全与畅通。

　　杨连第桥，这座用英雄名字命名的桥梁，见证了历史的沧桑巨变，也承载着中华民族坚韧不拔、勇于担当的精神。它是对杨连第英雄事迹的永恒纪念，也是对李玉斌祖孙三代坚守精神的生动诠释。

　　我们应以他们为榜样，秉承登高精神。在生活与工作中，面对困难不退缩，勇于挑战自我，承担起时代赋予我们的使命与责任。让英雄的精神在新时代焕发出更加耀眼的光芒，激励我们不断前行，为实现中华民族伟大复兴的中国梦贡献自己的力量。

项目小结

本项目涵盖钢结构、圬工梁拱、圬工墩台及基础等养护维修工作，旨在全面保障桥梁的安全与稳定，延长其使用寿命。

在钢结构养护维修中，针对钢桥的高强度、施工简易等优点及易生锈等缺点，进行全方位检查与维护。通过探伤仪器和化学药剂与手工结合的方式，重点检查杆件联结处等部位，及时处理焊缝、铆钉和高强螺栓的病害，对涂装失效的钢结构进行鉴定与重新涂装，确保钢结构性能良好。

对于圬工梁拱，重点检查钢筋锈蚀、混凝土裂缝等情况，针对混凝土表层缺陷，采用表面处理、填充修补等方法修复。对普通钢筋混凝土梁和预应力钢筋混凝土梁的病害，如裂缝、预应力损失异常等，进行针对性处理，并做好防水、排水系统维护和季节性维护，必要时进行加固。

圬工墩台的养护维修同样关键，重点检查裂缝、倾斜等病害，依据技术标准，从材料选用、结构设计到施工质量、耐久性要求等方面严格把控。通过表面封闭、压力灌浆等方法维修裂缝，对剥落、破损处进行浅层或深层维修，必要时采用钢筋混凝土套箍等方法加固，维修后持续监测变形情况。

针对圬工墩台基础，先进行前期探测，掌握地质和河床情况，限制人为破坏，对浅基墩台采取局部防护、整体防护或加深基础等整治措施，采用扩大基础、补桩、人工地基加固等方法进行加固。

 复习思考题

1. 简述钢桥的优点。

2. 钢结构重点检查的内容有哪些？

3. 简述上承式板梁桥的结构组成。

4. 下承式板梁与上承式板梁在联结系构成上有何不同？

5. 钢桁梁的主桁架有何作用？由哪些部分构成？

6. 简述焊缝裂纹的处理措施。

7. 钢结构涂装前的表面清理等级有哪些要求？

8. 明桥面木桥枕的防腐措施有哪些？

9. 混凝土表层缺陷有哪些类型？对结构有何不良影响？

10. 预应力钢筋混凝土梁病害有哪些？

11. 简述圬工梁拱防水系统维护的要点。

12. 钢筋混凝土梁采用外加预应力技术加固时，横向收紧张拉法的施工流程是怎样的？

13. 在圬工墩台技术标准中，对材料选用有哪些要求？

14. 简述圬工墩台裂缝病害维修中压力灌浆法的施工步骤。

15. 桥梁墩台采用钢筋混凝土套箍加固时，施工过程中需要注意哪些方面？

16. 圬工墩台基础维修时，前期探测与情况掌握包含哪些工作？

17. 扩大基础加固法适用于什么情况？施工时需注意什么？

18. 砂桩加固软弱地基的原理和施工方法是怎样的？

19. 简述钢桥与钢筋混凝土桥在自重和跨越能力方面的差异。

20. 上承式板梁桥的主梁和联结系分别有什么作用？

21. 钢桁梁的制动撑架在什么情况下设置？有哪两种常见设置方式？

22. 钢结构涂装前表面清理粗糙度有哪些要求？

23. 木桥枕削平或镶补的条件和操作要点是什么？

24. 圬工梁拱的排水系统优化措施有哪些？

25. 预应力混凝土梁沿预应力筋方向产生裂缝的原因是什么？有何影响？

26. 圬工墩台的耐久性要求包括哪些方面？

27. 补桩加固法的优缺点分别是什么？

28. 简述用回弹法检测混凝土表层缺陷对混凝土强度影响的原理。

29. 明桥面防爬角钢的安装原则是什么？

30. 桥梁墩台变形病害维修时，如何查明变形原因？

 习　题

（一）单选题

1. 钢桥的优点不包括以下哪一项？（　　　　）
    A. 高强度与轻质特性　　　　　　B. 施工的简易性
    C. 维修的便捷性　　　　　　　　D. 耐久性好

2. 当钢桥活载增加致使桥梁部分受损时，钢桥的修理加固通常（　　　　）。
    A. 必须中断交通　　　　　　　　B. 能在维持通车的情况下进行
    C. 需拆除重建　　　　　　　　　D. 无法修复

3. 钢桥通常采用明桥面设计，这种设计使钢梁（　　　　）。
    A. 不易受到活载的冲击
    B. 相较于圬工梁拱更易受到活载的冲击
    C. 与圬工梁拱受到活载冲击程度相同
    D. 以上说法都不对

4. 钢结构应具有要求的刚度、强度和稳定性，运营中应加强对（　　　　）的检查养护。
    A. 各部联结节点、杆件、铆钉、销栓、焊缝
    B. 桥面系
    C. 支座
    D. 以上都是

5. 采用探伤仪器对钢结构进行检查时,(   )适用于铁磁性材料表面和近表面缺陷的检测。

    A. 超声波探伤仪   B. 磁粉探伤仪

    C. 射线探伤仪   D. 以上都不是

6. 当桥梁跨度在 40 m 以下时,综合制造、安装以及养护等多方面因素考量,(   )展现出相较于桁梁更为突出的优势。

    A. 钢板梁   B. 钢桁梁

    C. 钢箱梁   D. 结合梁

7. 上承式板梁桥的结构主要涵盖(   )这四个关键部分。

    A. 桥面、主梁、联结系、支座

    B. 桥面、纵梁、横梁、支座

    C. 桥面、主桁架、联结系、支座

    D. 桥面、纵梁、主桁架、支座

8. 下承式板梁的桥面系位于主梁的(   )。

    A. 上方   B. 下方   C. 一侧   D. 两侧

9. 当桥梁跨度不断增大,采用(   )替代腹板构建桁梁,有效减轻了结构重量。

    A. 腹杆   B. 纵梁   C. 横梁   D. 联结系

10. 主桁架在桥跨结构中占据着最为核心的地位,堪称整个桥梁的"心脏",它由(   )构成。

    A. 上下弦杆、斜杆、竖杆

    B. 上下弦杆、纵梁、横梁

    C. 上下弦杆、联结系、支座

    D. 上下弦杆、桥面系、支座

11. 钢桁梁的桥面系主要功能是(   )。

    A. 直接承受车辆和行人的荷载,并将这些荷载传递至主桁结构

    B. 增强桥梁的稳定性

    C. 美观

    D. 以上都不是

12. 为了有效承受横向力,减小受压弦杆的自由长度,保障结构稳定,钢桁梁必须设置(   )。

    A. 平面纵向联结系   B. 端横联

    C. 中间横向联结系   D. 以上都是

13. 当桥梁跨度大于 48 m 时,为避免横梁因列车的制动力和牵引力作用产生过大挠曲,需设置(   )。

    A. 制动撑架   B. 端横联

    C. 中间横向联结系   D. 平面纵向联结系

14. 焊缝检查中，（　　　）是将可疑处漆膜除净，滴上浓度为 5%～10% 的硝酸酒精浸蚀，如果有褐色显示表明此处有裂纹存在。

  A. 目视法　　　　　　　　　　　　B. 铲去表面金属法

  C. 硝酸酒精浸蚀法　　　　　　　　D. 着色探伤法

15. 用检查小锤敲打钉头，如发现震手或钉头周围流锈时，就是（　　　）。

  A. 松动铆钉　　　　　　　　　　　B. 合格铆钉

  C. 高强螺栓　　　　　　　　　　　D. 以上都不是

16. 高强螺栓检查方法中，（　　　）是用质量约 0.25 kg 的检查小锤敲击螺母一侧，手指按在相对另一侧，若手指感到颤动较大，则应该是严重欠拧的螺栓。

  A. 目视法　　　　　　　　　　　　B. 敲击法

  C. 应变仪测定法　　　　　　　　　D. 扭矩测定法

17. 钢梁、钢塔架、钢拱肋、限高防护架等钢构件都应进行保护涂装，防止钢结构（　　　）。

  A. 变形　　　　B. 锈蚀　　　　　　C. 断裂　　　　D. 以上都不是

18. 漆膜粉化、露底、裂纹、剥落、起泡、吐锈等，这些都是（　　　）的现象。

  A. 漆膜良好　　　　　　　　　　　B. 漆膜失效

  C. 正常情况　　　　　　　　　　　D. 以上都不是

19. 电弧喷铝或涂装环氧富锌底漆时，钢表面清理应达到（　　　）级或 PSa3 级。

  A. Sa1　　　　B. Sa2　　　　　　C. Sa3　　　　D. Sa4

20. 钢梁除锈及表面处理的目的是（　　　）。

  A. 去除结构上的尘埃、油垢、水、氧化皮、铁锈或已经起鼓的漆膜

  B. 增强新涂漆膜与钢梁表面或旧漆膜间的附着力

  C. 提高油漆施工质量

  D. 以上都是

21. 明桥面上的线路通常不允许安装（　　　）。

  A. K 形分开式扣件　　　　　　　　B. 新型明桥面弹条扣板扣件

  C. 防爬器　　　　　　　　　　　　D. 以上都不是

22. 木桥枕容易发生腐朽的部位不包括（　　　）。

  A. 裂缝、压伤、凹陷处　　　　　　B. 轨底铁垫板接触区域

  C. 枕木中间部位　　　　　　　　　D. 护木联结处

23. 木桥枕裂缝愈合处理采用（　　　）对枕木端部进行捆头操作。

  A. 直径为 3.5～4.0 mm 的镀锌铁线　B. 直径为 20～22 mm 的螺栓

  C. 阻钉板　　　　　　　　　　　　D. 以上都不是

24. 对于跨度在 5 m 及以上的钢梁，每孔梁两端各安装（　　　）对防爬角钢。

  A. 一　　　　　B. 二　　　　　　C. 三　　　　D. 四

25. 明桥面的经常保养工作不包括（　　　）。

  A. 消灭吊板　　B. 防止爬行　　　C. 螺栓保养　　　D. 更换钢梁

26. 圬工梁拱重点检查内容不包括（　　　）。

    A. 钢筋混凝土梁钢筋锈蚀、混凝土破碎、掉角情况

    B. 悬臂梁的锚梁和端梁在动荷载作用下的稳定状态

    C. 钢桥的涂装情况

    D. 拱桥的拱圈有无纵向裂纹

27. 混凝土浇筑时振捣不充分，粗骨料聚集，砂浆填不满骨料间隙，会在表层形成（　　　）。

    A. 蜂窝　　　　B. 麻面　　　　C. 孔洞　　　　D. 露筋

28. 混凝土内部有空隙没被水泥浆填满就形成了（　　　）。

    A. 蜂窝　　　　B. 麻面　　　　C. 孔洞　　　　D. 露筋

29. 钢筋保护层厚度不足是（　　　）的主要原因。

    A. 蜂窝　　　　B. 麻面　　　　C. 孔洞　　　　D. 露筋

30. 普通钢筋混凝土梁在荷载作用下，跨中位置常出现（　　　）裂缝。

    A. 竖向　　　　B. 斜向　　　　C. 横向　　　　D. 纵向

31. 下列哪种支座承载能力强，能适应桥梁位移和转动的需求，目前仍应用于铁路桥梁，但构造复杂，用钢量大？（　　　）

    A. 橡胶支座　　　　　　　　B. 钢支座

    C. 聚四氟乙烯支座　　　　　D. 混凝土支座

32. 适用于跨度较大、荷载较重的铁路桥梁，如大型铁路跨海、跨江大桥的支座是（　　　）。

    A. 平板支座　　　　　　　　B. 弧形支座

    C. 摇轴支座　　　　　　　　D. 辊轴支座

33. 板式橡胶支座常用的橡胶材料以（　　　）为主。

    A. 天然橡胶　　　　　　　　B. 氯丁橡胶

    C. 丁苯橡胶　　　　　　　　D. 顺丁橡胶

34. 盆式橡胶支座适用于支座承载力为（　　　）以上的大跨径桥梁。

    A. 500 kN　　　B. 1 000 kN　　　C. 1 500 kN　　　D. 2 000 kN

35. 限制桥梁在各个方向的位移和转动的支座是（　　　）。

    A. 固定支座　　　　　　　　B. 单向活动支座

    C. 多向活动支座　　　　　　D. 拉压支座

36. 中小跨度公路桥通常采用（　　　）。

    A. 盆式橡胶支座　　　　　　B. 钢支座

    C. 板式橡胶支座　　　　　　D. 混凝土支座

37. 当桥梁位于坡道上时，固定支座应设置在（　　　）。

    A. 较高一端　　　　　　　　B. 较低一端

    C. 中间位置　　　　　　　　D. 任意一端

38. 下列不属于橡胶支座老化表现的是（　　　）。

　　A. 表面龟裂　　　　　　　　　　B. 变硬

　　C. 弹性增加　　　　　　　　　　D. 变脆

39. 铸钢支座重点检查时，测量支座位移值时必须安装（　　　）。

　　A. 温度计　　　　　　　　　　　B. 压力计

　　C. 指示标（尺）　　　　　　　　D. 位移传感器

40. 支座养护中，对钢支座除锈防腐，除铰轴和滚动面外，其余部分均应涂刷（　　　）。

　　A. 防锈油漆　　　　　　　　　　B. 防火涂料

　　C. 防水涂料　　　　　　　　　　D. 隔热涂料

（二）多选题

1. 钢桥的优点包括（　　　）。

　　A. 高强度与轻质特性　　　　　　B. 施工的简易性

　　C. 维修的便捷性　　　　　　　　D. 设计的灵活性

　　E. 耐久性好

2. 钢桥的缺点有（　　　）。

　　A. 易生锈腐蚀　　　　　　　　　B. 明桥面构造

　　C. 对地基要求严苛　　　　　　　D. 施工难度大

　　E. 造价高

3. 钢结构的技术要求包括（　　　）。

　　A. 应具有要求的刚度、强度和稳定性

　　B. 应保持清洁

　　C. 钢梁件伤损容许限度超过规定时，应及时进行整修、加固或更换

　　D. 要经常清扫污垢、土，冬季要及时清除冰雪

　　E. 钢梁上的存水处所应设直径不小于 50 mm 的泄水孔

4. 钢结构重点检查内容包括（　　　）。

　　A. 杆件及其联结铆钉、螺栓、焊缝的伤损状态及其发展情况

　　B. 大跨度下承钢桁梁伸缩纵梁端横联结处，上承板梁支座位置不正时，应检查支座上下翼缘角钢是否有裂纹

　　C. 结合梁应注意混凝土与钢梁联结部位的共同作用位置是否良好

　　D. 对塔架墩台应注意水位升降部位是否锈蚀、裂纹，水下部分应注意摸探

　　E. 对钢梁角落隐蔽部位，特别是纵梁上翼缘桥枕覆盖部位应注意锈蚀的检查

5. 常用的钢结构检查方法有（　　　）。

　　A. 采用探伤仪器　　　　　　　　B. 化学药剂和手工结合进行

　　C. 称重法　　　　　　　　　　　D. 测量尺寸法

　　E. 观察法

6. 钢板梁桥依据结构形式可划分为（　　　）两种类型。

    A. 上承式　　　　　　　　　　　B. 下承式

    C. 中承式　　　　　　　　　　　D. 混合式

    E. 空腹式

7. 上承式板梁桥的联结系由（　　　）共同组成。

    A. 上平纵联　　　　　　　　　　B. 下平纵联

    C. 横联　　　　　　　　　　　　D. 端横联

    E. 中间横向联结系

8. 下承式板梁与上承式板梁的差别有（　　　）。

    A. 桥面系布局　　　　　　　　　B. 主梁间距确定方式

    C. 联结系构成特点　　　　　　　D. 支座形式

    E. 施工方法

9. 钢桁梁的主桁架一般由（　　　）构成。

    A. 上下弦杆　　　　　　　　　　B. 斜杆

    C. 竖杆　　　　　　　　　　　　D. 纵梁

    E. 横梁

10. 钢桁梁的桥面系包含（　　　）。

    A. 纵梁　　　　　　　　　　　　B. 横梁

    C. 纵梁之间的联结系　　　　　　D. 主桁架

    E. 支座

11. 钢桁梁的联结系包括（　　　）。

    A. 平面纵向联结系　　　　　　　B. 端横联

    C. 中间横向联结系　　　　　　　D. 制动撑架

    E. 桥面系联结系

12. 焊缝检查的方法有（　　　）。

    A. 目视法　　　　　　　　　　　B. 铲去表面金属法

    C. 硝酸酒精浸蚀法　　　　　　　D. 着色探伤法

    E. 敲击法

13. 铆钉检查方法有（　　　）。

    A. 锤检目视法　　　　　　　　　B. 光谱法检测

    C. 强度测试　　　　　　　　　　D. 尺寸检测

    E. 应变仪测定法

14. 高强螺栓检查方法有（　　　）。

    A. 目视法　　　　　　　　　　　B. 敲击法

    C. 应变仪测定法　　　　　　　　D. 扭矩测定法

    E. 光谱法检测

15. 钢结构涂装失效的鉴定方法有（　　　　）。
　　A. 肉眼观察　　　　　　　　　　B. 用手触摸
　　C. 刮膜检验　　　　　　　　　　D. 滴水检验
　　E. 称重法

16. 钢结构涂装前的表面清理方法有（　　　　）。
　　A. 手工清理　　　　　　　　　　B. 小型机械工具清理
　　C. 喷砂清理　　　　　　　　　　D. 化学清理
　　E. 水洗清理

17. 涂层施工注意事项包括（　　　　）。
　　A. 除锈完毕应在 8 h 内尽快涂刷第一道底漆
　　B. 不要在 5 ℃ 以下或 40 ℃ 以上，以及太阳光直晒或 85% 湿度以上情况下涂刷
　　C. 底漆表面充分干燥以后才可涂刷次层油漆
　　D. 涂刷各道油漆前，应用工具清除表面砂粒、灰尘
　　E. 一次涂刷厚度不宜太厚

18. 明桥面木桥枕的防腐措施包括（　　　　）。
　　A. 前期处理与细节防腐　　　　　B. 道钉安装与钉孔处理
　　C. 扣件选择与防爬措施　　　　　D. 定期更换
　　E. 表面涂刷油漆

19. 木桥枕腐朽检查方法有（　　　　）。
　　A. 外观观察　　　　　　　　　　B. 敲击判断
　　C. 探针探测　　　　　　　　　　D. 钻孔取样
　　E. 化学检测

20. 明桥面的经常保养工作包括（　　　　）。
　　A. 消灭吊板　　　　　　　　　　B. 防止爬行
　　C. 螺栓保养　　　　　　　　　　D. 木料养护
　　E. 桥面清洁

（三）判断题

1. 钢桥在承受相同荷载时，所需的断面积和体积最大。（　　　）

2. 钢结构应保持清洁，钢梁上的存水处所应设直径不小于 30 mm 的泄水孔。（　　　）

3. 下承式板梁的桥面系位于主梁的上方。（　　　）

4. 主桁架在桥跨结构中承担着将整个桥跨的自重以及列车荷载，通过支座传递至墩台结构的重要任务。（　　　）

5. 焊缝裂纹经检查发现后，应立即向负责人汇报，并根据裂纹的严重程度，采取保证列车安全运行的措施。（　　　）

6. 漆膜粉化、露底、裂纹、剥落、起泡、吐锈等，这些都是漆膜良好的现象。（　　　）

7. 明桥面上的线路通常允许安装防爬器。（　　　）

8. 混凝土浇筑时振捣不充分，会在表层形成麻面。（   ）

9. 预应力混凝土梁在预应力作用下会产生反拱，反拱过大或过小都可能影响梁的使用功能。（   ）

10. 圬工墩台的裂缝宽度小于 0.2 mm 时，无须进行处理。（   ）

11. 公路桥梁已较少采用铸钢支座，铁路桥梁也开始使用盆式橡胶支座。（   ）

12. 盆式橡胶支座只有活动支座一种类型。（   ）

13. 桥梁支座的布置方式只依据桥梁的结构形式确定。（   ）

14. 支座与梁体或桥墩之间出现脱空现象，不会影响桥梁的正常使用。（   ）

15. 对钢支座的铰轴和滚动面也应涂刷防锈油漆。（   ）

项目 4　隧道养护维修

 项目描述

隧道，作为铁路线路的关键构成，因其能缩短线路长度、提高运行速率、改善运营条件，并能规避山坡泥石流、滑坡、落石等自然灾害的威胁，成为铁路穿越山峦的首选路径之一。我国广袤无垠，各地自然风貌千差万别，隧道穿越的山体工程地质与水文地质条件纷繁复杂。一旦隧道内部遭遇严重渗漏、衬砌开裂或设施故障等问题，便可能阻碍列车正常运行，严重时甚至导致交通瘫痪，对铁路运输与社会经济产生深远影响。为确保铁路的畅通无阻，必须在隧道运营期间及时察觉并诊治潜在病害，运用恰当的整治技术与施工手段，同时强化隧道的日常养护，确保隧道结构的安全稳定。

本项目重点阐述铁路隧道的检查与检测技术、运营隧道的状态评估以及隧道常见病害及其防治策略等内容。

 拟实现的教学目标

▶ 思政要素

（1）培养严谨负责的工作态度：在隧道检查、检测与维修工作中，任何一个细微的疏忽都可能导致严重的安全隐患，强调对待工作需一丝不苟，对铁路运营安全高度负责。

（2）树立创新意识：随着铁路运输的发展，隧道工程面临新的挑战，鼓励在技术方法上不断创新，如新兴的智能监测系统在隧道养护中的应用，推动行业技术进步。

（3）增强环保意识：在隧道防排水设计与施工中，充分考虑对周边水文地质环境的影响，避免因工程活动造成地下水资源浪费、生态平衡破坏等问题，实现工程建设与环境保护的协调发展。

（4）弘扬团队协作精神：隧道工程涉及多部门、多专业协同作业，无论是检查、检测还是维修，都需要各专业人员密切配合，共同保障隧道的安全运营。

▶ 能力目标

（1）检查隧道衬砌、道床、防排水设施，能准确判断病害。

（2）掌握隧道检测技术，依需求选无损、微损等方法，分析处理检测数据。

（3）针对水害、衬砌裂损等病害，制订并实施维修方案，运用防水、注浆等技术整治。

▶ 知识目标

（1）了解隧道检查制度，掌握衬砌、漏水、道床等检查要点与方法。

（2）学习隧道结构检测知识，包括定义、系统组成、检测重点、方法、测点布置及数据处理等。

（3）掌握隧道维修知识，熟知水害、冻害等病害成因、危害与维修方法。

▶ 素质目标

（1）养成严谨的科学态度，强化坚持不懈的科学精神。
（2）具备自学和独立思考的能力。
（3）具备分析问题和解决实际问题的能力。
（4）具备信息搜集能力和处理能力。
（5）具备一定的协调能力、协作精神。

 相关案例

绥芬河国境线 2 号隧道病害

绥芬河国境线 2 号隧道建设年代久远，始建于 1901 年。受当时技术局限，地质勘察不够全面。多年来，其所处地质环境不断变化，地层移动、岩石风化加剧，对隧道结构产生了显著影响。绥芬河地区气候复杂，冬季漫长寒冷，夏季常有暴雨等强降水天气。大幅度的温度变化使隧道衬砌材料反复热胀冷缩，导致衬砌出现裂缝。强降水引发地下水位上升，给隧道防水系统带来了极大压力，渗漏水问题愈发严重。历经 120 多年的运营，长期承受列车运行荷载，隧道结构逐渐疲劳，衬砌等结构出现老化、损坏现象。过去维修技术和材料性能不足，未能彻底解决隧道存在的问题，导致病害不断积累和加剧。

2020 年 9 月中旬，牡丹江工务段牡东路桥车间的党员突击队开始对隧道进行整治。经过 48 天的艰苦努力，于 11 月 12 日顺利完成了隧道内壁及拱顶漏水、岩石风化脱落等病害的整治工作。

隧道内空间狭小，施工操作极为困难。为创造施工条件，需要进行线路拨道，大大增加了施工的复杂性和工作量。绥芬河 2 号隧道地处偏远，施工人员的生活和工作条件艰苦。抢修期间，施工人员只能在隧道附近的老旧废弃房屋内搭建简易床铺休息。随着气温降低，室内缺乏取暖设备，对施工人员的身体健康和施工进度都产生了一定影响。

整治后，绥芬河国境线 2 号隧道面貌焕然一新，彻底解决了隧道内壁及拱顶漏水、岩石风化脱落等病害问题，确保了隧道结构的稳定性和安全性，为列车的安全通行提供了有力保障。

作为我国对俄贸易陆路口岸绥芬河站的重要通道，隧道的安全畅通对保障中俄贸易往来至关重要。整治后，大量木材、化肥、化工等进出口货物得以顺利通过隧道运输，有力促进了国际贸易的发展。整治工作保证了滨绥线的整体运行安全和效率，使铁路运输网络更加稳定可靠，对促进区域经济发展、加强地区间联系具有重要意义。

 思则有备

表 4-1　项目内容及自我评价

项目	内容	自我评价			
自主学习计划		优　秀（　　）	良　好（　　）		
		及　格（　　）	不及格（　　）		
思维导图绘制		优　秀（　　）	良　好（　　）		
		及　格（　　）	不及格（　　）		
项目小结撰写		优　秀（　　）	良　好（　　）		
		及　格（　　）	不及格（　　）		
疑难问题剖析		优　秀（　　）	良　好（　　）		
		及　格（　　）	不及格（　　）		
学习体会概要		优　秀（　　）	良　好（　　）		
		及　格（　　）	不及格（　　）		
知识拓展方向		优　秀（　　）	良　好（　　）		
		及　格（　　）	不及格（　　）		

　请你在学习开始之际填写第 1 项，在学习中逐步完善第 2 项，在学习之后完成第 3～5 项，课后完成第 6 项。

任务 4.1　隧道检查

知识点 28　隧道病害检查

隧道作为地下工程，通常按永久结构设计，理论寿命超过 100 年。然而，自投入运营起，随着服役时间增长，受多种因素影响，隧道极易产生各类病害。结构劣化与功能衰退现象逐渐显现，严重威胁铁路线路的运营安全。因此，运营单位建立健全隧道养护维修制度刻不容缓，必须扎实做好隧道的检查、检测工作，以及病害的预防与整治工作。

在隧道运营阶段，病害检测与治理应遵循"预防为主、早期发现、及时维护、对症施治"的原则。要常态化开展隧道检查，及时察觉问题。通过细致的检查与专业检测，能够精准发现影响隧道安全与功能的病害，从而全面掌握隧道现状。这不仅有助于收集、积累隧道维修养护所需资料，建立完善的数据库，还能为领导决策提供关键数据支撑，便于尽早制定并实施针对性的病害防治措施，确保隧道始终安全畅通。

4.1.1　检查制度

在铁路隧道中其检查制度包括经常检查、定期检查、专项检查、临时检查和检定试验等。各项检查必须建立相应的责任制和考核制度，保证各项检查工作的落实。各有关单位应建立检查登记簿、病害观测记录簿，并按规定认真填写，保证数据准确可靠,为状态分析评定和维修工作计划的编制提供依据。为保证检查的工作效率和质量，应配备必要的交通工具，给各级检查人员配备检查工具和仪器、仪表，仪器、仪表应定期标定，统一计量标准。

4.1.2　检查内容

1. 隧道衬砌检查

针对隧道衬砌的检查工作，可采用分格检查方法。具体操作时，将衬砌按照一定的规则划分为多个区域，以便更细致地进行检查。在检查过程中，一旦发现衬砌存在腐蚀迹象，如表面出现锈斑、混凝土剥落等情况，或是发现有裂纹，无论是细微的发丝状裂纹还是较为明显的贯穿性裂纹，抑或是出现变形问题，如衬砌表面凹凸不平、局部鼓出等，都应迅速采取措施。需在相应的区域内安设测标，测标应选择稳固且易于观测的位置安装。安装完成后，要制订详细的观测计划，定期对测标进行观测并如实记录数据，通过对数据的分析来掌握衬砌腐蚀、裂纹或变形的发展趋势，为后续的维护和加固工作提供准确依据。

2. 隧道内漏水涌水检查

当面对隧道内出现漏水涌水现象时，首要任务是全面查明水源。这需要工作人员仔细排查隧道周边的地质情况、地下水位变化以及周边是否存在河流、水库等水源地。并且要在每年流量最大的月份，在漏水涌水较为明显的地点，使用专业的流量测量仪器，如电磁流量计等，精确测量水的流量。同时，利用高精度的温度计测量水温。在严寒地区，由于冬季气温极低，对隧道结构影响较大，所以在冬季最冷月份还应额外增测水温。在有必要的情况下，例如当发现水的颜色、气味异常，或是怀疑水对衬砌有侵蚀作用时，要对水源进行取样。将采集的水样送往专业的化验机构，对水质进行全面化验，分析水中的化学成分，判断其对衬砌是否具有侵蚀作用，以便提前采取防护措施，避免衬砌因水质侵蚀而损坏。

3. 隧道内整体道床检查

对于隧道内的整体道床，检查工作需重点关注多个方面。首先是支承块的状况，检查支承块是否出现松动现象，可通过敲击支承块听声音是否清脆来初步判断，若声音沉闷则可能存在松动；同时检查支承块是否有损坏，如表面是否有裂缝、掉块等。其次要检查道床基底是否发生沉陷，可通过测量道床不同部位的高程变化来判断。另外，承轨台与人行道交界处、中心水沟、伸缩缝等部位也是检查的重点。仔细查看这些部位是否存在裂纹，裂纹的走向和长度如何；是否有变形情况，如局部隆起或下凹；是否有错台现象，即相邻部位是否出现高低不平的情况。对这些问题的及时发现和处理，能够保障整体道床的稳定性，进而确保列车运行的安全和平稳。

4. 有明显偏压的隧道或明洞检查

对于有明显偏压的隧道或明洞，检查工作较为复杂。一方面要密切关注山体动态，可通过在山体周边设置位移监测点，利用全站仪等设备定期测量监测点的位移变化，判断山体是否存在滑坡、坍塌等潜在危险。另一方面要检查衬砌的状况，查看衬砌有无变形裂纹，衬砌的变形可通过测量衬砌轮廓的变化来确定，裂纹则通过直接观察或借助裂缝观测仪进行测量。对于明洞，还需检查洞顶上填土的厚度和坡度是否符合设计要求。使用专业的测量工具，如水准仪、钢尺等，准确测量填土厚度；通过坡度仪测量填土坡度，确保填土的各项参数符合设计标准，以保证明洞结构的稳定性和安全性。

5. 隧道通风检查

对于运营中按规定需要设置机械通风或通风不良的隧道，铁路局需组织工务、卫生等有关部门协同开展检查工作。每年要进行一次抽取空气试验，在隧道内不同位置设置多个采样点，使用专业的气体采样设备，采集空气样本。然后利用先进的气体分析仪器，测定有害气体的浓度，如一氧化碳、氮氧化物等。通过对不同位置和时间的气体浓度分析，找出有害气体的最大浓度以及从最大浓度降至容许浓度所需的时间。在必要时，还应进行通风试验，通过开启机械通风设备，调整通风量，同时利用风速仪等设备测定自然风和活塞风的情况，全面了解隧道内的通风状况，为优化通风系统提供科学依据，保障隧道内空气质量符合人体健康和行车安全要求。

6. 隧道出入口及顶部防排水设施检查

隧道出入口的天沟、吊沟、截水沟及隧道顶的防排水设施至关重要，需重点检查。对于天沟，要检查沟体是否有破损、堵塞现象，沟壁是否牢固，水流是否顺畅。吊沟则要查看其悬挂是否稳固，排水孔是否畅通。截水沟需检查其位置是否合理，是否能有效拦截地表水流入隧道。对于隧道顶的防排水设施，检查防水层是否完好，有无破损、老化现象，排水管道是否通畅，有无积水情况。通过对这些防排水设施的仔细检查，确保其能够正常发挥作用，防止地表水和地下水对隧道结构造成损害。

4.1.3　检查方法

隧道混凝土的裂缝及强度检查的方法基本上与钢筋混凝土梁拱相同，下面主要介绍其他项目的检查方法。

1. 起、拨道量观测

在需要检查和控制隧道内线路起道量和拨道量的地段，应尽可能利用原设计的基线进行观察，无原基线且能确认边墙衬砌稳定的情况下，可以在两边墙埋设固定测标的方法，量测线路变化。

直线地段固定测标宜埋设在低于主轨顶面 50 mm 的水平线上，曲线地段固定测标要埋设在曲线起始点内轨顶面水平线上。观测方法是用测标检查尺量测线路的起道量和拨道量。

2. 衬砌裂损变形观测

（1）对衬砌腐蚀、裂纹、变形、错牙等采用安设测标，定期观测。对裂纹的扩张程度及错牙，可以安设牵钉测标测量其变化值。衬砌边墙或拱脚发生变形时，可在变形部位埋牵钉，钉上悬挂垂球，与埋设在隧底的固定点对位，如变形发展，可从测标上读出相应的变化值，并可测出牵钉与固定点的距离以求算角变位。

（2）用分格法，纵向每 25 ~ 45 m 为一段，每米为一格，横向衬砌分部位、将查出的病害正确显示在展示图上。隧道衬砌横向部位划分如图 4-1 所示，一般是将隧道衬砌的拱部和边墙分为左右两大部分，仰拱作为一个大部分，总体上划分为五大部分。然后将每一大部分按照衬砌内缘再进一步细分，这样就可以将整个隧道衬砌横断面分割成 14 个部位进行描述（表 4-2）。为了描述隧道病害的位置和分布情况，将衬砌图从仰拱底正中切开，并按照左为隧道进口方向、右为隧道出口方向展示。

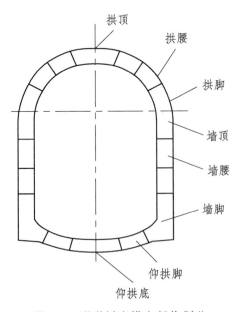

图 4-1　隧道衬砌横向部位划分

表 4-2　部位细分逻辑

五大部分	细分方式	部位数量	编号规则
左拱部	按拱圈环向内缘四等分（拱顶至左拱脚）	4 部位	左拱①～左拱④
右拱部	按拱圈环向内缘四等分（拱顶至右拱脚）	4 部位	右拱①'～右拱④'
左边墙	从起拱线至边墙底部四等分	2 部位	左边墙⑤～左边墙⑥
右边墙	从起拱线至边墙底部四等分	2 部位	右边墙⑤'～右边墙⑥'
仰拱	以中轴线为界左右两等分	2 部位	仰拱⑦、仰拱⑧'

3. 隧道限界检查方法

1）横断面法

横断面法是一种用于定位测量断面的手段。其操作流程为：首先选定施测横断面的具体位置，随后逐个细致地测量出隧道的净空轮廓；通过综合全隧道各个横断面的最小内轮廓点（其中涵盖附属设备的突出点），最终构成综合最小限界。

在进行横断面测量时，测点的布置有着明确要求。从轨面至起拱线这一区间，左右两侧的测点高度间距不得大于 400 mm；而在隧道起拱线以上的拱部区域，左右两侧测点的圆心角不得大于 10°。倘若定点之间存在突出的控制点，必须额外加测补点。

运用横断面法检查限界时，所使用的工具包括净空检查尺、净空检查架（常见的有开屏式检查架或 W30 M 型检查架）。检查架需垂直安装在车辆的前部转向架中心线上，通常会将装有检查架的车辆挂在机车次位。对于半径小于 800 m 的曲线，通过检查架所测得的限界，需依据相应公式进行折减处理，之后再绘制相关图表。

2）摄影法

摄影法所采用的仪器设备主要有隧道限界摄影检查车和激光带断面仪两种类型。

（1）隧道限界摄影检查车：该检查车上配备有固定摄影机，能够在车辆正常行驶过程中，针对固定焦距处显示隧道内轮廓的光带，按照设定的时间间隔逐个进行拍照。拍摄完成的照片经过冲洗后，通过判读并换算，可得出隧道断面的实际尺寸，或者找出特定区段的最小综合断面尺寸。

（2）激光带断面仪：由主体部分、里程显示器、比例方尺、挡光板以及摄影机等多个部分共同组成。在开展测量工作时，需将激光光带发射仪主体放置在被测断面处，摄影机安置在任意一端 20 m 的位置，里程显示器则安放在前两者之间，且距离摄影机 5 m 处，同时确保里程显示器的数字面朝向摄影机。操作时，先将摄影机焦轮调至 20 m 刻度并对准，接通激光光带发射器的电源，进行光带曝光操作，与此同时进行比例光点曝光。完成此次拍摄后，暂不卷动胶片，接着将摄影机焦轮在 5 m 刻度处对准，接通里程显示器电源，进行里程曝光（光带及里程信息通过重复曝光拍摄在同一张底片上）。拍摄完毕后，关闭电源，并妥善卷好胶片。

任务 4.2　隧道状态检测

隧道工程作为修建在地层中的工程结构物，面临着极为复杂的地质条件。其作业空间受限，施工工序繁杂，因此，确保工程质量始终是设计、施工以及运营单位共同关注的核心问题。

施工验收是隧道建设的最后一道关键工序。铁路主管部门不仅颁布了铁路隧道工程施工质量验收标准，还制定了铁路工程静态验收和动态验收技术规范，力求在隧道交付运营前，将各类隧道病害及质量问题处理妥当。然而，即便有如此完善的标准和规范，受多种因素影响，隧道在交付运营后，仍可能存在一些缺陷。倘若这些缺陷未能及时得到整治，随着列车长期运行及其反复作用，极有可能发展成为病害。

此外，在隧道运营过程中，排水系统不畅、部分盲管堵塞等情况，可能致使地下水压力上升，进而引发隧道防水薄弱环节出现漏水现象。同时，各种因素导致的外力变化，会使隧道结构承受的内力增加，从而造成主体结构开裂、掉块等破坏，严重危及行车安全。

鉴于此，铁路隧道在运营期间需定期进行"体检"，以评估其"健康状况"。通过分析病害产生的原因，有针对性地开展病害治理工作，并进行养护维修。这一系列工作，便是本任务的学习重点。

4.2.1　结构状态检测概述

结构的状态检测是指利用现场无损传感技术，通过对结构现状检查观测和特性分析，达到检测了解结构损伤或退化的目的。通过长期的状态检测，可得到结构在其运行环境中劣化所导致的完成预期功能变化的适时信息。在详细分析结构状态检测的概念、系统组成和发展现状的基础上，结合隧道结构的具体特点，可提出隧道结构状态检测的定义，构建一个集检测、诊断和状态评价于一体的隧道结构状态检测系统，如图 4-2 所示。

4.2.2　检测重点与方法

1. 隧道状态检测的重点

在进行隧道结构状态检测时，要充分地考虑围岩与支护结构的变形及其相互作用。

隧道结构病害在衬砌结构上主要体现为断面轮廓变形、衬砌开裂（会导致渗漏进一步使衬砌结构状态恶化）、衬砌功能局部丧失（混凝土老化脱落、钢筋严重锈蚀）等；而对于围岩，主要体现为围岩变形、力学性能等方面。

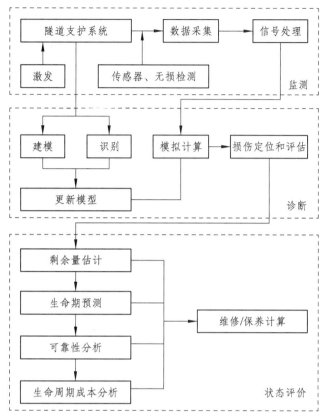

图 4-2　隧道结构状态检测系统组成

从目前建成和在建隧道的病害情况看，隧道状态检测的重点见表 4-3。

表 4-3　隧道状态检测的重点

序号	隧道状态检测的重点
1	隧道衬砌厚度
2	隧道衬砌材料缺陷，如模筑混凝土施工过程中出现蜂窝或空洞等
3	隧道衬砌背后空洞，如在施工过程中由于塌方处理不当、回填不密实等造成衬砌与围岩接触不紧密或形成空洞等
4	地下水渗漏造成对衬砌材料的物理和化学腐蚀
5	隧道衬砌的开裂状态及其性质

2. 隧道状态检测的方法

铁路隧道检测主要涵盖内部结构检测和衬砌表观检测两大方面，而这两大方面又依赖于多种先进的检测方法与技术。

内部结构检测对于深入了解隧道内部状况至关重要。其主要采用无损检测和微损检测两种方式。在无损检测中，通过车载地质雷达与敲击相结合的模式，对运营铁路隧道进行全面"普查"。地质雷达能够快速探测隧道内部的大致情况，而敲击则可初步判断衬砌是否存在空洞等明显缺陷。对于"普查"中发现问题的局部段落，进一步运用超声波检测等手段进行"详查"，以更精准地确定问题的性质和范围。此外，还可辅助使用高密度电法等其他检测手段，从不同角度获取隧道内部信息。对于局部问题段落，结合钻探等微损检测进行验证，确保检测结果的准确性。例如，通过钻探获取衬砌的芯样，直接观察混凝土内部的质量情况，包括是否存在裂缝、分层、孔洞等缺陷，同时可对芯样进行强度测试，从而准确掌握衬砌的强度特性。

衬砌表观检测主要借助图像识别与三维激光扫描等技术。图像识别通过阵列式CCD（电荷耦合器件）相机获取衬砌表面图像，再利用计算机进行处理分析，能够得到衬砌裂缝、渗漏水、剥落等信息。在实际应用中，由于采集到的图像可能受到多种因素干扰，如光线不均、污渍等，导致图像处理难度增大。因此，需要采用先进的图像处理算法，如噪声滤除、图像分割等技术，以准确提取衬砌表面的异常信息。三维激光扫描则是发射激光，通过计算激光从发射到接收所用的时间来算出距离，从而实现三维非接触式数据采集。这种技术能够快速生成三维隧道结构模型，进而清晰地展现隧道结构开裂、错台等结构信息，为隧道表观状况的评估提供直观、准确的数据支持。

在隧道检测中采用的方法主要有以下几种：

1）地质雷达法

地质雷达法依据电磁波在不同介质中传播特性各异的原理工作。仪器发出的脉冲遇到不同电阻抗的目标体时会被反射回来，地质雷达记录发射脉冲和反射脉冲，反射脉冲相对发射脉冲的时间滞后是电磁脉冲在周围介质中的传播速度和目标体埋藏深度的函数，借此可通过分析反射脉冲的时间和特征，探测隧道内部不同介质的分布情况，如衬砌厚度、钢筋及钢拱架位置、空洞分布等。其适用范围极为广泛，可用于测量隧道衬砌厚度，探测道床、仰拱厚度，探测隧道周围不同深度范围内的围岩状况，呈现钢筋及钢拱架、格栅钢架等的分布情况，探测隧道衬砌或围岩中排水盲沟的分布及堵塞或畅通情况，检测高寒地区的冻融情况，探测隧道围岩或衬砌中水的分布及赋存情况，判断初期支护与二次衬砌之间的密实状况以及衬砌间空洞的展布情况，在岩溶地区测出溶洞的位置和范围，探测隧道围岩超挖部分的位置、分布和回填情况，通过衬砌厚度反算隧道欠挖情况，探测衬砌中的裂隙分布。

地质雷达检测设备主要由雷达天线、主机、采集仪和多普勒仪等组成，天线发射和接收电磁波信号，主机控制检测过程、处理和存储数据，采集仪采集和记录雷达信号数据，多普勒仪在特殊检测场景发挥作用。

近年来，中国铁道科学研究院研制出轮轨式和轮胎式隧道衬砌质量检测车：轮轨式以25 T客车为基础改进设计，能实现单线一次检测9条测线、双线一次检测4条测线等功能；轮胎式集成多种方法，采用不同频率雷达检测，机械臂有自适应能力，具备自走行功能。

　　雷达检测测线布置需根据隧道结构特点和检测目的合理规划，如隧道上部结构和隧底检测时按特定位置布置测线，测线间距、数量和位置会根据实际情况调整。

　　在雷达数据解释方面，衬砌背后回填密实度、隧底结构裂损破碎、空洞、衬砌内部钢架钢筋位置分布、衬砌界面等都有各自的判识特征，如回填密实信号幅度弱，不密实则衬砌界面强反射信号同相轴呈绕射弧形；隧底结构裂损破碎部位信号紊乱；空洞表现为衬砌界面反射信号强且下部有强反射界面信号、时程差大；钢架呈分散月牙形强反射信号，钢筋呈连续小双曲线形强反射信号；非复合衬砌隧道中振幅较强、同相轴连续的第一组波是衬砌界面反射信号，复合式衬砌隧道等情况也有相应判释方法。

　　2）敲击法

　　敲击法是一种古老的动力无损检测手段，通过敲击激励被检测物使其产生振动，当被检测物存在空洞时，振动产生的声音与密实部位不同，在隧道拱部空洞敲击检测中通过锤击拱部听声判断是否存在空洞。此方法需要检测人员具备丰富经验。其适用范围主要针对衬砌空洞、不密实等缺陷，可附带检查衬砌掉块、裂纹、渗漏水等多种缺陷及病害情况，隧道拱部空洞敲击检测有最佳检测时机，不同阶段检测有不同要求，检测范围也因检测方式不同而有差异。

　　传统敲击检测依靠检查车搭载人员手动进行，效率低且对人员要求高。现在仪器代替人工进行敲击检测，仪器主要包括主机和冲击锤，通过内置麦克风采集声音样本，由程序判识敲击结果。检测结果判释遵循一定原则：敲击声音清脆且衬砌表面无异常表明衬砌混凝土密实、质量完好；声音清脆但衬砌表面异常需进一步确认；声音沉闷但衬砌表面无异常表明衬砌混凝土存在空洞需注浆加固；声音沉闷且衬砌表面异常有剥落掉块风险需马上处理。

　　3）超声波检测法

　　超声波检测法利用超声波在衬砌混凝土传播中的反射、绕射和衰减等物理特性测定衬砌内部缺陷，主要采用"穿透法"，通过发射和接收换能器让超声波在衬砌混凝土中传播，其传播速度与混凝土的多种因素相关，遇到缺陷部位时超声波的振幅、高频成分、波形和频率等参数会发生变化，借此可判断混凝土的强度、密实度以及是否存在空洞、裂缝等缺陷。

　　超声波检测在衬砌内部缺陷及强度检测方面应用广泛，能为评估隧道衬砌结构的安全性和耐久性提供重要依据。超声波检测设备已实现检测、判识一体化，例如常见的超声波探头由多个干点换能器阵列和一个控制单元组成，换能器发射和接收信号，控制单元控制发射和接收，信号处理软件依据反射脉冲到达时间推断构件内部缺陷位置。

　　超声波回弹综合法采用超声仪和回弹仪，在结构混凝土同一测区分别测量声时值及回弹值，利用已建立的测强公式推算该测区混凝土强度，综合了回弹法和超声法的优点。

超声回弹法检测设备包括超声仪和回弹仪，回弹仪通过弹簧驱动弹击锤弹击混凝土表面，根据回弹距离推定混凝土抗压强度。超声回弹法检测有严格操作要求，回弹仪需处于标准状态，测试时对仪器状态、测点分布等都有规定，在既有隧道检测混凝土强度时测线一般分布在拱部和隧底，最终提交的成果资料一般采用表格形式，有特殊要求时可绘制声波纵向剖面曲线图。

4）原位钻孔检测法

原位钻孔检测是利用专用钻从衬砌中钻取芯样，以此检测混凝土强度或观察混凝土内部质量的半破损现场检测手段，结合无损探测云图可对隧道物探结果进行标定，掌握隧道运营状态，可检测衬砌的强度、裂缝、接缝、分层、孔洞或离析等多种缺陷，通过观察芯样外观特征和进行室内强度试验等评估衬砌质量。

钻孔检测设备主要为钻机，需根据隧道地质条件、衬砌厚度、检测精度等选择合适的钻机。

在隧道原位钻孔检测时，上部结构钻孔沿衬砌拱腰、边墙、拱顶布置，隧底钻孔依据具体情况沿靠水沟轨枕头或双线中心位置布置。取芯完成后先对芯样进行外观观察，根据芯样的连续完整性、表面状况、胶结情况、骨料分布等判断衬砌质量，如芯样连续完整、表面光滑等表明衬砌质量好，存在不同程度问题则有相应的质量判断，最后对取芯进行力学试验等，获得衬砌混凝土强度等详细信息，为制订隧道病害整治方案提供依据。

4.2.3　测点布置原则

根据隧道状态劣化评定标准，隧道状态检测应包括隧道衬砌裂损状态、隧道结构的渗漏水状态、冻害状态和隧道衬砌材料劣化状态，并根据以上检测结果确定隧道劣化的等级，以便采取相应的整治措施。在进行状态检测时，首先应根据隧道的结构特点和可能的破坏模式，确定结构的薄弱环节，以及隧道在特殊地段结构的受力或受力变化，同时要考虑监测点的优化，确定出状态检测的内容和重点。

1. 隧道纵向测点布置原则

（1）围岩变化较大处。当隧道所处的地质条件有较大改变时，会引起隧道的差异沉降，使结构承受较大的荷载。

（2）水位较深处。在水位较深处，由于水压作用，易造成隧道周围含水量的变化，在外部荷载作用下，会改变结构的受力状态。

（3）联络通道处。联络通道处通常是受力较复杂、容易出现应力集中的地方。

（4）施工条件发生较大变化处。隧道施工方法的改变，会使隧道承受荷载、变形的能力发生变化。

（5）为了全面掌握隧道情况，每隔一定距离应设监测断面。

2. 横向测点布置原则

（1）拱腰部位。

（2）拱顶处。

（3）隧道底部。

4.2.4　检测步骤

为能长期有效地为施工和运营提供可靠的数据保障，隧道的状态检测可分为两个阶段实施。

（1）在施工阶段，包括埋设传感器并读取数据，据此分析隧道在施工阶段的受力变化特征。

（2）在隧道竣工后，利用通信网络把传感器数据传至中心控制系统，通过计算和分析来确定隧道受力特点和安全性能。因此，主动监测系统的数据采集器也应满足两个阶段的需要，即在施工阶段采用人工读数，并预留通信接口，以便在运营阶段并入监测系统中，自动采集数据。

4.2.5　监测信息的收集和处理

结构状态检测系统主要包括传感器系统、数据采集、通信传输设备及计算机监控中心。传感器监测的实施信号由采集装置送到监控中心，进行处理和分析，从而对结构物的状态进行评估。若出现异常，则由监控中心发出预警信号，并由故障诊断模块分析查明异常原因，以便决策者及早预防和排除结构物的隐患。

1. 数据采集系统

软件系统的应用软件采用模块化程序设计的方法，主控制器部分、数据存储器部分以及 A/D 转换（模数转换）部分采用 MCS-51C 语言开发，由 89C51 单片机执行程序；数据异步通信部分用面向对象的可视化语言 VB（Visual Basic）编写，由 IBM-PC 上位机执行。各模块之间或者使用子程序调用，或者采用判别等待通信协议进行连接，使这个系统有机地连接成一体。数据通信程序设计串行通信程序包括单片机的通信程序与 PC 机（个人计算机）的通信程序两方面。

2. 监测数据的处理

在数据处理和分析方面，可采用小波分析技术对监测系统反馈的数据进行处理，通过小波变换对采集到的信号的细节进行频域处理。小波分析是数学理论中调和分析技术发展的最新成果，可以看作一个传统傅里叶变换的扩展。小波分析的优点在于利用一个可以伸缩和平移的视窗将聚焦到的信号的任意细节进行时域处理，提供多个水平细节以及对原始信号多尺度的近似，不仅可以看到信号的全貌，又可以分析信号的细节，并且可以保留数据的瞬时特性。

任务4.3 隧道维修

铁路隧道的养护维修，是保障铁路安全、高效运行的关键环节。随着铁路运输量的持续增长与列车速度的不断提升，隧道结构面临着更严峻的考验。

在病害方面，衬砌裂损、渗漏水以及隧底翻浆冒泥等问题频发。衬砌裂损可能因地质变化、施工缺陷等引发，威胁结构稳定；渗漏水会侵蚀衬砌，降低耐久性，还可能影响轨道电路；隧底翻浆冒泥则会破坏道床，影响行车平稳。

在养护维修技术上，当前既有传统的人工巡检结合无损检测技术，如地质雷达探测衬砌背后空洞，也有新兴的智能监测系统崭露头角，借助传感器实时收集结构应变、振动等数据，实现病害早期预警。维修手段涵盖衬砌修补、排水系统整治、道床加固等，以此确保铁路隧道时刻处于良好运行状态，为铁路运输筑牢安全基石。

4.3.1 隧道水害的维修

隧道水害是指在隧道修建和运营过程中遇到水的干扰和危害，是最常见的隧道病害。隧道水害主要是指运营隧道水害，即围岩的地下水和地表水直接或间接地以渗漏或涌出的形式进入隧道内造成的危害。

知识点29 隧道水害的维修

隧道水害的成因包含自然因素与人为因素。自然因素方面，在降水丰富地区，大量雨水下渗致使地下水位上升，进而增加隧道周围水压，一旦水压超出隧道衬砌承受能力，水便会从衬砌薄弱部位渗入隧道。同时，当隧道穿越断层、裂隙发育带、岩溶地区等地质条件复杂区域时，这些地方地下水丰富且径流条件复杂，地下水极易通过地质构造进入隧道。人为因素方面，在隧道设计阶段，若对水文地质情况勘察不详尽，未能准确预估地下水水量、水压等，会导致隧道防水、排水系统设计不合理，难以有效应对地下水问题。在施工过程中，隧道衬砌施工质量欠佳，如混凝土浇筑不密实、施工缝处理不当等会形成渗水通道，防水卷材铺设不规范、破损等也会降低防水效果。隧道建成后，若排水系统未得到及时有效的维护，排水管道堵塞、排水不畅，会造成隧道内积水，增加水害发生风险。

隧道水害在结构安全和运营安全方面均存在危害。结构安全方面，长期受水作用，隧道衬砌会遭到侵蚀，强度和耐久性降低，致使衬砌开裂、剥落，严重时甚至引发隧道坍塌。水还会使隧道周围围岩软化，强度降低，增加围岩对衬砌的压力，进一步威胁隧道结构稳定。运营安全方面，隧道内积水或渗水会使路面潮湿，车辆行驶时易产生眩光，影响驾驶员视线，增加交通事故发生率。水的长期作用会让道床石砟软化、流失，造成道床变形，影响轨道平顺性，危及列车行驶安全。并且，隧道内的水可能含有各种化学成分，会腐蚀隧道内的电气设备、通信设备等，影响设备正常运行。

1. 运营隧道水害

1）隧道渗漏水

（1）按发生部位和流量分类。

拱部：存在渗水、滴水、漏水成线和成股射流 4 种情况。

边墙：表现为渗水、淌水两种。少数隧道还会出现涌水病害。其情况受漏水、涌水规模，以及隧道结构、牵引类型、地质条件等因素影响。

（2）按水源补给分类。

地下水补给：水源稳定，流量四季变化不大。

地表水补给：流量随地表水季节性变化而改变。同一渗漏水处可能存在两种补给水源。

隧道渗漏水会对隧道稳定、洞内设施、行车安全、地面建筑和隧道周围水环境产生诸多不良影响甚至威胁。

渗漏水加速混凝土衬砌风化、剥蚀，软化围岩引发变形；含侵蚀性介质的渗漏水会腐蚀衬砌混凝土和砌筑砂浆，降低承载能力；在寒冷地区，易造成边墙结冰、拱部挂冰，侵入建筑限界，导致衬砌冻胀裂损。

渗漏水会加快内部设备（通信、照明、钢轨等）锈蚀，缩短设备使用寿命，增加维修成本。

渗漏水还会引发路基下沉、基底裂损、翻浆冒泥等病害，导致线路轨距水平变形超限；冻胀使洞内线路起伏不平，降低轮轨黏着力；造成电绝缘失效，引发短路、跳闸甚至漏电伤人事故；暴雨后涌水可能淹没轨道、冲空道床。

严重渗漏水可导致地面和地面建筑物不均匀沉降和破坏，造成地表水和含水层水大量流失，引发环境灾害。

2）衬砌周围积水

地表水或地下水向隧道周围渗流汇集，若不能及时排出，会产生以下危害：

（1）水压力较大时致使衬砌破裂和拱脚下沉。

（2）围岩结构面软化或泥化，承载力降低，加大对衬砌压力，造成衬砌破裂。

（3）膨胀性围岩体积膨胀，导致衬砌破裂。

（4）寒冷地区引发冰胀和围岩冻胀。

（5）黄土隧道衬砌周围的水离析土中胶体并带出黄土，在衬砌背后形成空洞。

3）潜流冲刷

潜流冲刷主要指地下水渗流和流动产生的冲刷和溶蚀作用，危害如下：

（1）导致隧道衬砌基础下沉。

（2）使边墙开裂或仰拱、隧道内路基下沉开裂。

（3）围岩滑移错动引发衬砌变形开裂。

（4）超挖回填不密实或未全部回填，引发围岩坍塌，破坏衬砌结构。

2. 施工隧道水害

在施工过程中，围岩的地下水或部分地表水以渗漏或涌出方式进入隧道内造成危害。轻者使洞内空气潮湿，影响施工人员健康，造成机械设备锈蚀、绝缘设备失效、电路短路和漏电伤人；重者威胁人员安全，冲毁洞内机械设备，引发塌方，淹没工作面，中断施工，造成重大经济损失，破坏环境。例如，大瑶山隧道因涌水致使班古坳竖井淹没，失去作用。

3. 隧道防水原则

《铁路隧道设计规范》（TB 10003—2016）明确规定：隧道防水需遵循"防、排、截、堵相结合，因地制宜，综合治理，保护环境"的原则，并采取切实可行的设计与施工举措。

隧道防水是保障隧道工程安全与耐久性的关键环节，需秉持"防患于未然"的理念，从设计源头抓起。在全面开展水文地质调查的基础上，涵盖工程规划、结构设计、材料选型以及施工工艺等各方面，均需进行科学合理的设计考量。在进行防水设计时，要充分顾及地表水、地下水、毛细管水的作用，同时关注人为因素引发的周边水文地质条件变化所带来的影响。其遵循的核心原则为：定级精准、方案可靠、施工简便、经济合理。

隧道防排水工程设计包含丰富内容，具体如下：

（1）防水等级、设防要求、防排水体系的组成。

（2）防水混凝土的抗渗等级、技术指标。

（3）防水层选用的材料及其技术指标、施工工艺要求。

（4）施工缝、变形缝等工程细部防水构造、选用材料及相关技术要求。

（5）降水、截水、堵水措施及技术要求。

（6）洞口、洞身及地表排水系统构成、选用材料及设备配置能力。

（7）满足环保要求的工程措施。

（8）排水系统运营维修及养护的技术要求。

当下，国内传统的排水型隧道设计饱受质疑。这主要是由于大量排水会打破地下水原有的平衡状态，致使地下水资源大量流失。在隧道施工过程中，常常会遭遇各类复杂的水文地质条件，比如涌水量较大的区段多为裂隙发育的岩层或者断层破碎带，这些区域与地下水存在复杂的关联。若单纯以排水为主，会导致当地地下水位下降，进而影响植被生长，破坏生态平衡，对当地工农业生产产生长期负面影响，造成地下水资源的无谓浪费。此外，渗流携带泥沙，对围岩稳定和排水通畅极为不利。隧道开挖加快了地下水的流速，渗流过程中会裹挟泥沙或岩层中的微细填充物。这些填充物的流失，一方面会使地层中岩块间的结合逐渐疏松，围岩自稳能力变差，增大对衬砌的压力，威胁衬砌安全；另一方面，泥沙在流动过程中会在管道低洼处淤积，久而久之造成排水管路堵塞，使衬砌壁后水压增大，引发隧道渗漏。

与之相对，全封闭防水型隧道虽能将水封堵在隧道衬砌之外，但势必大幅增加工程成本。因此，针对具体隧道，需辩证采用综合性防排水技术。对于山岭隧道，尤其是长大隧道，为保护地面生态环境，以及城市地下工程，为防止水压在衬砌背后聚集破坏结构，均不适宜单独采用排水型设计，而应采用"排堵结合、以堵为主"的设计，或称遵循"以堵为主、适量排放"的原则。

4．运营隧道水害的整治

1）防水处理

（1）衬砌表面防水涂层施工。

选用喷涂聚脲、聚氨酯这类高性能防水涂料，借助专业喷涂设备，在隧道衬砌表面均匀喷涂，形成连续且致密的防水涂层。此类材料具备卓越的耐水性、耐腐蚀特性以及抗裂性能，可有效阻隔水分渗透至衬砌内部。施工时，需严格把控喷涂压力、喷枪移动速度及涂层厚度，确保涂层质量均匀一致。

（2）防水卷材铺设作业。

于衬砌内表面精心铺设自粘式防水卷材或高分子防水卷材。铺设前，彻底清理衬砌表面的灰尘、油污等杂质，保证基层平整、干燥。在施工过程中，严格控制卷材的搭接宽度，一般自粘式防水卷材搭接宽度不小于 80 mm，高分子防水卷材搭接宽度不小于 100 mm，并采用专用黏结剂确保卷材粘贴牢固，杜绝空鼓、褶皱现象，从而构建完整的防水屏障。

（3）密封胶嵌缝操作。

针对衬砌的施工缝、变形缝等关键缝隙部位，选用硅酮密封胶、聚氨酯密封胶进行细致嵌缝处理。密封胶应具备良好的弹性与黏结性，能适应隧道结构在列车运行振动、温度变化等因素影响下产生的微小变形。嵌缝前，先将缝隙内的杂物、灰尘清理干净，并用专用工具将密封胶均匀嵌入缝隙，确保密封胶与缝隙两侧衬砌紧密结合，有效阻止水分从缝隙中渗漏。

2）排水措施

（1）排水系统疏通维护。

定期对隧道内的侧沟、中心沟及检查井开展全面清理工作，及时清除沟内堆积的杂物、淤泥以及结石等，确保排水通道畅通无阻。针对排水坡度不足、影响水流顺畅排出的段落，依据实际情况进行改造，适当增大排水坡度，一般不小于 0.3% ~ 0.5%，保障水流具备足够的流速，顺利将积水排出隧道。

（2）增设排水盲管工程。

在衬砌背后或隧底合理设置排水盲管，用于将围岩中的地下水引入侧沟或中心沟。排水盲管通常选用打孔波纹管或软式透水管，并在其外部包裹土工布，防止泥沙等杂质进入堵塞管道。安装时，根据围岩渗漏水情况确定盲管的布置间距与坡度，确保排水效果。

（3）排水沟改造提升。

当既有排水沟过水能力难以满足实际需求时，对其进行加深或拓宽改造。在改造过程中，在排水沟底部和侧壁采用防水混凝土或防水砂浆进行抹面处理，增强排水沟的防水性能，防止水分渗漏至隧底，影响隧道结构稳定。

3）注浆堵水

（1）衬砌背后注浆作业。

通过在衬砌上精准钻孔，向衬砌背后的空隙以及围岩裂隙中注入水泥浆、化学浆等浆液。在压力作用下，浆液充分填充空隙和裂隙，形成有效的止水帷幕，从而阻止水分渗漏。注浆前，需通过现场试验确定合理的注浆压力与浆液配合比，一般注浆压力控制在 0.3~1.0 MPa，根据实际情况调整。

（2）围岩注浆加固施工。

对于涌水量较大、围岩破碎的重点地段，采用深孔注浆工艺对围岩进行加固与堵水。在隧道周边按照一定间距和角度布置注浆孔，向围岩深处注入浆液，改善围岩的物理力学性质，提高其抗渗能力与稳定性。注浆孔的深度、间距及角度需根据地质勘察结果和现场实际情况进行设计，确保注浆效果覆盖整个需加固区域。

4）截水措施

（1）洞顶截水沟改造维护。

对隧道洞顶的截水沟进行定期检查与修复，确保截水沟坡度合理，一般不小于0.5%~1.0%，沟体坚固耐用，无渗漏现象。对于截水沟损坏或堵塞的部分，及时进行拆除重建或清理疏通，保证截水沟能够有效拦截地表水，将其引流至远离隧道的区域。

（2）地表防渗处理工作。

针对隧道上方及周边可能存在地表水渗漏的区域，如池塘、水田等，采用铺设土工膜、黏土夯实等防渗方法进行处理。在隧道进出口附近的地表，采用浆砌片石或混凝土进行铺砌，增强地表的抗渗能力，防止地表水渗入隧道，从源头上减少水害隐患。

5）结构加固

（1）衬砌加固措施。

对于因水害导致衬砌结构损坏的部位，采用粘贴碳纤维布、钢板等加固方法进行修复。碳纤维布具有强度高、重量轻、耐腐蚀等显著优点，能够有效提升衬砌的承载能力与抗裂性能。粘贴碳纤维布前，需对衬砌表面进行打磨、清洗，确保粘贴面平整、干净，然后按照设计要求均匀涂抹黏结剂，将碳纤维布粘贴牢固，并进行压实处理。

（2）隧底加固作业。

当隧底出现软化、隆起等问题时，采用注浆加固、换填等方法进行处理。注浆加固可有效提高隧底土体的强度与稳定性，一般采用水泥浆或水泥砂浆进行注浆，注浆压力根据土体性质和加固要求确定。换填则是将软弱土层挖除，换填为强度较高的材料，如碎石、灰土等，换填厚度和范围根据实际情况设计，确保隧底结构稳定可靠。

6）智能监测与预警

（1）水害监测系统搭建。

在隧道内安装水位传感器、渗压计、流量传感器等专业监测设备，实时精准监测隧道内的水位变化、渗漏水情况以及排水流量等关键数据。监测数据通过无线传输技术，实时上传至监控中心，以便管理人员能够及时、全面掌握水害动态信息。

（2）预警机制建立运行。

构建科学合理的水害预警模型，依据大量监测数据和实际工程经验设定预警阈值。当监测数据超过预警阈值时，系统自动发出预警信息，通过短信、声光报警等多种方式提醒相关人员，以便及时采取有效措施，防范水害事故的发生，保障隧道运营安全。

4.3.2 衬砌裂损的维修

隧道衬砌作为承受地层压力、防止围岩变形坍落的关键工程主体建筑物，其受力状况极为复杂。地层压力的大小，主要由工程地质与水文地质条件以及围岩的物理力学特性所决定，同时，施工方法、支护衬砌的及时

知识点 30   隧道衬砌裂损的维修

性与工程质量等因素也对其产生显著影响。作用于支护衬砌的地层压力，主要包括形变压力、松动压力；在膨胀性地层中，还存在膨胀压力；而在受冻害影响的隧道内，则有冻胀性压力。

形变压力、松动压力的作用，地层沿隧道纵向分布及力学性态的不均匀性，温度与收缩应力的影响，围岩膨胀性或冻胀性压力的作用，腐蚀性介质的侵蚀，施工过程中的人为因素，以及运营车辆的循环荷载作用等，诸多因素共同作用，致使隧道衬砌结构物出现裂缝与变形，进而影响隧道的正常使用，这些现象统称为隧道衬砌裂损病害。

衬砌裂损作为隧道病害的主要表现形式，涵盖衬砌开裂、掉块、掉拱、垮塌等多种情况。隧道衬砌裂损不仅破坏了隧道结构的稳定性，还降低了衬砌结构的安全可靠性，严重影响隧道的正常使用，甚至对行车安全构成威胁。

1. 衬砌裂损的原因

隧道衬砌混凝土裂缝的产生源于多种复杂因素，涵盖围岩变形压力、材料收缩变形、施工工艺与养护问题以及外部作用力等。不同因素的作用机理各异，在实际工程中需精准识别并采取恰当的治理措施。

1）衬砌外力的作用

衬砌外力作用指因围岩变形、不均匀沉陷及环境变化，致使施加于衬砌结构上的作用力改变的情况。

松弛压力：风化、地下水作用及衬砌结构拱顶空洞，会使围岩松弛压力逐年增大。

这一压力会导致隧道衬砌结构拱顶出现纵向张开性裂缝。若拱顶上部空洞过大，还会引发空洞上部岩体掉块，冲击衬砌结构，严重时甚至导致整个隧道衬砌结构崩塌。

偏压：隧道结构受偏压作用的原因众多，主要包括处于斜坡地貌、围岩倾斜、滑坡处，以及地面挖方、坡面坍塌、水位升降等。偏压极易引发隧道衬砌开裂，即便较小的偏压也可能导致裂缝产生。其裂缝特点为：主动土压力作用侧的拱肩纵向开裂；被动土压力侧的拱肩出现龟甲状裂缝及斜向开裂；衬砌结构拱部与边墙接线处发生错台。

膨胀性土压力：风化围岩、围岩塑性变形及含黏土矿物围岩的体积膨胀，会产生膨胀性土压力。该压力随时间增长，对隧道衬砌结构影响巨大，常导致隧道衬砌结构边墙和拱肩水平开裂，接缝处错台。若衬砌拱顶存在空洞，还会使衬砌结构上抬，造成拱顶局部压溃。

水作用力：水作用力包括水的直接作用和因水引发的围岩冻胀力。通常隧道结构不考虑水压，然而连续大雨积水渗透或排水系统不畅时，会使隧道结构处于极限平衡受力状态，导致衬砌结构在拱部到边墙位置出现水平裂缝及环状开裂。在高寒地区，隧道衬砌结构围岩冻结产生的冻结力，从冻结期持续至融雪期，变形逐年累加。冻结力使衬砌结构拱部以下至边墙区域产生主动土压力，进而导致衬砌结构拱顶附近局部压溃破坏。

温度应力：隧道衬砌结构混凝土材料的干缩与温缩变形，使衬砌结构处于温度应力场中。混凝土抗压性能强于抗拉性能，能承受温度上升时的压应力，却难以承受降温时的拉应力。一般混凝土结构能承受的温度降低范围为 $7 \sim 10\ ℃$，温度应力场作用常导致隧道轴线方向出现环向裂缝。

不均匀沉降：隧道衬砌结构墙脚部位承载能力不足，易引发隧道结构不均匀沉降。因承载能力不足导致的隧道开裂有多种模式：隧道纵向不均匀沉降时，衬砌结构边墙接地部位垂直开裂，并逐渐发展为环形开裂；隧道横向不均匀沉降时，衬砌拱部纵向开裂；重力式或半重力式端墙与洞口段分离，当洞口段承载能力不足时，会使洞门端墙前倾，洞口部位拱部环状开裂，路面也随之开裂。

其他荷载作用：车辆长期冲击及地震等动荷载，会使隧道衬砌结构发生疲劳破坏，进而产生裂缝。

2）衬砌材质的劣化

经年劣化：经年劣化指衬砌混凝土随时间发展的劣化，主要表现为混凝土碳化。碳化会破坏混凝土的密实性，降低其强度，可能引发裂缝。

冻害：在寒冷地区，冻害是衬砌劣化的主要原因。冻害不仅会使混凝土表面出现麻面，还会导致混凝土表面剥落。

水：衬砌背后的地下水若含有对衬砌有害的成分，尤其是呈酸性时，会加速衬砌劣化。

3）设计的原因

隧道设计时，若围岩级别划分不准、衬砌类型选择不当，会使衬砌结构与围岩实际荷载不匹配，引发裂损病害。由于隧道穿越山体的工程地质和水文地质条件复杂多变，勘测设计工作受数量和深度限制，大量隧道地质钻孔较少，设计阶段难以获取完整准确的地质资料，易导致部分地段围岩级别划分不准、衬砌类型选择失误。若施工中未纠正，或对正确设计进行错误变更，都会使衬砌结构与围岩实际荷载不适应。例如：对具有膨胀性围岩地段，未采用曲墙加仰拱衬砌；隧道穿过偏压地段时，未采用偏压衬砌；断层破碎带、褶皱区等局部围岩松散压力或构造应力较大地段，衬砌结构未采取相应加强措施；对基底软弱和易风化泥化地段，未设置可靠防排水设施，混凝土铺底厚度及强度不足。

4）施工的原因

在施工过程中，受技术条件限制、方法不当、管理不善等因素影响，会导致工程质量不佳。例如：

（1）采用先拱后墙法施工时，拱架支撑变形下沉，会造成拱部衬砌不均匀下沉，导致拱腰和拱顶在施工早期出现裂缝。对于Ⅲ级以下围岩，过去常采用先拱后墙（上下导坑）施工方法，若工序配合不当、衬砌成环不及时、落中槽挖马口时拱部衬砌悬空过长、拱架支撑变形下沉等，都易引发此类问题。

（2）拱顶与围岩不密贴，在"马鞍形"受力作用下，拱腰内移张裂，拱顶上移，内缘受挤压。模筑混凝土衬砌拱背部位常出现拱顶衬砌与围岩不密贴的空隙，若不及时压浆回填密实，会使拱腰承受较大围岩荷载，而拱顶一定范围空载，形成与设计拱部荷载不符的"马鞍形"受力状态，导致常见病害。

（3）施工测量放线差错、欠挖、模板拱架支撑变形、塌方等问题，若在施工中未妥善处理，会造成局部衬砌厚度偏薄。

（4）停电、机械故障等导致混凝土浇筑中断时间超过混凝土初凝时间，继续在原混凝土表面浇筑混凝土，会在新旧混凝土接茬间出现施工缝（接茬缝），即"冷缝"。

（5）过早拆除模板支撑，使衬砌承受超容许荷载，易发生裂损。

（6）施工质量管理不善、混凝土材料检验不力、施工配合比控制不严、水灰比过大、混凝土捣实质量不佳等，会导致衬砌质量不良，降低承载能力。

5）运营环境条件的原因

冻融环境：受潮混凝土在负温条件下，因水分结冰、融化反复作用，导致混凝土受冻破坏，在拱脚、墙脚及接缝处出现斜向开裂和纵向开裂、剥落等现象。

氯盐环境：氯盐侵入混凝土表面，使结构多数在钢筋处出现开裂，部分混凝土剥落。露出的钢筋锈蚀发展迅速，严重削弱钢筋的承载力和延性。

化学腐蚀环境：硫酸盐和酸类物质等发生的腐蚀破坏，表现为表面发白，损害从棱角处开始，随后裂缝开展，混凝土表面剥落，最终使混凝土变得易碎甚至松散。

温度差：在外部高温或高湿、内部低温或干燥的环境中，开裂发生在低温或干燥侧。初期开裂未贯通，但在反复作用下，随时间逐渐贯通。

6）材料性质的原因

水泥的水化热：厚度大（ $t \geqslant 80\,cm$ ）的断面易受水泥水化热影响。

碱集料反应：碱集料反应是指混凝土原材料（主要是水泥、活性掺合料和外加剂）中的可溶性碱，在有水作用下与集料中含有的碱活性的物质发生反应。反应生成的可吸水肿胀凝胶或体积膨胀晶体，会使混凝土膨胀开裂。

水泥的异常凝结：水泥的异常凝结会使结构在早期出现短而不规则的开裂。

集料中的泥分：集料中含有泥分，会使混凝土在干燥时出现不规则的网状开裂。

风化岩和低质量的集料：风化岩和低质量的集料易导致混凝土发生爆裂状开裂。

下沉开裂：下沉开裂多发生在上部钢筋的上部，混凝土灌注后 1~2 h，且沿钢筋出现。

2. 衬砌裂损的类型

隧道衬砌开裂是衬砌裂损中最常见也是最多的一种病害，但并非所有的裂缝都是影响结构安全的。正确辨别裂缝的性质及原因尤为重要，通过辨认可以因地制宜地制定整治措施。

1）按裂缝走向分类

隧道衬砌裂缝根据裂缝走向及其和隧道长度方向的相互关系，分为纵向裂缝、环向裂缝和斜向裂缝 3 种，如图 4-3~图 4-5 所示。环向工作缝裂纹，一般对于衬砌结构正常承载影响不大；拱部和边墙的纵向及斜向裂缝，破坏结构的整体性，危害较大。

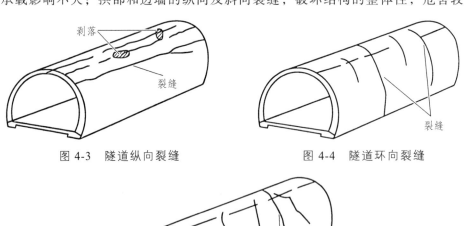

图 4-3　隧道纵向裂缝　　　　　图 4-4　隧道环向裂缝

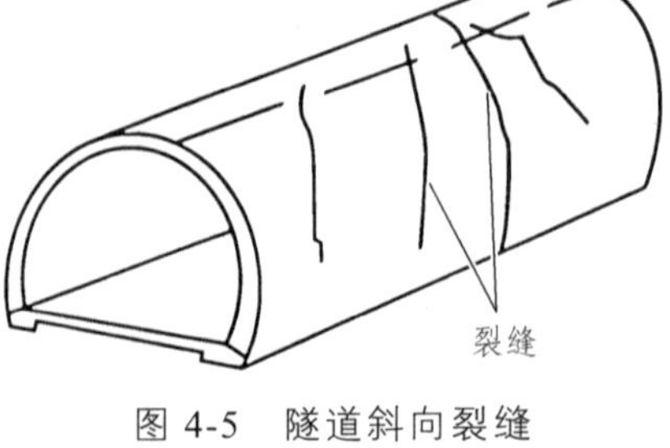

图 4-5　隧道斜向裂缝

（1）纵向裂缝。

纵向裂缝平行于隧道轴线，其危害性最大，任其发展可引起隧道掉拱、边墙断裂甚至整个隧道塌方。纵向裂缝分布具有拱腰部分比拱顶多，双线隧道主要产生在拱腰，单线隧道主要产生在边墙的规律。从受力分析来看，拱顶混凝土衬砌一般是内缘受压形成内侧挤压衬砌开裂、剥落掉块；拱腰部位主要是混凝土衬砌内缘受拉张开；拱脚部位裂缝则会产生衬砌错动，导致掉拱可能；边墙裂缝常因混凝土衬砌内缘受拉张开而错位，会使整个隧道失稳。

（2）环向裂缝。

环向裂缝主要由纵向不均匀荷载、围岩地质变化、沉降缝等处理不当所引起，多发生在洞口或不良地质地带与完整岩石地层的交接处，环向裂缝占裂缝总长的 30%～40%。

（3）斜向裂缝。

斜向裂缝一般和隧道纵轴约呈 45°角，也常因混凝土衬砌的环向应力和纵向受力组合而成的拉应力造成，其危害性仅次于纵向裂缝，也需认真加固。

2）按衬砌受力情况分类

隧道衬砌裂缝按衬砌受力变形形状和裂口特征，又可以分为衬砌受弯张口型裂缝［图 4-6（a）］、内缘受挤压闭口型裂缝、衬砌受剪错台型裂缝［图 4-6（b）］、衬砌弯扭型裂缝［图 4-6（c）］、衬砌压碎型裂缝［图 4-6（d）］和收缩性环向裂缝等。其中，以拱腰受弯张口型纵向裂缝最为常见，衬砌向内位移，相应拱顶部位发生内缘受压闭口型裂缝，向上位移。纵向和斜向裂缝，使隧道衬砌环向节段的整体性遭到破坏。当拱腰和边墙中部出现两条以上粗大的张裂错台，并与斜向、环向裂缝配合时，衬砌被切割成小块状，容易造成结构失去稳定、塌落，对运营安全威胁最大。

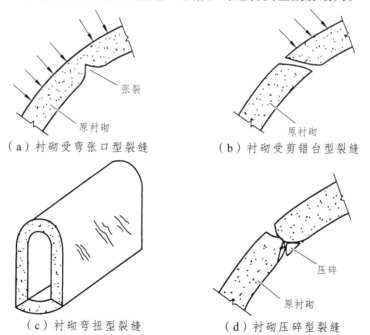

（a）衬砌受弯张口型裂缝　　　　（b）衬砌受剪错台型裂缝

（c）衬砌弯扭型裂缝　　　　（d）衬砌压碎型裂缝

图 4-6　衬砌裂损受力特征类型

3. 衬砌裂损的整治

隧道衬砌开裂整治措施应遵循"因地制宜、技术可行、经济合理、高效安全、彻底整治"的原则。

整治前，借定期观测、变形监测掌握裂缝动态，依据地质资料分析成因。针对不同地段及裂缝根源，如地质构造复杂或施工质量问题，制订专属整治方案。

衬砌裂损常伴渗漏水、腐蚀等病害。秉持综合整治理念，处理裂缝时，同步堵排渗漏水，对腐蚀部位采取防腐措施，从根本上解决衬砌病害。

规划施工慢行封锁计划，充分考虑铁路或公路运营情况。借助先进工艺缩短工期，合理安排施工顺序，减少线路占用，保障运营安全顺畅。

施工中，精细测量确保加固后隧道净空符合限界要求。对锚喷衬砌、拱背压浆等关键环节，从材料选用、施工工艺到质量检验全程把控，保障整治工程质量。

一般情况下，已裂损的衬砌均还有相当大的支护潜力，可以充分利用，在结构自稳能力较好时，可采用加固补强措施来改善衬砌结构。当结构失去自稳能力，无法通过外部加固时才采用拆除重建、更换衬砌的方法。

整治步骤及措施主要有：

1）表面清扫

衬砌内表面清扫有助于了解衬砌缺陷及病害状态，是采取加固措施前的必要工作。操作时需注意：

（1）预先通过目视检查等方式，掌握附着物的种类、范围、深度以及衬砌劣化状况。

（2）根据工点条件，选用高压喷水、喷气、钢丝刷等工具，清除衬砌内表面的煤烟、尘、泥、劣化混凝土等附着物。

（3）将清除物收集并放置于固定地点，严禁随意丢弃。

2）凿　除

针对环向施工缝缝边混凝土开裂、拱部劣化混凝土、拱部混凝土涂抹的砂浆层、拱部衬砌因开裂和错台存在掉块风险的情况，应先进行凿除，再采取其他加固措施。凿除过程中需注意：

（1）施工前，运用目视、敲击等手段检查，了解衬砌的劣化状况。若劣化和剥落显著，凿除可能损害衬砌功能或危及运营安全，则应采用其他方法。

（2）根据工点条件，采用高压喷水、喷气、电动锤、切割机等工具，凿除起鼓剥落的劣化混凝土。

（3）对于环向施工缝缝边混凝土开裂等不影响结构安全的情况，凿除后可不进行二次处理。因为再次采用砂浆涂抹，新旧混凝土、砂浆黏结力差，在车辆长期运营振动下可能脱落掉块，危及行车安全；而对于拱部衬砌开裂、错台的情况，凿除后需进行二次加固处理。

　3）裂缝处理

　在整治衬砌裂损前，需先对裂缝进行嵌缝修补，再结合其他措施进行结构加固。

　（1）对于衬砌裂损"轻微"级，或不受力的环向裂缝或温度裂缝，仅进行嵌缝修补即可。嵌缝材料依据缝宽及渗漏水情况选择，一般采用有机树脂类和无机水泥系两类。

　（2）对于宽度 ≤ 5 mm 的渗漏水施工缝、裂缝，可采取钻孔注浆、埋管（嘴）注浆、贴嘴注浆等堵水措施。注浆材料根据渗漏量、可灌性及现场环境等条件，选用聚氨酯、环氧树脂、丙烯酸盐、水泥-水玻璃或水泥基灌浆材料等。

　（3）对于宽度 > 5 mm 的渗漏水施工缝和裂缝，采用凿槽堵漏处理。具体方法为：在施工缝和裂缝周围凿宽 5 ~ 6 cm、深 5 ~ 6 cm 的楔形槽，用清水清洗槽及周围。对于拱顶施工缝、裂缝，为防止快修堵漏剂脱落，可在槽中增加水泥铜钉与钢丝网，然后将调和好的速凝型无机防水堵漏剂填入槽中并稍高出槽边，接着用抹刀抹平，并保持至少 15 min 的湿润，最后在槽及周围刮涂渗透结晶型防水涂料两层。

　4）加固措施

　（1）锚杆补强。

　对于衬砌裂损较严重的情况，可采用中空注浆锚杆加固法。该方法一方面通过锚杆将围岩连接成一体，防止围岩强度降低；另一方面通过锚杆径向注浆提高衬砌背后围岩的承载能力，从而补偿衬砌裂损。锚杆补强方法适用性广泛、操作简单，适用于大多数衬砌裂损或单条纵向裂缝。

　（2）纤维布补强。

　纤维布可用于结构构件的抗拉、抗剪和抗震加固，与配套胶黏剂共同使用，对结构内表面有补强作用（图 4-7）。纤维布在桥梁、隧道、混凝土结构抗震、修复、加固、补强方面应用广泛，尤其是 2008 年汶川大地震后，国产纤维布发展迅速，但与进口材料相比仍有差距。纤维布主要有碳纤维、尼龙纤维、玻璃纤维等，其中碳纤维有导电性，不适用于电气化隧道，而玻璃纤维与尼龙纤维无导电性。纤维布补强措施在少数高速公路隧道和铁路隧道中有应用，但工务部门反映效果不佳，原因是列车风压较大，易发生脱落，不适用于潮湿环境隧道。对于无水、通风条件好的短隧道，若采用进口胶则可适用。

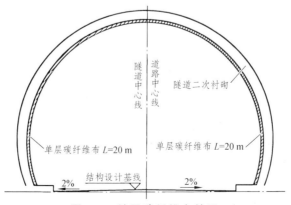

图 4-7　单层碳纤维布补强

（3）锚喷网补强。

在隧道建筑限界允许的情况下，对于衬砌局部破损或厚度、强度不足，可采用喷射混凝土补强法进行加固（图4-8）。对于衬砌裂损较严重至严重地段，可采用锚杆 + 网喷混凝土进行结构补强。其中，锚杆一般采用中空注浆锚杆或自进式锚杆，钢筋网一般采用直径为 6 mm 或 8 mm 的 HPB300 钢筋，网格间距为 20 ~ 25 cm；喷射混凝土采用 C25 混凝土，喷层厚度为 5 ~ 20 cm，不小于 5 cm。为增强喷混凝土的抗压、抗剪、抗冲击力，提高其承载能力，可掺加混合料质量 1% ~ 3% 的纤维素纤维。喷射混凝土宜采用湿喷工艺，喷射完成后应按相关规范要求进行养护，否则可能因施工质量问题导致喷混凝土脱落掉块，危及运营安全。锚喷网补强适用性强、效果好，适用于大多数严重地段的裂损，但部分管理单位担心喷混凝土脱落，因此要求严格施作，喷混凝土前对既有混凝土凿毛，采用湿喷工艺，喷后加强养护，确保施工质量。

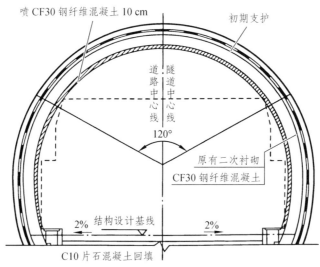

图 4-8　喷射混凝土补强

（4）钢带补强。

在隧道建筑限界无富余的情况下，对于衬砌裂损较严重至严重地段，可采用 W 钢带对衬砌结构进行补强。W 钢带由厚度为 3 ~ 5 mm，宽度为 180 ~ 320 mm 的卷钢板冷弯成 W 形后，在中部加工出与锚杆孔距相等的锚杆孔。W 钢带可与各种锚杆组合成锚盘支架，将分散的锚杆连接成整体承载结构，显著提高锚杆整体效果，补偿衬砌厚度不足或衬砌裂损。由于限界限制及部分管理单位对喷混凝土脱落的担忧，产生了镀锌钢带设计。其优点是施作方便，比单纯采用锚杆加固效果好；缺点是钢带及锚杆头均需镀锌，对镀锌质量要求高，需勤于防腐养护，不适用于潮湿环境隧道。对于限界允许的情况，宜采用网喷混凝土将钢带封闭，以增强耐久性。

（5）纤维板补强。

对于衬砌裂损较严重至严重地段，当隧道内净空限制严格、管线设备较多、整治外观要求较高时，可采用在衬砌内表面粘贴纤维板的方法。该方法可承担衬砌内面所受的拉伸应力，抑制弯曲裂缝开口，同时防止混凝土剥落。纤维板补强技术在国内隧道中应用较少，不适用于潮湿环境隧道。对于无水、通风条件好的短隧道，若采用进口胶则可适用。

（6）钢板补强。

对于衬砌裂损较严重至严重地段，当隧道内净空无富余时，可采用在衬砌内表面粘贴钢板的方法（图 4-9、图 4-10）。该方法可承担衬砌内面所受的拉伸应力，抑制弯曲裂缝开口，防止混凝土剥落。钢板补强措施在国内一般用于应急、临时性的单点或单个区域加固，对于永久性加固或大规模整治应用较少，主要原因是防腐问题难以解决。

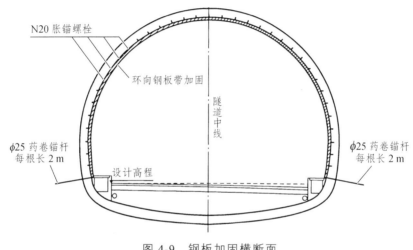

图 4-9　钢板加固横断面

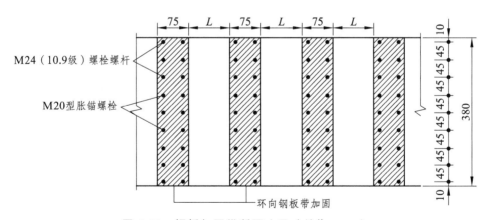

图 4-10　钢板加固纵断面（尺寸单位：cm）

（7）拱架补强。

在衬砌压溃或开裂极严重，且隧道结构尚未失稳并受内净空限制的情况下，可采用拱架补强法（图 4-11）。采用钢拱架对衬砌结构裂损进行补强应用广泛且实用，见效快、强度高，也可用于衬砌危急状态时的临时支撑。在限界允许的情况下，尽量少切槽或不切槽，以减少对结构的损伤，优先采用网喷混凝土封闭，增加补强耐久性。

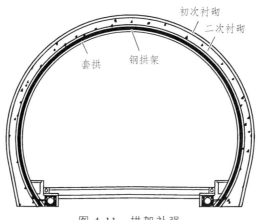

图 4-11　拱架补强

（8）套拱（套衬）加固。

在衬砌压溃或开裂极严重，且隧道结构尚未完全丧失承载能力，隧道内净空允许的情况下，可通过在既有衬砌内表面增加套衬（套拱）来加强原衬砌，防止衬砌裂缝进一步发展。当原衬砌已接近丧失承载能力，但因其他原因（如地质很差，或修建时发生过大量坍塌等）不宜或不允许拆除重建衬砌时，也可考虑采用套拱加固。套拱设计应根据隧道病害严重程度、隧道断面尺寸、限界及衬砌背后围岩级别等因素确定，一般采用 20～35 cm 厚的单层或双层钢筋混凝土衬砌。套拱施工前，应先对原衬砌进行局部补强和防渗漏处理，如在拱墙上增设套拱应按新建衬砌的标准设置防排水系统，套拱与原衬砌之间通过锚杆或植筋连接，套拱施工时，应预留回填注浆管，模筑完成后，要进行回填注浆，确保新旧衬砌密贴，不留空隙。套拱要求限界至少有 20 cm 的富余，铁路隧道（除速度为 350 km/h 的高速铁路隧道有 30 cm 的预备作业空间外）尤其是电气化隧道无此富余量，但对公路隧道有一定的适用性，可通过降低速度目标值实现。由于套拱一般采用模筑衬砌，相比钢拱架，其外形美观、耐久性更好，在工程造价允许的情况下，如全隧道采用套衬，整治后会有焕然一新的感觉。

（9）局部凿除、植筋、钢筋混凝土嵌补。

对于衬砌局部压溃或开裂达极严重级，已危及行车安全，采用在既有结构上加固已不能满足要求时，可采用局部凿除、植筋、钢筋混凝土嵌补的方法来置换劣化部位，从而维持衬砌承载力、耐久性。该方法目前在国内新建铁路隧道缺陷整治中使用较多，适用于二次衬砌局部欠厚、脱空或不密实的处理。

（10）拆除重建。

对于衬砌压溃或开裂极严重，原有衬砌已基本丧失承载能力，已危及行车安全的情况，则应考虑拆除旧衬砌，重新施作新衬砌（图 4-12）。新建衬砌的形式和结构尺寸，可结合原衬砌病害产生原因和围岩压力具体情况，参照新建隧道衬砌的标准来拟定。新建衬砌一般采用"跳槽开挖、分段施工"的方法施工，施工前先对拟拆除段前后 5～10 m 范围内采用钢拱架进行临时支护，对拟拆除段衬砌背后围岩进行径向注浆预加固，以防衬砌拆除后围岩坍塌。在全封闭封锁施工条件下，跳槽间距可以按一模混凝土长度 8～12 m 拆除重建，可以采用静态破碎及控制爆破技术拆除，新建衬砌采用钢筋混凝土衬砌。如不能完全封锁，只有"天窗"点施工条件，应采用"开马口跳槽法"施工，马口宽度以 2～3 m 为宜，人工拆除。新建衬砌钢筋可采用格栅钢架（钢架断面及间距视隧道病害严重程度、隧道断面尺寸、衬砌背后围岩级别及二次衬砌厚度确定）+ 纵向连接筋代替，以提高施工效率，以最大限度地减少对线路运营的干扰。

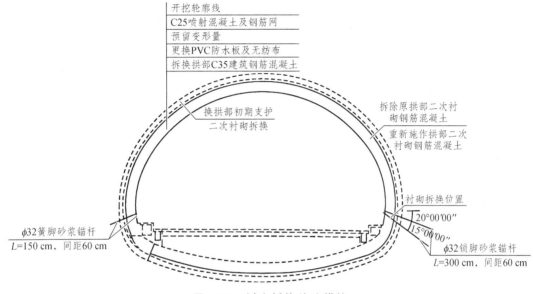

图 4-12　衬砌拆换处治措施

4.3.3　隧道冻害的维修

隧道冻害主要发生于寒冷及严寒地区的隧道。寒冷地区，界定为最冷月平均气温处于 -5 ℃ 至 -15 ℃ 区间的区域；严寒地区，则指最冷月平均气温低于 -15 ℃ 的区域。

知识点 31　隧道冻害的维修

在此类环境下，隧道内水流及围岩积水受低温影响而冻结，引发一系列病害，诸如隧道拱部挂冰、边墙结冰、洞内网线设备挂冰、围岩冻胀、衬砌胀裂、隧底冰锥、水沟冰塞以及线路冻起等。上述病害严重影响隧道的安全运营，对建筑物的正常使用造成干扰。

隧道冻害的危害不容忽视，其中衬砌冻胀开裂是较为常见且严重的问题。冻害致使衬砌结构因冻胀力作用产生裂缝，随着时间推移，裂缝持续发展，甚至导致衬砌疏松剥落，最终造成隧道衬砌结构失稳破坏，显著降低了衬砌结构的安全可靠性，对运输安全及正常运行构成严重威胁。

我国地域辽阔，冻土地区分布范围极为广泛，多年冻土面积占陆地总面积的 1/5。当前，大量铁路、公路隧道位于冻土分布区域。随着铁路与公路交通建设不断向纵深推进，尤其是在西部地区的寒冷地带，新建隧道数量持续增加，这使得隧道冻害问题愈发突出。以青藏铁路格尔木至拉萨段为例，其间有多座隧道位于高原多年冻土区；青藏公路亦存在多座位于高原多年冻土区的隧道。这些工程实例充分表明，隧道冻害已成为寒冷地区交通建设与运营中亟待解决的关键问题。

1. 隧道冻害的成因

1）寒冷气温的作用

隧道冻害与所处地区的气温条件密切相关。当气温长时间低于 0 ℃ 时，隧道内的水分持续冻结，冰体不断积累并膨胀，对衬砌及周边结构产生压力。在气温正负交替频繁的情况下，冻融循环会加剧冻害。在冻结期，水分结冰膨胀，而在融化期，冰融水再次积聚，下次降温时又发生冻结，反复作用致使衬砌、围岩结构材料受损，强度降低，这成为隧道冻害的主要诱发因素。以我国东北地区的隧道为例，由于冬季漫长且寒冷，气温长时间低于 0 ℃，冻害问题较为频繁。

2）季节冻结圈的形成机制

（1）季节性冻害隧道。

在季节性冻害隧道中，衬砌周边围岩在冬季冻结、夏季融化。将衬砌周围各点的最大冻结深度相连形成的封闭区域，即为季节冻结圈。当衬砌周边超挖尺寸不一致，回填材料选用不当（如采用透水性强、易产生冻胀的材料），或回填密实度不足时，容易在衬砌背后形成积水空间。冬季积水冻结，促使季节冻结圈范围扩大，增加了冻害发生的概率。例如，部分山区的季节性冻害隧道，施工时超挖回填，导致冻害较为严重。

（2）多年冻土中的隧道。

在多年冻土区域修建的隧道，衬砌周围夏季融化的围岩范围称为融化圈。融化圈的存在改变了原有冻土的物理力学性质，使融化后的土体强度降低、含水量增加。在后续的冻融循环过程中，容易引发衬砌变形、开裂等冻害问题。如青藏高原的部分多年冻土隧道，就受到融化圈的影响，出现了不同程度的病害。

（3）季节冻结段与不冻结段。

在严寒冬季，长隧道两端因受洞口冷空气的直接侵袭，形成季节冻结段；中部受冷空气影响较小，不形成季节冻结圈，为不冻结段。需要注意的是，隧道两端季节冻结段的长度因地形、洞口朝向等因素不同而有所不同。并且，在同一隧道内，季节冻结段长度小于洞内季节负温段长度。若隧道排水设备设置在冻结圈内，冬季低温会使管内水流结冰，造成冰塞，阻碍排水，从而加重冻害。例如，某长隧道因排水设备位置问题，冬季排水不畅，导致冻害加剧。

3）围岩岩性对冻胀的影响规律

在隧道季节冻结圈范围内，若围岩为非冻胀性土，如密实粗粒土，由于其颗粒大、孔隙大，水分不易积聚且冻结膨胀性小，一般不会出现明显的冻胀病害。相反，若围岩为冻胀性土，如粉质土、黏土等细粒土，其颗粒细小、孔隙小、含水量高，冻结时水分迁移现象明显，容易产生较大的冻胀力。将冻胀性土更换为非冻胀性土，是治理冻害的重要措施之一。在一些隧道病害整治工程中，通过更换冻胀性土，有效地缓解了冻害问题。

4）隧道设计与施工的影响因素

在隧道设计与施工阶段，若对防冻问题重视不足，将为后续运营期的冻害埋下隐患。在设计方面，衬砌防水设计不合理，防水等级较低，无法有效阻止地下水渗入，增加了冻害发生的可能性；洞内排水设施埋设深度较浅，处于冻结线以上，冬季容易发生冰堵；治水措施考虑不周全，未合理设置截水、排水系统，导致积水积聚。在施工过程中，衬砌施工质量较差，存在蜂窝、麻面、孔洞等缺陷，降低了防水、抗冻性能；防水板铺设不规范、焊接不牢固，止水带安装不符合要求，使得地下水容易渗入结构内部，加剧冻害。此外，施工对围岩扰动过大，破坏了围岩的原始稳定性和自承载能力，间接促进了冻害的发展。例如，某隧道因设计时防水排水考虑不足，施工质量又欠佳，运营后冻害较为严重。

2. 隧道冻害的类型

1）拱部与边墙结冰类

隧道漏水冻结会引发拱部和边墙的结冰现象。在拱部形成挂冰，且会不断增长变粗；边墙则形成冰柱，多条相近冰柱会连成冰侧墙。若不及时清除，这些挂冰、冰柱和冰侧墙会侵入限界，严重威胁行车安全。

2）围岩冻胀破坏类

围岩条件及冻胀原因：Ⅳ～Ⅵ级围岩以及风化破碎、裂隙发育的Ⅲ级围岩，当在隧道冻结圈范围内含水率达到起始冻胀含水率（各类土的起始冻胀含水率不同，如黏土、砂黏土一般为 18%～25%，粉质砂黏土为 15%～20% 等），并且具备水分迁移和聚冰作用条件时，会产生强烈冻胀。

对衬砌及相关结构的影响：抗冻胀能力差的直墙式衬砌会产生变形，导致限界缩小、衬砌裂损。洞门墙和翼墙会前倾裂损，洞口仰拱可能坍塌。

具体部位的破坏表现为：

隧道拱部：受冻害影响，拱顶下沉且内层开裂，严重时出现错牙，拱脚变形移动。冻融时会有一定回复，但产生残余裂缝，多次循环危及结构安全。

隧道边墙：边墙壁后排水不畅，积水成冰产生冻胀压力，造成多种变形情况，如拱脚不动、墙顶内移，墙顶不动、墙中内鼓，墙顶内移致使边墙断裂成多段等。

隧道内线路：在地下水丰富地区，线路结构下部排水措施不完善，冬季水冻结使道床隆起，水沟因保温不好也会冻结，导致水沟高低不平。冻融作用使线路和道床翻浆冒泥、水沟断裂破坏，水沟破坏后排水困难，又加大线路冻害范围。

衬砌材料：隧道混凝土若设计强度等级低、抗渗性差，在富水区域水易渗入内部。冬季混凝土结构内冻胀，经多年冻融循环使结构变酥、强度降低，造成冻融破坏。洞口段冻融变化相对不大，除结构内因含水受冻害外，岩体冻胀压力传递等也会促使衬砌产生纵向和环向裂缝。

隧底：对于多年冻土隧道，若隧底季节融化层内围岩有冻胀性且底部无排水设备，每年会出现冻胀融沉交替，无铺底线路难以维持正常状态，有时铺底和仰拱也会隆起或下沉开裂。

3）衬砌冰楔类

硬质围岩衬砌背后冰楔作用：硬质围岩衬砌背后积水冻胀产生冰冻压力（冰劈作用），并传递给衬砌。随着时间推移，常年积累的冰冻压力如同楔子，使衬砌出现破碎、断裂、掉块等现象，已裂解为小块状的拱部衬砌混凝土块可能因冰劈作用错动掉块。

衬砌缝的冰楔影响：衬砌的工作缝和变形缝充水冻胀，经过多次冻融循环，裂缝不断扩大，引发衬砌裂损、疏松、剥落等病害。

4）洞内网线挂冰类

在铁路电力牵引区段，隧道漏水落在接触网和电力、通信、信号架线上会结冰。若不及时清除，会坠断网线，导致接触网短路、放电、跳闸，中断通信、信号，危及行车和人身安全。

3. 隧道冻害的整治

1）综合治水

隧道冻害根源为围岩地下水冻结，将水排除在冻结圈外是关键，需查明漏水及含水情况后采取"防、排、堵、截"措施。

（1）加强接缝防水：采用有抗冻性的防水材料消除接缝漏水。

（2）完善防排水系统。

新建和改建排水设备：依隧道内最大冻结深度确定水沟埋深，严寒地区主排水沟设在冻结圈下。如深埋渗水沟适用于严寒、最冷月均温低于 $-15\,^\circ\mathrm{C}$、黏性土冻深 $1.5\sim2.5\,\mathrm{m}$、水量小的情况；防寒泄水洞适用于严寒、最冷月均温低于 $-25\,^\circ\mathrm{C}$、黏性土冻深大于 $2.5\,\mathrm{m}$、水量大的情况。

保温水沟：寒冷地区设浅埋侧沟时需保温防冻，如浅埋保温侧沟适用于最冷月均温低于 $-10\,^\circ\mathrm{C}$、黏性土冻深 $1.0\sim1.5\,\mathrm{m}$、冬季有水的情况，且需配套盲沟等设施，衬砌背后空隙用砂浆回填密实，排水设施不冻结。

多年冻土中的隧道：采用中心深埋泄水洞及综合排水、防寒措施。

2）更换或改造土壤

（1）更换土壤：将冻结圈内冻胀土换为非冻胀土等，如将砂黏土等换为碎、卵石或炉渣，换土厚度为冻深的 $0.85\sim1.0$ 倍，同时加强排水防积水。

（2）改造土壤。

压浆固结：在易压浆岩土中注入水泥-水玻璃等化学浆固结冻结圈内岩土，消除冻胀性。

注入憎水性填充材料：堵塞孔隙、裂隙，阻止土中水分迁移和聚冰作用。

3）保温防冻

通过控制湿度使围岩水分达不到冰点，方法有保温、供热、降低水的冰点。

（1）加设保温衬层：在消除渗漏水的基础上，在衬砌内侧（净空富余地段）或外侧（改建衬砌段）加筑保温层，如用加气混凝土等材料制成预制块砌筑或喷射混凝土。

（2）降低水的冰点：向围岩中注入丙二醇等使水冰点降低，降低起始冻结温度。

（3）采暖防冻：浅埋侧沟洞口段上下层水沟间铺暖气管道，冬季锅炉供热；或夏季机械送热风融化泄水洞内结冰。

4）结构加强

防水混凝土曲墙加仰拱衬砌：适用于Ⅳ～Ⅵ级及风化破碎、裂隙发育的Ⅲ级围岩地段，因冻结圈岩土冻融破坏，需加强衬砌。

防水钢筋混凝土衬砌：适用于Ⅲ级以上局部冻胀性围岩地段，可减少开挖和衬砌圬工。

网喷混凝土加固：有锚固条件的Ⅳ级以上围岩、局部冻胀性硬岩地段，对既有冻胀裂损衬砌，在满足限界要求的条件下应用锚喷加固技术。

5）防止融坍

防止基础融沉：加深边墙至冻土上限以下或冻而不胀层。

防止道床春融翻浆：加强底部排水疏干含水或采用换土法。

其他措施：加大侧向拱度抵抗侧向冻胀；拱部衬砌加厚 10 cm 左右；提高衬砌混凝土强度等级或用钢筋混凝土；隧底增设混凝土支撑。

6）高寒地区隧道冻害整治技术

上部衬砌挂冰电伴热整治技术：采用电伴热半管排水技术，集排水、保温于一体，解决上部衬砌挂冰问题，降低打冰费用。

水沟结冰"电伴热面板加热 + 水沟保温"整治技术：电伴热面板为低压供电面板，安全可靠、发热面积大等，通过温度及融冰传感系统恒温自动控制；水沟保温通过铺设聚氨酯保温材料及新型保温橡胶水沟盖板实现，解决水沟冰害问题。

衬砌冻胀喷射聚氨酯保温整治技术：采用衬砌表面喷射聚氨酯保温技术，工艺简单，保温效果明显。

4.3.4　洞口病害的维修

隧道洞口是指隧道与外部环境的连接部分，是隧道的起始

知识点 32　隧道洞口病害的维修

端或终止端，一般包括洞门、仰坡、路堑边坡等结构，是隧道工程的重要组成部分，也是隧道与自然环境过渡的关键部位。常见洞口病害有：

崩塌：通常是由于洞口附近的山体岩石破碎、风化严重，或者受地质构造运动影响，在重力作用下，较大块的岩石从高处突然坠落，可能会砸坏隧道洞口结构、堵塞道路，对过往车辆和行人造成严重威胁。

落石：多因洞口边坡岩石节理裂隙发育，在风化、雨水冲刷、温差变化等因素作用下，小块岩石从边坡上脱落，滚落到洞口区域，可能会损坏洞口设施，影响隧道正常使用。

滑坡：当洞口所处的山体岩土体稳定性差，在地下水作用、坡体上部荷载增加、地震等因素诱发下，整个山体或部分坡体可能会沿着一定的软弱面或软弱带整体向下滑动，会掩埋洞口、破坏洞门结构，甚至导致隧道衬砌变形、开裂。

流泥漫道：一般是在雨季或者地下水位较高的情况下，洞口附近的松散土体或粉质土等在水流作用下形成泥浆，流淌到隧道洞口的道路上，不仅影响交通通行，还可能对洞口结构基础造成冲刷、软化等不良影响。

洞口路基冲毁：主要是由于洞口排水系统不完善，暴雨时大量雨水无法及时排出，形成地表径流对路基进行冲刷，导致路基填土流失、路面塌陷、开裂等，影响隧道与外部道路的连接和行车安全。

洞门结构病害：包括洞门墙开裂、倾斜、变形，以及洞门装饰剥落等。这可能是洞门设计不合理、基础不均匀沉降、冻胀作用，或者受到山体侧向压力、地震力等因素影响，导致洞门结构失去稳定性和完整性，影响隧道的外观和使用功能。

1. 洞口病害产生的原因

洞口病害产生的原因是多方面的，主要包括设计、施工、环境及外力等因素，具体如下：

1）设计规划因素

进洞原则贯彻不到位：没有遵循"早进洞、晚出洞"原则，在山区隧道建设中导致进出口出现深堑高坡，增加了洞口受自然因素影响的风险，是造成山区隧道洞口病害的根本原因。

明洞结构设计欠妥：在洞口地段存在滑坡、崩塌等情况时，若明洞结构设计不合理，抗滑力不足，难以抵抗偏压，就会使洞门及洞口段衬砌出现开裂下沉的病害。

桥涵孔径设计偏小：隧道与桥涵紧密相连时，若桥涵设计孔径不足，遇到洪水时容易倒灌进入隧道，引发隧道内线路翻浆冒泥等问题。

2）施工质量因素

挡墙基础施工问题：挡墙基础未落到坚固完整的基岩上，当隧道洞口排水不畅，基底软化后受载能力下降，无法支撑洞门及洞口段衬砌，从而导致其下沉开裂。

3）环境因素

水土流失问题：仰坡及自然山坡的水土流失，会堵塞洞口排水设备，进而引发山坡坍塌、流石流泥等病害，对洞口结构造成破坏。

4）外力作用因素

电气化下锚拉力影响：对于电气化铁路，接触网要在洞门端墙上安装下锚，长期的拖拉力作用可能破坏洞门结构，如导致洞门端墙外鼓、开裂、变形、漏水等病害。

2. 洞口病害的防治原则

（1）必须坚定不移地贯彻"早进洞、晚出洞"方针。

（2）在频繁出现崩塌、落石、滑坡等不良地质现象的地段，不宜采用短隧道群方案，而应优先选用长隧道方案。

（3）当桥隧相连或者两座隧道间距较近时，宜采用在明洞上设置渡槽连接的方式，以防止落石、山沟泥石流等造成侵害。

（4）严禁在禁耕区及铁路地界范围内开荒种地，避免破坏植被。

3. 洞口病害的防治

隧道洞门在长期使用过程中，受多种因素影响，可能出现不同类型的病害。针对各类病害，明确其产生原因并制定相应的防治措施，对保障隧道结构安全及运营稳定性至关重要。下面介绍常见的几种洞口病害整治方法。

1）端墙前倾及洞口段衬砌拱墙环向裂开

（1）产生原因。

仰坡山体坍滑：山体岩土体因地质条件变化、雨水冲刷等因素，发生坍滑现象，对端墙及洞口段衬砌拱墙产生强大的侧向推力，导致结构变形开裂。

端墙后岩土冻胀：在寒冷地区，端墙后岩土中的水分在低温环境下冻结膨胀，对衬砌结构产生额外压力，造成衬砌拱墙环向裂开。

（2）防治措施。

清除坍滑土体，必要时修建支挡工程，如挡土墙、抗滑桩等，以稳定仰坡，阻止山体进一步坍滑。

更换墙后冻胀土，采用非冻胀性材料进行回填，并加强排水系统建设，设置排水盲沟、排水管等，及时排除墙后积水，减少冻胀影响。

2）端墙及洞口段衬砌纵裂

（1）产生原因。

洞口段为土质地基，地表水下渗使基底土体软化，地基承载能力下降，导致衬砌下沉，进而引发衬砌纵裂。

（2）防治措施。

加固地基：采用注浆加固法，通过向地基土体中注入水泥浆等固化材料，提高地基的强度和稳定性。

封闭地表面：在洞口周边地表铺设防水卷材、浇筑混凝土等，防止地表水下渗，减少对基底土体的影响。

网喷加固裂损衬砌：对已出现纵裂的衬砌，采用喷射混凝土并挂设钢筋网的方式进行加固，增强衬砌的承载能力。

3）崩塌落石

（1）产生原因。

隧道洞口处山坡陡峻，岩石风化破碎，在重力、雨水冲刷、地震等作用下，易发生崩塌落石现象。

（2）防治措施。

修建支挡墙：在洞口边坡下方设置挡土墙，拦截落石。

喷锚加固危岩：对存在崩塌隐患的危岩，采用喷射混凝土和锚杆相结合的方式进行加固，增强危岩的稳定性。

接长明洞防护：通过接长明洞，为隧道洞口提供额外的防护空间，避免落石直接冲击隧道结构。

4）洪水或泥石流淹埋洞口

（1）产生原因。

洞口位于泥石流通过区域，且缺乏有效的防护措施，在暴雨等极端天气条件下，易遭受洪水或泥石流的冲击，导致洞口被淹埋。

（2）防治措施。

修建拦挡和排导工程：在洞口上游设置拦砂坝、格栅坝等拦挡设施，拦截泥石流中的固体物质；同时修建排导槽、导流堤等排导工程，引导洪水和泥石流顺利通过洞口，避免对洞口造成破坏。

接长明洞防护：接长明洞可在一定程度上抵御洪水和泥石流的冲击，保护隧道洞口及内部结构安全。

5）斜交洞口衬砌被压裂

（1）产生原因。

斜交洞口两侧围岩压力严重不对称，形成偏压状态，使衬砌结构受力不均，导致衬砌被压裂。

（2）防治措施。

加固斜交洞口衬砌：采用增加衬砌厚度、配置钢筋等方式，提高衬砌的承载能力，以抵抗偏压作用。

改斜交洞口为正交洞口：在条件允许的情况下，将斜交洞口改造为正交洞口，优化衬砌结构的受力状态，减少偏压对衬砌的影响。

 隧道内的有害气体

随着交通基础设施建设的不断推进，隧道作为交通线路的重要组成部分，在现代交通网络中发挥着关键作用。然而，隧道内的特殊环境容易导致有害气体的积聚，对隧道内的空气质量、人员健康以及设备设施的正常运行产生潜在威胁。因此，深入了解隧道内有害气体的污染来源及其空气污染危害，对于隧道环境检测和维护至关重要。

1. 隧道内有害气体的污染来源

1）机动车尾气排放

在运营中的隧道，机动车是最主要的有害气体排放源。汽车发动机在燃烧过程中，由于燃料不完全燃烧、高温氧化等，会产生一系列有害气体。其中，一氧化碳（CO）是由于燃料中的碳元素在氧气不足的情况下不完全燃烧产生的。在交通流量大、车辆行驶缓慢的隧道内，CO 排放浓度会显著升高。碳氢化合物（HC）主要来源于未完全燃烧的燃料和润滑油的挥发，包括烷烃、烯烃、芳烃等多种成分。氮氧化物（NO_x）则是在高温高压的燃烧条件下，空气中的氮气与氧气发生反应生成的，主要包括一氧化氮（NO）和二氧化氮（NO_2）。这些尾气中的有害气体随着车辆的行驶不断排入隧道内，是隧道空气污染的主要源头之一。

2）隧道施工过程中的排放

在隧道建设施工阶段，也会产生多种有害气体。爆破作业是隧道施工的常见环节，炸药爆炸时会产生大量的有害气体，如一氧化碳、氮氧化物、二氧化硫（SO_2）等。此外，施工机械如挖掘机、装载机、运输车辆等在运行过程中，其发动机同样会排放出一氧化碳、碳氢化合物和氮氧化物等有害气体。同时，一些隧道施工过程中可能会遇到含有有害气体的地层，如瓦斯［主要成分是甲烷（CH_4）］等，这些有害气体从地层中逸出进入隧道，增加了隧道内空气污染的复杂性。

3）其他潜在污染来源

除了机动车尾气和施工排放，隧道内还有一些其他潜在的有害气体污染来源。例如，隧道内的电气设备，在运行过程中可能会因局部过热、绝缘老化等产生有害气体，如臭氧（O_3）、挥发性有机物（VOCs）等。此外，隧道内的排水系统如果存在污水积聚，污水中的有机物分解也可能产生硫化氢（H_2S）等有害气体。

2. 隧道内空气污染危害

1）对人体健康的危害

一氧化碳中毒：一氧化碳与人体血液中的血红蛋白具有极强的亲和力，其结合能力比氧气与血红蛋白的结合能力高约 200～300 倍。当人体吸入一氧化碳后，它会迅速与血红蛋白结合，形成碳氧血红蛋白，从而阻碍氧气的运输和释放，导致人体

组织器官缺氧。轻度一氧化碳中毒会引起头痛、头晕、乏力、恶心、呕吐等症状；中度中毒会出现意识模糊、昏迷等；重度中毒则可能导致呼吸抑制、心搏骤停，甚至死亡。

氮氧化物危害：二氧化氮具有强烈的刺激性，对呼吸道黏膜有较强的腐蚀作用。长期暴露在含有较高浓度氮氧化物的环境中，会引起呼吸道炎症，如支气管炎、肺炎等，严重时可导致肺水肿。此外，氮氧化物还会与大气中的其他污染物发生光化学反应，产生臭氧等二次污染物，进一步加重对人体健康的危害。

碳氢化合物和挥发性有机物危害：许多碳氢化合物和挥发性有机物具有毒性和致癌性。例如，苯是一种常见的挥发性有机物，长期接触苯会损害人体的造血系统，导致白血病等严重疾病。此外，这些有机化合物在阳光照射下，与氮氧化物发生光化学反应，会形成光化学烟雾，其中含有臭氧、过氧乙酰硝酸酯（PAN）等有害物质，对人体的眼睛、呼吸道等造成强烈刺激，引发咳嗽、呼吸困难、眼睛红肿等症状。

硫化氢危害：硫化氢是一种具有强烈臭鸡蛋气味的剧毒气体。低浓度的硫化氢会刺激人体的呼吸道和眼睛，引起眼痛、流泪、咳嗽、胸闷等症状；高浓度的硫化氢则会抑制人体的呼吸中枢，导致呼吸麻痹，甚至在短时间内致人死亡。

2）对隧道设施和设备的危害

腐蚀作用：二氧化硫、氮氧化物等有害气体在潮湿的环境中会与水反应生成酸性物质，如亚硫酸、硝酸等，这些酸性物质会对隧道内的金属结构、混凝土衬砌等设施产生腐蚀作用。长期的腐蚀会导致金属结构强度降低，缩短其使用寿命；混凝土衬砌被腐蚀后，会出现剥落、裂缝等问题，影响隧道的结构稳定性。

影响电气设备性能：隧道内的有害气体，特别是臭氧和挥发性有机物，会对电气设备的绝缘材料产生侵蚀作用，降低绝缘性能，增加设备短路、故障的风险。例如，臭氧具有强氧化性，会使绝缘材料老化、变脆，从而影响电气设备的正常运行。

降低能见度：隧道内的有害气体在一定条件下会形成气溶胶，导致隧道内的能见度降低。这不仅会影响驾驶员的视线，增加交通事故的发生概率，还会对隧道内的照明系统提出更高的要求，增加能源消耗。

3）对环境的危害

酸雨形成：隧道内排放的二氧化硫和氮氧化物是形成酸雨的主要前体物。这些有害气体随着隧道内的空气扩散到大气中，在大气中经过一系列复杂的化学反应，最终形成硫酸和硝酸等酸性物质，随着降雨落到地面，形成酸雨。酸雨会对土壤、水体、植被等生态系统造成严重破坏，导致土壤酸化、水体污染、植被枯萎等问题。

温室气体排放：隧道内机动车尾气排放的二氧化碳（CO_2）是主要的温室气体之一。虽然隧道内的 CO_2 排放量相对全球温室气体排放总量来说占比较小，但随着交通流量的不断增加，隧道内 CO_2 排放对全球气候变化的影响也不容忽视。此外，甲烷等温室气体的排放也会对全球气候产生一定的影响。

思政小课堂

回溯到衡广复线大瑶山隧道（图 4-13）修建时期，项目组遭遇了前所未有的艰难处境。彼时，传统施工方法在复杂的地质条件、超长的隧道长度等难题面前，显得捉襟见肘，根本无法满足工程推进的需求。就在这严峻关头，王梦恕教授挺身而出，毅然带领团队投身到这场技术攻坚战中。为了找到破局之法，团队开展了海量的科学技术攻关研究。王梦恕教授凭借着深厚的专业积累与敏锐的洞察力，大胆采用新原理、新方法、新结构、新技术、新工艺、新材料、新设备，带领团队在多个关键领域实现了重大发展与突破。

图 4-13 大瑶山隧道

在新奥法标准作业工艺方面，团队经过反复试验与优化，制定出一套更贴合大瑶山隧道实际情况的作业流程，极大地提升了施工效率与安全性；深孔光面爆破技术的成功应用，精准控制了爆破力度与范围，减少了对周边岩体的扰动，为后续施工创造了良好条件；喷锚支护隧道围岩变位监控量测技术的创新，让施工人员能够实时掌握围岩变化，及时调整支护策略，保障了隧道结构的稳定性。这些创新成果犹如一把把钥匙，为大瑶山隧道的建设提供了可靠的技术数据与高效的施工模式，成功实现大断面、大型机械化快速施工。这一创举彻底颠覆了中国多年来沿用的传统施工方法，让大瑶山隧道提前两年半顺利建成通车。这不仅仅是一座隧道的诞生，更是中国铁路隧道发展史上浓墨重彩的一次大飞跃，为我国后续的隧道工程建设奠定了坚实基础。

 项目小结

本项目主要内容包括运营铁路隧道检查制度、内容、方法，隧道状态检测的内容和方法，隧道劣化等级的划分，隧道渗漏水病害的类型、原因及预防整治措施，衬砌裂损的类型、原因分析及预防整治措施，隧道冻害的类型、原因及整治，隧道洞口病害的预防与整治。

 复习思考题

1. 隧道病害对铁路线路运营安全有哪些威胁？

2. 隧道运营阶段病害检测与治理应遵循什么原则？

3. 铁路隧道的检查制度包括哪些类型？

4. 在隧道衬砌检查中，分格检查方法的具体操作是怎样的？

5. 发现隧道衬砌存在腐蚀、裂纹或变形时，应采取哪些措施？

6. 隧道内漏水涌水检查时，如何查明水源？

7. 隧道内整体道床检查的重点内容有哪些？

8. 有明显偏压的隧道或明洞检查需要关注哪些方面？

9. 隧道通风检查的具体工作包括哪些？

10. 隧道出入口及顶部防排水设施检查的要点是什么？

11. 隧道起、拨道量观测的方法是什么？

12. 衬砌裂损变形观测有哪些方法？

13. 隧道限界检查的横断面法的操作流程和测点布置要求是什么？

14. 隧道限界检查的摄影法使用的仪器设备有哪些？如何操作？

15. 隧道结构状态检测的定义和目的是什么？

16. 隧道状态检测的重点内容有哪些？

17. 隧道内部结构检测和衬砌表观检测分别采用哪些方法？

18. 地质雷达法的工作原理、适用范围和设备组成是怎样的？

19. 敲击法的工作原理、适用范围和检测结果判释原则是什么？

20. 超声波检测的工作原理、适用范围和设备有哪些？

21. 原位钻孔检测的作用、设备和测点布置原则是什么？

22. 隧道纵向和横向测点布置的原则分别是什么？

23. 隧道状态检测分为哪两个阶段实施，每个阶段的工作内容是什么？

24. 隧道水害的成因包括哪些自然因素和人为因素？

25. 隧道水害对结构安全和运营安全有哪些危害？

26. 隧道防水的原则是什么？防排水工程设计包含哪些内容？

27. 运营隧道水害整治的防水处理措施有哪些？

28. 运营隧道水害整治的排水措施有哪些？

29. 运营隧道水害整治的注浆堵水措施有哪些？

30. 运营隧道水害整治的截水措施有哪些？

习　题

（一）单选题

1. 隧道通常按永久结构设计，理论寿命超过（　　　）。

　　A. 50 年　　　　　　B. 80 年　　　　　　　C. 100 年　　　　　　　　D. 150 年

2. 隧道运营阶段病害检测与治理应遵循的原则不包括（　　　）。

　　A. 预防为主　　　　　　　　　　　　B. 晚期发现

　　C. 及时维护　　　　　　　　　　　　D. 对症施治

3. 铁路隧道检查制度中不包括以下哪种检查？（　　　）

　　A. 经常检查　　　　　　　　　　　　B. 随机检查

　　C. 专项检查　　　　　　　　　　　　D. 临时检查

4. 隧道衬砌检查采用分格检查时，一般将衬砌划分为（　　　）区域。

　　A. 多个　　　　　　B. 3 个　　　　　　C. 5 个　　　　　　　D. 10 个

5. 隧道内漏水涌水检查时，测量水温应在（　　　）。

　　A. 每年流量最大的月份　　　　　　　B. 冬季最冷月份

　　C. A 和 B 都对　　　　　　　　　　D. 夏季最热月份

6. 隧道内整体道床检查，判断支承块松动可通过（　　　）。

　　A. 观察颜色　　　　　　　　　　　　B. 敲击听声

　　C. 测量尺寸　　　　　　　　　　　　D. 触摸感觉

7. 有明显偏压的隧道或明洞检查，监测山体动态可采用（　　　）。

　　A. 水准仪　　　　　B. 全站仪　　　　　C. 钢尺　　　　　　　D. 坡度仪

8. 在隧道通风检查中，抽取空气试验测定有害气体浓度不包括（　　　）。

　　A. 一氧化碳　　　　B. 氧气　　　　　　C. 氮氧化物　　　　　D. 都包括

9. 隧道出入口及顶部防排水设施检查，天沟重点检查（　　　）。

　　A. 悬挂是否稳固　　　　　　　　　　B. 沟体是否破损、堵塞

　　C. 防水层是否完好　　　　　　　　　D. 排水孔是否畅通

10. 隧道起、拨道量观测中，直线地段固定测标埋设位置宜低于主轨顶面（　　　）。

　　A. 30 mm　　　　　B. 50 mm　　　　　C. 80 mm　　　　　　D. 100 mm

11. 在衬砌裂损变形观测中，衬砌边墙或拱脚发生变形时，采用（　　　）方法测量。

　　A. 安设测标　　　　B. 分格法　　　　　C. 牵钉测标　　　　　D. 垂球法

12. 在隧道限界检查的横断面法中，轨面至起拱线测点高度间距不得大于（　　　）。

　　A. 300 mm　　　　B. 400 mm　　　　　C. 500 mm　　　　　D. 600 mm

13. 在隧道限界检查的摄影法中，激光带断面仪操作时，摄影机焦轮先在（　　　）刻度对准。

　　A. 5 m　　　　　　B. 10 m　　　　　　C. 15 m　　　　　　　D. 20 m

14. 隧道结构状态检测系统不包括以下哪个部分？（　　　）

　　A. 检测　　　　　　B. 诊断　　　　　　C. 评价　　　　　　D. 修复

15. 隧道状态检测的重点不包括（　　　）。

　　A. 衬砌厚度　　　　　　　　　　　B. 衬砌材料强度

　　C. 衬砌背后空洞　　　　　　　　　D. 地下水渗漏

16. 在隧道内部结构检测的无损检测方式中，通过车载地质雷达与（　　　）相结合进行"普查"。

　　A. 超声波检测　　　　　　　　　　B. 敲击

　　C. 高密度电法　　　　　　　　　　D. 钻探

17. 衬砌表观检测借助图像识别技术时，主要通过（　　　）获取衬砌表面图像。

　　A. 三维激光扫描　　　　　　　　　B. 阵列式 CCD 相机

　　C. 全站仪　　　　　　　　　　　　D. 水准仪

18. 采用地质雷达法检测隧道时，仪器发出的脉冲遇到不同电阻抗的目标体时会（　　　）。

　　A. 被吸收　　　　B. 被反射　　　　C. 被折射　　　　D. 都不对

19. 敲击法检测衬砌空洞主要依靠检测人员（　　　）。

　　A. 经验　　　　B. 仪器　　　　C. 计算　　　　D. 测量

20. 超声波检测衬砌内部缺陷主要采用（　　　）。

　　A. 反射法　　　　B. 绕射法　　　　C. 穿透法　　　　D. 衰减法

21. 原位钻孔检测主要用于检测衬砌的（　　　）。

　　A. 强度　　　　B. 颜色　　　　C. 重量　　　　D. 长度

22. 隧道纵向测点布置原则中，水位较深处易造成（　　　）。

　　A. 隧道差异沉降　　　　　　　　　B. 结构受力状态改变

　　C. 应力集中　　　　　　　　　　　D. 都不对

23. 隧道横向测点布置原则中，不包括以下哪个位置？（　　　）

　　A. 拱腰　　　　B. 拱顶　　　　C. 边墙　　　　D. 隧道底部

24. 隧道状态检测在施工阶段，主动监测系统的数据采集器采用（　　　）读数。

　　A. 自动　　　　B. 人工　　　　C. 远程　　　　D. 都可以

25. 在隧道水害的成因中，属于自然因素的是（　　　）。

　　A. 设计不合理　　　　　　　　　　B. 施工质量欠佳

　　C. 降水丰富　　　　　　　　　　　D. 排水系统维护不当

26. 隧道水害对结构安全的危害不包括（　　　）。

　　A. 衬砌侵蚀　　　　　　　　　　　B. 围岩软化

　　C. 路面潮湿　　　　　　　　　　　D. 隧道坍塌

27. 隧道防水遵循的原则中，"防、排、截、堵相结合"的核心是（　　　）。

　　A. 防　　　　B. 排　　　　C. 截　　　　D. 堵

28. 在运营隧道水害整治的防水处理中，防水卷材铺设前，衬砌表面需（　　　）。
    A. 湿润　　　　　　B. 清理杂质　　　　C. 涂抹胶水　　　　D. 都不对

29. 在隧道衬砌裂损病害中，衬砌外力作用不包括（　　　）。
    A. 松弛压力　　　　　　　　　　　B. 偏压
    C. 温度应力　　　　　　　　　　　D. 经年劣化

30. 隧道衬砌裂损按裂缝走向分类，危害性最大的是（　　　）。
    A. 纵向裂缝　　　　　　　　　　　B. 环向裂缝
    C. 斜向裂缝　　　　　　　　　　　D. 都一样

（二）多选题

1. 隧道运营中易产生病害的影响因素有（　　　）。
   A. 服役时间增长　　　　　　　　　B. 地质条件复杂
   C. 施工质量问题　　　　　　　　　D. 列车运行影响

2. 隧道检查制度中的各项检查应建立的制度有（　　　）。
   A. 责任制　　　　　　　　　　　　B. 考核制度
   C. 登记制度　　　　　　　　　　　D. 观测制度

3. 隧道衬砌检查时，发现衬砌存在以下哪些情况需采取措施（　　　）。
   A. 腐蚀　　　　　B. 裂纹　　　　　C. 变形　　　　　D. 颜色变化

4. 隧道内漏水涌水检查时，需要测量的参数有（　　　）。
   A. 流量　　　　　B. 水温　　　　　C. 水质　　　　　D. 水压

5. 隧道内整体道床检查的重点部位有（　　　）。
   A. 支承块　　　　　　　　　　　　B. 道床基底
   C. 承轨台与人行道交界处　　　　　D. 伸缩缝

6. 有明显偏压的隧道或明洞检查，需要检查的内容有（　　　）。
   A. 山体动态　　　　　　　　　　　B. 衬砌状况
   C. 洞顶上填土厚度和坡度　　　　　D. 隧道长度

7. 在隧道通风检查中，参与检查的部门有（　　　）。
   A. 工务　　　　　B. 卫生　　　　　C. 电力　　　　　D. 通信

8. 隧道出入口及顶部防排水设施检查的设施有（　　　）。
   A. 天沟　　　　　B. 吊沟　　　　　C. 截水沟　　　　D. 防水层

9. 隧道起、拨道量观测的方法有（　　　）。
   A. 利用原设计基线　　　　　　　　B. 埋设固定测标
   C. 用测标检查尺量测　　　　　　　D. 用全站仪测量

10. 衬砌裂损变形观测的方法有（　　　）。
    A. 安设测标定期观测　　　　　　　B. 分格法
    C. 牵钉测标测量　　　　　　　　　D. 垂球法

11. 隧道限界检查的方法有（　　　）。
　　A. 横断面法　　B. 摄影法　　　　　　C. 敲击法　　　　　　D. 超声波检测法

12. 隧道结构状态检测系统包括（　　　）。
　　A. 检测　　　　　B. 诊断　　　　　　C. 状态评价　　　　D. 修复

13. 隧道状态检测的重点内容有（　　　）。
　　A. 衬砌厚度　　　　　　　　　　　　B. 衬砌材料缺陷
　　C. 衬砌背后空洞　　　　　　　　　　D. 地下水渗漏

14. 隧道内部结构检测采用的无损检测方式有（　　　）。
　　A. 车载地质雷达　　　　　　　　　　B. 敲击
　　C. 超声波检测　　　　　　　　　　　D. 高密度电法

15. 衬砌表观检测借助的技术有（　　　）。
　　A. 图像识别　　　　　　　　　　　　B. 三维激光扫描
　　C. 地质雷达　　　　　　　　　　　　D. 敲击法

16. 地质雷达法检测隧道可探测的内容有（　　　）。
　　A. 衬砌厚度　　　　　　　　　　　　B. 钢筋位置
　　C. 空洞分布　　　　　　　　　　　　D. 围岩状况

17. 敲击法检测衬砌空洞的适用范围包括（　　　）。
　　A. 衬砌空洞　　　　　　　　　　　　B. 不密实
　　C. 掉块　　　　　　　　　　　　　　D. 渗漏水

18. 超声波检测衬砌内部缺陷可判断的内容有（　　　）。
　　A. 混凝土强度　　　　　　　　　　　B. 密实度
　　C. 空洞　　　　　　　　　　　　　　D. 裂缝

19. 原位钻孔检测可检测衬砌的（　　　）。
　　A. 强度　　　　　B. 裂缝　　　　　　C. 分层　　　　　　D. 孔洞

20. 隧道纵向测点布置原则包括（　　　）。
　　A. 围岩变化较大处　　　　　　　　　B. 水位较深处
　　C. 联络通道处　　　　　　　　　　　D. 施工条件发生较大变化处

（三）判断题

1. 隧道一旦投入运营，就不会产生病害。（　　　）

2. 隧道检查制度中只需要进行经常检查。（　　　）

3. 隧道衬砌检查发现裂纹后不需要采取措施。（　　　）

4. 隧道内漏水涌水检查只需要测量流量。（　　　）

5. 隧道内整体道床检查不需要关注伸缩缝。（　　　）

6. 有明显偏压的隧道或明洞检查不需要关注山体动态。（　　　）

7. 隧道通风检查每年进行一次抽取空气试验。（　　　）

8. 隧道出入口及顶部防排水设施检查不需要关注防水层。（　　　）

9. 隧道起、拨道量观测只能利用原设计基线。(　　　)

10. 衬砌裂损变形观测只能采用安设测标定期观测的方法。(　　　)

11. 隧道限界检查只有横断面法。(　　　)

12. 隧道结构状态检测系统不包括诊断功能。(　　　)

13. 隧道状态检测的重点不包括衬砌厚度。(　　　)

14. 隧道内部结构检测只能采用无损检测方式。(　　　)

15. 衬砌表观检测不能借助图像识别技术。(　　　)

16. 地质雷达法不能检测隧道衬砌背后空洞。(　　　)

17. 敲击法检测衬砌空洞不需要检测人员经验。(　　　)

18. 超声波检测不能判断衬砌混凝土强度。(　　　)

19. 原位钻孔检测不能检测衬砌裂缝。(　　　)

20. 隧道纵向测点布置不需要考虑围岩变化情况。(　　　)

项目 5　涵洞养护维修

 项目描述

在铁路建造施工过程中，涵洞是一类极为重要的构造物。它通常横跨铁路路基，修筑于铁路下方，不仅具备灌溉、排洪的功能，还能充当人行通道。尽管涵洞在铁路工程总造价中所占的比例不大，但其数量众多，且分布较为分散。为确保铁路线路的畅通，必须及时对涵洞构造物展开检查，深入分析所发现病害的成因，从而制订出合理的维修加固方案对涵洞进行维修。同时，还需强化铁路涵洞的日常养护工作，以保障铁路涵洞在运营阶段的绝对安全。

本项目主要涵盖铁路涵洞的概念、类型，常见涵洞的构造剖析，涵洞常见病害分析，涵洞的检查与维修要点，旨在让大家熟悉铁路涵洞的养护技术，进而了解涵洞的主要特点。

 拟实现的教学目标

➤ **思政要素**

（1）通过介绍工程案例，感受国家的统筹规划能力和国家发展建设的能力。通过思政案例让学生感受强国能力及集体荣誉感，培养学生学会统筹规划的意识和素养。

（2）培养"执着专注、精益求精、一丝不苟、追求卓越"的工匠精神，遵纪守法、团结协作、严谨务实、按章操作。

（3）树立"麻雀虽小，五脏俱全"的思想，使学生充分意识到涵洞的重要性，其质量直接影响铁路工程的使用性能及运营安全。

➤ **能力目标**

（1）能够说出常见涵洞类型及其特点。

（2）能够识读常见涵洞的图纸。

（3）熟知涵洞的施工技术要求。

（4）具备分析涵洞病害原因的能力。

（5）具备编写铁路涵洞维修措施方案的能力。

（6）具备编写铁路涵洞养护方案的能力。

> ▶ 知识目标

（1）掌握涵洞的类型和构造。

（2）了解涵洞的特点和涵洞病害的产生原因。

（3）掌握涵洞的常见病害。

（4）熟悉涵洞的检查内容。

（5）掌握涵洞的维修方法。

（6）掌握涵洞的养护技术。

> ▶ 素质目标

（1）养成严谨的科学态度，强化坚持不懈的科学精神。

（2）具备自学和独立思考的能力。

（3）具备分析问题和解决实际问题的能力。

（4）具备信息搜集能力和处理能力。

（5）具备一定的协调能力、协作精神。

 相关案例

涵洞病害分析

涵洞作为交通运输领域的关键设施，在城市发展和交通运输体系中占据着不可或缺的地位。然而，每逢雨季或洪水期，涵洞淹水事故频发，洞身遭受强烈冲击，由此引发的财产损失与经济损失难以估量，更甚者，还会威胁到民众的生命安全。

2016 年，广州市在连续暴雨的侵袭下，天河路的涵洞迅速积水，短时间内便被完全淹没，多辆车被困其中，最终导致两名市民不幸罹难。这起事故引发了当地社会的广泛关注，也无情地揭示出当前涵洞在设计层面存在的漏洞，以及引水和排水系统中存在的系统性问题。同年 9 月 3 日，武汉市高速公路 S11 线武汉东收费站附近的一座混凝土涵洞，同样发生了严重的淹水事故，致使两名司机丧生。该涵洞使用年限已超 20 年，内部钢筋严重锈蚀，管道、水文学参数以及相关设备极度老旧，报废率居高不下，却长期缺乏必要的维护与更新。

2008 年，香港特别行政区的妙峰山道涵洞发生了一起恶性灾难事件。暴雨突袭，涵洞内水位在短时间内飙升至数米深，短短 1 个多小时，涵洞口附近就有 4 辆巴士被困，造成 24 人遇难的惨剧。这不仅凸显出该涵洞系统存在的根本性缺陷，更是一场极具警示意义的大型降雨灾害典型案例。

2019 年 7 月 19 日，北京市顺义区某高速公路上的涵洞，因排水设备故障引发大量积水，虽未造成人员伤亡，却给行车安全带来极大隐患，还引发了道路疏导困难、交通拥堵等一系列问题。

对这些涵洞淹水事故进行深入分析可知，要建设高质量的涵洞，不仅需要严格遵循科学的施工标准，更要强化对涵洞后期的管理与维护。涵洞淹水是多种因素交织的结果，涵盖历史遗留问题、设计不合理以及管理混乱等。在涵洞的建设与管理过程中，设计阶段应充分考量高水位调整、污水泄漏等潜在风险，同时，要大力加强安全管理，增加巡查频次，及时进行维护，设立行之有效的安全监管机构，以便在事故发生时能够及时发布警示信息并进行交通疏导。唯有如此，才有可能有效预防和控制类似事故的再次发生，切实保障民众的生命财产安全和交通的顺畅运行。

❓ 思则有备

表 5-1　项目内容及自我评价

项目	内容	自我评价			
自主学习计划		优　秀（　　）	良　好（　　）		
		及　格（　　）	不及格（　　）		
思维导图绘制		优　秀（　　）	良　好（　　）		
		及　格（　　）	不及格（　　）		
项目小结撰写		优　秀（　　）	良　好（　　）		
		及　格（　　）	不及格（　　）		
疑难问题剖析		优　秀（　　）	良　好（　　）		
		及　格（　　）	不及格（　　）		
学习体会概要		优　秀（　　）	良　好（　　）		
		及　格（　　）	不及格（　　）		
知识拓展方向		优　秀（　　）	良　好（　　）		
		及　格（　　）	不及格（　　）		

　　请你在学习开始之际填写第 1 项，在学习中逐步完善第 2 项，在学习之后完成第 3～5 项，课后完成第 6 项。

任务 5.1　涵洞概述

5.1.1　概念和分类

知识点 22　涵洞的概述

　　随着国家在交通基础设施、重要建筑原材料等方面投入力度的加大，铁路事业得到健康飞速发展。铁路工程在铁路事业中起着极其重要的作用，而涵洞在铁路工程中占有较大比例，是铁路工程的重要组成部分，这主要表现在工程数量和工程造价两个方面。据有关资料统计，平原地区平均每千米有 1～3 座涵洞，在山岭重丘区平均每千米有 4～6 座涵洞，涵洞占桥涵总数的 60%～70%。小桥涵工程造价约占桥涵造价总额的 50%，在小桥涵中涵洞所占比例又比较高。涵洞无论是在工程数量还是在工程造价上，都占有相当的比重，可以说不存在没有涵洞的铁路。

　　铁路涵洞主要由洞身、基础、端墙和翼墙等组成，常用砖、石、混凝土和钢筋混凝土等材料建筑而成。其孔径较小，形状有圆形、箱形及拱形等。

1. 涵洞的概念

涵洞是指在铁路工程建设中为了使铁路顺利通过水渠，设于路基下且修筑于轨面以下的过水通道（过水涵），或横跨大小道路作为人、畜和车辆通行的立交通道（交通涵）。

桥梁与涵洞技术上是以跨径为划分标准的。一般 5 m（不含）以上称桥，以下就称涵洞。但圆管涵和箱涵不论孔径、跨径多少都称涵洞。实际上，涵洞与桥梁的主要区别是在于，一般涵洞上有填土，而桥上就直接铺轨道（但仍有道砟）。从侧面看，涵洞就像在路基上挖的孔，而路基在桥梁处就断开了。根据以上说明，可以看出按是否填土来区分只是通常的，非正式的一种区分方式。从技术上来说，还是应该按长度来区分桥梁和涵洞。

2. 涵洞的类型

涵洞是一种横穿铁路路堤的建筑物，可根据以下不同的标准进行多种分类。

1）按照建筑材料分类

涵洞按照建筑材料可分为砖涵（图 5-1）、石涵（图 5-2）、混凝土涵和钢筋混凝土涵。

图 5-1　砖涵　　　　　　　　　　　　图 5-2　石涵

2）按照用途分类

涵洞按照用途可分为排洪涵、交通涵和灌溉涵。用以跨越天然沟谷洼地排洪泄水的为排洪涵；横跨大小道路，作为人、畜和车辆通行的立交通道，称为交通涵；作为水渠农田灌溉的涵洞是灌溉涵。

3）按照构造形式分类

涵洞按照构造形式可分为圆管涵、拱涵、盖板涵和箱涵。

圆管涵（图 5-3）的洞身是圆形的混凝土管、钢筋混凝土管、铸铁管或皱纹铁管等，最常见的是钢筋混凝土圆管涵。它是农村公路路基排水中最常用的涵洞结构类型，不仅力学性能好，而且构造简单、施工方便、工期短、造价低。圆管涵由洞身及洞口两部分组成。洞身是过水孔道的主体，主要由管身、基础、接缝组成。洞口是洞身、路基和水流三者的连接部位，主要有八字墙和一字墙两种洞口形式。圆管涵的管身通常由钢筋混凝土构成，管径一般有 0.5 m、0.75 m、1 m、1.25 m 和 1.5 m 等 5 种，管径的大小根据排水要求选择，多采用预制安装，预制长度通常为 2 m。

　　拱涵（图 5-4）的洞顶结构部分具有拱形截面，形成拱形顶板，用于水或人以及小型机车由道路下面穿越。一般而言，拱涵是利用拱结构良好的抗压性能，适合涵洞上部填土路堤较高的情况，分为石拱涵、混凝土拱涵、钢筋混凝土拱涵等。拱涵主要由涵身和洞口构成，涵身主要由拱圈、护拱、侧墙、涵台、基础和伸缩缝等构成，常用的洞口形式为八字墙或一字墙。钢筋混凝土拱涵现在极少使用。

图 5-3　圆管涵

图 5-4　拱涵

　　盖板涵（图 5-5）是指洞身由盖板、台帽、涵台、基础和伸缩缝等组成的建筑，具有矩形过水断面。其填土高度为 1~8 m，甚至可达 12 m。孔径较大和路堤较高时，盖板涵比拱涵造价高，但施工技术较简单，排洪能力较大，盖板可以集中制造。盖板涵构造简单，但是对施工工艺要求比较高。

　　箱涵（图 5-6）指的是洞身以钢筋混凝土箱形管节修建的涵洞。箱涵由一个或多个方形或矩形断面组成，一般由钢筋混凝土或圬工制成，但钢筋混凝土应用较广，当跨径小于 4 m 时，采用箱涵。对于管涵，钢筋混凝土箱涵是一个便宜的替代品，其墩台、上下板都可全部一体浇筑。

图 5-5　盖板涵

图 5-6　箱涵

4）按照填土高度分类

涵洞按照填土高度可分为明涵和暗涵。明涵（图 5-7）是指洞顶填土高度小于 0.5 m 的涵洞，适用于低路堤及浅沟渠处。暗涵（图 5-8）是指洞顶有填土的涵洞，最小的填土厚度应大于 50 cm，适用于高路堤及深沟渠处。这里所说的"洞顶填土"高度是指洞顶至路面顶最薄处的高度。

图 5-7　明涵

图 5-8　暗涵

5）按照水力性质分类

涵洞按照水力性质可分为无压力式涵洞、半压力式涵洞和压力式涵洞。

无压力式涵洞指的是入口处水流的水位低于洞口上缘，洞身全长范围内水面不接触洞顶，水体在其经过涵洞的全部流程上保持自由水面的涵洞［图 5-9（a）］。压力式涵洞入口处水流水位高于涵洞顶面，进出口被水淹没，整个洞身为水流所充满，涵洞全长范围内以全部断面泄水［图 5-9（b）］。半压力式涵洞指的是入口处水流的水位高于洞口上缘，在入口下游的流程上水体仍具有自由表面，仅部分洞顶承受水头压力的涵洞［图 5-9（c）］。

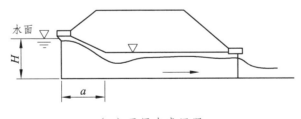
（a）无压力式涵洞

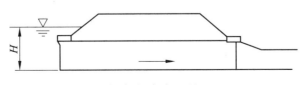
（b）压力式涵洞

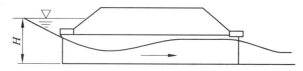

（c）半压力式涵洞

H—涵前积水深；*a*—涵洞入口提高节长度。

图 5-9　涵洞水力性质类型

6）按照涵洞轴线与线路中线的交角分类

涵洞按照其轴线与线路中线的交角可分为正交涵［图 5-10（a）］和斜交涵［图 5-10（b）］。正交涵是指涵洞涵身轴线与路线中线垂直；斜交涵是指涵洞涵身轴线与路线中线不垂直。

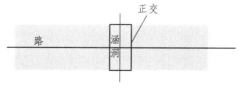

（a）正交涵

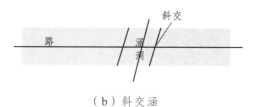

（b）斜交涵

图 5-10　涵洞轴线与线路中线交角类型

7）按照涵洞的孔数分类

涵洞按照其孔数可以分为单孔涵洞、双孔涵洞（图 5-11）和多孔涵洞（图 5-12）。

图 5-11　双孔涵洞

图 5-12　多孔涵洞

8）按照涵洞的洞身横截面形状分类

涵洞按照其洞身横截面形状可分为圆形涵、卵形涵、拱形涵、梯形涵、矩形涵等。

5.1.2   组   成

涵洞是设于路基下的排水孔道，为了适应过水、受力以及路堤的衔接等方面的要求，涵洞通常由洞身、洞口建筑两大主要部分及附属工程组成。涵洞的组成部分如图5-13 所示。洞身由若干管节组成，是涵洞的主体。它埋在路基中，具有一定的纵向坡度，以便排水；端墙和翼墙位于入口和出口的两侧，起挡土和导流作用，同时还可以保护路堤边坡不受水流冲刷。涵洞一般横穿路堤下部，多数洞顶有填土，采用单孔或双孔。

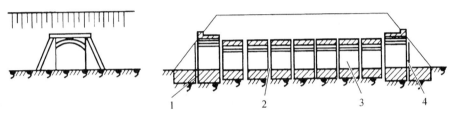

1—进水口建筑；2—变形缝；3—洞身；4—出水口建筑。

图 5-13   涵洞的组成部分

1. 洞   身

洞身是涵洞的主要部分，它承担着排水或交通任务，是形成过水孔道的主体。它应具有保证设计流量通过的必要孔径，保证水流的正常通过，同时承受路堤填土的自重及由路堤填土传来的列车活载压力，并将荷载传递给地基，又要求洞身本身坚固而稳定。洞身通常由承重结构（如拱圈、盖板等）、涵台、基础以及防水层、伸缩缝等部分组成。钢筋混凝土箱涵及圆管涵为封闭结构，涵台、盖板、基础连成整体，其涵身断面由箱节或管节组成，为了便于排水，涵洞洞身还应有适当的纵坡，其最小坡度为 0.3%。

由于压力对洞身中部作用大，而对洞身端部的作用较小，因此位于非岩石地基上的涵洞，一般将涵洞洞身分段修建，其间设置沉降缝，以避免因受力不均匀导致洞身的不规则断裂。沉降缝用有弹性且不透水的材料填塞。为避免涵洞投入使用后，因洞身中部受力较大而形成中部下沉多、两端下沉少，以致中间积水淤积，或出现洞身下游逆坡现象，对于修建于非岩石地基上的涵洞，特将洞身中部的标高较理论设计标高再提高一数值 Δ，称为上拱度（图 5-14）。

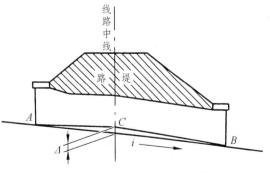

图 5-14   预留上拱度示意图

2. 洞　口

　　洞口是洞身、路基、河道三者的连接构造物，位于洞身两端，起连接洞身和路堤边坡并诱导水流顺利进出涵洞的作用。位于上游端的称入口，位于下游端的称出口。洞口建筑由进水口、出水口和沟床加固三部分组成。常用的洞口建筑有八字翼墙式和端墙式。八字翼墙式洞口与八字翼墙式桥台相似，除设置端墙外，在端墙外的洞口两侧设有张开成八字形的翼墙（图 5-15）。为缩短翼墙长度和便于设置锥体，在适当位置将翼墙折成与线路平行的雉墙，雉墙外为锥体，端墙、翼墙、雉墙之上均盖以帽石，整个洞口下设基础。八字翼墙式洞口适用于平坦顺直、纵断面高差变化不大的河沟，具有水力条件较好、工程量小、施工简单、经济强等优点，是经常采用的洞口形式。端墙式洞口外面要做锥形护坡，与 U 形桥台相似（图 5-16），由一道垂直于涵洞轴线的竖直端墙以及盖于其上的帽石和设于其下的基础组成。端墙外有收敛路堤边坡的附属工程——锥体。端墙式洞口构造简单，但泄洪能力小，仅用于流量较小的涵洞。

图 5-15　八字翼墙式洞口

图 5-16　端墙式洞口

　　洞口的作用是：一方面使涵洞与河道顺接，使水流进出顺畅；另一方面确保路基边坡稳定，使之免受水流冲刷。沟床加固包括进出口调治构造物、减冲防冲设施等。

3. 基　础

基础是洞口和洞身的一部分，主要有整体式和分离式两种。孔径较小的涵洞一般采用整体式基础［图 5-17（a）］；若孔径较大且地质情况良好，则可采用分离式基础，以节约圬工［图 5-17（b）］。对于分离式基础，一般在分离的边墙与基础之间用片石砌成较薄的流水板。流水板与边墙基础之间留有纵向缝隙，板下设砂垫层。

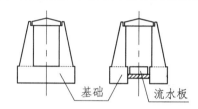

（a）整体式基础　（b）分离式基础

图 5-17　基础类型

对于圆涵及其他封闭式截面的涵洞，若基底为石质或砂质土壤，且质地均匀，下沉量不大时，亦可采用无基涵洞（不设圬工基础），但洞出入口节仍应设置基础。

4. 附属工程

涵洞的附属工程包括收敛路堤边坡并起导流作用的锥体（图 5-18）、防止冲刷的河床及路堤边坡铺砌、改移和加固河渠的人工水道、提供养护人员工作方便的路堤边坡检查台阶（图 5-19）等。

图 5-18　锥体

图 5-19　检查台阶

5.1.3　特　点

涵洞作为铁路工程中的重要组成部分，在大自然环境（雨、雪、风、霜、冰冻、高温、水流冲击）和列车荷载反复、长期作用的条件下，具有显著的特点：

（1）足够的洪水排泄能力。保证在设计洪水位的情况下，顺利、快捷地排除铁路两侧的水流，不使铁路路基长时间受到水的浸泡和冲刷。

（2）足够的整体强度、一定的刚度和稳定性。保证在设计荷载的作用下，构件不被压坏、压沉，构件不产生超限的位移与变形。

（3）较高的可靠性和耐久性。在铁路运营过程中及自然环境条件下，保证长期完好，不发生破损和水毁。

任务 5.2　常见涵洞构造

5.2.1　圆形涵洞

圆管涵的管身通常由钢筋混凝土构成（图 5-20），管径一般有 0.5 m、0.75 m、1 m、1.25 m 和 1.5 m 等 5 种，管径的大小根据排水要求选择，多采用预制安装，预制长度通常为 2 m。当采用 0.5 m 或 0.75 m 管径时用单层钢筋，而孔径在 1 m 及 1 m 以上时采用双层钢筋。0.5 m 管径时其管壁厚度不小于 6 cm，0.75 m 管径时管壁厚度不小于 8 cm，1 m 管径时管壁厚度不小于 10 cm，1.25 m 及 1.5 m 管径时管壁厚度不小于 12 cm。

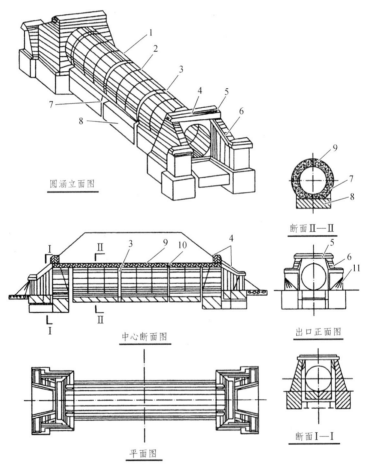

1—管节；2—接缝；3—沉降缝；4—帽石；5—端墙；6—翼墙；7—混凝土管座；
8—浆砌片石基础；9—黏土层；10—防水层；11—锥体护坡。

图 5-20　钢筋混凝土圆形涵洞的组成

1. 管　节

圆涵各孔径管节长度均定型化为 1 m。管壁厚度因路堤填土高度的不同而不同。

置于路堤下的管节所受竖直荷载较大，水平侧压力较小，导致上下管壁内侧受拉，左右管壁外侧受拉，因此孔径 1.0 m 以上的管节均布置有双层螺旋主筋，用纵向分配钢筋及箍筋连成骨架。0.75 m 孔径管节因其所受弯矩较小，故主筋设为单层。

2. 接　缝

各管节之间以接缝连接，要尽量顶紧，内外侧均用 M10 水泥砂浆填塞严密。对于有基涵洞，接缝外面自管座襟边以下 15 cm 开始，铺设两层石棉沥青中间夹一层沥青浸制麻筋的防水层，其宽度为 50 cm。

3. 沉降缝

为避免涵身下沉不均引起涵洞的开裂，每隔 2～5 m 应设置沉降缝一处，新旧接头处、两种地基土交界处也要设置沉降缝。对于有基涵洞的沉降缝处，管节内侧用 M10 水泥砂浆填塞，外侧用沥青浸制的麻筋填塞（深 5 cm）；基础用黏土或砂黏土填塞。对于无基涵洞，洞身不设沉降缝，仅在洞身与出入口相接处各设一道沉降缝。

4. 出入口

孔径 0.75 m 的圆形涵洞仅用作流量较小的灌溉涵，故采用端墙式出入口。其余孔径圆涵一律采用八字式出入口。

5. 基　础

圆涵洞身的基础分为有基（一律为整体式）和无基两种（图 5-21）。较好的岩石地基采用无基。一般的石质土、砂质土以及土质均匀、下沉量不大的黏性土地基原则上采用无基，亦可用有基。一般黏性土地基采用有基。

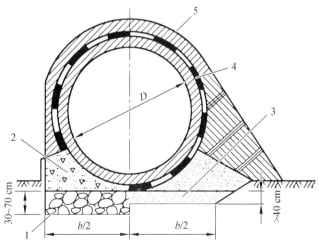

1—浆砌片石；2—混凝土；3—砂垫层；4—防水层；5—黏土。

图 5-21　圆涵基础

若洞顶至轨底填方高超过 5 m 且为非岩石地基，或最大流量的涵前积水深度超过 2.5 m，或位于经常流水的河沟或沼泽地区，则不得采用无基。

出入口的端墙、翼墙、雉墙一律采用有基。

涵洞地面需要设置预留上拱度 Δ，预期在全部沉降量出现以后，涵洞地面能达到设计纵坡 i 或微呈上拱，避免出现反坡。

6. 防水层

沉降缝外面，自管座襟边以下 15 cm 开始，铺设两层石棉沥青中间夹一层沥青浸制麻筋的防水层，其宽度为 50 cm。对于无基涵洞，防水层做成封闭式，且接头处应搭接 10 cm，涵洞的防水层外面，均需铺设通长的、拌和均匀的塑性黏土或砂性黏土保护层，厚度为 15~20 cm，如图 5-22 所示。

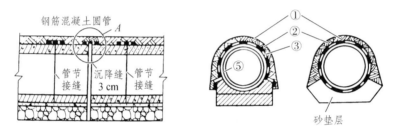

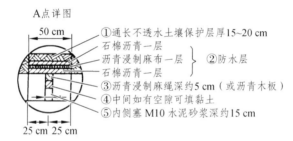

图 5-22　圆涵的防水层和保护层

5.2.2　拱　涵

拱涵涵身主要由拱圈、护拱、侧墙、涵台、基础和伸缩缝等构成（图 5-23）。拱涵常用的洞口形式为八字墙或一字墙。拱涵孔径范围为 0.75~6.0 m。孔径系指涵身边墙与边墙或边墙与中墩之间的水平净距。双孔拱涵尚有中墩部分（图 5-24）。常见的有石拱涵、钢筋混凝土拱涵等。

1. 基　础

拱涵的基础有整体式、分离式和板凳式 3 种。

整体式基础拱涵用于压缩性很小的各类地基和岩石地基上，不得用于湿陷性黄土地基，对于拱顶至轨底填方高 $H=1~12$ m 和 $H>12$ m 的情况，要求地基基本承载力分别大于 200 kPa 和 300 kPa。

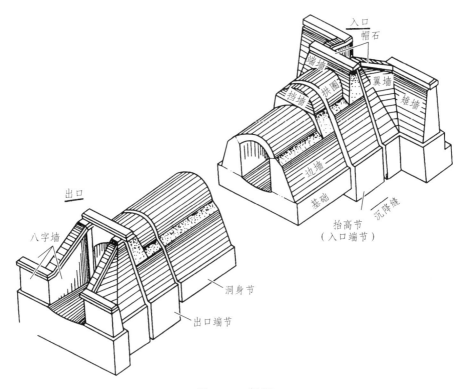

图 5-23　拱涵

图 5-24　双孔拱涵

分离式基础拱涵主要用于压缩性极小、土壤密实度在"密实"以上的各类地基和岩石地基上，基本承载力必须大于 500 kPa。

在孔径 0.75～2.0 m 的小跨径圆弧拱涵中，不论单孔或双孔均用整体式基础；修建于软地基上的较大跨径的拱涵，也宜采用整体式基础；孔径大于 3.0～4.0 m 时，无论单孔或双孔，都可采用整体式和非整体式两种；整体式基础的拱涵通常做成反拱形，其目的是使之能较好地抵抗地基反力所产生的弯曲与基础可能产生的位移。

板凳式基础拱涵主要用于压缩性极小、土壤密实度基本在"密实"以上的砂土和"中密"以上的碎石土以及岩石地基，基本承载力必须大于 400 kPa。

拱涵的边墙为适应受力的要求，设计成上窄下宽类似挡墙的形式，拱圈一律采用圆弧形。

对于孔径 1.5～2.5 m、填方高度大于 10 m 或孔径 3.0～6.0 m、填方高度大于 5 m 的拱涵，需在边墙与拱圈之间设置 400 mm 厚的拱座。拱座采用与拱圈相同的材料砌筑。

上述拱涵所适应的路堤填方高（拱顶至拱底），因路堤填料（土或石）和基础类型的不同而异，其中最小者为 1 m，最大者为 30 m。

拱涵的出入口节一律采用八字式（图 5-25）。其中，入口节又分提高节和非提高节两种形式。若入口采用非提高节式，则出入口节的形状、尺寸完全一致。顺便指出，有提高节的涵洞较无提高节的涵洞有更高的泄水能力。

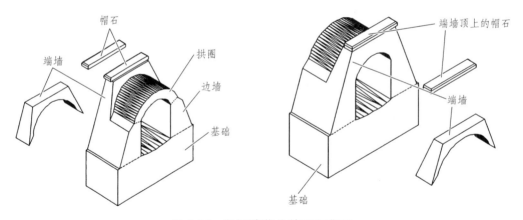

图 5-25　涵洞端节的前面和背面

此外还有一种低边墙扁平式拱涵（采用整体基础），配合较低矮的路堤使用，要求拱顶至轨底的填方高（土或石）最小为 0.78 m，最大为 3 m，入口形式仅有非提高节式一种。

2. 拱　圈

拱圆根据填方高度和外力大小分别采用混凝土、浆砌片石或浆砌粗料石。

边墙和中墩：根据填方高度和外力大小分别采用片石混凝土、浆砌片石或浆砌块石。

洞身基础：片石混凝土或浆砌片石。

出入口端墙、翼墙、雉墙及基础：浆砌片石。

以上各部分如采用片石圬工，水泥砂浆强度等级不得低于 M10。

3. 沉降缝及防水层

拱涵沉降缝外侧填塞 5 cm 深的沥青浸制麻筋，内侧填塞 15 cm 深的 M10 水砂浆。中间空隙处填塞黏土。

在沉降缝处，于拱背及边墙的外面（至襟边以下 15 cm）设两层石棉沥青中间夹一层沥青浸制麻布的防水层，宽 50 cm。其余部分用水泥砂浆抹平以防积水，最后用 20 cm 厚的黏土将整个洞身抹平。

5.2.3　盖板箱涵

盖板箱涵指的是洞身由钢筋混凝土盖板、边墙、基础和伸缩缝等组成（图 5-26），孔径范围 0.75 ~ 6.0 m 的涵洞，简称板涵。基础和边墙填土高度为 1 ~ 8 m，甚至可达 12 m。在孔径较大和路堤较高时，板涵比拱涵造价高，但施工技术较简单，排洪能力较大，盖板为预制钢筋混凝土板，可以集中制造。

图 5-26　板涵的组成

1. 出入口

0.75 m 孔径板涵采用端墙式，其余孔径板涵一律采用八字式。孔径 1.0 ~ 3.0 m 者，入口分提高节和非提高节两种；孔径为 3.5 ~ 6.0 m 者，入口均采用非提高节式。进口节设成抬高式有利于适应涵洞水流形态，提高涵洞的泄水能力。盖板箱涵还应设置预留上拱度。

2. 洞　身

洞身由盖板、边墙和基础组成。

0.75 m 孔径的板涵，可采用石、混凝土、钢筋混凝土盖板。其余孔径的板涵一律采用钢筋混凝土盖板。盖板顶面设人字形排水坡。盖板沿涵轴方向定型化为 1.0 m。

各种孔径板涵的边墙依据其高度的不同又分为高边墙和低边墙两类。从墙顶到盖板底面以下 0.4 m 处，用 C15 混凝土灌注。边墙其余部分为 M10 水泥砂浆砌片石。板涵的基础分为刚性联合基础、分离式基础、钢筋混凝土联合基础三种（图 5-27）。

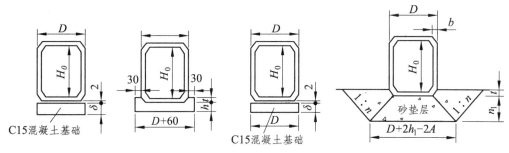

图 5-27　板涵基础（单位：mm）

（1）刚性联合基础：又称整体式基础，各种孔径板涵均可使用此种基础。材料采用 M10 水泥砂浆砌片石，基础厚度按材料刚性角 40° 决定，且不小于 0.6 m。

（2）分离式基础：此种基础用于孔径较大（≥2 m）的板涵，要求地基土质较好。基础厚度为 1.0 m，孔内流水板厚度为 0.5 m。采用分离式基础，可以减少工程量。

（3）钢筋混凝土联合基础：此种基础内布置有适量的钢筋，用于单孔孔径为 3.0～6.0 m、土质较差的地基。基础的厚度不小于 0.5 m，材料为 C20 混凝土。这种基础厚度较薄，可利用钢筋混凝土扩大地基承载面积，减小对地基承载能力的要求。

3. 防水层及保护层

若涵中板顶填方高小于 1.0 m，则自板顶面至板底面以下 0.2 m 的两侧边墙外面设防水层。如涵中板顶填方高大于等于 1.0 m，则对于钢筋混凝土板涵的上述部位只需涂两层热沥青；对于石及混凝土板涵顶面只需抹 M5 水泥砂浆。最后在涵洞顶面及两侧防水层的外面以不透水土壤做成 15～20 cm 厚的通长保护层。盖板通常预制成宽 1 m 的板，相邻盖板接缝处也应铺设防水层，新型盖板箱涵盖板全面积铺设防水层。

4. 沉降缝

板涵涵身的分段和沉降缝设置，原则上和圆涵一样，只是沉降缝构造有所不同。在涵洞外围一侧，填塞 5 cm 深的沥青浸制麻筋，内侧填塞 15 cm 深的 M10 水泥砂浆；中间空隙处填塞黏土。基础部分的沉降缝，用塑性黏土填满或埋 3 cm 厚的木板。沉降缝外围敷设 0.5 m 宽的防水层。

任务 5.3　涵洞技术要求

知识点 23　涵洞的
基本技术要求

5.3.1　一般规定

（1）孔径尺寸系指涵洞两边墙的内侧尺寸（或内径），铁路涵洞的标准孔径有 0.75 m、1.0 m、1.25 m、1.5 m、2.0 m、2.5 m、3.0 m、3.5 m、4.0 m、4.5 m、5.0 m、5.5 m、6.0 m，其中 0.75 m 孔径仅用于无淤积地区的灌溉渠。

（2）进行铁路涵洞的孔径选择时，既要考虑涵洞的排洪能力，又要满足养护维修作业的要求。

① 排洪涵洞的最小孔径不应小于 1.25 m，且全长不宜大于 25 m。

② 若孔径过小、长度过长，不易清淤养护，一旦淤积又不能及时疏通，易造成淤塞，冲毁涵洞和周围路基，致使行车中断。当全长大于 25 m 时，为便于养护，孔径还应相应加大。

③ 无淤积的灌溉涵孔径不应小于 0.75 m。当孔径为 0.75 m 且净高（或内径）小于 1.0 m 时，长度不宜大于 10 m；净高（或内径）大于等于 1.0 m 时，长度不宜超过15 m。

④ 位于城市或大型车站（如枢纽、区段站）范围内有污水流入的涵洞，一般因人口比较集中，涵洞除排洪外，尚有污水、垃圾杂物流入，清淤的通风标准应比一般排洪涵洞要高，可根据需要酌情加大孔径。

⑤ 增建第二线或改建既有线时，如旧涵洞状态良好，其孔径和长度可视具体情况而定。

现有涵洞不符合上述规定者，应结合具体情况逐步改造。

涵洞的施工允许误差见表 5-2。

表 5-2　涵洞的施工允许误差

项目	孔径	钢筋混凝土尺寸	混凝土尺寸	浆砌粗料石、块石尺寸	洞身	接头
允许误差/mm	±20	±10，−5	±15	±20	目视顺直	相互吻合，接头错牙≤10

（3）涵身、管节接缝、沉降缝、伸缩缝应不漏水，铺设防水层，做好防水工作。涵洞的沉降缝或管节缝必须有填塞，填塞材料可以使用防水膨胀嵌缝腻子条、弹性防水橡胶条、特种橡胶密封剂及其他有弹性的防水材料，确保密封效果。有压涵洞、倒

虹吸管的管节接缝，更应该做到密不透水，无渗透现象，同时要满足沉降自如，以免水流在压力下渗入路堤及基底，影响路堤及基底的稳定性。

（4）涵洞如有满流情况时，可采用在入口处抬高管节及增砌漏斗形进口的办法处理，必要时应进行改建或扩孔。涵管裂损严重或管节离缝过大，应进行整治。如果孔径允许，可在洞内加筑衬环或套环。拱圈裂损时，可采取在其上部加筑钢筋混凝土板、加筑套拱、喷射混凝土等办法处理或更换。

（5）涵洞改造时，涵洞顶不宜高于基床表层底面。涵洞顶控制路肩高程时，涵洞顶可与路肩平齐。列车速度在 200 km/h 以下的洞顶填土厚度不宜小于 0.8 m，站线涵洞填土厚度不宜小于 0.6 m。列车速度在 200 km/h 以上的洞顶填土厚度不宜小于 1.2 m，如果洞顶填方厚度不足 1.2 m，则涵洞所受活载冲击力的影响很大，而当涵洞顶填土厚度等于或大于 1.2 m 时，竖向活载的冲击能量可大部分被填方吸收。

（6）线间距拨移、加宽的涵洞，应按《铁路桥梁检定规范》（铁运函〔2004〕120号）对涵洞基础和地基进行检算，当检算结果不满足要求时，应进行加固。对于废弃的涵洞，应采用回填注浆等工程措施进行处理。

（7）涵洞的轴长不应小于对应高度处路基宽度，并满足路肩安装封闭网的要求。

（8）涵洞孔数确定：涵洞一般设单孔或双孔，如技术上和经济上均适宜，可考虑设置多于两孔的洞。但在相同的排水能力下，一般多孔涵洞的造价较单孔涵洞要高，阻水影响亦较大，且多孔涵洞的宽度增加，沟床加固范围亦增大。

（9）涵洞的过水情况：涵洞一般设计为无压的。有压涵洞因其接缝可能透水，水流渗入路堤和基底将使路堤失去稳定。在条件允许的情况下，且结构上有一定措施时，方可设置有压涵洞。

（10）陡坡涵洞，指位于陡坡地段的涵洞（图 5-28），可采用错台平置式方案布置，但涵洞两节间错台的高度一般不超过涵顶结构厚度的 3/4。如坡度较大时，可加大错台高度，但不应大于 0.7 m，且错台处的净空高度不应小于 1.0 m。此时应在较低的涵顶上设挡墙，以掩盖可能产生的缝隙。亦可采用斜置式方案布置，为防止涵洞整体向下滑移，可将基础做成锯齿状。

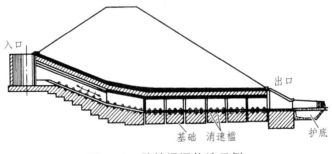

图 5-28　陡坡涵洞构造示例

由于水流入口处比水流出口处高出很多，水流往往以较大的速度流向涵洞，因此必须建造缓流井或阶梯式水槽等消能设施来降低水流速度以策安全。

（11）运营涵洞基础除设置在不冻胀地基土上者外，其出入口和自两端洞口向内各2 m 范围内的涵身基底埋深：对于冻胀、强冻胀和特强冻胀土，应在冻结线以下 0.25 m；对于弱冻胀土，应不小于冻结深度。涵洞中间部分的基底埋深可根据地区经验确定。严寒地区，当涵洞中间部分的埋深与洞口埋深相差较大时，其连接处应设置过渡段。冻结较深的地区，也可将基底至冻结线下 0.25 m 处的地基土进行处理，对出现基础冻胀病害的涵洞应有计划地进行整治。

（12）涵洞的铺砌。

涵洞出入口一定范围内的沟床、路基坡面、锥体填方均应铺砌加固。出入口铺砌的平面形式应根据沟形确定。铺砌材料应按通过的最大水流速度确定。铺砌末端必须设垂裙，一般为直裙。

（13）涵洞应保持状态完好。如发现下列状态之一时，应有计划地安排处理：

① 钢筋混凝土结构裂缝宽度大于等于 0.3 mm，混凝土拱形结构（含砖、石等砌体拱形结构）裂缝宽度大于等于 20 mm。

② 涵身破损变形、错位、拉开造成漏土或排水不畅，冻害引起线路变形。

③ 涵身、端、翼墙基础冲坏，基底全部或局部冲空。

④ 涵洞基底冒水潜流，洞内渗漏水，影响路基稳定。

⑤ 涵洞严重腐蚀风化、脱落深度 > 20 mm，面积 ≥ 0.5 m²。

⑥ 涵洞淤积严重，影响排洪。

⑦ 涵洞进出口护锥及防护设施冲毁。

5.3.2   涵洞养修质量评定（验收）标准

涵洞保养质量评定标准参考表 5-3，涵洞修理作业验收标准参考表 5-4。

表 5-3   涵洞保养质量评定标准

保养标准	扣分条件	单位	扣分
涵内淤积轻微，不影响排洪	涌内淤积，影响排洪	座	10
涵洞内管节接缝完好	接缝脱落	处	5
	漏土	处	10
混凝土表面无缺损	剥落掉块致使露筋	处	5

表 5-4 涵洞修理作业验收标准

项目	质量标准	附注
1. 整修涵洞	（1）勾缝无脱落，节缝无漏水、漏土。 （2）清除淤积，排水通畅	圬工部分修理加固质量标准同圬工梁拱墩台
2. 更换或增设涵洞	（1）孔径与各部尺寸与设计相符，误差为：孔径，0～+20 mm；厚薄，钢筋混凝土−5～+10 mm，混凝土+15 mm，浆砌块石料石±20 mm。 （2）涵身顺直，弯曲矢度小于1/250。 （3）沉降缝垂直、整齐、无交错，填塞紧密，无土、漏水，接头错牙小于10 mm	圬工质量符合有关标准
3. 框架桥涵	（1）外形尺寸误差宽度：±50 mm；轴向长度：±50 mm；顶底板厚度：−5～+20 mm；中边墙厚度：−5～+20 mm；肋：±3%。 （2）顶进误差中线：（一端顶进）200 mm。（二端顶进）100 mm 高程：顶程的 1%，但偏高不得超过150 mm，偏低不得超过200 mm	钢筋混凝土、混凝土及砌石圬工质量按有关规定标准
4. 圆涵顶进	顶进误差：中线，50 mm；高程，偏高 20 mm，偏低 50 mm；管节错口，10 mm；对顶法接头的管节错口，30 mm	

5.3.3 评定涵洞的劣化状态

铁路涵洞劣化类型、劣化等级和评定方法，可用于评定铁路涵洞的劣化状态，并作为采取养护措施的重要依据。

1. 涵洞劣化类型

1）涵身变形和破损

（1）开裂（裂缝）：裂缝种类有表面龟裂、微裂、开裂。

（2）错位：包括管节之间的拉开，上、下、左、右错位，洞身与翼墙的错位。

（3）冲毁：涵身、翼墙、端墙破损，倾斜。

（4）腐蚀、风化和脱落：洞身管节腐蚀，保护层风化、脱落、掉块、钢筋锈蚀。

（5）下沉（下陷）：洞身均匀和不均匀下沉、出入口或洞身堵死。

2）涵洞排水不良而引起的病害

（1）堵塞（淤积）：涵内泥沙淤积，杂草、垃圾、泥石流堵塞，影响正常排水。

（2）漏水、渗水：洞身渗水，管节接头处漏水，基底冒水、潜流。

（3）积水（倒虹吸管除外）：涵洞洞身管节不均匀下沉，出口不畅，洞身坡度变化，洞内常年积水。

（4）孔径不足：涵前积水升高，浸泡上游路堤。

3）防护设施破损

（1）防护设施包括上下游锥体护坡，上下游铺砌、垂裙和导流设施。

（2）防杂物设施损坏，包括防淤、防杂的栅栏和其他设施。

2. 劣化等级评定方法

（1）一座涵洞有多种劣化类型时，可按较高一级的劣化等级确定。

（2）对各种劣化类型、劣化等级的评定，应根据各种病害的情况，分别采用目测（观察裂缝采用 20 倍放大镜和刻度放大镜）、探测、手（锤）检、丈量、仪器测量等相应的手段测定。

3. 劣化等级

劣化等级分为 A、B、C、D 四级，A 级可分为 AA、A1 两等，见表 5-5、表 5-6。

表 5-5　劣化等级

劣化等级	评定标准	措施
AA 等（极严重）	结构物或主要构件的功能严重劣化，危及行车安全	一般需要通过大修或更新改造进行整治。当结构物存在影响行车安全的病害时，应采取相应的限速或限载措施；遇紧急情况，应立即采取临时加固措施，并视具体情况，尽快安排彻底整治或列入下一年度的桥隧大修或更新改造计划，及时进行整治
A1 级（严重）	结构物或主要构件的功能严重劣化，进一步发展会危及行车安全	尽快采取措施进行大修或更新改造整治工作
B 级（较重）	结构物或构件的功能劣化，进一步发展将会升为 A 级	加强监视，一般需要通过维修进行整治（个别病害需要通过大修进行整治）
C 级（中）	结构物或构件劣化，对其使用功能和行车安全影响较小	加强检查，正常维修。可通过维修进行整治，个别病害只需加强观测并根据其变化情况采取相应的措施
D 级（轻微）	结构物或构件劣化，对其使用功能和行车安全无影响	正常保养，及时巡检

表 5-6　劣化等级评定

劣化等级	劣化类型											
	涵身变形和破损					涵洞排水不良				防护设施的破坏		
	开裂（裂纹）（裂纹宽度 b）	错位	冲毁	风化	下沉（下陷）	堵塞（淤积）	漏水、渗水	积水	孔径不足	上、下游防护设施的破坏	防护设施破坏	防淤设施的损坏
A级 AA等	钢筋混凝土结构，b=0.3 mm及以上者；混凝土砖、石等砌体拱形结构，b=20 mm及以上者		洪水、大孤石冲毁、轨道毁坏，危及行车安全						涵前积水升高、浸泡路基，危及行车安全		全部破坏	全部冲毁
A级 A1等		涵身破损、变形、错位，拉开造成漏土	洞身、翼墙基础被冲坏、基底全部或局部冲空	大面积腐蚀、风化、脱落严重者	线路、轨道发生变形	泥沙淤积堵死	基底冒水、潜流、渗漏水影响路基			全部冲毁	锥体护坡冲毁、翼墙基底掏空、墙身倾倒	
B级	钢筋混凝土拱形结构，b=0.3 mm以下者；混凝土砖、石等砌体拱形结构，b=10～20 mm			非长期湿润、高温、较大面积腐蚀、风化、脱落		泥沙淤积、流水面至洞内顶点的净空不能满足规范要求	渗漏水	洞内常年积水		部分损坏		部分损坏
C级	混凝土拱形结构（包括砖、石等砌体拱形结构），b=2～10 mm											
D级	混凝土拱形结构（包括砖、石等砌体拱形结构），b=2 mm									轻微损坏，不影响使用	轻微损坏，不影响使用	轻微损坏，不影响使用

任务 5.4　涵洞检查

5.4.1　检查概述

随着铁路建设的不断加快，铁路网规模不断扩大，铁路涵洞的数量日益增加。但随着铁路使用年限的增加，很多铁路涵洞出现了严重的病害，为了防止涵洞病害影响线路的运营，要对涵洞进行经常性检查和定期检查，特别是在雨季和雪季来临之前要对所有的涵洞进行全面检查。为加强铁路涵洞的养护管理，确保涵洞结构物的完好、安全，铁路涵洞的检查尤为重要。

保证涵洞行车安全、排水顺畅和排放适当，保持涵洞结构及填土完好，维护涵洞表面清洁、不漏水，必须认真做好涵洞的养护工作。涵洞养护工作的内容包括：经常检查和定期检查，日常养护、维修、加固与改建。涵洞开挖维修时，应维持好交通，并设立安全标志及护栏。

1. 经常检查

经常检查每月至少进行两次，在洪水、冰雪前后及行洪期间应加强检查，采用目测方法，配备简单检查工具，如钢尺、卡尺、铁锤、手电筒、记号笔等。

经常检查内容包括：进水口是否堵塞，沉砂井有无淤积，洞内有无淤塞及排水不畅；洞口周围是否有杂物堆积，涵洞是否清洁漏水；周围路基填土是否稳定和完整；涵洞结构是否有损坏。经常检查中发现有排水堵塞或有较大损坏需要进行维修的，应做好记录并及时报告。

2. 定期检查

定期检查每年至少一次，在接到较大损坏情况的报告后应增加检查频次。采用目测与量测检查相结合的方式，配备必要的检查工具和设备，如裂缝测宽仪、手工锤等。定期检查的内容：

（1）检查涵洞的过水能力，包括涵洞的位置是否适当，孔径是否足够，涵底纵坡是否合适。若过水能力明显不足，经常造成内涝及路基损毁的，应考虑改造。

（2）进水口铺砌、翼墙、护坡、挡水墙、沉砂井等是否完整，洞口连接是否平整顺适。

（3）出水口铺砌、挡水墙、翼墙、护坡等是否完整，排水是否顺畅。

（4）涵体侧墙是否渗漏水、开裂、变形或倾斜，墙身砌体砂浆是否脱落，石块是否松动，基础是否冲刷掏空。

（5）涵身顶部盖板或拱顶是否开裂、漏水、变形下挠，拱顶砌块是否松动脱落。

（6）涵底是否淤塞阻水，涵底铺砌是否完整。

（7）洞口附近填土是否有漏水、冲刷、空洞，填土是否稳定。

（8）涵洞顶路面是否开裂、下沉，行车是否安全。

5.4.2　重点检查内容

1. 涵身裂损、变形、冻害检查

（1）对于混凝土拱涵要注意拱圈裂缝的发生。拱顶裂缝大小随孔径的增加和填土高度而异，有 0.1～12 mm 不等，且拱顶开裂多贯通全段（两沉降缝之间），有的则会贯通全涵，裂缝大部分垂直于流水面。在拱圈 1/4 处开裂则较少，裂缝与流水面垂直线成 40°～50°方向。当发现裂缝时，应设置测标，定期观测裂缝的宽度、深度及长度的变化情况。根据经验：一般孔径大于 3 m、填土高度大于 5 m 的拱涵出现开裂较多；采用整体式基础的拱涵开裂比采用非整体式基础的拱涵多。

（2）对盖板涵、钢筋混凝土框构涵应检查有无露筋现象（由于施工不良或保护层厚度不足所造成）。检查沉降缝、盖板涵盖板与盖板、盖板与边墙顶的接缝有无渗水现象。潮湿的环境会使钢筋发生锈蚀，缩短涵洞等构筑物的使用寿命。检查盖板与边墙顶是否有瘸腿、盖板是否有颠簸现象；盖板涵是否发生横向断裂，边墙是否开裂外鼓。

（3）检查因高路堤下沉或填土压力不均匀引起涵洞管节的下沉、倾斜、错牙和滑移，以及管段相接处被拉开，防水层损坏使涵洞产生裂缝漏水漏土等病害。当钢筋混凝土管涵上方的填土高度比较高时，在路堤中间处的沉降梁比两端大，造成的涵洞排水不畅或者中间部位长年积水。

（4）石砌或砖砌涵洞应检查砌体有无松动、风化和勾缝有无脱落；水泥砂浆有无起壳、空响、裂缝等。

（5）当涵洞发生变形裂缝，虽用水泥砂浆或环氧砂浆填塞，但裂缝继续扩大或危及安全时，要对该管节涵身进行临时加固。由于加固增加临时结构，导致涵洞孔径有所减小，故应对水流通过情况进行特别观测。应优先安排这些涵洞进行修理、加固或改建。

（6）严寒地区，必须注意检查涵洞内有无积水，涵洞两端还应检查有无冻害。若发生冻害的原因是基础过浅，应加筑垂裙并深入冻结线以下不小于 0.25 m，同时加深翼墙的基础。

（7）接长涵洞有无沉降。

（8）接头是否错位、漏水、漏土。

（9）现有涵洞是否能满足需要，是否需新建涵洞。

2. 净空检查

除设洪峰尺以外，平时大雨洪水季节应对水流通过涵洞情况进行观测。运营线上涵洞应能通过规定频率（50 年一遇）洪水及历史上最大洪水。如实际入口处洪水位高

于或等于 1.2 倍涵洞高或有严重泥石流影响排洪者即为孔径不足，应有计划地进行扩孔或改建。

3. 河道排水检查、出入口铺砌裂损冲刷检查

涵渠上下游及洞内应定期进行清淤，保证排水畅通。为防止涵渠被漂浮物或泥石等堵塞，必要时应在涵渠前设置护栅或沉淀池（特别是倒虹吸管等）。当发现水流从涵洞底下流过，有潜流、冒水甚至基底被掏空现象时，应当检查上游河床铺砌和涵洞端墙垂裙的深度，并进行妥善处理。

涵洞与路基的关系密切，应当检查涵洞附近路堤填土的排水状况。若发现涵洞圬工边墙或拱圈出现潮湿现象，应当仔细查明发生渗水的原因，必要时应当疏通盲沟，增设新盲沟以减少路堤内的水分。

进出口铺砌，河床导流建筑物和路堤边坡防护设施是否完好，当水流进入涵洞入口后，流速加快，可能会对路堤边坡产生冲刷，因此需要检查路堤边坡坡面、锥体填方铺砌的完整性，其铺砌高度应比涵前高水位积水深度高出 0.25 m，并且对与涵洞附近的路堤是否出现冲刷沟、坍塌积水等情况进行检查。涵洞出口处的水流速度更大，产生的冲刷力更强，经常造成涵洞的损坏。因此，也需要对下游洞口处的河床铺砌和基础进行检查，检查内容包括：河床的铺砌范围、铺砌厚度、有无冲刷损坏，消能设施是否符合要求等。

4. 防水层及沉降缝检查

涵洞的沉降缝和管节处缝都应按要求进行防水处理。防水层及沉降缝损坏常使涵洞漏水漏土。常遇到两种情况：

（1）涵洞内的水流，特别是在有压力状态下时由涵洞向路基渗水漏土。

（2）过人涵洞（如地道等）由路基向洞内渗水漏土。这不仅会影响涵洞的正常使用，还会使路基因为水中带走泥土颗粒而逐渐被掏空，影响到路基的安全。

当发生上述情况时，应及时采取有效的措施进行处理。

5. 洞口及防护设备状态检查

检查洞口的端墙、翼墙、护锥状态是否完好，有无因土压力、冻害等而引起的倾斜、挤出、裂缝和损坏等。此外还应检查涵渠有无水标尺、水标尺标注是否清晰。

6. 渡槽、倒虹吸管漏水、变形及侵限检查

对于跨越铁路的渡槽应检查其限界、工程质量、各部分应力等是否符合铁路标准，是否出现漏水或冲刷路堑边坡的情况。

倒虹吸管为有压涵洞，其上填土高度小，列车动载直接作用在涵洞上，建成后不久就产生不均匀沉降，在接缝处容易出现脱节或错动，压力水会向外渗入路基，软化路基土，严重时，会出现路基被冲空、道床坍塌、翻浆冒泥、线路变形等病害，直接危及行车的安全。同时，路基的冲空或浸水软化使倒虹吸管进一步变形，形成恶性循

环，病害加重，最后导致结构物损坏。所以，对于倒虹吸管，应加强检查浸水和漏水情况，早发现早整治。

5.4.3 检查要求及资料整理

洪水、冰雪前后及行洪期间应对涵洞加强检查，重点检查涵洞排水是否通畅，如有淤塞现象应立即向上级报告，并安排人员进行清理疏通。

检查资料应真实、完整，检查照片上应附有日期、时间，严禁出现伪造检查记录，检查照片、病害描述雷同现象。

对检查出的病害应以书面形式，附照片、情况说明及处理意见，及时反馈至铁路营运公司及公司工程经营部。

检查人员应当场填写涵洞经常检查记录表（表 5-7）、涵洞定期检查记录表（表 5-8），对涵洞的技术状况综合做出等级评定，提出日常养护、维修、加固、改建等建议，每处涵洞均应建立档案文件。

表 5-7　涵洞经常检查记录表

序号	涵洞桩号	病害位置	病害描述	养护意见	备注

记录人：　　　　　　　　　　　　　检查时间：

表 5-8　涵洞定期检查记录表

1. 路线编码		2. 路线名称		3. 涵洞桩号	
4. 管养单位		5. 涵洞类型		6. 检查时间	
7. 序号	8. 部件名称	9. 损坏或需维修情况描述		10. 维修建议（方式、范围、时间）	
11. 涵洞技术状况总评	好		较好	较差	差	危险
12. 养护方案	日常养护	维修	加固	改建	13. 下次检查时间	年　月
14. 备注					
主管负责人		检查人		检查时间	年　月

任务 5.5　涵洞维修

知识点 24　涵洞的
维修

5.5.1　涵洞维修概述

涵洞出入口及其与路堤连接处须经常保持完好。当出入口损坏，沟床护底被冲毁或附近路堤塌陷时，应立即进行修理。

涵洞上下游及洞内应定期清除涵洞内杂污，使排水畅通。为防止涵洞被漂浮物或石块等堵塞，必要时应在涵洞前设置护栅或沉淀池。涵洞堵塞抢修时，应先在上游疏通淤积，不准从下游掏挖。

在严寒地区，冬季要用树枝或篱笆把涵洞进口挡起来（下面要留出不大的孔径保证流水）以防冰冻和积雪堵塞涵洞。涵洞出入口基底在冻结线以上时，可采取堆草培土等方法防止洞口冻起。先将洞内积水和污泥清除，再用成捆干草，顺涵洞挤严，长约 2 m，再在洞口堆干草培土。若涵洞孔径大，可在两端搭旧枕木，枕木间隙用黏土封严，再在上面铺厚 0.3 ~ 0.5 m 的干草并培土拍实。而在春季到来时，要清除洞口积雪。

路堤下沉或填土压力不均匀会引起涵洞管节的沉陷、倾斜以及节段相接处被拉开，防水层损坏，使涵洞产生裂缝。而路基边坡斜向的坍塌会增加洞口的压力，使洞口出现裂缝，有时还会把洞口与涵洞本体分离开来。

涵洞内的水流，特别是在有压力的情况下，可能透过节段间的缝隙而渗入路基，引起坍塌。所以，对涵洞要经常检查，特别是对有病害的涵洞更应加强检查观测，以了解其下沉变化和病害发展，以利分析原因，采取整治措施。

对涵洞勾缝脱落、保护层风化剥落、露筋等应进行勾缝，用环氧树脂砂浆修补和表面喷射水泥砂浆等办法进行处理。节段沉陷处滞水，可用水泥砂浆抹平。为消灭管段节缝渗水，对不良接缝应用浸过沥青的麻筋或半干硬水泥砂浆紧密地填塞。

当洞口偏斜或脱出而出现裂缝时，须将洞口局部翻修或全部重砌。如发现水流从基底下流出，有潜流淘刷的病害时，应在上游河床进行铺砌，端部修筑垂裙或加深原有垂裙。

5.5.2　常见病害及其整治

1. 变形和裂缝的处理

引起涵洞各部位产生裂缝的原因很多。涵洞的裂缝一般是路堤填土压力和地基不均匀沉落造成的，也有因填土过薄而受活载冲击使得涵基沉陷而引起拱顶和拱脚处发生裂缝的；有时砖、石材料的强度不足，质量不同，砌筑不良，也会引发裂缝，甚至引起镶面砖、石外倾或鼓肚；还有因涵洞通过超越设计荷载条件下的重型车辆而引起的墩台正面裂缝，由于地震、爆炸等剧烈振动而引起的裂缝等。

对于涵洞裂缝的处理，应与圬工梁拱一样设置观测标志进行观察，掌握变化情况。对涵洞破损或非结构性裂缝可视裂缝大小采用修补、封闭、勾缝、注浆等方法整治。对于流水侵入的裂缝，发现后应及时修理，以免水渗入圬工内部、基底或路基引发病害；对于急剧发展而宽度较大的裂缝，应首先采取临时性的加固措施，防止病害继续恶化，保证行车安全，然后再进行永久性的加固或更换；对于因路基病害而造成的裂缝、变形和滑走等，应与路基病害同时整治。

（1）对于已经稳定的裂缝，若缝宽小于 0.1 mm，可采用表面涂刷环氧树脂浆液封缝处理。通常对混凝土表面细小的裂缝涂抹树脂保护膜封闭，在裂缝发生变化时，可采用具有跟踪性的焦油环氧树脂等材料；在裂缝多而且密集或混凝土已老化，砂浆离析的表面上，也可大面积涂抹，进行封闭修补裂缝。

（2）涵洞的一般性防护指采取相应措施使涵洞免遭各种化学物质的侵蚀和气候变化的影响而产生碳化、氯离子侵蚀、温差及冻融循环裂缝等病害。如果涵身出于上述原因而产生轻微病害，一般采用涂装 M1500 防水涂料、P-33 或 PCP 等混凝土防护面涂料进行防护。混凝土防护面涂料自身良好的柔弹性及耐久性保证了涵洞与外界水、腐蚀性物质隔绝，从而起到良好的保护效果。

（3）对只用涂抹封闭处理不能充分修补的裂缝，可采用在混凝土表面沿裂缝凿出 V 形、U 形或梯形槽口，用树脂砂浆填充修补的方法。

作业要点：

① 根据需要搭设脚手架。检查裂纹宽度、确定凿缝长度（要大于裂纹长度）。

② 凿缝并将缝内碎渣粉尘清擦干净。

③ 拌和环氧树脂浆。按比例拌和填充料并加入细砂，稀释环氧树脂加入硬化剂，可加热，但温度不得超过 65 ℃。

④ 拌和砂浆。应在浅盘中拌制，一次拌和不得过多，以能在半小时内用完为度，各种材料加入后，必须迅速搅拌均匀。

⑤ 在凿成的槽内涂纯水泥浆或环氧树脂涂料一层，厚度约 0.2 mm。

⑥ 勾缝：填满砂浆、压实、抹光。

⑦ 涂装：涂刷混凝土防护涂料。

⑧ 拆除脚手架，清洗工具、容器。

技术标准和质量要求：

① 材料配合比、工艺符合要求；槽宽度误差不超过 ±5 mm，深度不超过 8 mm。

② 勾缝平实，凹凸不超过 ±3 mm，与原圬工结合牢固、压实、平顺、光滑、无断道、无空响、色泽均匀、协调。

（4）对缝宽大于等于 0.1 mm 的裂缝或有贯通性的裂缝，采用压浆处理。

先将结构物裂缝或孔隙与外界封闭，仅留进出浆口及排气孔，然后将配制好的浆液通过压浆泵以一定的压力将浆液压入缝隙内，并使其扩散、胶凝固化，以达到恢复结构整体性、耐久性及抗渗性的目的。这种方法称为压力灌浆法修补裂缝法。

根据浆液的不同，压力灌浆法又可分为化学浆液灌浆和水泥灌浆修补法。

化学浆液灌浆：

① 作业要点。

a. 搭设好安全可靠的脚手架。

b. 检查裂纹、布置压浆嘴：一般在裂缝交叉处、较宽处、端部以及裂缝贯穿处，安设注浆嘴，如圬工体的两侧裂纹贯通，其两侧应错开布嘴。不论是竖直缝、水平缝，压浆嘴的间距按裂缝密度和宽度确定，一般宽度为 0.05 ~ 0.3 mm，间距为 100 ~ 150 mm；宽度为 0.3 ~ 1 mm，间距为 150 ~ 250 mm；宽度在 1 ~ 3 mm 及以上时，间距为 250 ~ 400 mm。每条裂缝至少在两端各粘贴一个注浆嘴。

c. 清洗基面：用小锤、刮锈刀、钢丝刷将裂纹两侧 100 mm 范围内的混凝土表面的碎屑、渣、污垢、油漆等清理干净，打磨整平，然后用棉纱蘸无水乙醇或丙酮擦洗。擦拭时，注意防止裂纹堵塞。

d. 粘贴注浆嘴：用封缝胶将注浆嘴按确定位置埋设粘贴，埋设时，先在注浆嘴的底盘上排一层厚约 1 mm 的封缝胶，静放 15 ~ 20 min，将注浆嘴的进浆孔骑缝黏结在预定的位置上，工作要细心，防止堵塞嘴眼。为防止周边漏气，还应用粘嘴腻子或胶加封。

e. 封缝作业：采用专用封缝胶封缝，裂缝两侧 100 mm 范围内均匀涂刷两道薄薄的底层涂料，待第一道底层涂料不粘手后，再涂刷第二道底层涂料，待第二道底层涂料不粘手后用油灰刀刮抹密封封闭涂料。每层厚度为 0.8 ~ 1 mm，总厚度为 2.5 ~ 3 mm。

f. 试压：用手压注浆泵或风动压浆罐将无水乙醇或丙酮压注入裂缝中，检查注浆嘴粘贴和裂缝封闭的质量，看是否存在漏浆现象。同时估算注浆量，确定注浆压力。

g. 吹干：采用空气压缩机对每个注浆嘴通气 15 min 以上，把裂缝中的水分和溶剂吹干。

h. 压力注浆：配置环氧树脂灌注浆液，采用注胶专用注射器压力注浆，同一裂缝各注浆嘴应同时注浆，达到标准压力后保持压力稳定，每个注浆孔注浆时间不少于 40 min，以确保浆液渗入细微的裂缝深处。注浆停止后，当吸浆率小于 0.1 L/min 时，再继续压注几分钟即可停止注浆，结束注浆后，拆除管道，清洗管道和设备。

i. 铲嘴整平：初凝完成后拆除注浆嘴注浆后第二天（相隔 10 h 以上），将注浆嘴逐个铲除，不平处所用封闭材料刮抹平整。

j. 施工记录、防护涂装：将工程地点、结构物名称、裂缝编号、长度、注浆材料、气候情况、注浆嘴编号、间距、注浆量、压力及时间记录在表格中，并采用混凝土防护涂料涂装。

② 安全注意事项。

a. 脚手架搭设牢固，电化区段距接触网 2 m 以内作业时需断电。

b. 作业人员要戴护目镜、防毒口罩、胶皮手套、安全帽，在脚手架上作业要系安全带。

c. 工作完毕后，必须用肥皂洗手，并尽量用医用酒精消毒，严禁不洗手吃东西和接触皮肤。

d. 使用和存放化学材料时应注意防火，粘贴注浆嘴、封缝、注浆所用胶、腻子、浆液需现用现配。

e. 工作人员和料具，要注意列车。

③ 技术质量标准。

a. 浆液配合比、水灰比符合要求。

b. 封闭裂纹要严密，压浆嘴位置布置合理：一般为 200～400 mm，裂纹窄，间距宜小些，反之应大些，缝端应设嘴。

c. 缝内压浆饱满坏工结合牢固。

压力灌浆修补法：主要适应于坏工内部空洞或裂纹较深时的整治。

① 作业要点。

a. 选孔：孔眼可交错布置，距离坏工边缘不小于 0.4 m，各孔间距离一般为 0.9～1.5 m。具体可在蜂窝、裂纹等敲击声响不正常处设置。

b. 钻孔：孔眼直径为 38～50 mm，要求能埋入灌浆嘴，在平面上灌浆孔应钻成垂直孔，在立面上钻灌浆孔应向下倾斜 10°左右。钻孔深度：当在坏工单面钻孔时，孔深一般为该坏工宽度的 2/3～3/4，双面钻孔时孔深度为该坏工宽度的 1/3～3/8。钻孔完毕后应立即埋设注浆管。

c. 冲洗：压浆前要先冲洗孔眼，用 0.2～0.4 MPa 的压力向孔内压水清洗，直到邻孔流出清水为止。冲洗自上而下逐孔进行。冲洗后用 0.2 MPa 的压缩空气吹风 20～30 min，吹出缝隙内的清水，然后用木塞塞紧注浆孔，同时将坏工表面裂缝用封缝材料封闭。

d. 压浆：在平面上由中间的孔眼开始逐孔向四周进行，在立面上由最下层孔眼向上进行灌浆开始时，水泥浆的水灰比用 10：1，压力为 0.05～0.1 MPa，以后水灰比逐渐增加到 1：1，压力逐渐增加到 0.5～0.6 MPa，严重破裂的坏工应先包箍后再压浆。

② 质量标准。

a. 注浆孔位置、深度及灰浆配合比、水灰比符合要求。

b. 不因钻孔而损坏原坏工，裂纹和空隙内压注水泥浆，并注满浆液。

c. 注浆孔用砂浆填实，无裂纹，淌出灰浆清除干净。

（5）修补涵洞坏工裂损。

涵洞坏工结构表面出现风化脱落破损，有积水，涵渠边墙、拱顶风化脱落、破损等，可用环氧树脂砂浆、水泥砂浆、P-31 聚合物改性水泥基修补砂浆、P-32 混凝土防护底涂料、P-33 混凝土防护面涂料等修补。

① 作业要点。

a. 检查涵洞坏工表面损坏部位，画好标记

b. 清理基面。

凿除破损的旧混凝土，对外露钢筋要除锈，清除表面遗留灰屑。对旧缝用钢丝刷

除去碎粉尘，用高压水冲洗、清除所有灰尘、松动的物质、油污、浮浆等杂质及污垢，结构物表面局部破损严重时，用钢签清除松动及空鼓部分，确保基面坚实。

　　c. 拌和修补材料。

修补材料可用环氧黏结剂、涂料及环氧混凝土、水泥砂浆或聚合物改性水泥砂浆等。聚合物改性水泥砂浆是在水泥砂浆中掺入一定数量的聚醋酸乙烯乳液（PVAC）、环氧类乳液（EE）等聚合物形成的一种复合胶凝材料。它提高了水泥砂浆的工作性能，黏结强度高，能与结构形成一体；比一般水泥砂浆有更高的防水抗渗、抗腐蚀、耐高湿、耐老化、抗冻、耐高低温、耐碱、耐酸和耐久等性能。P-31 聚合物改性水泥基修补砂浆是一种水泥基、含硅灰和加强纤维的单组分聚合物改性修补砂浆，涂层黏着力强，抗压强度高，耐霜冻和硫酸盐腐蚀，无毒，无腐蚀性。

　　d. 补修破损表面。

将凿除处理好的基层表面上涂刷一层约 0.2 mm 厚的水泥净浆或聚合物涂料（如 PVAC），提高与基面的黏结力，用已拌制好的环氧混凝土或聚合物水泥砂浆等修补材料压实、抹平、压光，填补厚度不宜太厚，每层厚度不超过 10 mm，以免发生裂纹。如补修较大面积的破损可立模板，以防止环氧混凝土下坠。模板表面涂一层二丁酯以便拆模。

如采用 P-31 聚合物改性水泥基修补砂浆修补，基面应坚实、干燥，当结构物表面大面积裂损时可采用机械湿喷，局部裂损时采用泥瓦工工具修补，压实抹平，最小厚度为 5 mm，厚度超过 30 mm 时须分层施工。用于隧道衬砌和梁体掉块快速修补效果较好。修补完成后用抹刀在结构表面刮涂调和好的 P-32 混凝土防护底涂材料，P-32 混凝土防护底涂材料的涂层厚度不应大于 6 mm，刮涂时应将结构的所有裂缝及缺陷嵌填平整并使表面光滑。P-32 混凝土防护底涂料施工 48 h 后，可以用滚刷、刷子或无气喷枪进行 P-33 混凝土防护面涂料的施工，根据需要可以涂覆一道或两道，干膜厚度应不小于 0.12 mm。

　　e. 防护涂装。

　　f. 完工后将工具、量具清刷干净。

　　② 技术标准和质量要求

　　a. 材料配合比符合要求。

　　b. 补修圬工联结牢固，表面补修平整，新旧接茬密实，无飞边断裂、无空响。

　　c. 补修平整，有排水坡度。

2. 抬高下沉管节

当涵管下沉量大，或由于河床淤积造成涵身排水不畅时，可用抬高管节的办法进行处理，一种是整座抬高，一种是仅中间部分管节抬高。

1）整座涵洞抬高

如图 5-29（a）所示，首先在线路上扣轨束梁，然后，从一端洞口起逐节掏挖路基土方，可先挖管顶一侧，并随挖随支撑，如图 5-29（b）所示。挖好一个管节即可进行支顶，支顶方法如图 5-30 所示。以前后两管节作支承，与管壁接触处加垫弓形木，然后扣上短轨或放置方木，安置千斤顶，去除管顶支撑木，即可将中间管节抬高，并在其底下填塞砂或碎石捣紧，如此依次进行至全部管节抬高后再重砌拆除的端墙并拆除扣轨。这种方法适用于填土较高的涵洞。

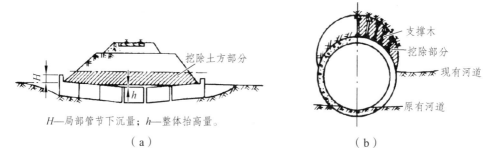

H—局部管节下沉量；h—整体抬高量。

（a）　　　　　　　　　　　　　　（b）

图 5-29　整座涵洞抬高

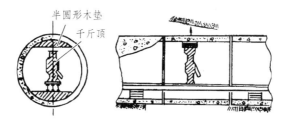

图 5-30　涵管支顶

涵洞填土不高时，可采用立排架扣轨的方法进行明挖抬高。

2）局部管节抬高

如涵洞仅中间部分管节需抬高时，可采用损毁一节涵管（一般选择破损的管节，否则可将需抬高的第一节或最后一节损毁），并视土质支撑，土质较差的可分两次进行支撑，即在破损管取出后即进行第一次支撑（利用旧枕木，为了支撑牢固与支拆方便，应在支撑立柱下加上一对楔子），然后开挖支撑间涵顶土方，待挖到设计标高时，按照上述方法进行第二次支撑，拆除第一次支撑，挖掉第一次支撑上方的土到设计标高。土质较好的可仅进行一次支撑。全部开挖好后，将基础砌到设计标高，作支顶准备。

支顶方法与前述基本相同，唯支承梁的净距为两个管节，并将跑镐安置在需抬高的管节内的支顶梁上，如图 5-31 所示。然后利用列车间隙开挖安有跑镐管节顶上的土方，随挖随支撑，列车通过时还需加临时支撑，挖到设计标高后就将该管节顶起，并向损毁管节的位置移动，直接到设计位置为止。该两节涵管的支撑可根据涵管的移动进行支拆。在该管段的沉降缝和接头处采用外贴防水层，缝内嵌入沥青麻筋，涵管外壁填以黏土并填实捣紧。依此工作顺序直到所有需要抬高的管节都抬高为止，最后缺少一节可进行就地浇筑或用四拼涵管补上，即告完成。

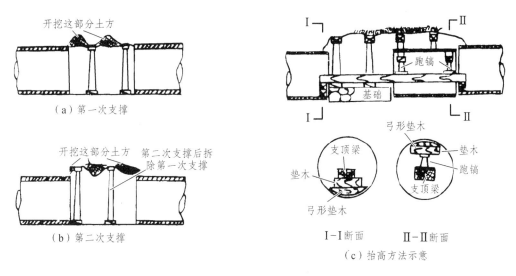

图 5-31　涵洞中间部分抬高

3. 涵洞的局部更换

当个别管节破损严重时，可不开挖填土在洞内进行更换。首先凿除破损管节，如果管节外面土质坚实，可分段凿除旧管节，随后即由上而下地支立外侧模板，模板两端各搭在两相邻管节的外方 5 cm。如果管节外面是砂质土壤，则在凿除之前须用千斤顶支顶，凿时沿纵向一条条地凿，边凿边立模板，以免漏土。外侧模板立好后，安装钢筋骨架，然后再装底部内侧模板，并安装三道扁铁铁箍，以支撑内侧模板。装好后，即可浇筑混凝土，边浇筑边插入上面的内侧模板，最后封口。待混凝土养生 7 d 后，即可拆除内侧模板。外侧模板埋在土内不再拆除。

更换管节还可采用预制半圆涵管。其方法是先在洞内凿除旧管节，为防止路基土壤下沉，可安设临时的钢轨圈作为支撑。然后整理旧管节的基础，将预制的两个半圆形钢筋混凝土管节先后运进洞内，拆掉钢轨圈，把下半圆管节安在基础上，顺平管内坡度，再将上半圆管节用小千斤顶架起，安装成完整的钢筋混凝土管节。在管节接缝处用砂浆砌合并勾缝。这个方法适用于洞顶填土高度大于 1.5 m，且土质是不易坍塌的坚实土壤，最好是黏土的情况。

4. 涵洞的加固

当涵洞管节裂损严重或管节裂缝过大，在孔径许可的情况下，可在洞内增设一层封闭式的钢筋混凝土、混凝土或石砌套层，或者拉入直径较小的涵管（管节长度在 0.4 m 左右），用半干硬砂浆或环氧砂浆填塞间隙。如为拱涵可以在内层加筑套拱。缝隙过大但管节尚完好的，也可用拉管法整正。特别要注意新旧圬工的联结，施工时旧圬工表面洗净凿毛，新旧混凝土间设置牵钉，最后在新旧混凝土间压注灰浆。如拱涵拱圈局部破损严重，无法修理而又不允许增设套拱时，可以拆除损坏拱圈予以更换，新拱圈可就地浇筑，也可以使用预制钢筋混凝土拱圈。对排洪涵破损严重而净空有富余，孔径大于 3 m 的情况，有条件时也可采用喷射混凝土（素喷、锚网喷或喷钢纤维混凝土）及加筑套拱进行加固。对拱涵顶填土较薄，而孔径又不容许压缩，不能采用套拱等方法加固时，可在涵顶加设钢筋混凝土板卸载，改善其受力状态。

如果是伸缩缝破坏造成涵管脱节或离缝导致涵管内漏水、漏土等病害，一般可采用弹性嵌缝膏、防水沥青麻筋或半干硬性水泥砂浆堵塞。接缝分离较大时可先放入木衬圈，两边填砂浆，待砂浆初凝后取出木衬圈，砂浆凝固后在原木圈位置填入弹性嵌缝膏，用砂浆抹平；或用沥青麻筋捣实，再用沥青封口。

铁路线上较多盖板涵的盖板缝之间，沥青砂浆勾缝脱落，盖板缝渗水。盖板缝脱落是维修中较麻烦的病害，总是反复出现，主要原因有：列车运行震动脱落；涵顶防水层损坏，水流灌入，浸泡冻胀导致脱落；或施工不良，耐久性不好导致脱落。可使用改性沥青拌和砂浆修补盖板缝。

（1）加热改性沥青和细砂，施工材料配合比（质量比）采用改性沥青：细砂 = 1∶3。

（2）搭设脚手架，清理盖板缝。将缝隙内部松散砂浆全部清理干净，再用钢丝刷刷净相邻盖板圬工端面。

（3）涂刷改性沥青。将改性沥青加热成稀浆，涂刷在盖板缝相邻盖板圬工端面上。

（4）加热盖板缝。用喷灯在盖板缝间来回烘烤，盖板缝圬工温度升高使沥青涂料与圬工良好黏结。

（5）勾缝。将按配合比拌和好的沥青砂浆趁热一次性抹入盖板缝内填满，再用捣固铲（棒）捣实。

（6）抹缝。沥青缝表面用喷灯加温再用勾缝平铲将表面抹平，剔除缝边毛茬，用喷灯轻微烘烤使缝边平滑。

管涵错裂发生变形，一般是因为基础沉陷，应挖开填土，采用扩大基础的方法进行加固，一般应较原基础加宽 20 cm 以上，必要时还应换基底土壤，并重做砂砾（或砂）垫层。

5. 涵洞的加长

由于种种原因需加长涵洞时，首先拆除旧端墙，然后增加新管节，另砌新端墙。旧端墙基础尽可能保留作为新管节的基础，为防止新旧基础发生不均匀下沉，两者之间应设置沉降缝。

路堤加宽不大，不需加长涵洞时，可用加高端墙的方法处理，并相应加高翼墙。但端墙加高不宜超过 1.0 m，否则应加长涵洞。

6. 涵洞铺砌的整修

1）垂裙埋置深度

入口铺砌的埋置深度可按出口垂裙埋置深度的一半设置，但不得小于 0.85 m。出口流速为 1 m/s 时，垂裙埋置深度为 0.5 m。

出口流速为 2 m/s 时，垂裙埋置深度为 0.9 m。

出口流速为 3 m/s 时，垂裙埋置深度为 1.32 m。

出口流速为 4 m/s 时，垂裙埋置深度为 1.7 m。

出口流速为 5 m/s 时，垂裙埋置深度为 2.0 m。

2）垂裙铺砌类型

出口流速小于 1 m/s 时，无须铺砌。

出口流速为 1~2 m/s 时，垂裙采用干砌片石。

出口流速为 2~6 m/s 时，垂裙采用浆砌片石。

出口流速大于 6 m/s 时，垂裙采用混凝土。

3）铺砌厚度

干砌或浆砌片石都采用 0.35 m 厚，下加 0.1 m 碎石垫层，流速较小者可酌减，但最薄不得小于 0.25 m（不包括碎石垫层）。

垂裙埋深小于 1.2 m 时，垂裙厚度为 0.4 m。

垂裙埋深为 1.2~1.5 m 时，垂裙厚度为 0.5 m。

垂裙埋深为 1.5~1.8 m 时，垂裙厚度为 0.6 m。

垂裙埋深为 1.8~2.1 m 时，垂裙厚度为 0.7 m。

垂裙埋深大于 2.2 m 时，垂裙厚度为 0.8 m。

4）铺砌长度

出口铺砌长度为路基坡脚线外加垂裙厚度，拱涵与箱涵为路基坡脚线以外 2.0 m，圆涵为路基坡脚线以外 1.0 m。入口铺砌长度为路基坡脚线外 0.4 m。

5）铺砌宽度

出口铺砌宽度：

① 平原无沟形或沟宽大于锥体出口宽度的浅河沟，铺至路基坡脚处，比锥体出口宽度每边宽 0.5 m，坡脚外按 20°扩散角至铺砌边缘。

② 有沟形，设计洪水漫出沟槽，沟宽小于锥体出口宽度时，按沟宽适当加大，最多加到等于锥体出口宽度，坡脚以外的铺砌不必扩宽，施工时需将沟槽扩宽至与铺砌宽相等。

③ 有较深沟形，设计洪水不出槽时，铺砌宽与沟宽相等，并在铺砌段内做好护岸。

入口铺砌宽度，比锥体入口宽度每边宽 0.5 m。水流含砂量较大时，陡坡涵洞入口处不宜设置缓流井，以免被泥沙堵塞，造成洪水泛滥。这时应加大孔径，并要求孔径不得小于 1.5 m。

6）洞口、洞底铺砌层的破损漏水维修

对于洞口、洞底铺砌层的破损漏水，一般情况下的破损，按原结构进行修复，破坏较为严重时，应按原结构先修复破损处，再用厚度为 2 cm 的水泥砂浆抹面。

7. 涵洞的改建和增建

对涵洞有满流的，入口加筑抬高节成漏斗形进口，使水位变动在抬高节范围内，在跌水完成后再流经其他管节，以便较好地利用全部管节的泄水能力。必要时应按压力涵管进行检算后予以改善，无法改善时，应重新改建或增设。

涵洞损坏无法修理，或孔径不足以及为满足农田水利灌溉的需要时，可考虑更换或增设涵洞。

当填土不高的涵洞改建时，可先在线路上设置轨束梁或便梁，然后开挖填土，如图 5-32 所示。挖到设计标高后砌筑基础，安装涵管，回填夯实土方，拆除轨束梁或便梁，恢复线路。

此外，还有顶进法、牵引法、拖拉法等施工方法。

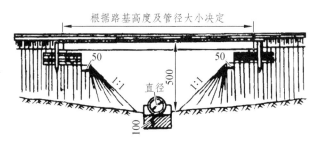

图 5-32　明挖法（单位：cm）

8. 砌体病害及其整治

1）砌体勾缝松动、脱落

砌体勾缝松动、脱落，易引起多种病害，必须及时处治。

2）砌体面层块石或混凝土预制松动脱落

圬工面层砌块因水流或漂物冲击、人为撞损、施工不良等，造成的砌体表层个别或局部砌块松动、脱落时，必须及时修补，以保持砌体结构应有的强度。

3）砌体表面风化剥落的维修

砌体表面风化剥落，影响其结构强度的，必须及时处治，保持完好。此种病害的处治面较大，一般不会在一个面上，甚至是砌体的全部表面，所以应注意处治面的对称，使结构强度一致、美观。对较大涵洞、台的破损，面积较大且深度大于 3 cm 时，可采用桥梁墩台的修理方法。

4）砌体出现小洞穴的维修

由于施工时偷工减料，往往当勾缝脱落时，砌缝间出现小洞穴，甚至漏水，一般可做如下处理：

（1）砌体尚未发生变形时，先将洞穴的疏松部分凿除、冲洗干净，用压浆法把水泥砂浆或混凝土注入洞穴内填补密实，再修补勾缝。

（2）砌体有局部变形时，应将变形部分拆除，先处治洞穴、按原结构修复，再修补勾缝。

（3）砌体的某个部分（拱圈、一侧涵台）严重变形，已成险涵时，应拆除后按原结构修复，并注意做好施工中的安全措施。

9. 其他病害及其整治

1）局部冲刷悬空

涵洞基础局部悬空，必须立即修补，用水泥砂浆砌片石或片石混凝土填实，一般应比原基础加宽 10~20 cm，并修复或增设洞口、洞底铺砌层和端部截水墙。

2）砖、石、混凝土端墙和翼墙外倾、鼓肚或倾斜

（1）由于填土夯实不足而沉落挤压，或填土中水分过大，土压力增大而造成的外倾或鼓肚，应挖开填土，修理外倾或鼓肚部分，更换填土，认真回填夯实。

（2）因为基础不均匀沉陷而发生倾斜时，应先处理基础，一般可采用更换土壤或扩大基础的方法加固，然后再修理倾斜部分。

3）涵洞排水经常出现混浊或杂物

涵洞排水经常出现混浊或杂物时，很可能造成洞口、洞孔淤积，甚至堵塞，危及涵洞的安全。因此，应在进水口增设沉淤井，以沉淀泥沙杂物，并应经常清理，尤其要在每次洪水过后立即清除。

4）压力式涵管进水口周围路堤经常出现冲刷破损现象

压力式涵管进水口周围路堤，每次水淹后，经常出现洞穴、缺口和冲刷破坏路基边坡的现象，应根据路堤土质，采用单层或双层浆砌片石（或混凝土预制板）护坡进行加固，注意做好砂砾垫层（厚度不小于 10 cm），保持路堤稳定坚实。

5）锥坡沉陷破损

由于填土不实或基础不均匀沉陷而产生的锥坡沉陷破损，应根据不同情况做如下处理：

（1）对基础的不均匀沉陷，应挖开处理，一般可根据基底土质，采用扩大基础，将原基础外侧洗刷干净，按原结构加宽 20~40 cm，新旧部分必须结合坚固；也可采用更换基底土并重建基础、修复锥坡的方法，并应注意做好夯实填土、砂砾垫层、砌石和勾缝。

（2）由于填土不实引起的锥坡沉陷破损，修复时须仔细夯实；如土质不好，还应掺拌或更换较好土质。

5.5.3 病害原因分析

在现实运营中，铁路涵洞往往会由于自然环境、设计疏忽或者是铁路需求的不断提高，出现一系列的病害问题，严重影响铁路运行的安全性。

1. 自然环境

自然环境对于铁路施工工程的影响属于不可抗力，它主要包含气象条件和地质条件两个方面。一般来说，为了节省工时，提升施工效率，铁路涵洞施工往往就地取材，选择已经初具雏形的沟谷作为施工地点，展开施工。但是在这类位置中，地形地貌环境都十分复杂，对于地基处纵向坡度的要求就更高。在地基处理时一旦忽略了深层勘探，往往就会造成地基不稳，出现涵洞病害。例如在地基施工过程中，仅考虑到地基表层土质分布均匀，却未考虑到下层存在大面积坑陷甚至洞穴，就会造成地基的不牢固。此外，恶劣的天气情况也会对铁路涵洞的施工造成影响。例如在雨季时大规模的降水，在缺乏排水设施的施工环境中很容易出现水土流失导致地基暴露，造成涵洞病害。

2. 设计方案

以圆涵设计为例，在现阶段的铁路涵洞施工中，施工设计团队往往会按部就班地选择已经成熟并且具有借鉴意义的顶管施工方式开展施工。但是顶管施工方式需要进行整体基础的考量，通过整体式基础，将顶管安置在隧道坑上，且预制好的千斤顶要在预先修好的后背上操作。因此可以获知，顶管对于后背的位移会变得十分敏感，当施工设计团队无视施工环境和自然条件，盲目选择顶管方式时，就会出现后背无法承受地基变化，从而产生位移的情况。在实践过程中，后背微小的位移都会施加给千斤顶巨大的应力，从而造成圆涵出现严重的开裂。

3. 施工年限

随着时代的发展，铁路运输对于铁路工程的质量要求也逐渐有所提高。我国的大部分普通铁路线路的建设，都受到当时行车密度、速度的影响，设计施工的荷载标准低、防护措施少，且施工质量较差。在多次列车提速的过程中，这些线路已经逐渐无法满足列车密度和车速的要求，出现了大规模的涵洞开裂现象。

任务 5.6   涵洞养护

知识点 25   涵洞的养护

5.6.1   日常养护

（1）及时清除洞口和洞内的淤积杂物等，并将其清运到路基边以外的适当地点。

（2）洞口和洞底铺砌发生变形、沉陷、破损和漏水时，均需及时修理，并整理上下游沟槽，使水流的坡度保持顺适。

（3）涵洞出水口的跌水、急流槽与洞口结合处发生裂缝，应采用干燥麻絮浸透沥青来将其填实，构件也应根据损坏程度及时修理或更换。

（4）倒虹吸管易破裂、漏水，要认真检查，若虹吸管顶面出现湿斑，应及时停止使用，挖开修理，更换软化的路基填土和破裂的管节。接头处必须填塞紧密。

（5）管涵的接头处和四铰涵管铰点的接缝处发生填缝料脱落时，应采用干燥麻絮浸透沥青来将其填实，不得采用灰浆抹缝的办法修理。

（6）砖、石涵洞的表面发生局部风化、轻微裂缝时，一般可用水泥浆或环氧树脂修理。灰缝脱落应及时修补。

（7）涵洞上下游的路基、护坡、引水沟、泄水槽和沉淀井发生变形或沉陷，一般是设计和施工不良造成的，必须认真修复。

（8）砖石拱涵的洞顶漏水，应挖开填土，用高强度等级水泥砂浆修理损失部分，再衬铺胶泥防水层或油毡防水层。

（9）开挖修理时，必须开设便道或采取半幅施工，设立标志、护栏，保障施工和行车安全。

5.6.2　雨季养护

1. 涵洞雨季养护的原则

涵洞雨季养护必须遵循"预防为主"的原则。因此，每年的汛前检查十分重要，必须认真做好涵洞的水毁预防。在检查中发现水毁隐患时，应采取适当的工程技术措施，及时防治，并应注意提高其抗御能力，以减少水害，尤其是一些偏小的涵洞孔。作出评定后提出处治办法。随坡涵洞的上下游必须增设防护设施时，应采取适当的山坡排水工程技术措施。涵洞的孔径大多按无压力式计算，对无压力式涵洞，可根据洞内顶点至最高流水面净高，作出抗洪能力的评定。

2. 涵洞水毁的主要原因

防治涵洞水毁要做到有的放矢。涵洞水毁的主要原因大致归纳如下：

（1）抗御洪水能力极差。

（2）进水口或洞孔淤积严重，甚至堵塞。

（3）洞口、洞底铺砌层破损，易被洪水冲刷破坏，造成基础冲空。

（4）进水口或洞孔被漂浮物堵塞。

（5）遭受大型漂浮物、流冰或波浪冲击。

（6）涵洞位置不当。主要原因有两个：一是设计、施工缺陷；二是沟床的不利演变，致使水流不顺畅，洪水冲击翼墙和周围路堤，进而造成水毁破坏。

（7）洞孔偏小，或发生超过设计频率的洪水，造成过高的涵前壅水，从而产生过大的动水压力和浮力，甚至水漫过涵顶，致使涵洞被推倒或冲移破坏。

（8）河道的不利演变致使傍河路线上的涵洞水毁破坏。

3. 涵洞雨季养护注意要点

（1）山区铁路，因沟床坡度陡，水流流速高，洞口、洞底铺砌层和跌水槽、急流槽易受洪水以漂流的大块石冲击而遭受破坏。

（2）平原区铁路，洞口、洞孔和上下游沟槽泥沙、杂物淤积，造成水毁。

（3）傍河路段的下游洞口易遭受大河洪水冲击破坏。

4. 预防涵洞水毁的主要工作

在洪水来临之前，必须认真做好水毁预防，以保证涵洞具有良好的技术状况和抗洪能力。

（1）清除洞口和洞孔淤积杂物。

（2）整修沟床，使水道平整、顺畅，并注意清除涵洞上游有可能漂流的大块石，以免冲击涵洞或堵塞洞孔。

（3）认真完成遗留病害的处治，拟建水毁预防工程。

（4）涵洞位置不当的，一般可改建上游沟槽，并用水泥砂浆砌台或混凝土预制加固沟底和沟壁，使水流顺适，保证涵洞不漏水。

（5）山区涵洞必须增设上游或下游陡坡排水设施时，应力争在洪水来临前修成。

（6）孔径偏小的涵洞，应按汛前检查时验算的结果，根据地形、地质情况进行设计，采取一侧或两侧加孔，或扩大孔径（尽可能利用一侧涵台）的措施。施工时要开设便道，或采取半幅施工方式，并设临时标志、护栏，保证交通安全和施工安全。

5. 涵洞汛期养护

大雨或洪水期间，除组织昼夜巡视外，还必须加强养护重点地段。

（1）洪水期间，有些沟谷往往有大量草木等漂浮物或漂流的大块石，在有些高寒地区会有流冰冲击或堵塞涵洞。傍河路线，因为河道的不利演变，洪水波浪和漂浮物也会冲击涵洞。因此，在大雨或洪水期间应主要做好下列工作：

① 在涵洞上游及时清除漂浮物。

② 洞口发生堵塞现象时，必须立即排除。

③ 洞口及其周围路堤被洪水破坏时，应立即用草袋、麻袋、编织袋装土石防护，以免水毁扩大。

④ 当涵洞发生局部和全部水毁，危及行车安全或阻车时，必须立即在其两端竖立危险警告标志或停止通车标志，以保证行车安全。

（2）每次雨后或洪水以后，都要立即进行检查、维修，以减免水害。检查、维修内容有以下几项：

① 清除沟槽、洞口和洞沟淤积杂物，尤其是要清除涵洞上游沟床可能漂流的大块石。

② 进出水口或洞身、洞底的水毁破损处，均需及时修补，以防破损扩大。

③ 洞口、洞底已冲刷出深坑或基础冲空时，应及时加固。一般可用拌成半干湿的混凝土装入麻袋或草袋，将冲空部位堆置密实，然后灌注混凝土。若冲空部位无水流或积水，则可用片石混凝土（或混凝土）填实。

④ 傍河路线因河道的不利演变，危及涵洞安全或造成水毁时，应立即用装土、石草袋（麻袋或各种编织袋）或石笼防护，待雨季后再按设计增设防护工程，修复水毁涵洞。

6. 涵洞冻害防治

本任务结合北方寒冷季节性冻土地区的特征，分析了桥梁涵洞冻害现象及原因，介绍有效防治冻害防治措施。

1）涵洞冻害原因

涵洞的冻害破坏主要是由于涵洞进出口及洞身中间部分的环境条件和上部荷载往往有很大差异，致使沿涵洞纵向产生不均匀冻胀或融沉变形。涵洞进出口直接与外界进行热交换，冬季先冻结，地基的冻结深度和作用于底部的法向冻胀力都大于洞身中部，且一般涵洞进出口管节上部填土厚度也小于洞身中间部分。由于上述条件，在冻胀期，涵洞进出口管节先产生大于洞身中间管节的冻胀上抬；在融化期，进出口地基先融化，进出口管节先产生融化下沉。涵洞进出口管节和洞身中管节冻胀上抬和融化下沉在时间和数量上的差异，是涵洞管节接缝错位和脱离的主要原因。常见的涵洞进出口挡墙开裂，就是涵洞冻胀土上抬造成的结果。挡墙两段插入渠体，中间部分被涵洞穿成缺口，当涵洞进出口管节冻胀上抬时，将直接作用于挡墙缺口上部，而挡墙两端受土体约束，中间部分断面又小，这是挡墙开裂的主要原因。涵洞地基土的冻融作用，使管节接缝脱离、错位，挡墙开裂，上述现象不能直接造成涵洞破坏，但可以为涵洞的渗漏和被淘刷毁坏创造条件。

2）涵洞的冻害特征

（1）洞身的冻胀隆起和融化下沉。

涵洞是路基下的线形结构，一般顺水流方向较长，通常由数节管组成。当涵洞基础较浅时，冬季各管节将由于冻胀作用产生不均匀的隆起，进出口管节冻胀隆起高度较大，愈往中间隆起高度愈小，使整体涵洞明显呈凹曲型。在融化期，冻胀力消失，涵洞又开始产生融化下沉。季节性冻土地区涵洞的冻胀隆起和融化下沉变化大体与上述过程相同，其不同点主要在于多年冻土地区涵洞的融化下沉有逐年加大的趋势。

（2）挡墙开裂及涵洞管节错位和脱离。

涵洞进出口挡墙开裂是最常见的冻害现象。进出口管节冻胀上抬和融化下沉量一般大于中间管节，使靠近进出口管节与中部管节接缝处产生错位；又由于冻胀和融沉的往复作用使各管节在接缝处脱离。管节在接缝处脱离和错位使止水设施被破坏，在渗流或水流的直接淘刷下往往导致涵洞在短期内被破坏。当涵洞管节过长或采用刚性接头时，由于沿纵向不能适应地基的冻胀或融沉变形，往往被折断，产生环向裂缝。

3）涵洞冻害破坏的防治措施

涵洞的冻害可以通过改变地基土的冻胀条件或采取结构措施来防治，一般选用以下 5 种防治措施。

（1）换填措施。

在建筑物的各种防冻措施中，换填法是采用最广泛的一种。它是指用粗砂、砾石等非（弱）冻胀性材料置换天然地基的冻胀性土，以削弱或基本消除地基土的冻胀。

① 换填砂。对于厚度小于等于最大冻深的冻胀性敏感土（如黏性土、粉砂等），其下为透水砂或卵石；在整个冻结过程中，地下水位始终低于冻结锋面。夏季无冲刷，冬季无结冰的桥涵地基，可选用换填中粗砂的方法处理基础冻害，但要严格控制换填材料质量，如粉黏粒含量不得超过 5%等。水平换填宽度超出基础边缘 0.5 ~ 1.0 m，换填深度至最大冻深。

② 换填碎（卵）石。用换填碎（卵）石处理桥涵基础冻害，不受各种冻胀性敏感的土及其厚度限制，不受含水量限制，不受地下水位限制，是一种应用范围较广，使用效果较好的方法。换填范围和深度同换填中粗砂一样要求。

③ 换填沥青砂（石）。在强冻胀和特强冻胀地基中，涵洞基础可用换填沥青砂（卵石）的方法防治冻害。由于沥青是一种憎水物质，即使在低温状态下也呈塑性状态，因此沥青砂（卵石）是一种较好的防冻性材料。可用 4 ~ 7 的沥青（渣油）和干净的粗砂或卵石拌和均匀，然后分层回填并夯实（每层厚 20 ~ 30 cm）。换填范围与深度同换填砂、碎（卵）石要求相同。

（2）物理化学法。

物理化学法有多种，一般常用的主要有人工盐渍化改良土、用憎水物质改良土和使土颗粒聚集或分散改良土三种方法。人工盐渍化法是指向土体中加入一定量的可溶无机盐类，如氯化钠、氯化钙、氯化钾等，使之成为人工盐渍土。用憎水性物质使地基土改良方法，是指在土中掺少量憎水性物质，使土颗粒表面具有良好憎水性，减弱或消除地表水下渗和阻止地下水上升，使土体的含水量减小，进而削弱土体冻胀及地基土与建筑物间的冻结强度。通常用石油产品和其他化学表面活性剂掺到土中制作憎水土。为防止涵洞基础在侧表面切向冻胀力作用下上抬，可在其基础侧表面铺设定厚度的憎水土，其厚度一般在 15 ~ 25 cm。

（3）保温措施。

保温法是指在建筑物基础底部或四周设置隔热层，增大热阻，以推迟地基土的冻结，提高土中温度，减小冻结深度，进而起到防治冻胀的一种方法。保温法用来作为隔热的材料是相当多的，如柴草、草皮、树皮、炉渣、陶块、泡沫混凝土、玻璃纤维、聚苯乙烯泡沫等等，在某些条件下甚至像冰、雪等亦可作为隔热材料。例如聚苯乙烯泡沫作为隔热层在水利工程基础防冻胀中经常被利用，据有关试验资料介绍，1 cm 厚的泡沫塑料保温层相当于 14 cm 厚填土的保温效果。这种设置可以提高冻结温度，可以改变水分迁移方向，减小桩柱基础附近的冻结强度，从而减小作用于基础侧表面的切向冻胀力值。保温法是防治冻胀的有效方法之一，它所用的保温材料来源广泛，造价低廉，具有使用寿命长、运输和施工方便等特点。对于已建涵洞，寒冷地区为防止洞内发生冻结，在冬季应用挡雪板遮挡小孔径涵洞的洞口；当发现涵洞进出口有冻胀现象发生时，为防止冻胀破坏现象继续恶化，可临时采用干草捆挤塞涵洞进出口的办法。干草捆应顺洞方向挤进，挤进深度一般大于 2 m。

（4）结构措施。

将涵洞基础置于冻层以下也是防止冻害的有效途径之一，但在冻深加大地区修建小型涵洞往往基础工程量较大。在寒冷地区，许多工程实践表明，小型涵洞自重力小，在冻胀力作用下难以维持自身稳定，虽然涵洞失稳也不影响涵洞正常运用，但可按允许冻胀变形进行设计，这种设计的关键是增强涵洞结构适应变形的能力。

（5）排水隔水法。

涵洞冻胀中水是决定性因素，用排水隔水法消除水的影响是一种有效的防冻措施。排水隔水法的具体措施可归结为降低地下水位及季节冻层范围内土体的含水量，隔断水源和排除地表水防止地基土致湿等作用，将涵洞基础置于冻层以下。如有因基础过浅发生冻害者，应加固垂裙伸入冻结线以下 0.25 m，同时加深翼墙基础；如有水从涵洞底流过，则除上面的防护外，还应对上游河床铺砌进行加固。陡坡涵洞或基础底部不透水层下有砂砾石层时，可在涵洞出口陡坡段设置排水孔，对进出口坡降缓的可在涵洞基础底部设置砂桩排水。隔离法是指在基础与周围土质间采用隔离的一种回避措施。使基础侧表面与土之间不产生冻结作用（即不产生冻结力），进而消除切向冻胀力对基础的作用。桩柱基础常用的是在基础侧表面涂刷涂料的隔离方法。就是采用收敛性不冻材料及憎水材料，涂刷基础冻层内的侧表面，用来涂刷的材料有树脂、黑油、构油、原油、沥青玛蹄脂、聚乙烯薄膜等。具体施工方法是，在回填前，清除冻层间桩柱表面的杂物脏土，然后在桩柱侧表面涂刷 5 ~ 10 mm 厚的黄油，用油毡纸或塑料薄膜包裹一层，再用黄油在油毡纸或塑料薄膜上涂刷，共用 3 层油毡纸或塑料薄膜包裹，回填时分层夯筑，同时注意不要碰破油毡纸或塑料薄膜，以防止该措施失效。

5.6.3　抢　修

（1）涵管被冲毁冲失后，按洪水流量大小、路基高低、灾害情况，采取不同的抢修方法。

当涵管断面小时，采取的具体措施是在冲失处填充片石做成透水路堤；当涵管断面大时，采取的具体措施是若涵管处于经常流水状态，可架设扣轨梁或搭设临时木涵进行排水；当涵管冲失路基决口较大时，采取正线便桥或便线、便桥通车。

（2）涵洞堵塞路基壅水的抢修方法。

涵洞堵塞，洪水无法宣泄，将导致壅水，水位上涨，有可能冲毁路基。

抢修方法：

① 对有漂浮物通过的涵洞，应组织打捞拨顺，以免壅水冲决路堤。

② 壅水无法排出，且继续上涨危及整个路基时，可于路基较低处掘口放水，但应注意防护，防止扩大缺口（图 5-33）。

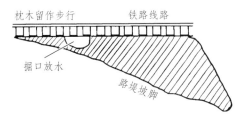

图 5-33　涵洞壅水抢修

 波纹管涵

波纹管涵也叫金属波纹管涵或钢制波纹涵管，是指铺埋在公路、铁路下面的涵洞用螺纹波纹管（图 5-34）。

图 5-34　拼装波纹管

1. 分　类

（1）按组装方式分类：

整装波纹管涵：整体成型，一般管径相对较小，长度也有限制，在运输和安装过程中相对较为方便，适合管径较小、施工场地较为开阔的涵洞工程。

拼装波纹管涵：由多块波纹钢板拼接而成，可用于大管径的涵洞建设，能够适应不同的地形和工程要求，但安装过程相对复杂一些，需要注意拼接处的密封和紧固。

（2）按形状分类：主要有圆形、马蹄形等。圆形波纹管涵受力均匀，水流通过性好；马蹄形波纹管涵则更适合在一些空间受限的地段使用，能够更好地利用空间。

（3）按加工方法分类：

钢带辊压推进螺旋卷曲成圆连线焊接：通过钢带辊压推进，螺旋卷曲成圆后进行连线焊接，这种加工方法生产效率较高，产品质量稳定。

咬接成型螺旋钢管：将钢带通过咬接的方式成型为螺旋钢管，具有较好的密封性和强度。

制管压制波纹两步法波纹管：先制成钢管，再进行波纹压制，这种方法可以更好地控制波纹管的波纹形状和尺寸。

2. 应　　用

排水涵洞：在排水涵洞中，波纹管可以作为排水管道，利用其良好的耐腐蚀性和抗渗漏性，能够长期稳定地将雨水、地下水等排出。而且波纹管的波纹结构使其具有较大的过水能力，能够快速有效地排放水流，减少积水的可能性。

交通涵洞：作为公路、铁路的交通涵洞，波纹管可以承受较大的荷载。其高强度和柔性结构能够适应地基的不均匀沉降，在车辆荷载和地质变化的情况下，不易出现破裂、变形等问题，保证交通的安全和顺畅。

灌溉涵洞：在农田灌溉系统中，波纹管可以用于输送灌溉用水。其可弯曲性便于在农田中进行铺设，能够根据地形和灌溉需求进行灵活布置，将水输送到需要灌溉的区域，提高灌溉效率。

综合管廊涵洞：在综合管廊涵洞中，波纹管可以作为电缆、通信线路等的保护管道。其绝缘性能和防护性能能够保护线缆不受外界环境的影响，同时便于线缆的铺设和维护，为城市的基础设施建设提供便利。

 思政小课堂

在历史的长河中，有一座闪耀着智慧光芒的古代水利工程——张村古涵洞（图5-35）。它宛如一条沉睡的巨龙，静卧于大地之上，见证着岁月的变迁。这座古涵洞完全依靠人工建造，全长 700 余米，由暗渠、明渠、出口、蓄水池（水潭）四部分构成，各部分相辅相成，共同构建起一套完整且实用的水利系统。

图 5-35　张村古涵洞

张村古涵洞的建造过程，是一首展现中华民族坚韧不拔奋斗精神的壮丽史诗。在缺乏先进工具与材料的年代，建造者们凭借着顽强的意志和不懈的努力，用双手一寸一寸地雕琢出这一伟大工程。面对复杂的地质条件和繁重的劳动任务，他们从未退缩，克服了重重困难，展现出中华民族面对艰难险阻时勇于拼搏的精神风貌。

勇于创新的开拓精神，在张村古涵洞的设计建造中体现得淋漓尽致。古涵洞摒弃了当时尚未出现的钢筋水泥以及传统的石灰黄泥浆等黏合剂，而是巧妙地运用力学原理，仅靠石头之间的相互作用力就实现了结构的稳固。这种独特的设计理念和建造方式，在当时无疑是一种大胆的创新尝试，为水利工程领域开辟了一条全新的道路。

张村古涵洞大量采用鹅卵石等自然材料，依据力学原理巧妙布局，体现了古人尊重自然的和谐精神。建造者们没有对自然进行过度的改造，而是充分顺应自然条件，利用自然材料的特性，在实现水利功能的同时，最大限度地保护了自然生态平衡，展现出古人与自然和谐共生的智慧。

从涵洞的整体布局到每一块石头的铺设，都凝聚着建造者精益求精的工匠精神。每一块石头的摆放都经过精心考量，石与石相互紧靠、井然有序，历经数百年的风雨侵蚀和洪水冲击，依然坚固如初。正是这种对工艺的极致追求，对细节的一丝不苟，才造就了这座历经岁月考验，至今仍发挥着重要作用的水利工程奇迹。张村古涵洞不仅是一项伟大的水利工程，更是中华民族精神的不朽丰碑。

 项目小结

铁路涵洞是铁路工程的重要设施，位于路基与轨面之下，兼具排洪、交通、灌溉功能，汛期可疏导水流保障铁路安全，横跨道路方便通行，还能引水灌溉。

其分类多样，按材料分有广泛应用的混凝土涵洞、适用于复杂工况的钢筋混凝土涵洞以及利用当地石料的石砌涵洞；按形状分有圆管涵、拱涵和盖板涵，各有施工与承载等方面的特点，且构造由洞身、洞口建筑及附属工程组成。

技术上，涵洞设计时需精确计算过水与承载能力，施工对材料和工艺要求严格，养修质量从外观、尺寸、整体性能评定。涵洞常见病害有变形、裂缝、管节下沉等，由地基沉降、温度变化、列车振动等引发，对应维修技术包括表面封闭、压力灌浆、顶升和局部更换。

养护方案涵盖日常、雨季、冻害养护。日常定期巡查，雨季前清理排水系统、检查防水层，雨季加密巡查，冻害前防寒保暖，开春检查修复。这些措施保障了涵洞正常运行，为铁路安全提供支撑。

 复习思考题

1. 什么是涵洞？桥梁与涵洞如何区分？
2. 按照建筑材料、用途、构造形式，涵洞分别有哪些分类？

3. 明涵和暗涵是如何根据填土高度区分的？

4. 无压力式、半压力式和压力式涵洞的水力性质有何不同？

5. 涵洞通常由哪些部分组成？各部分的主要作用是什么？

6. 洞身的沉降缝和上拱度分别有什么作用？

7. 八字翼墙式和端墙式洞口各有什么特点和适用场景？

8. 圆形涵洞的管节、接缝、沉降缝有哪些构造特点？

9. 拱涵的拱圈、边墙、基础有哪些常见的建筑材料和构造形式？

10. 盖板箱涵的洞身由哪些部分组成？各部分的构造和材料有什么要求？

11. 铁路涵洞的标准孔径有哪些？选择孔径时需要考虑哪些因素？

12. 涵洞的施工允许误差有哪些具体规定？

13. 涵洞的防水工作有哪些要求？沉降缝和管节缝的填塞材料有什么规定？

14. 当涵洞出现满流、裂损等情况时，应如何进行处理？

15. 涵洞改造时，对洞顶高程和填土厚度有哪些要求？

16. 涵洞的经常检查和定期检查分别包括哪些内容？检查周期是怎样规定的？

17. 在涵洞重点检查内容中，涵身裂损、变形、冻害的检查要点有哪些？

18. 如何检查涵洞的净空、河道排水、防水层及沉降缝？

19. 在涵洞维修中，对勾缝脱落、保护层风化剥落等问题应如何处理？

20. 对于涵洞的变形和裂缝，有哪些常见的处理方法？

21. 当涵管下沉或个别管节破损严重时，应如何进行处理？

22. 涵洞加固的方法有哪些？在加固过程中需要注意什么？

23. 涵洞加长时，应如何进行施工？路堤加宽不大时，有什么处理方法？

24. 涵洞铺砌的垂裙埋置深度、铺砌类型、厚度和长度有哪些规定？

25. 涵洞改建和增建的原因有哪些？常用的施工方法有哪些？

26. 砌体病害中，砌体勾缝松动、脱落应如何处治？

27. 自然环境、设计方案、施工年限分别会造成哪些涵洞病害？

28. 涵洞日常养护的工作内容有哪些？

29. 涵洞雨季养护的原则、水毁原因和注意要点分别是什么？

30. 涵洞冻害的原因、特征和防治措施有哪些？

 习　题

（一）单选题

1. 铁路工程中，涵洞在（　　　　）方面占有较大比例。

　　A. 工程数量和工程难度　　　　　　B. 工程数量和工程造价

　　C. 工程造价和工程质量　　　　　　D. 工程质量和工程进度

2. 一般情况下，桥梁与涵洞技术上以（　　　）为划分标准。

　　A. 长度　　　　B. 宽度　　　　C. 跨径　　　　D. 高度

3. 农村公路路基排水中最常用的涵洞结构类型是（　　　）。
   A. 拱涵　　　　B. 盖板涵　　　　C. 箱涵　　　　D. 圆管涵

4. 适用于平坦顺直、纵断面高差变化不大河沟的洞口形式是（　　　）。
   A. 端墙式　　　　　　　　　B. 八字翼墙式
   C. 一字墙式　　　　　　　　D. 斜坡式

5. 孔径较小的涵洞一般采用（　　　）基础。
   A. 整体式　　　　B. 分离式　　　　C. 板凳式　　　　D. 独立式

6. 圆管涵的管身通常由（　　　）构成。
   A. 砖石　　　　B. 混凝土　　　　C. 钢筋混凝土　　　　D. 铸铁

7. 拱涵的拱圈一律采用（　　　）。
   A. 椭圆形　　　　B. 抛物线形　　　　C. 圆弧形　　　　D. 矩形

8. 盖板涵的填土高度一般为（　　　）。
   A. 1 ~ 5 m　　　　B. 1 ~ 8 m　　　　C. 5 ~ 10 m　　　　D. 8 ~ 12 m

9. 箱涵一般由（　　　）制成，且钢筋混凝土应用较广。
   A. 砖石　　　　　　　　　　B. 混凝土
   C. 钢筋混凝土或圬工　　　　D. 钢材

10. 铁路涵洞的标准孔径中，0.75 m 孔径仅用于（　　　）。
    A. 排洪　　　　　　　　　　B. 交通
    C. 无淤积地区的灌溉渠　　　D. 有淤积地区的灌溉渠

11. 排洪涵洞的最小孔径不应小于（　　　）。
    A. 1.0 m　　　　B. 1.25 m　　　　C. 1.5 m　　　　D. 2.0 m

12. 当涵洞发生满流情况时，可采用的处理办法不包括（　　　）。
    A. 在入口处抬高管节　　　　B. 增砌漏斗形进口
    C. 进行改建或扩孔　　　　　D. 减小孔径

13. 列车速度在 200 km/h 以下的洞顶填土厚度不宜小于（　　　）。
    A. 0.6 m　　　　B. 0.8 m　　　　C. 1.0 m　　　　D. 1.2 m

14. 涵洞的检查包括经常检查和定期检查，其中经常检查每月至少进行（　　　）次。
    A. 一　　　　B. 二　　　　C. 三　　　　D. 四

15. 涵洞基础埋深确定时，可不考虑以下哪个因素？（　　　）
    A. 地基承载力　　　　　　　B. 当地降雨量
    C. 冻结深度　　　　　　　　D. 上部荷载

16. 涵洞防水层常用的材料不包括（　　　）。
    A. 沥青　　　　B. 防水卷材　　　　C. 水泥砂浆　　　　D. 石灰

17. 铁路涵洞设计中，计算涵洞过水能力时，不需要考虑的参数是（　　　）。
    A. 涵洞长度　　　　　　　　B. 涵内水流流速
    C. 涵内水面坡度　　　　　　D. 铁路轨道类型

18. 涵洞沉降缝设置的主要目的是（　　　）。
    A. 美观　　　　　　　　　　B. 防止不均匀沉降导致结构破坏
    C. 便于施工　　　　　　　　D. 增加涵洞强度

19. 涵洞附属工程中，用于防止洞口河床被冲刷的是（   ）。
    A. 锥体护坡   B. 进出口检查台阶
    C. 河床铺砌   D. 路基边坡加固

20. 在涵洞施工中，保证混凝土浇筑质量的关键措施不包括（   ）。
    A. 控制浇筑温度   B. 振捣密实
    C. 随意加水调整坍落度   D. 合理安排浇筑顺序

21. 当涵洞出现漏土病害时，最可能的原因是（   ）。
    A. 防水层破损   B. 涵身裂缝
    C. 基础不均匀沉降   D. 进出口连接不紧密

22. 涵洞改建时，为减少对既有铁路运营影响，优先采用的施工方法是（   ）。
    A. 明挖法   B. 顶进法   C. 爆破法   D. 满堂支架法

23. 在涵洞养护中，定期对涵洞进行全面检查的主要目的是（   ）。
    A. 及时发现潜在病害   B. 记录涵洞外观变化
    C. 测量涵洞尺寸   D. 清理涵洞周边杂物

24. 在涵洞经常检查中，发现涵洞进出口有杂物堆积，应（   ）。
    A. 记录在案，下次检查再处理   B. 立即清理
    C. 报告上级等待指示   D. 认为不影响使用，无须处理

25. 洞顶填土高度小于 0.5 m 时的涵洞是（   ）。
    A. 明涵   B. 暗涵   C. 压力式涵洞   D. 半压力式涵洞

（二）多选题

1. 以下属于涵洞按照建筑材料分类的有（   ）。
    A. 砖涵   B. 石涵   C. 混凝土涵   D. 交通涵

2. 涵洞的组成部分包括（   ）。
    A. 洞身   B. 洞口建筑   C. 基础   D. 附属工程

3. 洞身的作用包括（   ）。
    A. 承担排水或交通任务
    B. 形成过水孔道
    C. 承受路堤填土自重及列车活载压力
    D. 保护路堤边坡不受水流冲刷

4. 以下关于八字翼墙式洞口的说法正确的有（   ）。
    A. 适用于平坦顺直、纵断面高差变化不大的河沟
    B. 水力条件较好
    C. 工程量小、施工简单、经济强
    D. 泄洪能力小

5. 涵洞的特点包括（   ）。
    A. 足够的洪水排泄能力
    B. 足够的整体强度、具有一定刚度和稳定性
    C. 较高的可靠性和耐久性
    D. 施工难度低

6. 圆形涵洞的构造特点有（　　　）。

　　A. 管身通常由钢筋混凝土构成

　　B. 管径一般有 0.5 m、0.75 m、1 m、1.25 m 和 1.5 m 等 5 种

　　C. 各管节之间以接缝连接，内外侧均用 M10 水泥砂浆填塞严密

　　D. 每隔 2~5 m 应设置沉降缝一处

7. 拱涵涵身主要由（　　　）等构成。

　　A. 拱圈　　　　　　B. 护拱　　　　　　　C. 侧墙　　　　　　　　D. 涵台

8. 选择铁路涵洞孔径时需要考虑的因素有（　　　）。

　　A. 涵洞的排洪能力　　　　　　　　B. 养护维修作业的要求

　　C. 造价　　　　　　　　　　　　　D. 施工难度

9. 当涵洞出现（　　　）状态时，应有计划地安排处理。

　　A. 钢筋混凝土结构裂缝宽度大于等于 0.3 mm

　　B. 涵身破损变形、错位、拉开造成漏土或排水不畅

　　C. 涵身、端、翼墙基础冲坏、基底全部或局部冲空

　　D. 涵洞基底冒水潜流，洞内渗漏水，影响路基稳定

10. 涵洞保养质量评定标准中，扣分条件包括（　　　）。

　　A. 涵内淤积，影响排洪　　　　　　B. 接缝脱落

　　C. 漏土　　　　　　　　　　　　　D. 混凝土表面剥落掉块致使露筋

11. 涵洞经常检查的内容包括（　　　）。

　　A. 进水口是否堵塞　　　　　　　　B. 洞内有无淤塞及排水不畅

　　C. 洞口周围是否有杂物堆积　　　　D. 涵洞结构是否有损坏

12. 涵洞定期检查的内容有（　　　）。

　　A. 检查涵洞的过水能力

　　B. 进水口铺砌、翼墙、护坡等是否完整

　　C. 涵体侧墙是否渗漏水、开裂、变形或倾斜

　　D. 涵底是否淤塞阻水，涵底铺砌是否完整

13. 涵洞重点检查内容包括（　　　）。

　　A. 涵身裂损、变形、冻害的检查

　　B. 净空检查

　　C. 河道排水检查、出入口铺砌裂损冲刷检查

　　D. 防水层及沉降缝的检查

14. 涵洞常见病害有（　　　）。

　　A. 变形和裂缝　　　　　　　　　　B. 涵管下沉、倾斜、错牙和滑移

　　C. 防水层及沉降缝损坏　　　　　　D. 砌体病害

15. 变形和裂缝的处理方法有（　　　）。

　　A. 表面涂刷环氧树脂浆液封缝处理（缝宽小于 0.1 mm）

　　B. 采用压浆处理（缝宽大于等于 0.1 mm 或有贯通性裂缝）

　　C. 用环氧树脂砂浆、水泥砂浆等修补（圬工裂损）

　　D. 拆除重建

16. 抬高下沉管节的方法有（　　　）。

    A. 整座抬高　　　　　　　　　　B. 仅中间部分管节抬高

    C. 局部抬高　　　　　　　　　　D. 分段抬高

17. 涵洞局部更换的方法有（　　　）。

    A. 不开挖填土在洞内进行更换，分段凿除旧管节，支立外侧模板后浇筑混凝土

    B. 采用预制半圆涵管，先凿除旧管节，安设临时支撑，再安装预制管节

    C. 拆除整个涵洞重新建造

    D. 直接在破损处修补

18. 涵洞雨季养护的预防工作包括（　　　）。

    A. 清除洞口和洞孔淤积杂物

    B. 整修沟床，使水道平整、顺畅

    C. 认真完成遗留病害的处治，拟建水毁预防工程

    D. 改建上游沟槽，使水流顺适

19. 涵洞冻害的防治措施有（　　　）。

    A. 换填措施　　　　　　　　　　B. 物理化学法

    C. 保温措施　　　　　　　　　　D. 结构措施

20. 涵管冲毁冲失后的抢修方法有（　　　）。

    A. 当涵管断面小，在冲失处填充片石作成透水路堤

    B. 当涵管断面大，经常流水架设扣轨梁或制作临时木涵排水

    C. 当涵管冲失路基决口较大，采用正线便桥或便线、便桥通车

    D. 直接用沙袋堵住冲失处

21. 下列关于涵洞基础说法正确的有（　　　）。

    A. 整体式基础适用于孔径较小的涵洞

    B. 分离式基础适用于孔径较大且地质良好的涵洞

    C. 基础埋深应根据地基承载力、冻结深度等确定

    D. 基础的作用是将涵洞自重及荷载传递给地基

22. 涵洞防水层的作用有（　　　）。

    A. 防止涵身、管节接缝、沉降缝、伸缩缝漏水

    B. 保护涵洞结构免受水的侵蚀

    C. 提高涵洞的耐久性

    D. 增强涵洞的美观性

23. 铁路涵洞在设计时需考虑的因素有（　　　）。

    A. 地形地貌　　　　　　　　　　B. 水文条件

    C. 铁路等级　　　　　　　　　　D. 周边建筑物

24. 涵洞沉降缝的设置要求有（　　　）。

    A. 一般每隔 2~5 m 设置一处　　　B. 缝宽一般为 2~3 cm

    C. 缝内应用弹性材料填塞　　　　D. 沉降缝应贯通整个断面

25. 涵洞附属工程包括（　　　）。

    A. 锥体护坡　　　　　　　　　　B. 河床铺砌

    C. 路基边坡加固　　　　　　　　D. 进出口检查台阶

26. 涵洞施工过程中，保证工程质量的措施有（　　　）。

    A. 严格控制原材料质量　　　　　B. 按照设计要求进行施工

    C. 加强施工过程中的质量检测　　D. 做好施工记录

27. 当涵洞出现漏水病害时，可能的原因有（　　　）。

    A. 防水层损坏　　　　　　　　　B. 沉降缝处理不当

    C. 混凝土开裂　　　　　　　　　D. 基础不均匀沉降

28. 涵洞改建时，需要考虑的因素有（　　　）。

    A. 既有涵洞的结构状况　　　　　B. 改建后的功能要求

    C. 施工对既有铁路运营的影响　　D. 工程造价

29. 涵洞养护工作的重要性体现在（　　　）。

    A. 保证涵洞的正常使用功能　　　B. 延长涵洞的使用寿命

    C. 确保铁路的安全运营　　　　　D. 减少维修成本

30. 涵洞检查中，经常检查与定期检查的区别有（　　　）。

    A. 检查频率不同　　　　　　　　B. 检查方法不同

    C. 检查内容侧重点不同　　　　　D. 检查人员资质要求不同

（三）判断题

1. 涵洞是指在铁路工程建设中，设于路基下且修筑于轨面以下的过水通道，仅用于排水。（　　　）

2. 桥梁与涵洞技术上是以长度为划分标准的，一般 10 m 以上称桥，以下称涵洞。（　　　）

3. 按照用途分类，涵洞可分为砖涵、石涵、混凝土涵和钢筋混凝土涵。（　　　）

4. 洞身是涵洞的主体，由承重结构、涵台、基础以及防水层、伸缩缝等部分组成，不承担排水或交通任务。（　　　）

5. 八字翼墙式洞口适用于地形复杂、纵断面高差变化大的河沟。（　　　）

6. 孔径较大且地质情况良好时，涵洞一般采用整体式基础。（　　　）

7. 圆管涵的管身通常由砖石构成，管径一般有 0.5 m、0.75 m、1 m、1.25 m 和 1.5 m 等 5 种。（　　　）

8. 铁路涵洞的标准孔径中，0.75 m 孔径可用于任何地区的灌溉渠。（　　　）

9. 排洪涵洞的最小孔径不应小于 1.0 m，且全长不宜大于 25 m。（　　　）

10. 涵身、管节接缝、沉降缝、伸缩缝只要不影响排水就无须做到不漏水。（　　　）

项目 6　铁路桥隧维修典型工作任务

 项目描述

本项目以铁路桥隧设施维护为核心，围绕水标尺刷新、桥涵清淤、钢结构除锈涂漆、隧道渗漏水整治等 20 项典型作业任务，构建"理论-实践-安全"三位一体的教学体系。通过模拟铁路桥隧养护现场环境，组织学生完成从作业准备、流程实施到质量验收的全流程操作，重点培养学生对桥隧结构病害的检测、分析及整治能力，使其掌握铁路桥隧维护的行业标准与规范，具备从事铁路桥隧养护作业的职业素养和安全意识。

 拟实现的教学目标

➤　思政要素

（1）通过介绍工程案例，感受国家的统筹规划能力和国家发展建设的能力。通过该思政案例让学生感受强国能力及集体荣誉感，培养学生的学会统筹规划的意识和素养。

（2）培养"执着专注、精益求精、一丝不苟、追求卓越"的工匠精神，遵纪守法、团结协作、严谨务实、按章操作。

（3）树立"麻雀虽小，五脏俱全"的思想，使学生充分意识到涵洞的重要性，其质量直接影响铁路工程的使用性能及运营安全。

➤　能力目标

（1）能熟练使用钢卷尺、塞尺、检查锤等专业工具完成桥隧结构检测。

（2）掌握换填、注浆、除锈涂漆等 10 项核心工艺，独立完成水标尺刷新、支座除锈涂油等典型作业。

（3）能根据病害类型（如裂缝、冻胀、渗漏水）选择合适机具（如电镐、注浆泵）实施整治。

（4）能通过目视检查、仪器检测（如裂缝检查仪）定位桥隧病害。

（5）针对突发情况（如作业中设备故障、安全隐患），能按应急预案采取临时措施。

（6）具备规范填写《铁路桥隧建筑物检查记录簿》的能力。

> 知识目标

（1）掌握铁路桥隧结构组成（如拱部、边墙、仰拱）及病害类型（结冰、冻胀、裂缝）的形成机理。

（2）理解《铁路隧道衬砌状态检测技术规程》（TB/T 3633—2018）中部位划分、检测流程等核心条款。

（3）熟悉C20混凝土、环氧树脂砂浆等维护材料的性能参数及适用场景。

（4）掌握天窗作业、高空作业等安全规范。

（5）理解铁路桥隧维护的质量验收标准。

（6）掌握钢卷尺、垂球等测量工具的精度要求。

> 素质目标

（1）严格遵守铁路作业安全规程，如高空作业佩戴安全带、使用防爆工具。

（2）关注行业新技术，自主学习最新养护工艺的创新与持续学习的能力。

（3）培养学生分析与解决铁路桥隧维护实际问题的能力。

（4）培养学生信息搜集与处理能力。

（5）培养学生协调能力与协作精神。

 相关案例

渝怀线隧道渗漏水整治工程

该案例对应典型工作任务6.15隧道渗漏水整治，由中国铁路广州局集团有限公司怀化工务段于2024年4月组织实施，针对渝怀线7座隧道的渗漏水问题，采用注浆堵水和凿槽引排等技术，确保汛期行车安全。

具体实施过程：

1. 病害诊断与方案制订

怀化工务段桥隧技术科通过前期调查发现，渝怀线部分隧道因地质条件复杂，衬砌裂缝导致渗漏水，雨季可能引发道床翻浆、拱顶掉块等风险。技术人员结合历史数据和现场勘查，制订了"拱顶注浆+边墙增设降压孔"的综合整治方案。

2. 施工流程与技术细节

注浆堵水：

采用环氧树脂注浆材料，沿裂缝钻孔（孔深12～20 cm，间距20～30 cm），通过手压注浆泵从下而上注入浆液，填充衬砌内部空隙，阻断渗水通道。注浆压力严格控制在0.5 MPa以内，避免破坏结构。

凿槽引排：

对渗水量较大的边墙区域，沿裂缝凿倒梯形槽，埋设排水暗管并固定，外裹保温板和防水砂浆，将水流引至隧道侧沟。施工中严格控制槽体尺寸（根据水量调整），确保排水坡度符合设计要求。

3. 质量控制与安全措施

注浆连续性: 全程连续作业, 避免浆液沉淀堵塞管路; 对跑浆部位及时用快凝水泥封堵。

高空作业安全: 搭设脚手架并配备安全带, 作业前由供电部门确认接触网停电, 确保安全距离。

排水效果验证: 整治后通过倒水试验检查排水顺畅性, 未发现积水现象。

4. 实施效果与成果

病害消除: 7 座隧道的渗漏水问题全部解决, 衬砌结构稳定性显著提升, 消除了汛期行车安全隐患。

效率提升: 采用 "注浆+引排" 组合工艺, 较传统单一方法缩短工期约 30%, 节约成本约 15%。

长期保障: 整治后纳入定期巡检计划, 结合无人机监测, 实现病害动态跟踪。

❓ 思则有备

表 6-1 项目内容及自我评价

项目	内容	自我评价			
自主学习计划		优 秀 ( )	良 好 ( )		
		及 格 ( )	不及格 ( )		
思维导图绘制		优 秀 ( )	良 好 ( )		
		及 格 ( )	不及格 ( )		
项目小结撰写		优 秀 ( )	良 好 ( )		
		及 格 ( )	不及格 ( )		
疑难问题剖析		优 秀 ( )	良 好 ( )		
		及 格 ( )	不及格 ( )		
学习体会概要		优 秀 ( )	良 好 ( )		
		及 格 ( )	不及格 ( )		
知识拓展方向		优 秀 ( )	良 好 ( )		
		及 格 ( )	不及格 ( )		

请你在学习开始之际填写第 1 项, 在学习中逐步完善第 2 项, 在学习之后完成第 3~5 项, 课后完成第 6 项。

任务 6.1 刷新水标尺

6.1.1 任务描述

在符合特定作业条件要求情况下, 组织专业人员运用专业工具和材料, 对水标尺进行全面刷新。通过确定刷新位置、清除旧尺标、修补圬工面、涂刷新尺标以及标注历史最高洪水等操作, 确保水标尺清晰准确, 为水文监测和防洪工作提供可靠依据。

6.1.2　作业条件

1. 天窗条件

封闭栅栏内刷新水尺标必须在维修天窗内作业，提前与调度部门沟通协调，确保天窗时间充足，避免影响铁路正常运营。

2. 天气条件

宜在枯水期晴朗天气进行作业，此时水位较低，便于操作，且晴朗天气能保证施工质量，避免雨水等对油漆的冲刷和对作业人员安全的影响。

6.1.3　作业准备

1. 人员准备

安排 3 人参与作业。明确分工，设一名作业负责人，负责整体协调与现场指挥；一名人员负责工具操作和具体施工，如清除旧尺标、涂刷新尺标等；另一名人员负责材料管理和安全协助，如准备材料、传递工具以及关注现场安全状况。

2. 机具、工具准备

架梯：提供作业高度，确保能到达水标尺位置；使用前检查架梯的稳定性和牢固性，如梯脚防滑措施是否有效、梯身有无损坏。

垂球：用于吊线确定垂直位置，保证水标尺的垂直度；检查垂球是否完好，线绳有无断裂。

字模：保证水标尺数字和标志的规范性；准备好不同尺寸和形状的字模，检查字模有无变形。

钢卷尺：测量水标尺的尺寸，如宽度、高度等，确保符合标准；检查钢卷尺的精度和刻度是否清晰。

石笔：用于标记和画线；准备足够数量，确保笔迹清晰。

砂纸：清除旧尺标和污垢；选择合适的砂纸型号，检查砂纸的磨损情况。

毛刷：涂刷油漆；根据油漆类型和涂刷面积选择合适的毛刷，检查毛刷的刷毛是否整齐、牢固。

圬工工具：用于修补圬工面，如抹子、铲子等；检查工具是否完好，功能是否正常。

3. 材料准备

红黑白油漆：用于涂刷新尺标和标注历史最高洪水；检查油漆的质量、保质期和色泽，确保符合要求。

水泥、砂浆：修补圬工面；根据圬工面的材质和破损情况，选择合适强度等级的水泥和砂浆，检查材料有无受潮结块现象。

4. 数据准备

通过前期现场调查，及翻阅历史资料，统计好需刷新水尺标墩顶标高、桥墩下河流河床最低点、历史最高洪水位及发生年月等基础数据，并制订相应的刷新方案，确保刷新工作准确无误。

6.1.4　作业流程

确定刷新位置：水标尺应设置在主河道，主墩台侧面上游处，通过实地勘察和测量，准确确定水标尺的位置，保证其能准确反映水位变化。

架梯子：将梯子架在需刷新桥墩立面上，要架稳、架牢，确保作业人员安全。架梯时，要选择合适的支撑点，避免晃动，同时安排专人在旁扶持。

清除旧尺标：使用砂纸等适当工具清刷原尺标处的旧字和污垢，清理过程中要小心操作，避免对桥墩表面造成损伤。

修补尺标处圬工面：如尺标处圬工面存在破损或掉块，应使用相应灰号的水泥或砂浆对破损处进行修复。对于表面不平整的墩台，刷标尺处应用水泥砂浆抹成错台，以利涂刷，修复后要确保圬工面平整、牢固。

涂刷新尺表：用垂球吊线，用石笔画好一侧垂边线，以垂边线为基础，画出标尺宽度尺寸，并在底层涂刷白漆两度。水标尺宽为 150 mm，尺边用红漆刷 15 mm 宽，每处用红或黑交替刷印，标码数字及圆点分别用红黑油漆，每隔半米涂写。涂刷过程中要保证油漆均匀、平整，无流淌现象。

标出历史最高洪水：在相应位置标出历史最高洪水位及发生年月日，字体横线及三角点均用红油漆涂写，字高以 40～90 mm 为宜，标注要清晰、醒目，便于识别。

6.1.5　质量控制要点

位置与字样规范：位置或字样符合要求，不得歪斜，尺寸、字样准确工整，标志清晰。使用水平尺和钢卷尺检查水标尺的垂直度和尺寸，确保符合标准。

水标尺清洁：水标尺应清洁，无污垢，在涂刷前和涂刷后都要进行检查，如有污垢及时清理。

油漆质量：标志油漆色泽要光亮，涂刷的底字无流淌，字迹要清晰。选择质量好的油漆，按照正确的涂刷方法进行操作，避免出现质量问题。

6.1.6　安全控制要点

人员防护：作业人员必须佩戴安全帽、安全带等防护用品，安全带要高挂低用，防止坠落事故发生。

架梯安全：架梯时要确保梯子稳固，梯脚要有防滑措施，如垫橡胶垫等。在梯子上作业时，不得超出梯子的承载范围，避免晃动。

工具使用安全：使用砂纸、毛刷等工具时，要注意操作方法，避免工具滑落伤人。使用圬工工具时，要防止工具碰撞桥墩或其他物体。

油漆使用安全：油漆属于易燃物品，使用过程中要远离火源，避免明火作业。施工现场要配备灭火器材，防止火灾发生。

现场监护：安排专人进行现场监护，密切关注作业人员的安全状况和周围环境变化，如发现异常及时提醒和处理。

任务 6.2　清理桥涵淤积

6.2.1　任务描述

在符合特定作业条件要求情况下，组织专业人员运用专业工具，对桥涵淤积进行清理作业。通过遵循特定的清淤原则，清理桥涵内外的淤土及杂物，确保桥涵排水畅通，河道边坡稳定，保障桥涵结构安全和正常排水功能。

6.2.2　作业条件

1. 天窗条件

封闭栅栏内作业必须在天窗时间内进行，提前与调度部门沟通协调，明确天窗时间，确保作业期间不影响铁路正常运营，同时保障作业人员安全。

2. 天气条件

选择非雨、雪、大雾等恶劣天气时进行作业，避免在恶劣天气下施工，防止因视线不清、地面湿滑等导致安全事故，同时保证清淤工作的顺利进行。

6.2.3　作业准备

1. 人员准备

至少安排 3 人参与作业，封闭网内作业需增设一名防护人员。根据桥涵数量、淤积程度等工作量实际情况，适当增设作业人员。明确分工，设一名作业负责人，负责整体协调、质量把控和现场指挥；一名安全防护员，负责作业现场的安全警戒；其余人员负责具体的清淤、搬运等操作。

2. 机具、工具准备

锹、镐：用于挖掘和铲除淤土；检查锹、镐的刃口是否锋利，手柄是否牢固。

抬筐、抬杠：搬运淤土和杂物；检查抬筐是否破损，抬杠是否结实。

砍刀、斧：清理桥涵周边的灌木丛和障碍物；检查刀具是否锋利，斧柄是否牢固。

绳索：用于捆绑和吊运物品；检查绳索的强度和磨损情况，确保无断裂隐患。

3. 数据准备

提前调查清淤范围，精确确定清挖部位和数量，绘制清淤区域示意图，标注重点清淤部位。如有必要可应用运土车、铲运机，根据清淤量和现场条件，合理选择设备型号和数量。涉及排迁防护地下光、电缆的，提前与设备管理单位沟通并制定安全防护措施，明确地下管线的位置和走向，确保施工过程中不造成损坏。

6.2.4　作业流程

清淤作业：清淤应遵循由下至上、由外向内的原则进行。先从桥涵底部和外侧开始，逐步向上和向内清理，确保全面清除淤积物。

边坡修整：清理后桥涵河道边坡不应陡于 1∶1，使用测量工具检查边坡坡度，对不符合要求的边坡进行修整，保证边坡稳定。

涵渠清理：涵渠应清理至涵底，并保持上下游及涵内顺畅。彻底清除涵渠内的淤土、杂物和垃圾，确保排水畅通。

杂物运输：清理出的淤土及杂物应运至远离河道以外，选择合适的运输路线和堆放地点，避免对河道和周边环境造成二次污染。

检查复核：检查清淤是否彻底，清理后排水是否畅通。通过目视检查和水流测试，确保清淤质量符合要求。

作业结束：检查清点工（机）具、材料，整理回收。对工具进行清洁和保养，妥善保管剩余材料，做到工完料净。

6.2.5　质量控制要点

周边环境清理：上下游 30 m 范围内无灌木丛，桥涵附属结构无阻碍水流的淤土杂物，通过目视检查，确保周边环境整洁，不影响水流。

桥涵内部清理：桥下清理彻底，涵渠内无杂物，检查桥涵内部各个角落，确保无遗漏的淤积物。

河道平整度：河道平顺，使用测量工具检查河道的平整度，确保水流顺畅，无积水和阻水现象。

6.2.6　安全控制要点

人员防护：作业人员必须佩戴安全帽、防护手套等防护用品，防止物体坠落砸伤和手部划伤。

工具使用安全：使用锹、镐、砍刀、斧等工具时，严格按照操作规程进行操作，避免因操作不当引发安全事故。操作时注意周围人员安全，防止工具伤人。

地下管线保护：涉及排迁防护地下光、电缆，严格按照制定的安全防护措施施工，在施工前进行探测和标识，避免损坏地下管线。

安全监督：安排专人负责安全监督，全程监督作业过程，及时纠正不安全行为，发现安全隐患及时处理，确保作业安全。

恶劣天气应对：如遇突发恶劣天气，立即停止作业，将人员和设备转移至安全地带，避免发生意外。

任务 6.3　钢结构人工除锈及涂漆

6.3.1　任务描述

在符合特定作业条件要求情况下，组织专业人员运用专业工具和材料，对包含钢梁、吊围栏、人行道钢扶手、限高防护架、桥梁救援疏散通道等在内的钢结构进行人工除锈及涂漆作业。通过遵循特定的除锈、打磨、涂刷油漆流程，恢复钢结构上原有的各种标志，使钢结构得到有效防护，延长其使用寿命，保障铁路相关设施的安全与美观。

6.3.2　作业条件

1. 天窗条件

封闭栅栏内作业必须在维修天窗内进行，提前与调度部门沟通协调，明确天窗时间，确保作业期间不影响铁路正常运营秩序，同时保障作业人员安全。

2. 天气条件

选择晴朗天气进行作业，避免在雨天、大风等恶劣天气下施工，防止雨水、风沙对除锈和涂漆效果产生不利影响，保证油漆的干燥和附着质量。

6.3.3　作业准备

1. 人员准备

至少安排 3 人参与作业，封闭网内作业需增设一名防护人员。根据钢结构面积大小、分布范围等工作量实际情况，适当增设作业人员。明确分工，设一名作业负责人，负责整体协调、质量把控和验收工作；一名安全防护员，负责作业现场的安全警戒；其余人员负责具体的除锈、打磨、涂漆等操作。

2. 机具、工具准备

钢丝刷：用于初步清除钢结构表面的旧漆膜和锈蚀；根据锈蚀程度选择合适硬度和尺寸的钢丝刷。

角磨机：对个别附着牢固的铁锈和凸凹不平处进行打磨处理；作业前检查角磨机的电源线是否破损、砂轮片是否安装牢固且无裂纹。

砂布：进一步打磨钢结构表面，去除残留杂质；根据打磨需求选择不同目数的砂布。

毛刷：涂刷油漆；根据油漆用量和钢结构形状选择合适尺寸和材质的毛刷，确保刷毛整齐、牢固，不易脱落。

抹布：擦拭钢料表面的锈末、粉尘和残留油漆；准备足够数量的干净抹布。

劳动保护用品：包括专用劳保服装、安全防护设备、劳保手套、脚罩、口罩等；确保作业人员在施工过程中的安全与健康。

3. 材料准备

油漆：根据钢结构的使用环境和防护要求，选择合适种类和型号的油漆；检查油漆的质量、保质期和色泽，确保符合施工要求。

稀释剂：按照油漆的特性选择匹配的稀释剂，用于调节油漆的稠度；检查稀释剂有无变质、挥发等情况。

4. 数据准备

通过前期现场调查，详细统计需除锈及涂漆的钢结构位置、面积等信息，精确计算所需涂漆材料的用量。根据这些数据，合理安排作业计划，包括作业顺序、人员分工、时间安排等，确保施工高效有序进行。

6.3.4　作业流程

除锈：按照先上后下，先难后易，先角落、后大面的原则除掉钢结构表面旧漆膜和锈蚀。对于个别凸凹不平处及附着牢固的铁锈，可使用工具小心凿除，但要避免破坏钢结构本体。局部除锈的外形，应做成单个或相连的方形、矩形、台阶形的整齐几何图形，新旧漆膜接茬处应做成顺坡，以便后续涂漆。

打磨：使用钢丝刷、角磨机、砂布进行打磨，彻底清除残留的污垢、漆膜、铁锈、氧化漆等杂质。打磨完成后，用毛刷和抹布将钢料表面的锈末、粉尘擦去，确保钢料表面清洁，为涂漆提供良好的基础。

涂刷油漆：用毛刷沾取合适的油漆，用力平稳、均匀地涂刷在钢料表面。涂刷时先横刷、再竖刷，按照自上而下、自左而右，先难后易的顺序依次刷匀。注意前层漆膜未干，不得涂后层。每涂一层油漆前，须将表面油漆用"0"号砂布打磨一遍，并擦拭干净，以增强油漆之间的附着力。

恢复标志：在完成涂漆作业后，根据钢结构上原有的各种标志样式和位置，进行恢复工作，确保标志清晰、完整，起到应有的指示和警示作用。

质量验收：作业结束后，由作业负责人进行作业质量的验收。检查内容包括除锈是否彻底，清擦是否干净，边缘顺接是否良好、整齐；钢料面上有无 0.5 mm 及以上的刮刀伤痕；漆膜是否均匀、层数和厚度是否符合规定；油漆有无漏涂、裂纹、斑点、脱皮、鼓泡、流淌、皱纹等缺陷，表面光泽是否良好。验收合格后，作业负责人组织清理工地，做到工完料净，保持施工现场整洁。

6.3.5　质量控制要点

除锈质量：确保除锈彻底，清擦干净，边缘顺接良好、整齐，通过目视和触摸检查，如有残留锈迹或不平整处，及时返工处理。

钢料表面保护：保证钢料面上无 0.5 mm 及以上的刮刀伤痕，作业过程中严格控制工具使用力度和方法，避免对钢料造成损伤。

漆膜质量：漆膜均匀、层数、厚度符合规定，使用漆膜测厚仪等工具进行检测，确保符合设计要求。

油漆外观质量：油漆无漏涂、裂纹、斑点、脱皮、鼓泡、流淌、皱纹，表面光泽好，通过目视检查，如有质量问题及时修补。

6.3.6　安全控制要点

作业平台安全：作业平台牢固稳定，在搭建和使用前进行严格检查，确保脚手架的连接件紧固、脚手板铺设平稳且铺满。作业人员上下脚手架时严禁携带笨重工具和材料攀爬，防止因重心不稳导致坠落事故。

人员防护：作业人员必须穿专用劳保服装及安全防护设备，戴劳保手套、脚罩、口罩，外露皮肤均要涂抹凡士林，防止油漆、粉尘等对身体造成伤害。

材料使用安全：严禁用煤油、汽油、柴油作为稀释剂，防止发生火灾和爆炸事故。涂料调配、运送 5 m 内严禁烟火，设置明显的警示标志，并配备灭火器材，确保施工安全。

工具使用安全：使用角磨机等电动工具时，严格按照操作规程进行操作，避免因操作不当引发安全事故。操作前检查工具的安全防护装置是否完好，如角磨机的防护罩等。

安全监督：安排专人负责安全监督，全程监督作业过程，及时纠正不安全行为，发现安全隐患及时处理，确保作业安全。

任务 6.4　大跨度连续梁检查

6.4.1　任务描述

在符合特定作业条件要求情况下，对连续梁内病害、伸缩情况、支座及桥面进行全面检查，及时发现潜在安全隐患，确保桥梁结构安全稳定，保障铁路运行安全。

6.4.2 作业条件

1. 天窗条件

桥面检查需利用维修天窗。在天窗时间内，提前与调度部门沟通协调，确保作业时间充足且不影响正常铁路运营。梁内及以下部位检查可在天窗外进行，但需做好安全防护措施，如设置警示标志等。

2. 天气条件

选择晴朗天气作业，避免在暴雨、大风等恶劣天气下作业，防止因视线不佳或环境因素影响检查准确性和人员安全。

6.4.3 作业准备

1. 人员准备

至少安排 3 人参与作业，包括：一名经验丰富的组长，负责整体作业的指挥与协调，把控检查进度和质量；一名技术人员，主要负责对病害的初步判断和数据记录；一名辅助人员，协助传递工具、清理现场等工作。

2. 机具工具准备

安全带：高空作业时保障人员安全；使用前需检查安全带的完整性和可靠性，确保无破损、断裂等情况。

安全帽：防止物体坠落砸伤头部；佩戴时需调整好帽带，确保安全帽稳固。

检查锤：用于敲击检查部件，通过声音判断是否存在内部缺陷；检查锤使用后需妥善放置，避免丢失或损坏。

照相机：拍摄病害部位及相关数据，便于后续分析和对比；拍摄时需保证照片清晰、完整，包含关键信息。

检查梯：提供登高作业平台；使用前检查检查梯的稳定性，确保梯脚防滑措施有效。

照明设备：在光线不足的区域提供照明，如连续梁内部；使用前检查照明设备电量是否充足，灯光是否正常。

3. 材料准备

检查锤：用于辅助检查，如检查混凝土表面空鼓等情况。

笔：记录检查数据和病害情况，需使用防水、不易褪色的笔。

笔记本：详细记录检查结果，包括病害位置、程度、初步判断等信息。

彩笔：标记病害位置和测量点，便于后续复查和对比。

钢尺：测量尺寸，如裂纹长度、宽度等，测量时需保证钢尺的测量精度和测量方法正确。

6.4.4 作业流程

1. 检查连续梁内病害

连续梁内是否起碱集料反应，冒白浆：仔细观察混凝土表面，若发现有白色粉末或浆体渗出，需进一步分析其成分和产生原因。

连续梁内是否有竖向、横向裂纹，画上标记，每月检查一次，看是否发展：使用放大镜观察裂纹，测量裂纹宽度和长度，用彩笔标记裂纹两端，记录初始数据。

张拉孔末端封锚混凝土是否开裂：检查封锚混凝土表面是否有裂缝，若有，需判断裂缝深度和影响范围。

排水管是否开裂、破损：查看排水管外观，检查连接处是否密封良好，有无漏水现象。

连续梁内是否积水：观察地面是否有积水，若有积水，需查找积水来源，如排水管堵塞或防水失效等。

下料孔是否封堵、有无渗水：检查下料孔封堵情况，观察周围是否有渗水痕迹。

2. 连续梁伸缩观测

用彩笔在纵向支座外侧上下支座板、相邻简支梁纵向支座侧面上下支座板标记画线：标记位置要准确，线条清晰，便于观测。

每月进行观测，记录测量时温度、梁体温度及活动端伸缩量：使用专业测量仪器，在规定时间进行测量，记录数据时需注明测量时间、环境温度等信息。

3. 连续梁支座检查

按照支座检查流程，对连续梁的纵向支座、横向支座、固定支座、活动支座各个项点进行检查，如螺栓、支座板等：检查螺栓是否松动，可使用扳手进行试拧；检查支座板是否有变形、锈蚀等情况。

4. 连续梁桥面检查

天窗作业检查，按照桥面检查流程，对连续梁的桥面各个项点进行检查，如人行道栏杆、桥面防排水等：检查人行道栏杆是否牢固，有无松动、损坏；检查桥面防排水设施是否畅通，排水坡度是否符合要求。

6.4.5 质量控制要点

用彩笔标记画线时，确保上、下支座板画在一条直线，误差控制在规定范围内，使用直尺等工具辅助标记，保证标记准确性。

每月检查病害发展情况时，数据记录要准确、完整，与前期数据对比分析，判断病害发展趋势。

6.4.6　安全控制要点

高空作业时，作业人员必须系好安全带，佩戴安全帽；安全带需高挂低用，严禁低挂高用。

作业前对所有工具和设备进行安全检查，确保其性能良好，符合安全要求。

在天窗外作业时，设置专人进行安全防护，密切关注铁路运行情况，及时发出警示信号。

任务 6.5　桁式结合梁检查

6.5.1　任务描述

在符合特定作业条件要求情况下，组织专业人员运用专业工具，对桁式结合梁进行全面细致的检查。按计划到达作业地点，在确保安全的前提下，对桥梁各关键部位进行检查，及时发现既有病害的发展变化或新增病害，为桥梁的维护和保养提供准确依据，保障桥梁结构安全和铁路运营安全。

6.5.2　作业条件

1. 天窗条件

在天窗时间内作业，若检查上部结构则必须申请停电天窗。提前与调度部门和供电部门沟通协调，明确天窗时间和停电范围，确保作业安全且不影响铁路正常运营。

2. 天气条件

选择晴天进行作业，保证良好的视线和作业环境，避免因恶劣天气影响检查效果和作业安全。

6.5.3　作业准备

1. 人员准备

安排不少于 7 人参与作业，其中驻站及现场防护各一人，确保作业过程中的通信畅通和现场安全。如在停电天窗内检查，需供电部门相关人员配合作业，明确各部门人员职责，共同保障作业顺利进行。

2. 机具、工具准备

检查锤：用于敲击杆件，检查是否存在松动、裂纹等问题；使用前检查锤头与锤柄连接是否牢固。

卷尺、钢板尺：测量杆件尺寸、缝隙宽度等；确保测量工具的精度和准确性。

笤帚：清扫检查部位表面的灰尘和杂物，保持检查区域清洁。

数码相机：拍摄病害部位和关键检查点，记录检查情况；确保电量充足、存储容量足够。

裂纹检查仪：精确检测裂纹深度和长度；使用前校准仪器，保证测量数据准确。

记录簿：详细记录检查结果；准备足够数量的记录簿和书写工具。

照明灯具：保证作业区域光线充足，特别是在光线昏暗的部位；检查前测试照明亮度和续航时间。

安全带、安全帽：保障作业人员安全；使用前检查安全带是否有破损、老化，安全帽是否完好、帽带是否牢固。

防护备品：如反光背心、防护手套等，确保作业人员在作业过程中的安全。

6.5.4　作业流程

1. 到达作业地点

按照计划走行路线，安全到达检查作业地点，途中注意观察周边环境，确保人员和设备安全。

安全确认（停电天窗作业）：如果在停电天窗内作业，必须由供电部门现场负责人确认停电后，方可进行作业。严格执行停电作业程序，确保作业人员安全。

2. 全面检查

检查桥面或者使用防静电检查小车检查上部结构及梁底，如需使用防静电检查小车则应优先检查小车状态，确保小车安全可靠。

重点检查以下部位：

主桁杆件、纵横梁、上平纵联、桥门架及横联等杆件，查看是否存在裂纹、变形、螺栓松动等问题。

整体节点及拼接板，检查焊缝和拼接板是否有裂纹。

高强螺栓，确认是否紧固，有无松动迹象。

钢筋混凝土桥面板及剪力钉，查看桥面板是否破损、裂纹，剪力钉是否失效。

人行道及托架，检查是否牢固，有无损坏。

防护墙，查看是否完好，有无裂缝、破损。

防静电检查小车，检查车体、传动部件、轨道扣件、制动装置等是否正常。

集中排水，检查管节是否脱开、堵塞、开裂等。

伸缩缝，查看止水带是否破损、老化，梁缝是否夹杂异物等。

挡砟板，检查是否锈蚀、开焊、窜动等。

上部结构顶面，确保无杂物堆积。

3. 记录检查结果

发现既有病害发展变化或者出现新增病害，要详细记录在《高速铁路桥隧建筑物检查记录簿》内，写明检查人员姓名及日期，未发现问题标记"无问题"。记录内容应包括病害位置、类型、严重程度等信息，如有必要，拍照或录像留存。

6.5.5　质量控制要点

1. 关键杆件检查

关注钢桥面板焊缝裂纹，密横梁与系梁连接处裂纹，通过目视和仪器检测相结合的方式，确保及时发现裂纹。

对于正交异性板，重点检查横肋与纵梁、横肋与 U 肋相交处割焊孔焊缝裂纹，使用裂纹检查仪进行深度检测。

检查纵梁与横梁及主梁与横梁联结处的母材、焊缝、高强度螺栓状态，查看是否有松动、变形、裂纹等问题。

留意受拉及受反复应力杆件的节点及联结系节点的高强度螺栓松动情况，采用敲击和扭矩检测的方法进行检查。

检查受拉及受反复应力杆件上的焊缝及邻近焊缝热影响区的钢材裂纹，仔细观察焊缝表面和周边钢材。

关注杆件断面变化处焊缝裂纹，使用放大镜等工具辅助检查。

检查伸缩纵梁端横联处、支座上方钢杆件裂纹，重点查看关键部位的应力集中区域。

查看加劲肋、横隔板及盖板处焊缝裂纹，确保焊接质量。

若加劲肋未顶紧上、下盖板，检查腹板上加劲肋两端焊缝处裂纹，注意观察焊缝细节。

检查主桁箱形下弦杆的上水平板与桥面顶板的不等厚度的对接焊缝裂纹，采用无损检测方法进行检测。

查看主桁节点板与横梁下缘焊缝裂纹，通过多角度观察和检测确保无裂纹隐患。

检查对接焊缝裂纹，使用专业检测设备进行深度和长度测量。

查看主桁节点处弦杆的上水平板槽口是否有裂纹、积水，及时清理积水，防止锈蚀。

检查钢梁角落隐蔽部位，特别是电气化接触网连接板包裹部位是否锈蚀，采用特殊工具和照明设备进行检查。

2. 其他部位检查

钢梁保护涂装检查：关注起泡、裂纹、脱落、粉化、锈蚀等问题，通过目视和触摸检查，评估涂装质量。

联结系节点及拼接板检查：检查焊缝裂纹、拼接板裂纹，确保结构连接牢固。

结合梁桥面板检查：查看桥面板与纵、横梁连接处流锈、缝隙，剪力钉失效情况，桥面板破损、裂纹、腐蚀、漏筋、粉化、渗水流浆等问题，及时发现并记录病害。

防静电检查小车检查：检查车体破损、开焊、涂装失效、锈蚀、扭曲、挠度过大等问题，查看传动部件锈蚀、损坏、失灵、缺少润滑油情况，检查轨道扣件松动、缺失、几何尺寸不良、制动装置失灵、闸瓦磨损严重等问题，确保小车性能良好。

集中排水检查：检查管节脱开、堵塞、开裂、破损、老化、脱落等问题，保证排水畅通。

伸缩缝检查：查看止水带破损、老化、漏水、失效，梁缝夹杂异物、梁端顶死，挡砟钢板锈蚀、开焊、窜动、离缝、漏砟等问题，确保伸缩缝正常工作。

上部结构顶面检查：确保上部结构顶面不得有杂物，保持顶面清洁。

6.5.6　安全控制要点

人员防护：作业人员不准穿带钉或易溜滑的鞋，作业人员应戴好安全帽，高空作业时还要系好安全带，高挂低用，严禁低挂高用。

登高作业安全：登高作业必须在停电天窗内进行，严格执行停电作业程序，确保作业人员安全。

工具使用安全：使用检查锤、卷尺等工具时，注意操作方法，避免工具滑落伤人。使用裂纹检查仪等专业设备时，严格按照操作规程进行操作。

防护备品使用：正确穿戴反光背心、防护手套等防护备品，确保作业人员在作业过程中的安全。

安全监督：安排专人负责安全监督，全程监督作业过程，及时纠正不安全行为，发现安全隐患及时处理，确保作业安全。

任务 6.6　墩台混凝土整修

6.6.1　任务描述

在符合特定作业条件要求情况下，组织专业人员运用专业工具和材料，对出现破损的墩台混凝土进行整修作业。通过搭建合适的作业平台、凿除破损部分、涂抹修补材料等流程，修复墩台混凝土，使其恢复结构强度和稳定性，保障铁路桥梁的安全运行。

6.6.2　作业条件

1. 天窗条件

封闭栅栏内作业必须在维修天窗内进行，提前与调度部门沟通协调，明确天窗时间，确保作业期间不影响铁路正常运营，同时保障作业人员安全。

2. 天气条件

选择晴朗天气进行作业，避免在雨天、大风等恶劣天气下施工，防止雨水影响混凝土修补材料的性能和施工质量。

6.6.3　作业准备

1. 人员准备

至少安排 3 人参与作业，封闭网内作业需增设一名防护人员。根据墩台数量、破损面积等工作量实际情况，适当增设作业人员。明确分工，设一名作业负责人，负责整体协调、质量把控和验收工作；一名安全防护员，负责作业现场的安全警戒；其余人员负责具体的架梯、凿面、修补等操作。

2. 机具、工具准备

手锤：用于辅助凿除破损的圬工表面；检查锤头与锤柄连接是否牢固。

电镐：高效凿除大面积破损的混凝土；作业前检查电镐的电源线是否破损、电机运转是否正常。

钢丝刷：清除混凝土表面的粉尘和锈迹；根据作业需求选择合适尺寸和硬度的钢丝刷。

拌和工具：用于搅拌混凝土修补材料，确保材料均匀混合；检查拌和工具的搅拌叶片是否完好。

圬工工具：如抹子、铲子等，用于涂抹和修整修补材料；检查工具是否完好，功能是否正常。

3. 材料准备

水泥：根据修补要求选择合适强度等级的水泥；检查水泥的品种、强度等级，有无受潮结块现象。

砂：作为混凝土修补材料的骨料；检查砂的粒径、含泥量等指标是否符合要求。

水：用于搅拌混凝土修补材料；确保水质清洁，无杂质。

混凝土修补材料：选择质量可靠、性能符合要求的修补材料；检查其保质期和质量证明文件。

4. 数据准备

通过前期现场调查，详细统计需修补的圬工面位置、尺寸等信息，精确计算所需混凝土修补材料的用量。根据这些数据，合理安排作业计划，包括作业顺序、人员分工、时间安排等，确保施工高效有序进行。

6.6.4 作业流程

架梯或搭建作业平台：根据墩台高度选择合适的登高方式。3 m 以下的墩台，作业人员可使用梯子作业；架梯时要确保梯子稳固，选择合适的支撑点，避免晃动，同时安排专人在旁扶持。3 m 以上高墩，搭设脚手架或使用升降车进行作业；搭建脚手架时，严格按照操作规程进行，确保脚手架的连接件紧固、脚手板铺设平稳且铺满；使用升降车时，操作前检查升降车的各项性能，如升降功能、刹车系统等是否正常。

凿面：凿除破损的圬工表面，将表面灰屑除净。修补时，若混凝土大面积是完好的，只需凿去与锈蚀钢筋衔接部分的混凝土，清除混凝土深度至少超过钢筋 20 mm。用钢丝刷除去粉尘，然后用清水冲洗干净，确保修补部位清洁，有利于修补材料的附着。

修补：在清洁后的圬工表面涂一层混凝土修补材料，填补厚度不宜超过 30 mm。涂抹时要均匀、平整，确保新旧混凝土结合紧密。

质量验收：作业结束后，由作业负责人进行作业质量的验收。检查内容包括混凝土修补材料的使用是否符合要求，补修圬工面表面是否平整，新旧结合是否密实，有无飞边断裂等缺陷。验收合格后，作业负责人组织清理工地，做到工完料净，保持施工现场整洁。

6.6.5 质量控制要点

材料使用：混凝土修补材料量要适当，宜在 1 h 内使用，避免材料放置时间过长影响性能。拌和时严格控制用水量，按照材料说明进行配比，否则影响水泥强度。

修补质量：补修圬工面表面平整，新旧结合密实，无飞边断裂。通过目视和触摸检查，如有不符合要求的地方及时返工处理。

材料质量：严格控制水泥、砂、混凝土修补材料等的质量，检查材料的质量证明文件，对材料进行抽样检验，确保符合设计和规范要求。

6.6.6 安全控制要点

高空作业安全：高空作业时，作业人员必须系好安全带，高挂低用，严禁低挂高用。佩戴安全帽，系好帽带，防止物体坠落砸伤。

防坠物安全：严禁向桥下抛掷料具，在作业区域设置警示标志，防止坠物伤及桥下车辆及行人。工具和材料要妥善放置，避免掉落。

机具使用安全：使用手锤、电镐等机具时，严格按照操作规程进行操作，避免因操作不当引发安全事故。操作前检查机具的安全防护装置是否完好，如电镐的漏电保护装置等。

作业平台安全：搭建的脚手架或使用的升降车要牢固稳定，在使用前进行严格检查，确保作业人员安全。

安全监督：安排专人负责安全监督，全程监督作业过程，及时纠正不安全行为，发现安全隐患及时处理，确保作业安全。

任务 6.7　整治墩台顶流水坡

6.7.1　任务描述

在符合特定作业条件要求情况下，组织专业人员运用专业工具和材料，对墩台顶流水坡进行整治。通过搭建合适的登高设备、精确放线、凿除圬工面、补抹砂浆以及养生等操作，使墩台顶流水坡符合设计要求，排水通畅，防止墩台积水导致结构损坏，保障桥梁结构安全和正常使用。

6.7.2　作业条件

1. 天窗条件

封闭栅栏内作业必须在维修天窗内进行，提前与调度部门沟通协调，明确天窗时间，确保作业期间不影响铁路正常运营，同时保障作业人员安全。

2. 天气条件

选择晴朗天气作业，避免在雨天、大风等恶劣天气下施工，防止雨水影响施工质量，保证砂浆的凝结和养护效果。

6.7.3　作业准备

1. 人员准备

至少安排 2 人参与作业，封闭网内作业需增设一名防护人员。根据墩台数量、工作量大小等实际情况，适当增设作业人员。明确分工，设一名作业负责人，负责整体协调、质量把控和现场指挥；一名安全防护员，负责作业现场的安全警戒；其余人员负责具体的架梯、放线、凿除、抹面等操作。

2. 机具、工具准备

梯子：3 m 以下墩台作业时使用；检查梯子的稳定性，确保梯脚防滑措施有效，梯身无损坏，各连接部位牢固。

升降车：3 m 以上高墩作业时使用；操作前检查升降车的各项性能，如升降功能、刹车系统、转向系统等是否正常，安全防护装置是否齐全有效。

安全帽、安全带（绳）：保障作业人员安全；使用前检查安全帽是否完好，帽带是否牢固，安全带（绳）是否有破损、老化，挂钩是否灵活可靠。

手锤：用于辅助凿除圬工面；检查锤头与锤柄连接是否牢固，锤头是否有裂纹。

电镐：高效凿除圬工面；作业前检查电镐的电源线是否破损、电机运转是否正常，镐头是否紧固。

卷尺：测量坡度、尺寸等；确保测量工具的精度和准确性，刻度清晰，拉收顺畅。

刷子：清理碎渣和粉尘；选择合适尺寸和材质的刷子，确保刷毛牢固，不易脱落。

木条：用于辅助放线和控制抹面坡度；准备足够数量且长度合适的木条，检查木条是否笔直，无弯曲变形。

圬工工具：如抹子、铲子等，用于补抹砂浆；检查工具是否完好，功能是否正常，抹子表面是否光滑，铲子刃口是否锋利。

3. 材料准备

水泥：根据设计要求选择合适强度等级的水泥，检查水泥的品种、强度等级，有无受潮结块现象，确保水泥质量符合标准。

砂浆：按照设计配合比配制，保证其和易性、强度和黏结性，满足整治作业的要求。在配制过程中，严格控制原材料的用量和搅拌时间。

6.7.4 作业流程

架梯或使用升降车：根据墩台高度选择合适的登高方式。3 m 以下的墩台，作业人员可使用梯子作业；架梯时要确保梯子稳固，选择合适的支撑点，避免晃动，同时安排专人在旁扶持。3 m 以上高墩，需用升降车进行作业；操作升降车时严格按照操作规程进行，确保作业人员安全到达作业位置。

放线：按设计要求的坡度在墩台顶面放线，使用卷尺和木条等工具，精确测量和标记出流水坡的位置和坡度，确保放线准确无误。

凿流水坡：按放线位置使用手锤和电镐等工具凿除圬工面，凿除过程中注意控制力度和深度，避免对墩台结构造成损坏。凿除完成后，及时清理碎渣，并用刷子和水冲洗粉尘，确保作业面清洁。

抹面：在新凿圬工表面补抹相应强度等级的砂浆，使用圬工工具将砂浆均匀涂抹在作业面上，并压实、抹光，使抹面平顺，棱角分明。在抹面过程中，注意控制砂浆的厚度和坡度，确保符合设计要求。

养生：用湿草袋覆盖养生，养生期内保持草袋湿润，定期浇水养护，养生时间不少于 7 d，确保砂浆强度正常增长，新旧混凝土结合牢固。

6.7.5 质量控制要点

流水坡符合设计要求：整治后墩台顶流水坡要符合设计要求，排水通畅。使用水平仪和坡度尺等工具检查流水坡的坡度是否准确，通过倒水试验检查排水是否顺畅，确保无积水现象。

结合牢固与抹面质量：新旧混凝土结合牢固，抹面平顺，棱角分明，无空响，无裂纹。通过敲击检查抹面是否有空响，观察抹面表面是否有裂纹，确保抹面质量符合要求。

养生时间：养生不少于7 d，严格按照养生要求进行养护，确保养生时间足够，保证砂浆强度达到设计要求，提高整治效果。

6.7.6 安全控制要点

人员防护：作业人员必须佩戴安全帽、系好安全带（绳），安全带要高挂低用，严禁低挂高用，避免在作业过程中发生坠落事故，保障人员生命安全。

登高设备安全：使用梯子作业时，确保梯子稳固，梯脚防滑措施有效；使用升降车作业时，严格按照操作规程操作，严禁超载、违规操作。作业前对登高设备进行全面检查，确保设备安全可靠。

工具使用安全：使用手锤、电镐等工具时，严格按照操作规程操作，避免因操作不当引发安全事故。操作时注意周围人员安全，防止工具伤人。

安全监督：安排专人负责安全监督，全程监督作业过程，及时纠正不安全行为，发现安全隐患及时处理，确保作业安全。如发现登高设备异常、人员违规操作等情况，立即停止作业并进行整改。

任务6.8 疏通圬工梁泄水孔

6.8.1 任务描述

在符合特定作业条件要求情况下，组织专业人员运用专业工具和材料，对圬工梁泄水孔进行疏通作业。通过布置照明设备、清除杂物、疏通泄水孔管、固定滤网等操作，确保泄水孔排水畅通，防止圬工梁因积水而损坏，保障桥梁结构安全和正常使用。

6.8.2 作业条件

1. 天窗条件

封闭栅栏内作业必须在维修天窗内进行，提前与调度部门沟通协调，明确天窗时间，确保作业期间不影响铁路正常运营，同时保障作业人员安全。

2. 天气条件

选择晴朗天气作业，避免在雨天、大风等恶劣天气下施工，防止雨水干扰作业和对工具、材料造成损坏，保证施工质量。

6.8.3　作业准备

1. 人员准备

至少安排 2 人参与作业，封闭网内作业需增设一名防护人员。根据圬工梁数量、泄水孔分布情况等工作量实际情况，适当增设作业人员。明确分工，设一名作业负责人，负责整体协调、质量把控和验收工作；一名安全防护员，负责作业现场的安全警戒；其余人员负责具体的疏通、固定滤网等操作。

2. 机具、工具准备

大锤：配合铁钎疏通泄水孔；使用前检查锤头与锤柄连接是否牢固，避免作业时锤头脱落。

电镐：对于堵塞严重的泄水孔，可使用电镐辅助疏通；作业前检查电镐的电源线是否破损、电机运转是否正常，确保安全使用。

铁钎：深入泄水孔，清除内部堵塞物；检查铁钎的强度和尖锐度，保证疏通效果。

手镐：用于清理泄水孔周围的杂物；检查手镐的镐头是否紧固，手柄有无损坏。

圬工工具：如抹子、铲子等，用于涂抹环氧砂浆或乳胶水泥固定滤网；检查工具是否完好，功能是否正常。

3. 材料准备

水泥：与砂等混合制成砂浆，用于固定滤网；检查水泥的品种、强度等级，有无受潮结块现象。

砂浆：按照设计配合比配制，保证其和易性和强度，满足固定滤网的要求。

环氧砂浆或乳胶水泥：具有良好的黏结性能，用于固定滤网；检查产品的保质期和质量证明文件，确保质量可靠。

6.8.4　作业流程

照明设备布置（夜间作业）：若在夜间天窗内作业，到达现场后作业负责人组织人员对作业面布置照明设备。选择合适的照明灯具，确保照明强度达到作业要求，为后续作业提供良好的光线条件。

疏通作业：先清除泄水孔表面滤网上的杂物，小心将滤网取出，妥善放置。再用铁钎、大锤等适当工具疏通泄水孔、管。操作时要注意力度和角度，避免破坏泄水管，从泄水孔一端向另一端逐步清理堵塞物。

滤网固定：用环氧砂浆或乳胶水泥涂抹在滤网边缘和安装位置，将滤网固定在泄水孔处。确保滤网安装牢固，衔接平顺，有流水坡不影响排水，固定后检查滤网的稳定性和排水效果。

质量验收：作业结束后，由作业负责人进行作业质量的验收。检查泄水孔、管是否疏通彻底，滤网固定是否牢固且不影响排水，清理完毕的泄水管是否状态良好无损坏。验收合格后，作业负责人组织清理工地，将工具、剩余材料整理回收，做到工完料净。

6.8.5 质量控制要点

疏通质量：泄水孔、管疏通要彻底，通过倒水试验等方式检查排水是否顺畅，确保无堵塞物残留。

滤网安装质量：滤网固定后，做到衔接平顺，有流水坡不影响排水，用水平仪等工具检查流水坡是否符合要求，观察滤网与泄水孔的连接是否紧密。

泄水管状态：清理完毕的泄水管状态良好，无损坏，检查泄水管的外观，查看有无裂缝、破损等情况。

6.8.6 安全控制要点

人员防护：作业人员必须佩戴安全帽、防护手套等防护用品，防止物体坠落砸伤和手部划伤。

工具使用安全：使用大锤、电镐、铁钎等工具时，严格按照操作规程操作，避免因操作不当引发安全事故。操作大锤时，注意周围人员安全，防止甩锤伤人；使用电镐时，防止触电和机械伤害。

高空作业安全（如有）：若作业涉及高空，作业人员必须系好安全带，高挂低用，严禁低挂高用。检查登高设备的稳定性和安全性，如脚手架、吊篮等。

安全监督：安排专人负责安全监督，全程监督作业过程，及时纠正不安全行为，发现安全隐患及时处理，确保作业安全。

任务6.9 铁路桥梁支座检查

6.9.1 任务描述

在符合特定作业条件要求情况下，运用专业工具对铁路桥梁支座的各个部件进行全面细致检查，及时发现支座存在的病害及异常情况，为桥梁结构安全提供数据支持和保障。

6.9.2 作业条件

1. 天窗条件

封闭栅栏内作业必须在维修天窗内进行，提前与调度部门沟通协调，确保天窗时间充足，不影响铁路正常运营秩序。

2．天气条件

选择晴朗天气作业，避免在暴雨、大风、浓雾等恶劣天气下作业，防止因视线不佳或环境因素影响检查准确性和人员安全。

6.9.3　作业准备

1．人员准备

作业负责人由工班长及以上职务人员担当，负责作业现场的指挥、协调和质量把控。作业人员不得少于 2 人，其中一人协助负责人进行检查工作，另一人负责安全防护及工具传递等辅助工作。

2．机具、工具准备

检查锤：用于敲击支座部件，通过声音判断内部是否存在缺陷，如脱焊、松动等情况。

塞尺：测量支座部件之间的间隙；检查是否符合标准要求。

钢卷尺：测量支座的尺寸、位移量等数据，为分析支座状态提供依据。

记号笔：标记病害位置、测量点等，便于后续复查和记录。

开口扳手：用于检查和调整支座螺栓的紧固程度。

安全带：高空作业时保障人员安全；使用前检查安全带的完整性和可靠性，确保无破损、断裂等情况。

安全帽：防止物体坠落砸伤头部；佩戴时需调整好帽带，确保安全帽稳固。

梯子：提供登高作业平台；使用前检查梯子的稳定性，确保梯脚防滑措施有效。

升降车：用于到达较高位置的支座；操作前检查升降车的各项性能，确保安全可靠。

6.9.4　作业流程

1．现场检查

首先将支座表面灰尘或污物清除干净,确保检查部位清洁,便于准确观察和检测。

利用检查锤对支座各个部件进行敲击检查，重点检查焊缝处是否有脱焊、螺栓是否有松动等情况，通过敲击声音和手感判断部件的完整性。

使用塞尺测量支座部件之间的间隙，如上下座板之间、支座与梁体之间的间隙，与标准值进行对比，判断是否存在异常。

用钢卷尺测量支座的关键尺寸，如支座的长宽高、螺栓间距等，以及支座的位移量，记录测量数据。

仔细观察支座的各个部件，检查橡胶密封件有无老化、局部挤出；支座螺帽有无缺少、松动，螺杆有无折断；支座钢件有无锈蚀、裂纹；上下座板与梁体及支承垫石间是否密贴；支座灌浆料有无开裂、局部破碎；支承垫石有无开裂、积水、翻浆；防尘罩是否完好，橡胶有无老化、外翻等情况。

2. 记　　录

发现既有病害发展变化或者出现新增病害，要详细记录在《高速铁路桥隧建筑物检查记录簿》内。记录内容包括病害位置、病害类型（如锈蚀、裂缝、松动等）、病害程度（如裂缝长度、宽度，锈蚀面积等）、初步原因分析（如受力不均、材料老化等）。

写明检查人员姓名及日期，未发现问题标记"无问题"。同时，画出病害部位的示意图，清晰标注病害位置和特征，或者拍照记录，照片要清晰显示病害情况及周边环境，以便后续查阅和分析。

6.9.5　质量控制要点

确保支座清洁，滑动状态良好，无杂物阻碍支座正常滑动。

准确判断橡胶密封件老化、局部挤出情况，对于老化严重或挤出影响支座性能的，及时记录并上报。

严格检查支座螺帽和螺杆，发现缺少、松动或折断情况，立即标记并记录，以便后续维修处理。

仔细检查支座钢件锈蚀、裂纹情况，对于轻微锈蚀及时记录并标记位置，对于裂纹要详细记录长度、宽度和位置，评估其对支座结构安全的影响。

确认上下座板与梁体及支承垫石间密贴，如有不密贴情况，测量间隙大小并记录，分析原因。

检查支座灌浆料开裂、局部破碎情况，记录开裂长度、破碎面积等数据，判断对支座稳定性的影响。

关注支承垫石开裂、积水、翻浆情况，分析病害产生原因，记录相关数据。

检查防尘罩完好性，确保橡胶无老化、外翻，如有问题及时记录并更换。

记录病害时，描述要准确、详细，示意图要清晰易懂，照片要能真实反映病害情况，为后续维修和养护提供可靠依据。

作业结束后，对本次检查工作进行总结，整理检查记录，确保数据完整、准确。

6.9.6　安全控制要点

高空作业时，作业人员必须系好安全带，高挂低用，严禁低挂高用；佩戴安全帽，确保安全帽帽带系紧。

使用梯子时，要确保梯子放置稳固，有人在旁扶持，严禁在梯子上进行大幅度动作。

操作升降车时，严格按照操作规程操作，作业前检查升降车的各项安全装置是否正常，严禁超载使用。

作业现场设置明显的安全警示标志，防止无关人员进入作业区域。

作业人员在作业过程中要集中注意力，严禁嬉笑打闹，避免因疏忽导致安全事故。

定期对作业人员进行安全教育培训，提高安全意识和操作技能，确保作业过程安全有序。

任务 6.10　支座除锈涂油

6.10.1　任务描述

在符合特定作业条件要求情况下，组织专业人员运用专业工具和材料，对铁路桥梁支座进行除锈涂油作业。通过架梯或使用升降车到达作业位置，拆卸防尘罩、清污刷漆、螺栓涂油以及重新安装防尘罩等操作，确保支座处于良好的工作状态，延长支座使用寿命，保障铁路桥梁结构安全。

6.10.2　作业条件

1. 天窗条件

封闭栅栏内作业必须在维修天窗内进行，提前与调度部门沟通，获取足够的作业时间，确保不影响铁路正常运营。

2. 天气条件

选择晴朗天气作业，避免在雨天、大风等恶劣天气下施工，防止雨水或风沙影响除锈涂油效果。同时，气温在 5 ℃ 以下禁止油漆作业，防止油漆干燥缓慢或出现质量问题。

6.10.3　作业准备

1. 人员准备

安排作业负责人一名，负责整体协调、质量把控和验收工作；作业人员一名，负责具体操作，如除锈、涂油等。可根据工作量大小，如需要保养的支座数量较多、分布范围广等情况，适当增设作业人员。

2. 机具、工具准备

扳手：用于拆卸和安装防尘罩、拧动螺栓，检查扳手的规格是否合适，钳口有无损坏。

扭力扳手：复核螺栓扭力，确保达到设计要求，使用前检查扭力扳手的精度和准确性。

钢丝刷、砂布：清除支座表面的污垢和铁锈，根据锈蚀程度选择合适的钢丝刷和砂布型号。

毛刷：涂刷底漆、面漆，根据油漆用量和涂刷面积选择合适尺寸和材质的毛刷，检查刷毛是否整齐、牢固。

抹布：擦拭支座表面，准备足够数量的干净抹布。

安全带（绳）：高空作业时保障人员安全，使用前检查安全带（绳）是否有破损、老化，挂钩是否牢固。

梯子：3 m 以下墩台作业时使用，检查梯子的稳定性，确保梯脚防滑措施有效，梯身无损坏。

升降车：3 m 以上高墩作业时使用，操作前检查升降车的各项性能，如升降功能、刹车系统等是否正常。

3．材料准备

底漆、面漆：用于涂刷支座，检查油漆的质量、保质期和色泽，确保符合要求。

稀释剂：调节油漆的稠度，根据油漆类型选择合适的稀释剂，检查稀释剂有无变质。

防尘罩：保护支座，防止灰尘侵入，准备足够数量的防尘罩，检查新防尘罩有无破损。

黄甘油：涂抹在螺栓上，起到润滑和防锈作用，检查黄甘油的质量和保质期。

4．数据准备

通过前期检查，确定需要保养的支座数量、位置、型号等基础数据，根据这些数据合理制订作业计划，包括作业顺序、人员分工、时间安排等。

6.10.4　作业流程

架梯或使用升降车：根据墩台高度选择合适的登高方式。3 m 以下的墩台，作业人员可使用梯子作业；架梯时要确保梯子稳固，选择合适的支撑点，避免晃动，同时安排专人在旁扶持。3 m 以上高墩，需用升降车进行作业，操作升降车时严格按照操作规程进行，确保作业人员安全到达作业位置。

拆卸防尘罩：使用扳手等适当工具，小心拆卸支座外防尘罩，注意保存好拆卸下来的零件，避免丢失。

清污刷漆：用钢丝刷和砂布将支座表面的污垢、铁锈清除干净，确保表面清洁。在支座锈蚀处表面刷一层底面漆，涂刷时要保证油漆均匀，无漏刷、流淌现象。

支座螺栓涂油：将上、下支座螺栓拧出，涂抹黄甘油后复紧。使用扭力扳手对螺栓扭力进行复核，使螺栓扭力达到设计要求，确保螺栓联结牢固。

安装防尘罩：将拆卸的防尘罩重新安装，对于损坏的防尘罩要用新罩替换，安装时要确保防尘罩封闭无缝隙，防止灰尘侵入。

质量验收：作业结束后，由作业负责人进行作业质量的验收，检查支座表面是否无污垢、无灰尘、无锈蚀，油漆是否均匀；防尘罩是否封闭无缝隙；支座各部零件是否完整，联结是否牢固；支座周围是否清洁、干净。验收合格后，作业负责人组织清理工地，做到工完料净。

6.10.5　质量控制要点

支座表面质量：确保支座表面无污垢、无灰尘、无锈蚀，油漆均匀，通过目视和触摸检查，如有不符合要求的地方及时返工处理。

防尘罩安装质量：防尘罩要封闭无缝隙，防止灰尘侵入，安装后检查防尘罩与支座的贴合情况，如有缝隙及时调整。

支座零件完整性与联结牢固性：支座各部零件完整，联结牢固，检查支座的各个部件是否齐全，螺栓是否紧固，如有松动及时复紧。

作业现场清洁：支座周围要清洁、干净，清理作业过程中产生的垃圾和杂物，保持现场整洁。

6.10.6　安全控制要点

高空作业安全：在地面 2 m 以上的高墩作业必须戴好安全帽，系好安全带或安全绳，高挂低用，严禁低挂高用。不准穿戴钉或易溜滑的鞋，防止滑倒坠落。

上下墩台安全：上下墩台时应先检查检查梯的状态是否完好，确保梯级牢固、扶手可靠。抓牢踩稳，避免在上下过程中发生意外。

工具使用安全：使用扳手等工具时，要注意操作方法，避免工具滑落伤人。使用钢丝刷、砂布等工具时，防止划伤手部。

材料使用安全：油漆、稀释剂等属于易燃物品，使用过程中要远离火源，避免明火作业。施工现场要配备灭火器材，防止火灾发生。

设备操作安全：操作升降车时，严格按照操作规程操作，严禁超载、违规操作。作业前检查升降车的安全装置是否正常，如限位器、紧急制动装置等。

任务 6.11　隧道雨棚检查

6.11.1　任务描述

在符合特定作业条件要求情况下，组织专业人员运用各类工具，对隧道雨棚的外部和内部进行系统检查，及时发现并记录雨棚结构、构件连接、防水及附属设施等方面存在的病害和异常情况，为保障隧道雨棚的安全稳定运行提供准确依据。

6.11.2　作业条件

1. 天窗条件

雨棚外部登顶检查及内部登顶检查时需申请停电天窗，提前与供电部门和调度部门沟通协调，明确停电时间和作业范围，确保作业安全和铁路运营不受影响。

2. 天气条件

雨棚外部检查宜在晴朗天气且风力小于 3 级时进行，避免因强风影响作业人员安全和检查准确性。冬季应避开雨棚顶面积雪、结冰期，防止在积雪、结冰环境下作业发生滑倒、坠落等危险。

6.11.3　作业准备

1. 人员准备

安排 6 ~ 10 人参与作业，根据工作量大小，如雨棚面积较大、病害较多等情况，适当增加作业人员。明确人员分工，包括现场负责人、安全防护员、检查作业人员等，确保各项工作有序开展。

2. 机具、工具、材料准备

照明设备：保证作业区域光线充足，在光线昏暗的雨棚内部和夜间作业时发挥关键作用；使用前检查电量和照明效果。

安全绳、安全带：高空作业时保障人员安全；使用前检查是否有破损、老化等情况，确保安全可靠。

安全帽：防止物体坠落砸伤头部；佩戴时调整好帽带，确保稳固。

护目镜：仰视作业时保护眼睛，避免异物进入。

钢卷尺：测量雨棚构件尺寸、病害长度等数据。

塞尺：检测构件间隙、裂缝宽度等。

检查锤：敲击构件，判断是否存在内部缺陷、松动等问题。

望远镜：用于远距离观察雨棚外部构件情况，如高处的屋面板、检修安全杆等。

水平尺：检测雨棚结构的水平度，确保安装符合要求。

自攻钉、手电钻：用于修复雨棚屋面板与钢构件连接的自攻螺丝，携带适量备用材料。

根据检查方式，如需要近距离检查高处构件，携带脚手架、跳板等搭建作业平台，搭建前检查其稳定性和安全性。

6.11.4 作业流程

1. 雨棚外部检查

布置照明设备，确保照明强度达到作业要求，照亮雨棚各个检查部位，避免因光线不足导致遗漏病害。

作业人员做好安全防护，登顶时将安全带牢固挂在检修安全杆构件上，挂接前优先确认杆构件是否牢固可靠，通过摇晃、敲击等方式进行初步检查。

按照从上到下、从左到右的顺序，全面检查雨棚外部。检查屋面板结构是否存在翘起、变形、锈蚀、老化、破损等；屋面板与钢构件连接自攻螺丝是否存在松动、缺少、锈蚀、折断及长度不足等；钢边止水带、密封条、密封胶是否存在翘起、松动、脱落、破损、锈蚀、渗漏水等；检修安全杆构件是否存在松动、锈蚀、脱落等。

发现既有病害发展变化或者出现新增病害，要详细记录在《高速铁路桥隧建筑物检查记录簿》内，写明检查人员姓名及日期，记录内容包括病害位置、类型、程度等，未发现问题标记"无问题"。

作业结束，认真做好工具清点工作，确保工具无遗漏，避免遗留在雨棚上影响铁路运行安全。

2. 雨棚内部检查

按照计划将隧道检查车（作业平台）运行至作业地点，提前熟悉运行路线，确保平稳到达。

布置照明设备，保证照明强度满足作业要求，照亮雨棚内部各个角落。

作业人员做好安全防护，主、侧平台作业人员牢固绑扎安全带。

确认停电后，根据检查需要调整主、侧平台升降高度及旋转角度，逐步推进开展检查。如需要搭建作业平台，需牢固绑扎安全带、安全绳，确保作业平台稳固。

检查钢结构地脚螺栓是否存在松动、缺少、锈蚀等；钢结构连接螺栓是否存在松动、缺少、锈蚀等；钢结构焊点是否存在脱焊、焊接不足等；钢梁、钢立柱、檩条及连接构件涂装是否锈蚀、防火漆是否失效；檩条支架联结是否存在开裂；屋面板与钢构件连接自攻螺丝是否存在松动、缺少、锈蚀、折断及长度不足等；屋面板与屋面板之间阴、阳肋扣合式咬合是否松动、开裂；钢筋混凝土方柱、梁体是否存在破损、掉块、露筋、裂纹等；U形槽立墙是否存在渗漏水、结冰、掉块、裂纹等；屋面板及檐口处是否存在渗水、结冰；梁体、钢结构是否附着异物、鸟窝等易坠落物体。

发现既有病害发展变化或者出现新增病害，记录在《高速铁路桥隧建筑物检查记录簿》内，写明检查人员姓名及日期，未发现问题标记"无问题"。

作业结束，做好工具清点工作，隧道检查车返回基地，返回前检查车辆状态，确保安全行驶。

6.11.5　质量控制要点

1. 雨棚外部

准确判断屋面板结构翘起、变形程度，测量锈蚀面积和老化范围，详细记录破损位置和大小。

检查自攻螺丝时，逐一排查，记录松动、缺少、锈蚀、折断及长度不足的螺丝数量和位置。

对于钢边止水带、密封条、密封胶，检查翘起、松动、脱落的长度，破损面积，观察渗漏水痕迹，分析渗漏水原因。

确认检修安全杆构件松动程度，测量锈蚀深度，记录脱落位置，评估对安全防护的影响。

2. 雨棚内部

检查钢结构地脚螺栓和连接螺栓时，使用扳手试拧，检查松动情况，记录缺少、锈蚀的螺栓数量和位置。

观察钢结构焊点，判断脱焊、焊接不足的面积和位置，评估对结构稳定性的影响。

检测钢梁、钢立柱、檩条及联结构件涂装锈蚀程度，判断防火漆失效范围，记录相关数据。

检查檩条支架联结开裂长度和宽度，分析对结构承载能力的影响。

复查屋面板与钢构件连接自攻螺丝及屋面板之间阴、阳肋扣合式咬合情况，与外部检查结果对比，确保记录准确。

测量钢筋混凝土方柱、梁体破损、掉块面积，裂缝长度和宽度，检查露筋情况，评估结构安全。

观察 U 形槽立墙渗漏水、结冰、掉块、裂纹情况，记录位置和程度。

检查屋面板及檐口处渗水、结冰情况，分析原因，记录范围。

清理梁体、钢结构附着的异物、鸟窝等易坠落物体，记录清理位置和数量。

6.11.6　安全控制要点

作业人员不准穿带钉或易溜滑的鞋，防止滑倒坠落。作业人员戴好安全帽，高空作业系好安全带，严格遵循高挂低用原则，仰视作业佩戴护目镜，确保自身安全。

登高作业必须在停电天窗内进行，严禁在未停电情况下进行登高作业。作业前严格执行停电、验电、接地等安全措施。

在雨棚外部作业时，设置专人进行安全监护，密切关注作业人员状态和周边环境，及时提醒安全风险。

使用脚手架、跳板等搭建作业平台时，严格按照操作规程搭建，确保平台稳固，定期检查平台安全性。

隧道检查车（作业平台）操作前，对车辆性能和平台安全装置进行检查，操作过程中严格按照操作规程进行，严禁违规操作。

定期对作业人员进行安全教育培训，提高安全意识和操作技能，确保作业过程安全有序。

任务 6.12　隧道外部环境检查

6.12.1　任务描述

在符合特定作业条件要求情况下，组织专业人员运用各类工具，按照规划路线对隧道外部环境进行全面细致的检查，及时发现并记录排水设施、地表状况、周边活动及山体稳定性等方面存在的问题，为保障隧道安全稳定运行和周边环境安全提供准确依据。

6.12.2　作业条件

宜在晴朗且风力小于 3 级的白天进行检查，避开积雪期。此时天气条件既能保证检查人员的视野清晰，又能避免因恶劣天气导致的安全风险，如强风影响徒步检查的稳定性，积雪覆盖可能掩盖重要问题。

6.12.3　作业准备

1. 人员准备

安排 4～6 人参与作业。明确分工，设一名组长负责整体协调与决策，一名安全监督员负责全程安全监督，其余人员负责具体检查工作。根据隧道长度、周边地形复杂程度等因素，可适当调整人员数量。

2. 工具、材料准备

安全绳：在通过陡峭或危险地段时保障人员安全，使用前检查是否有磨损、断裂等情况。

安全帽：防止物体坠落砸伤头部，佩戴时调整好帽带，确保牢固。

钢卷尺：测量排水设施尺寸、塌陷深度、裂纹长度等数据。

检查锤：敲击排水设施等，判断是否存在内部空洞、破损等问题。

铁锹、编织袋：清理排水设施淤堵时使用，铁锹用于铲除杂物，编织袋用于装载。

镰刀：清理影响检查视线或妨碍通行的植被。

红绳、红色自喷漆：标记发现的问题位置，红绳用于显眼位置挂系，自喷漆用于在不易挂绳处喷涂标记。

望远镜：远距离观察山体、远处排水设施等情况，便于发现潜在问题。

无人机：在徒步难以到达或危险地段进行检查，操作前检查电量、飞行性能等。

手机装载奥维互动地图软件：规划检查路线，实时定位，确保检查全面无遗漏。

6.12.4 作业流程

到达检查作业地点后，根据地形规划好检查路线：结合隧道位置、周边地形地貌，利用地图软件，规划出全面且安全的检查路线，确保能覆盖隧道周边关键区域。

根据地图软件指示，开展徒步检查，遇陡峭或难以通行地段操作无人机进行检查：徒步检查时，检查人员按照路线依次检查，注意观察周边环境；遇到陡峭山坡、深沟等难以通行地段，操作无人机进行高空检查，获取详细图像和信息。

发现问题应在附近明显位置挂系红绳或喷涂红色自喷漆，同时将问题记录在《高速铁路桥隧建筑物检查记录簿》内，写明检查人员姓名及日期，未发现问题标记"无问题"：记录内容包括问题位置、类型（如排水设施破损、地表塌陷等）、严重程度（如塌陷深度、裂纹宽度等），如有必要，拍照或录像留存。

6.12.5 质量控制要点

地表既有排水设施是否完好，有无冲空、破损、淤堵等：详细检查排水管道、沟渠等设施，测量破损面积、淤堵长度，判断冲空对设施结构的影响。

地表有无塌陷、陷坑、积水坑、大裂纹等：测量塌陷、陷坑的深度和直径，裂纹的长度和宽度，分析其对隧道稳定性的潜在威胁。

地表是否存在集中汇水、集中排水处所，自然排水是否存在断头现象（流入山体）：标记集中汇水、排水位置，观察自然排水路径，判断是否存在断头现象及可能导致的积水风险。

地表是否存在采矿、打井、堆载、违规建筑、非法施工等：记录违规活动的具体位置、范围和活动内容，评估其对隧道结构和周边环境的影响。

地表植被是否良好：观察植被覆盖情况，判断植被破坏区域和程度，分析植被破坏对水土流失和隧道周边生态的影响。

山体是否存在崩塌、滑坡处所：标记崩塌、滑坡位置，测量范围和规模，分析其稳定性和对隧道安全的威胁程度。

6.12.6 安全控制要点

作业人员身穿长衣长裤工作服，佩戴安全帽、手套，不准穿易溜滑的鞋：工作服和手套可防止被植物划伤、蚊虫叮咬，安全帽保障头部安全，防滑鞋避免滑倒摔伤。

徒步检查中时刻注意周围环境及脚下安全，且不可冒险徒步检查，并严防野生动植物伤害：时刻关注周边地形、有无落石等危险，不进入危险区域，携带防虫、防蛇等防护用品。

操作无人机前设置自动返航模式，操作中时刻注意飞行高度、距离及电量：确保无人机在异常情况下能安全返回，避免因电量不足、信号丢失等导致无人机坠毁。

隧道出入口、电力塔杆、高压线附近不可操作无人机进行检查：防止无人机干扰铁路运行信号，避免与电力设施发生碰撞引发安全事故。

任务 6.13　隧道机械排水设施检查

6.13.1　任务描述

在符合特定作业条件要求情况下，组织专业人员运用专业工具，对隧道机械排水设施进行全面、细致的检查，及时发现设施运行中存在的病害及异常情况，确保排水系统正常运行，保障隧道结构安全及行车安全。

6.13.2　作业条件

全封闭泵房可在白天作业，因其处于相对独立且封闭的环境中，能有效避免外界干扰，保障作业安全与效率。

半封闭泵房需在天窗内作业，避免在铁路运营时段作业，防止对铁路行车造成影响，同时确保作业人员安全。

6.13.3　作业准备

1. 人员准备

安排 2~4 人参与作业。明确分工，设一名负责人，负责整体协调与现场决策；至少一名安全监护人员，全程监督作业安全；其余人员负责具体检查及设施清理工作。

2. 机具、工具准备

卷尺：测量排水设施的尺寸、间距等，如爬梯间距、排水沟宽度等。

塞尺：检测设备部件之间的间隙，判断是否符合标准，如钢盖板搭接间隙。

检查锤：敲击排水管道、爬梯等，检查是否存在松动、脱焊等问题。

铁锹、扫把、编织袋：清理集水池、排水沟内的杂物，铁锹用于铲除淤积物，扫把用于清扫残渣，编织袋用于装载杂物。

捞网：打捞集水池内漂浮的杂物。

水裤：下集水池作业时穿着，防止人员被水浸湿。

钳子、螺丝刀、电笔：用于电气设备的检查与维修，如控制系统柜的检修。

安全带：下井及高处作业时保障人员安全；使用前检查其完整性和可靠性。

安全帽：防止物体坠落砸伤头部；佩戴时调整好帽带，确保稳固。

6.13.4　作业流程

到达检查作业地点后，绑扎安全带，准备下井：作业人员在井口仔细检查安全带的挂钩、绳索等部位，确保无损坏、老化现象，按照正确方法绑扎好安全带，做好下井前的安全准备。

进入泵房开启照明设备，照明强度达到作业要求：进入泵房后，立即开启照明设备，检查照明灯具是否完好，如有损坏及时更换，确保泵房内光线充足，满足检查作业的视觉需求。

全面检查隧道机械排水设施：按照从水泵、控制系统柜到排水管、集水池，再到泵房附属设施的顺序，依次进行检查。检查水泵工作状态是否良好，功率是否下降，压力表是否指示正常，抽水口是否淤堵杂物；控制系统柜工作状态是否良好，上方有无渗漏水；排水管是否锈蚀、渗漏水；集水池是否淤积杂物，是否存在地下水涌水；照明是否牢固，工作状态正常；泵房防爆门是否牢固；钢盖板是否牢固、锈蚀、搭接不足；爬梯（护背）是否牢固、锈蚀、脱焊；视频监控设备是否牢固；竖井（通道）有无水、裂纹；顶部封闭栅栏是否歪斜、牢固、有效，间隙是否超限；顶部排水出口出水量是否正常；顶部排水沟是否淤堵、积水、破损、结冰。

记录检查结果：发现既有病害发展变化或者出现新增病害，要详细记录在《高速铁路桥隧建筑物检查记录簿》内，写明检查人员姓名及日期。记录内容包括病害位置、类型、严重程度等，如有必要，拍照或录像留存。未发现问题标记"无问题"。

作业结束，做好工具清点工作：作业完成后，在泵房内仔细清点工具，确保工具无遗漏，避免遗留在泵房内影响设施运行或造成安全隐患。

6.13.5　质量控制要点

水泵：准确判断水泵工作状态，通过测量电流、压力等参数，对比标准值，判断功率是否下降；观察压力表指针是否稳定，波动范围是否在正常区间；检查抽水口时，拆开滤网，查看内部是否有杂物堵塞。

控制系统柜：检查柜内电器元件是否正常工作，有无异味、过热现象；观察柜体上方是否有渗漏水痕迹，如有，查找漏水源头并记录。

排水管：测量锈蚀深度，记录渗漏水位置和程度，分析对排水能力的影响。

集水池：测量淤积物厚度，判断地下水涌水情况，分析涌水对隧道结构的影响。

照明设备：检查灯具固定是否牢固，亮度是否满足要求，线路是否存在破损、老化。

泵房防爆门：检查门的开合是否顺畅，门锁是否牢固，密封性能是否良好。

钢盖板：检查钢盖板与支撑结构的连接是否牢固，测量锈蚀面积和深度，测量搭接长度，判断是否符合标准。

爬梯（护背）：检查爬梯与井壁的连接是否牢固，焊接部位是否有脱焊现象，测量锈蚀程度，评估安全性。

视频监控设备：检查设备安装是否牢固，镜头是否清晰，功能是否正常。

竖井（通道）：测量裂纹长度和宽度，检查积水深度，分析对竖井结构安全的影响。

顶部封闭栅栏：检查栅栏的安装是否牢固，有无歪斜，测量间隙大小，判断是否符合安全标准。

顶部排水出口：观察出水量是否稳定，与以往数据对比，判断是否正常。

顶部排水沟：测量淤堵长度和深度，检查积水情况，记录破损位置和面积，分析结冰对排水的影响。

6.13.6 安全控制要点

作业人员防护：不准穿带钉或易溜滑的鞋，防止滑倒摔伤；应戴好安全帽，下井作业时还要系好安全带，高挂低用，严禁低挂高用。

集水池作业安全：下集水池检查前，应启动备用水泵，将水面抽排至作业安全高度以下，宜控制在 0.6 m 左右。池内作业时，泵房地面人员时刻注意水面安全高度，与池内作业人员保持有效沟通，如发现水位异常上升，立即通知池内人员撤离。

电路检查安全：电路检查需由专业电工人员进行操作，严格按照电气安全操作规程操作；作业前先切断电源，进行验电、接地等安全措施，防止触电事故发生。

任务 6.14 隧道渗漏水、结冰检查

6.14.1 任务描述

在天窗时间内，组织专业人员借助专业工具，对隧道二衬进行全面细致的渗漏水、结冰检查，重点复查问题库内的渗漏水情况，及时发现并记录病害信息，清理结冰，保障隧道结构安全和行车安全。

6.14.2 作业条件

必须在天窗内进行作业，避免在铁路运营时段检查，防止对铁路行车造成影响，同时确保作业人员安全。

6.14.3　作业准备

1. 人员准备

安排至少 3 人参与作业。明确分工，设一名组长负责整体协调与现场决策，一名安全监护人员负责全程安全监督，其余人员负责具体检查工作。

2. 工具准备

石笔：用于在隧道边墙标记渗漏水位置，并记录相关信息。

强光手电：提供充足照明，便于清晰观察隧道二衬表面情况。

高倍望远镜：远距离观察渗漏水、结冰周围二衬状态，查看是否存在裂纹或掉块风险。

锹、镐：用于清理隧道内的结冰。

3. 其他物品准备

渗漏水（结冰）问题库：便于对照检查问题库内的渗漏水问题是否有发展变化。

防护备品包：包含安全帽、反光背心等，保障作业人员人身安全。

6.14.4　作业流程

全面检查隧道二衬：检查人员每人一行，利用强光手电对隧道二衬进行全覆盖检查。检查过程中，按照从隧道入口到出口的顺序，逐段仔细查看二衬表面，重点关注以往渗漏水问题库中的位置。

详细查看渗漏水、结冰处：发现渗漏水、结冰处所后，利用高倍望远镜对其周围二衬状态进行仔细查看，从不同角度观察，确认是否存在裂纹或掉块风险。观察裂纹时，注意裂纹的走向、长度和宽度；对于掉块风险，评估其可能掉落的范围和影响。

标记与记录渗漏水信息：发现渗漏水，在对应渗漏水边墙处施画箭头进行标记，方便后续查找和处理。用石笔详细记录发现渗漏水的时间、位置（精确到具体里程和高度）、渗漏水大小（如水流速度、滴水频率等）、二衬状态（有无裂纹、掉块迹象等）、检查人等内容。

清理结冰：使用锹镐对结冰进行清理，清理时注意作业安全，避免对隧道设施造成损坏。在清理过程中，观察结冰下方的二衬表面是否存在渗漏水或其他病害。

6.14.5　质量控制要点

处理轨面、道床结冰时，不得敲击钢轨：采用合适的工具和方法清理结冰，如使用橡胶锤等软质工具，避免因敲击钢轨产生的震动对轨道结构和铁路信号系统造成影响。

记录漏水、结冰问题时要描述详细：记录内容应包括病害的具体位置、特征、严重程度等信息，为后续维修和养护提供准确依据。例如，记录渗漏水时，详细描述水流大小、颜色、是否有异味等；记录结冰时，说明结冰的厚度、范围、形状等。

6.14.6　安全控制要点

作业人员防护：作业人员必须佩戴防护备品包内的安全帽、穿反光背心等，防止物体坠落砸伤和保证在隧道内的可见性。

遵守天窗作业规定：严格在天窗时间内作业，提前了解天窗时间起止点，作业前做好充分准备，确保在规定时间内完成检查任务并撤离现场。

安全监护：安全监护人员全程监督作业过程，关注隧道内的环境变化，如通风情况、有无异常声响等，及时提醒作业人员注意安全。

工具使用安全：使用锹、镐等工具时，注意操作方法，避免工具滑落伤人，同时防止对隧道内的设施和设备造成损坏。

任务 6.15　隧道渗漏水整治

6.15.1　任务描述

在天窗时间内，组织专业人员运用特定机具和材料，按照规范流程对隧道渗漏水问题进行有效整治，采用注浆堵水和凿槽引排等方法，消除渗漏水病害，保障隧道结构安全和正常使用，确保铁路行车安全。

6.15.2　作业条件

天窗条件：必须在天窗内进行作业，提前与调度部门沟通协调，明确天窗时间，确保作业期间不影响铁路正常运营，同时保障作业人员安全。

6.15.3　作业准备

1. 人员准备

安排至少 10 人参与作业。明确人员分工，设一名项目负责人，负责整体协调、技术指导和与外部沟通；一名安全负责人，全程监督安全措施落实情况；若干名施工人员，分别负责钻孔、注浆、凿槽、埋设管道等具体工作；一名材料管理人员，负责材料的领取、保管和发放。

2. 机具、工具准备

手提混凝土切割砂轮：用于切割混凝土表面，为后续施工做准备。

冲击钻：在混凝土衬砌上钻孔，以便安设注浆嘴。

手压注浆泵：灌注环氧树脂注浆材料，实现注浆堵水。

风镐：在凿槽引排法中，用于开凿较大尺寸的槽体。

手锤、钢钎：辅助开凿和清理工作。

磅秤、量杯：准确称量和量取注浆材料及其他配料。

灰盘、大小泥抹：用于搅拌和涂抹砂浆、聚硫胶等材料。

水桶：盛水用于清洗钻孔、裂缝及其他施工用水。

钢卷尺或木折尺：测量钻孔深度、槽体尺寸、埋管间距等。

3. 材料准备

准备足量的环氧树脂注浆材料，根据隧道渗漏水情况和施工面积，合理计算材料用量。同时，准备聚硫胶用于固定排水暗管，将防水砂浆涂抹在排水暗管外，保温板铺设在排水暗管外，起到保温作用，防止暗槽因冻坏而影响排水。

6.15.4　作业流程

1. 注浆堵水治理缝渗漏

确定埋嘴方式：不规则裂缝注浆采用斜缝埋嘴注浆，施工缝、变形缝注浆采用骑缝埋嘴注浆，根据不同缝的类型选择合适的埋嘴方式，确保注浆效果。

表面处理：沿缝凿毛混凝土衬砌表面，去除表面的浮浆、油污等杂质，然后用水清洗干净，为后续施工提供良好的黏结面。

钻孔：间隔 20～30 cm，用电钻钻眼，孔深 12～20 cm，孔径 22～25 mm，钻孔时注意控制深度和孔径，保证注浆嘴能顺利安设。

安设注浆嘴：用水清洗钻孔后，将注浆嘴安设到钻孔内，确保注浆嘴安装牢固，密封良好。

清洗裂缝：向钻孔内注清水清洗裂缝，将裂缝内的杂质和灰尘冲洗干净，保证浆液能充分填充裂缝。

注浆：用手压注浆泵灌注环氧树脂注浆材料，注浆顺序为由下而上，使浆液能够自下而上填充裂缝，避免出现空洞。

2. 凿槽引排法治理缝渗漏（当渗漏水严重时采用）

清洗裂缝：将渗裂缝用清水冲洗干净，去除裂缝表面的杂物。

凿槽：沿裂缝走向凿倒梯形槽，根据水量确定槽型尺寸和埋管尺寸，槽底应落在渗水的裂缝上，确保引排效果。

表面清理：用钢丝刷除去表面浮渣，并用水清洗干净，使槽壁表面干净平整，便于后续施工。

埋设排水暗管：埋设排水暗管，并用聚硫胶涂抹固定，确保排水暗管安装牢固，排水畅通。

铺设保温板与涂抹防水砂浆：在排水暗管外铺设保温板，固定后涂抹防水砂浆，起到保温和防水作用。

6.15.5　质量控制要点

注浆压力控制：注浆压力不宜超过 0.5 MPa，通过压力计实时监测注浆压力，避免因压力过大导致混凝土衬砌破裂或浆液泄漏。

注浆顺序：由低处向高处，由无水处向有水处依次压注，以利于充填密实，避免浆液被水稀释离析。当漏水量很大时，应分段留排水孔，以免水压抵消注浆压力，最后处理排水孔，确保注浆效果和排水顺畅。

注浆连续性：注浆需要连续作业，不得随意停泵，以免砂浆沉淀，堵塞管路，影响注浆效果。如遇特殊情况需要停泵，应及时清洗管路。

跑浆处理与暗槽埋深：注浆过程中发现跑浆，可以用快凝水泥或锚固剂勾缝后继续注浆；根据隧道内最低气温条件，合理确定排水暗槽的埋深，避免暗槽因冻坏而影响排水，可通过查阅隧道气象资料和现场温度监测来确定埋深。

6.15.6　安全控制要点

隧道拱部作业安全：隧道拱部作业时，必须申请停电天窗，由供电部门和现场施工负责人共同确认接触网断电、接触网接好接地线后方可作业，严格执行停电作业程序，防止触电事故发生。

脚手架安全：需搭设脚手架时，脚手架要安全牢固，使用前安排专人进行检查，检查内容包括脚手架的搭建是否符合规范、连接件是否紧固、脚手板是否铺设平稳等。

个人防护与工具管理：作业时，作业人员应该穿戴规定的劳动保护用品，如安全帽、防护手套、安全鞋等；高空作业要系安全带、安全绳，工具要妥善安放，防止工具掉落伤人。

任务 6.16　隧道衬砌漏水（结冰）安设导流槽

6.16.1　任务描述

在天窗时间内，由具备资质的人员组织实施，运用专业机具和特定材料，按照规范流程在隧道衬砌漏水（结冰）处安设导流槽，将漏水引排至侧沟，防止积水结冰对隧道结构和铁路运营造成影响，为隧道的临时应急处置提供保障。

6.16.2　作业条件

1. 天窗条件

必须纳入天窗作业，电气化区段须申请接触网停电天窗，提前与调度部门和供电部门沟通协调，明确天窗时间和停电范围，确保作业安全且不影响铁路正常运营。

2. 人员资质

作业负责人由工班长及以上职务人员担当，具备丰富的现场管理经验和专业知识，能够有效组织和指挥作业。

6.16.3　作业准备

1. 人员准备

安排 8 人及以上参与作业。明确分工，作业负责人负责整体协调与现场指挥；一名安全监督员负责全程安全监督；一名材料管理员负责材料的领取、保管和发放；若干施工人员分别负责材料搬运、脚手架搭建、钻孔、导流槽安装等具体工作。

2. 机具、工具准备

发电机：在无外接电源情况下提供电力支持；作业前检查其油量、启动性能等。

绝缘平车：用于运输材料和机具；确保其绝缘性能良好，避免触电事故。

作业脚手架：提供作业平台；搭建后检查其稳定性和牢固性。

冲击钻：在衬砌上钻孔，用于安装膨胀螺栓；使用前检查钻头磨损情况。

照明灯具：保证作业区域光线充足；检查灯泡是否损坏、电量是否充足。

钢卷尺：测量导流槽长度、安装间距等尺寸。

安全揽风绳：固定脚手架，增强其稳定性；检查是否有破损、断裂。

手锤、尖镐、铁锹、笤帚、小撬棍：用于清理作业面、开凿等辅助工作。

望远镜：远距离观察隧道衬砌情况，确定漏水位置和范围。

角磨机：对导流槽进行切割、打磨等加工；检查其转动部件是否灵活。

冲击钻头：配合冲击钻使用，根据钻孔需求选择合适规格。

梅花开口两用扳手：用于紧固螺栓等操作。

小型便携照明灯：在狭窄或光线不足区域提供局部照明。

3. 材料准备

钢边止水带：作为导流槽主体材料；检查其规格、质量是否符合要求。

伴热带：防止导流槽内水结冰；检查其发热性能。

空气断路器：控制伴热带电源；检查其保护功能是否正常。

抗冻电缆线：连接伴热带和电源；确保其绝缘和抗冻性能。

膨胀螺栓、胀塞：固定导流槽，准备足量且规格合适的产品。

防水胶布、线卡子、胶带：用于线路连接和固定，保证其防水、固定效果。

6.16.4　作业流程

1. 前期准备

校对检查：由施工负责人对材料、工机具进行校对，检查机具的性能、照明设备的亮度等是否正常，确保材料和工具满足作业需求。

钻孔加工：在基地用ϕ14 mm 冲击钻沿导流槽两侧钢边中心对称位置每间隔 300 mm 进行钻孔，保证钻孔位置准确、间距均匀。

2. 现场作业

安全准备与定位：验电确认后搭设脚手架，确保脚手架稳固。在二衬表面施画导流槽安设位置标线，根据现场漏水实际情况切割所需长度的导流槽和伴热带，在导流槽起始端各钻两个孔后穿入伴热带。

安装导流槽：用膨胀螺栓将穿入伴热带的导流槽中部固定，固定后由中间向两侧同时按照所施画的标线安设，确保与二衬表面密贴无歪斜，保证导流效果。

接通电源与引排：导流槽安装完毕后，将伴热带连接空气断路器接通电源，电源由应急疏散牌引出。将衬砌漏水通过导流槽引排至侧沟内，观察引流效果。

钻孔泄压判断：根据漏水量确定是否进行钻孔泄压，如漏水量过大，在合适位置钻孔泄压，防止水压过大影响导流效果。

3. 检查复核

稳固性检查：检查安装后的导流槽是否牢固，并对膨胀螺栓进行全面复拧，确保导流槽在使用过程中不会松动。

伴热带检查：检查导流槽伴热带工作是否正常，通过触摸伴热带表面温度、观察空气断路器工作状态等方式进行判断。

4. 作业结束

清理回收：拆除脚手架，检查清点工（机）具、材料数量，整理回收，避免工具和材料遗留在隧道内。

销记：作业负责人、现场防护员与驻站防护员联系销记，确认作业完成，恢复正常铁路运营状态。

6.16.5　质量控制要点

材料质量：导流槽及伴热带质量应符合使用需求；检查产品的质量证明文件，对材料进行外观检查，确保无缺陷。

安装精度：导流槽应与衬砌尽量密贴，安设位置正确，严禁歪斜；确保漏水时不沿导流槽边缘溢出，安装过程中使用水平尺等工具进行测量和调整。

螺栓间距与钻孔深度：固定导流槽膨胀螺栓间距应符合 300 mm 要求，衬砌钻孔深度以能正常安放膨胀螺栓即可，严禁钻透二衬，产生新的漏水点；钻孔时使用深度尺控制钻孔深度。

6.16.6　安全控制要点

伴热带防漏电措施：为防止漏水沿伴热带流至空气断路器处造成联电跳闸，应将伴热带底部呈 U 形固定，避免水流接触到空气断路器。

积冰清理：及时清理二衬边墙、排水沟内积冰，防止积冰过多影响排水和行车安全。

永久整治与拆除：隧道衬砌漏水（结冰）安设导流槽作业属于隧道临时应急处置措施，待条件允许后应对隧道漏水处所进行永久整治，并及时拆除导流槽装置，避免影响隧道正常结构和美观。

导流槽安装规范：导流槽安设时应采用通长一段，不应利用两段或两段以上导流槽接长或搭接，防止连接处漏水影响导流效果。

任务 6.17　隧道衬砌锚杆（钢带）加固

6.17.1　任务描述

在天窗作业时段内，由具备丰富经验和专业资质的工班长及以上人员负责组织，运用专业设备和合格材料，依照规范流程对隧道衬砌进行锚杆（钢带）加固作业，增强隧道衬砌的稳定性，保障隧道结构安全和铁路运营安全。

6.17.2　作业条件

1. 天窗与停电要求

必须纳入天窗作业，电气化区段需提前向供电部门申请接触网停电天窗。提前与调度部门和供电部门沟通，明确天窗时间和停电范围，确保作业期间铁路正常运营不受影响，同时保障作业人员安全。

2. 人员资质

作业负责人由工班长及以上职务人员担当，具备丰富的现场管理经验和专业知识，能有效组织和指挥作业，确保施工安全与质量。

6.17.3 作业准备

1. 人员准备

安排 8 人及以上参与作业。明确分工，作业负责人负责整体协调与现场指挥；一名安全监督员负责全程安全监督；一名材料管理员负责材料的领取、保管和发放；若干施工人员分别负责材料搬运、脚手架搭建、钻孔、锚杆安装、注浆等具体工作。

2. 机具、工具准备

空压机：为气动支腿式锚杆钻机提供动力；作业前检查其气压输出是否正常、运行是否稳定。

气动支腿式锚杆钻机：用于钻孔；使用前检查钻机的支腿伸缩是否灵活、钻杆是否磨损严重。

脚手架：搭建安全稳固的作业平台；搭建后检查脚手架的连接件是否紧固、脚手板是否铺设牢固。

平车：运输材料和机具；确保其运行平稳、刹车可靠。

注浆机：进行锚杆注浆；检查注浆机的压力调节是否正常、管路是否畅通。

风钻钻头：根据钻孔需求选择合适规格；检查钻头的磨损情况，及时更换磨损严重的钻头。

拉拔器：用于锚杆拉拔试验；检查其拉力测试精度是否准确。

照明灯具：保证作业区域光线充足，检查灯泡是否损坏、电量是否充足。

3. 材料准备

中空锚杆：检查其规格、材质是否符合设计要求，有无弯曲、裂缝等缺陷。
W 形钢带：确认其型号、尺寸正确，表面无锈蚀、变形。
锚固剂：检查其性能是否良好、是否在保质期内。
锚杆垫片、锚杆螺帽：规格匹配，数量充足，无质量缺陷。
水泥：检查水泥的品种、强度等级，有无受潮结块现象。
胶带：用于固定管路等，保证其黏性良好。

6.17.4 作业流程

1. 校对检查

施工负责人对材料、工机具进行全面核对，仔细检查机具的性能、照明设备的亮度等是否正常，确保材料和工具满足作业需求。

2. 现场作业

安全准备与钻孔：验电确认后搭设脚手架，确保脚手架稳固安全。采用 MQTB-80/2.0

气动支腿式锚杆钻机钻孔，孔眼方向严格垂直于二衬表面，孔深控制在 2.5 m，钻孔过程中随时检查钻孔方向和深度。

锚杆安装：成孔后及时清除孔内残渣，将锚固剂放入钻孔内，然后插入锚杆，确保锚杆插入深度符合要求。

注浆与配件安装：连接锚杆、注浆管、注浆泵进行注浆，注浆完成后，卸下注浆管，安装锚杆垫片和螺帽，拧紧螺帽确保锚杆固定牢固。

拉拔试验与钢带安装：7 d 后进行拉拔试验，抗拉力按照不小于 30 kN 控制，使用拉拔器进行测试。锚杆拉拔试验合格后，安装钢带，用双螺帽紧固并电焊，确保钢带安装牢固。

检查复核：复核安装后的钢带是否紧密贴合于二衬，螺帽是否紧固，检查锚杆的外露长度是否符合 100 mm 左右的要求。

3. 作业结束

清理回收：拆除脚手架，仔细检查清点工（机）具、材料数量，整理回收，避免工具和材料遗留在隧道内。

销记：作业负责人、现场防护员与驻站防护员联系销记，确认作业完成，恢复正常铁路运营状态。

6.17.5　质量控制要点

材料质量：钢带及锚杆质量应符合使用需求，检查产品的质量证明文件，对材料进行外观检查，确保无缺陷。

锚杆安装精度：锚杆必须垂直打入围岩，打入长度必须达到要求，钻孔过程中使用角度测量仪等工具控制钻孔角度。

锚杆承载力：按照最不利承载力计算，围岩单位面积压力取 2.4 t/m²（Ⅳ级围岩）；每根锚杆控制 1 m² 范围，受力 2.4 t；考虑 0.4 m 锚固长度和 3 倍安全系数，最终承载力为 2.88 t。即 2.4 t/m²×0.4 m×1 m²×3（安全系数）= 2.88 t，每根锚杆按 1 m² 控制，确保锚杆能有效承载。

6.17.6　安全控制要点

高空作业安全：高空作业必须搭设稳固安全的施工平台，防止机翻人伤事故发生；作业人员必须佩戴好安全帽，扎好安全带，高挂低用。

注浆安全：注浆过程中应加强附近衬砌的监测，通过安装监测仪器实时监测。发现异常情况，如衬砌变形、裂缝扩大等，应立即停止注浆，进行处理。

人员防护：施工期间严禁人员站在注浆管附近，防止注浆管脱落伤人。作业人员应穿戴好防护用品，如防护手套、护目镜等。

接触网安全距离：隧道内所有的锚杆、钢带等金属构件需保证与接触网的安全距离不小于 500 mm，锚杆布设应避开接触网线正上方，施工前进行测量定位，确保安全距离符合要求。

锚杆外露长度控制：锚杆外露长度控制在 100 mm 左右，安装完成后进行测量检查，过长或过短都应及时调整。

任务 6.18　隧道波纹板套衬检查

6.18.1　任务描述

在天窗点规定时间内，组织专业人员运用专业工具，对隧道波纹板套衬进行全面细致检查，包括徒步检查和登顶检查，及时发现套衬结构、连接部件及基础等存在的问题，记录并处理病害，保障隧道结构安全和正常使用。

6.18.2　作业条件

天窗条件：在天窗点内进行检查作业，确保不影响铁路正常运营。登顶检查时需申请停电天窗，提前与供电部门和调度部门沟通协调，明确停电时间和天窗范围，保障作业人员安全。

6.18.3　作业准备

1. 人员准备

安排 2~5 人参与作业，根据隧道长度、套衬面积等工作量大小，适当增加作业人员。明确分工，设一名组长负责整体协调与决策，一名安全监督员负责全程安全监督，其余人员负责具体检查工作。

2. 机具、工具准备

望远镜：用于远距离观察套衬部件状态，如波纹板、连接螺栓等，检查前确认镜片清晰、调焦功能正常。

照相机：拍摄病害部位和关键检查点，记录检查情况，保证电量充足、存储容量足够。

检查锤：敲击检查螺栓、钢板等部件，判断是否存在松动、开焊等问题，检查锤使用前检查锤头是否牢固。

照明灯具：保证作业区域光线充足，特别是在光线昏暗的隧道内部，检查前测试照明亮度和续航时间。

根据检查方式准备其他工具：如使用活口扳手紧固松动螺栓，检查扳手的开口尺寸是否合适、钳口有无损坏；防松胶用于涂抹在紧固后的螺栓上，防止松动，检查防松胶是否在保质期内、性能是否良好；使用脚手架、跳板搭建作业平台时，检查其稳定性和牢固性；安全带、安全帽用于保障作业人员安全，使用前检查安全带是否有破损、老化现象，安全帽是否完好、帽带是否牢固。

3. 材料准备

油漆笔：标记病害位置和问题部件，检查油漆笔墨水是否充足、笔迹是否清晰。

滑石：用于辅助检查，如涂抹在螺栓上观察松动情况，保证滑石质量纯净、无杂质。

6.18.4　作业流程

1. 徒步检查

外观全覆盖检查：以每环套衬为单元，利用强光手电对套衬外观进行全面细致检查，按照从隧道一端到另一端的顺序，逐环查看套衬表面是否存在破损、变形等情况。

部件状态查看：利用高倍望远镜对波纹板、连接螺栓、化学锚栓、套衬两端背后填充材料等状态进行仔细查看，从不同角度观察，确认是否存在变形或脱落风险。重点检查波纹板有无凹陷、凸起，连接螺栓是否缺失、松动，化学锚栓是否锚固牢固，填充材料是否流失。

基础检查：目视及敲击检查两侧套衬基础，确认混凝土是否存在裂纹、掉块隐患。通过敲击声音判断基础混凝土的密实度，用肉眼观察是否有可见裂纹。

问题记录与整治：发现套衬出现渗漏水、外鼓变形错牙、螺栓松动、钢板与法兰开焊等问题，在对应边墙处施画箭头进行标记，记录问题详细信息，包括问题位置、类型、严重程度等。对于能现场整治的问题，如紧固松动螺栓等，及时进行处理；对于无法现场处理的问题，及时上报并制订整治计划。

2. 登顶检查

作业平台搭建：搭设脚手架或升起隧道检查车平台，确保平台稳固安全。搭建脚手架时，严格按照操作规程进行，检查连接部件是否紧固；使用隧道检查车平台时，检查平台升降、旋转功能是否正常。

目视检查：目视检查连接螺栓防松标记是否变化，钢板与法兰是否开焊等。对比之前检查记录，查看防松标记是否有位移，仔细观察钢板与法兰连接处是否有裂缝、脱焊迹象。

螺栓敲击检查：敲击检查螺栓有无松动。用检查小锤敲击螺母一侧，手指按在相应的另一侧，如手感到轻微的颤动，即为正常拧紧的螺栓，如颤动较大即为严重欠拧的螺栓。按照一定顺序，逐颗检查螺栓。

问题处理与记录：发现螺栓松动问题，用油漆笔做好标记，紧固松动螺栓并涂抹防松胶。有严重腐蚀、裂纹或折断的螺栓应立即更换，详细记录更换螺栓的位置、数量、规格等信息，并及时报告。

3. 检查周期

徒步检查每季度不少于一遍，确保及时发现套衬表面及基础的病害。

登顶敲击检查每年不少于一遍，重点检查高处连接部件的紧固情况。

6.18.5 质量控制要点

台账建立：各段应建立隧道波纹板套衬处所台账，详细记录套衬的位置、安装时间、检查记录、病害处理情况等信息，便于管理和追溯。

防松标记涂刷：波纹板连接螺栓应逐处涂刷防松标记，采用统一的标记方式和颜色，便于在检查时快速判断螺栓是否松动。

全面检查：检查应全覆盖，逐个钢板、螺栓及化学锚栓进行检查，对隧道衬砌原有病害位置、接触网吊立柱、洞室上方、照明灯具、线缆等外挂设备重点查看，确保不遗漏任何潜在问题。

记录翔实：现场检查的同时，应在桥隧检查记录簿中做好病害问题详细情况的记录，包括问题描述、发现时间、处理措施、处理结果等，为后续维护和管理提供准确依据。

6.18.6 安全控制要点

作业人员防护：作业人员必须佩戴安全帽、安全带等防护用品，安全帽系好帽带，安全带高挂低用。在使用脚手架、隧道检查车平台等高处作业时，严格遵守高处作业安全规范。

作业平台安全：搭设脚手架时，确保脚手架结构稳固，连接件紧固，脚手板铺满、铺稳，设置防护栏杆。使用隧道检查车平台时，操作前检查平台的安全装置是否正常，如限位器、紧急制动装置等，操作过程中严格按照操作规程进行，严禁超载、违规操作。

停电作业安全：登顶检查需停电天窗时，严格执行停电作业程序，由供电部门专业人员确认停电并做好接地等安全措施后，作业人员方可进行登顶检查作业。作业过程中，与供电部门保持密切联系，防止突然来电。

工具使用安全：使用检查锤、活口扳手等工具时，注意操作方法，避免工具滑落伤人。工具使用后，妥善放置，防止丢失或损坏。

安全监督：安排专人负责安全监督，全程监督作业过程，及时纠正不安全行为，发现安全隐患及时处理，确保作业安全。

任务 6.19 有砟轨道隧道中心水沟检查井检查

6.19.1 任务描述

在天窗时间内，组织专业人员运用各类专业工具，对有砟轨道隧道中心水沟检查井进行全面检查。通过清理石砟、检查井底及排水管状态、清理淤积物等操作，及时发现并处理排水系统存在的问题，保障隧道排水畅通，维护轨道结构稳定，确保铁路运营安全。

6.19.2 作业条件

天窗条件：必须在天窗内作业，提前与调度部门沟通协调，获取准确的天窗时间，确保作业期间不影响铁路正常运营，同时保障作业人员安全。

6.19.3 作业准备

1. 人员准备

安排 10 人及以上参与作业。明确分工，设一名作业负责人，负责整体协调、现场指挥和质量把控；数名作业人员负责石砟清理、检查井检查、淤积物清理等具体操作；一名安全监督员，负责全程安全监督，确保作业安全有序进行。

2. 机具、工具准备

照明灯具：保证隧道内作业区域光线充足，尤其是检查井内的照明；检查前测试照明亮度和续航时间，确保满足作业需求。

锹、镐、拉叉：用于清理两线间表层石砟；检查工具的坚固性和锋利度，确保能有效进行作业。

轨温计：实时监测轨温变化，确保作业符合轨温要求；检查轨温计的准确性。

夯拍机：对回填石砟进行夯拍，保证道床稳定；使用前检查夯拍机的性能是否正常。

道尺：检查轨道几何尺寸，确保作业后轨道状态良好；校准道尺，保证测量精度。

钢板沉箱：安设在开挖四周，防止石砟溜坍；检查钢板沉箱的完整性和坚固性。

内窥镜检查仪：在人员无法下入井底时，用于检查井底及排水管状态；确保仪器功能正常，图像清晰。

捣固镐：用于道床捣固；检查捣固镐的工作性能。

作业平车：运输工具和材料；检查平车的运行状况，确保安全可靠。

长靴、叉裤：方便检查人员在不同水深条件下进入井底作业，检查其防水性和耐磨性。

塔尺：测量中心检查井水深；检查塔尺的刻度是否清晰，长度是否满足测量需求。

皮桶：用于清理淤积物；检查皮桶是否有破损，确保能正常使用。

6.19.4 作业流程

石砟清理：在两线间每 3 人一组，利用拉叉清理两线间表层的石砟，按照从一端到另一端的顺序，逐步清理，直至中心检查井盖板全部裸露，清理过程中注意避免对轨道结构造成损坏。

沉箱安设：利用钢板沉箱在开挖四周安设固定，确保沉箱安装牢固，防止四周石砟溜坍，保障作业人员安全。

检查井开启：掀开中心检查井盖板、保温板隔层、保温板隔层木板，小心操作，避免损坏盖板和隔层材料。

井底检查：用塔尺测量中心检查井水深，根据实际深度选择穿着长靴或叉裤沿中心井检查梯下入井底。检查井底及中心排水管状态，仔细查看有无淤积、堵塞，管节有无下沉、错台等问题。如水过深，检查人员无法下入井底，根据现场实际情况选择利用内窥镜沉入水中查看或利用水泵将井内水位下降后人员下入井底进行检查。

淤积清理：如井内有淤积，使用锹、镐、皮桶等工具对淤积进行清理，并将清理出的淤积物运出网外，保持隧道内环境整洁。

检查井复原：检查完毕，分别盖好保温板隔层木板、保温板隔层、检查井盖板，确保盖好盖严，防止杂物掉入井内。

道床恢复：撤除钢板沉箱，将清理出的石砟回填到原位，使用夯拍机进行夯拍，按照规定的夯拍次数和力度进行操作，保持道床稳定，恢复道床原貌。

线路检查：对作业区段前后 50 m 线路进行静态检查，使用道尺测量轨道几何尺寸，观察线路状态，确保线路符合运营要求。

6.19.5 质量控制要点

排水畅通：中心井淤堵必须清理干净，保证排水畅通，通过检查排水流速和流量，确认排水效果。

道床恢复：回填石砟必须夯拍到位，作业后石砟必须恢复原貌，检查道床的平整度和密实度，确保道床稳定。

检查记录：对检查完毕的中心井，要在隧道壁上做好标记，在检查记录簿上详细记录检查情况，包括检查时间、检查人员、发现的问题及处理情况等。

轨道检查：作业后要对轨道几何尺寸进行检查，确保轨道水平、轨距等符合标准，使用道尺测量并记录数据。

线路状态观察：作业时要观察线路状态，防止发生胀轨跑道，安排专人密切关注线路变化，如发现异常及时停止作业并采取措施。

轨温控制：密切关注轨温变化是否达到作业要求，根据轨温情况合理安排作业时间和进度，确保作业安全。

6.19.6 安全控制要点

人员防护：作业人员必须佩戴安全帽、防护手套等防护用品，如进入水中作业，要确保长靴、叉裤防水性能良好，防止人员受伤和溺水。

工具使用安全：使用锹、镐、拉叉等工具时，注意操作方法，避免工具滑落伤人。使用夯拍机、捣固镐等机械工具时，严格按照操作规程进行操作，防止机械伤害。

沉箱安全：安装和撤除钢板沉箱时，要确保人员安全，避免沉箱倾倒或滑落造成伤害。

井下作业安全：检查人员下入井底作业时，要系好安全绳，并有专人在井口监护，随时保持沟通，确保井下作业人员安全。

线路安全：作业过程中要注意对线路的保护，避免对轨道结构和信号设备造成损坏。在轨道上使用工具和设备时，要防止侵入限界。

安全监督：安排专人负责安全监督，全程监督作业过程，及时纠正不安全行为，发现安全隐患及时处理，确保作业安全。

任务 6.20 整修涵洞伸缩缝

6.20.1 任务描述

在符合特定作业条件要求情况下，组织专业人员运用专业工具和材料，对涵洞伸缩缝进行全面整修。通过清理旧缝、填塞沥青、抹面等操作，消除伸缩缝病害，确保伸缩缝功能正常，保障涵洞结构安全和排水畅通。

6.20.2 作业条件

1. 天窗条件

封闭栅栏内作业必须在维修天窗内进行，提前与调度部门沟通协调，确保天窗时间充足，避免影响铁路正常运营。

2. 天气条件

选择晴朗天气进行作业，避免在雨天、大风等恶劣天气下施工，防止雨水影响材料性能和施工质量。

6.20.3　作业准备

1. 人员准备

至少安排 2 人参与作业，封闭网内作业需增设一名防护人员。根据涵洞数量、伸缩缝长度等工作量大小，适当增设作业人员。明确分工，设一名作业负责人，负责整体协调与现场指挥；一名安全防护员，负责作业现场的安全警戒；其余人员负责具体施工操作。

2. 机具、工具准备

手锤：用于辅助清理旧缝和修复坏工面；检查锤头与锤柄连接是否牢固。

电镐：高效清理伸缩缝内杂物和破损缝边；作业前检查电镐的电源线是否破损、电机运转是否正常。

切割机：精准切割伸缩缝，确保切口整齐；检查切割片是否磨损严重，及时更换。

直木条：作为抹面时的靠尺，保证缝的宽度及顺直；准备足够数量且长度合适的直木条。

铁抹子：用于抹平压实砂浆或乳胶水泥；检查抹子表面是否光滑，有无变形。

3. 材料准备

沥青：熬制后用于浸泡麻刀线填塞伸缩缝；检查沥青的质量，确保其符合施工要求。

水泥：与砂、水等混合拌制成砂浆；检查水泥的品种、强度等级，有无受潮结块现象。

砂浆：用于抹面；按照设计配合比进行配制，保证砂浆的和易性和强度。

麻刀线：浸泡沥青后填塞伸缩缝；检查麻刀线的质量，有无霉变、断裂现象。

4. 数据准备

通过前期现场调查，详细统计需整修的涵洞伸缩缝的位置，精确计算整修伸缩缝所需沥青、水泥、砂浆等材料的用量，为施工提供准确数据支持。

6.20.4　作业流程

清理旧缝：使用电镐或切割机将伸缩缝内杂物小心剔出，对于破损的缝边，用电镐凿除至露出新的混凝土或砌体表面。在清理过程中，注意避免对周边结构造成损伤。清理完成后，用扫帚、吹风机等工具将缝隙内尘土杂物彻底清除干净。

填塞沥青：将沥青加热熬制至合适温度，把麻刀线浸泡在熬好的沥青中，充分浸透后迅速拿出，及时塞入处理好的缝隙中。填塞时，要确保将缝塞满填实，使麻刀线紧密贴合缝隙。对于长度大于 10 m 的混凝土边墙、大于 15 m 的砌片石边墙，均应设有 1~2 cm 的伸缩缝，缝内用浸泡过沥青的麻筋或涂过沥青的木板填塞，以达到坚实和稳固的效果。

抹面：使用拌制好的砂浆或乳胶水泥将伸缩缝抹平压实。抹缝时，将直木条作为靠尺，沿着伸缩缝放置，确保缝的宽度均匀及顺直；也可用石灰拌沥青烙平伸缩缝。完成抹面后，对缝边破损的圬工面进行修复，使其表面平整、牢固。作业结束后，及时清理现场，做到工完料净。

6.20.5　质量控制要点

清理与填塞质量：确保缝内尘土清除干净，填塞材料紧密、密实，表面平整，无漏水、断裂或挤出现象。检查时，用手触摸表面，观察是否平整，检查有无缝隙或孔洞。

抹面质量：修补后的伸缩缝要平整顺直，无翻砂、空洞、裂缝。使用靠尺检查平整度，用肉眼观察有无缺陷。

材料质量：严格控制沥青、水泥、砂浆等材料的质量，检查材料的质量证明文件，对材料进行抽样检验，确保符合设计和规范要求。

施工尺寸：保证伸缩缝的宽度符合设计要求，长度大于 10 m 的混凝土边墙、大于 15 m 的砌片石边墙，均应按规定设置伸缩缝；施工过程中用钢卷尺等工具进行测量检查。

6.20.6　安全控制要点

人员防护：作业人员必须佩戴安全帽、防护手套、护目镜等防护用品，防止物体坠落砸伤、手部划伤和眼部伤害。

机具使用安全：使用电镐、切割机等机具时，严格按照操作规程进行操作，避免因操作不当引发安全事故。操作前检查机具的安全防护装置是否完好，如电镐的漏电保护装置、切割机的防护罩等。

沥青熬制安全：在沥青熬制过程中，设置专人看管，防止沥青溢出引发火灾。熬制场地应远离易燃物，配备灭火器材。

防护人员职责：封闭网内作业时，防护人员要密切关注周边环境，及时提醒作业人员注意安全，防止无关人员进入作业区域。

现场清理：作业结束后，及时清理现场，将剩余材料、工具妥善存放，避免遗留在现场造成安全隐患。

 **铁路桥隧智能监测技术**

铁路桥隧作为铁路运输的"咽喉要道"，其结构健康直接关系到列车运行安全与旅

客生命财产安全。传统"人工巡检+经验判断"模式存在效率低、盲区多、响应慢等痛点，已难以满足现代铁路养护需求。例如，宝成铁路秦岭高坡区段曾因危岩落石导致列车停运，而引入无人机巡检后，巡检效率提升 4 倍，实现每半小时一次的全天候监测。随着物联网、人工智能等技术的突破，铁路桥隧智能监测技术应运而生，通过"数据采集-分析-决策"闭环，为桥隧养护装上"智慧大脑"。

1. 光纤传感：结构健康的"神经末梢"

光纤传感技术通过分布式光纤光栅传感器，实时捕捉桥隧结构的应变、温度、裂缝等参数。例如，济南黄河济泺路隧道采用光纤监测系统，在盾构穿越黄河大堤时，精准控制沉降不超过 3 cm。其原理是利用光信号在光纤中的传播特性，当结构变形时，光纤光栅波长发生变化，通过解调仪将物理量转化为电信号，实现毫米级精度监测。

2. 无人机巡检：高危区域的"空中侦察兵"

无人机搭载高清摄像头、红外热成像仪等设备，可快速覆盖人工难以抵达的危岩、高边坡等区域。例如，克州桥隧震后排查中，无人机 30 min 完成 2 km 隧道的全方位扫描，识别裂缝精度达 0.1 mm。

3. 云网端平台：监测数据的"超级大脑"

云网端一体化平台整合北斗定位、物联网传感器与 AI 算法，实现"感知-分析-决策"闭环。上海大连路隧道应用该系统后，养护成本降低 35%，通过实时数据预测设备寿命，优化维修计划。其架构包括：

终端层：部署于桥隧的传感器、摄像头；

网络层：5G/光纤传输数据至云端；

应用层：数字孪生模型模拟结构响应，自动生成预警报告。

4. BIM 技术：全生命周期的"数字孪生体"

BIM 技术通过三维建模整合设计、施工、运维数据，实现构件级病害预警。在杨家岭大桥项目中，BIM 模型与实景三维结合，提前发现桥梁与既有结构的空间冲突，减少设计变更成本 15%。

应用案例：技术落地的"实战样本"

1. 济南黄河隧道：穿黄工程的"智能心脏"

济南黄河济泺路隧道构建"光纤传感+视频监控+环境监测"综合系统，实时监测盾构掘进中的土体位移、渗漏水等参数。通过 AI 算法分析 3 000+个监测点数据，动态调整注浆压力，确保穿越黄河时结构安全。

2. 宝成铁路：危岩防控的"科技防线"

宝成铁路 K417 区段采用"无人机机场+智能分析平台"，每 15 min 完成 1 km 范围的危岩扫描。系统通过 YOLOv5 算法自动识别危石位移，当监测到石块移动超 1 cm 时，立即触发声光报警并推送处置方案。

3. 郑州黄河大桥：桥梁健康的"智能管家"

郑州黄河大桥部署桥梁集群结构安全监测系统，集成应力、振动、温度等多源数据。系统通过机器学习建立结构健康评分模型，当某桥墩振动异常时，自动生成维修建议并联动养护机器人进行加固。

铁路桥隧智能监测技术正推动养护模式从"被动维修"向"主动预防"转变，其核心价值不仅在于提升安全保障能力，更在于通过数据驱动实现资源优化配置。

 思政小课堂

风火山的守隧人

在青藏铁路海拔 4 905 m 的风火山隧道，铁路养护团队常年坚守在"生命禁区"。这里年均气温 − 13.5 ℃，150 m 厚的含冰冻土层如同天然冰窖，而他们用科技与坚守破解着高原隧道养护的世界难题。

零下 25 ℃ 的寒冬，养护人员需连续 15 d 清理隧道内的冰柱——这些每天生长 2 cm 的冰体若不及时处理，会直接威胁行车安全。某次巡查中，团队发现边墙根部因冻融循环产生的细微裂缝，立即采用环氧树脂注浆加固，在冰冷的衬砌边一蹲就是数小时，面罩上凝结的冰花映着头灯的光。

针对冻土冻融难题，技术团队在衬砌背后布设导热系数达 4 000 W/(m·K) 的热管，如同"地下血管"以 0.3 m/s 的速度导出热量，搭配纳米气凝胶保温板 [导热系数 ≤ 0.013 W/(m·K)]，使隧道冻胀率下降 60%。每次安装时，技术人员都会用红外测温仪逐寸扫描接缝，确保没有 0.1 mm 级的"冷桥"隐患。

生态保护贯穿养护全程：清洗衬砌的废水经三级沉淀，pH 值达 6.8 后用于灌溉隧道口的芨芨草，已成功恢复 500 m² 草皮，夏季常有藏羚羊从附近迁徙；废旧橡胶垫板 100% 回收破碎，制成轨枕垫层实现循环利用。

春检中，养护人员用检查锤和塞尺排查支座垫石，对 0.3 mm 的裂缝立即启动加固方案。螺栓扭力需精准至 (150 ± 5) N·m，分三次拧紧——这种"毫米级管控"源自青藏铁路公司《高原冻土隧道养护技术规范》，每一次操作都需通过电子扭力扳手记录数据。

这些养护人在极寒中坚守，用科技破解冻土难题，连一滴水、一块垫板都舍不得浪费，对 0.1 mm 的误差都零容忍。正如青藏铁路公司养护报告中所述："在这里，每个数据都是对生命禁区的应答，每道工序都是写给高原的答卷。"

项目小结

本项目主要介绍了高速铁路桥隧维修的典型工作任务，内容涵盖水标尺刷新、桥涵清淤、钢结构除锈涂漆、桥梁检查、墩台整修、隧道设施检查与整治等作业，涉及不同作业条件、准备工作、流程、质量与安全控制要点。

 复习思考题

1. 封闭栅栏内刷新水尺标为何必须在维修天窗内作业？

2. 在水标尺刷新作业中，涂刷新尺标时水标尺宽为多少？清除旧尺标用什么工具？

3. 清理桥涵淤积作业在封闭栅栏内为何必须在天窗时间内进行？

4. 清理桥涵淤积作业的作业准备有哪些？

5. 钢结构人工除锈及涂漆作业为何要选择晴朗天气进行？

6. 钢结构人工除锈及涂漆作业的安全控制要点有哪些？

7. 在大跨度连续梁检查时，梁内及以下部位检查在天窗外进行需做好什么措施？

8. 大跨度连续梁检查的作业流程包括哪些内容？

9. 桁式结合梁检查上部结构为何必须申请垂直天窗？

10. 桁式结合梁检查的质量控制要点是什么？

11. 在墩台混凝土整修作业中，封闭栅栏内作业为何必须在施工天窗内进行？

12. 墩台混凝土整修作业的质量控制要点有哪些？

13. 整治墩台顶流水坡作业时，养生期内保持草袋湿润，养生时间不少于多久？

14. 整治墩台顶流水坡作业的安全控制要点包括什么？

15. 疏通圬工梁泄水孔作业若在夜间天窗内作业，需做什么？

16. 疏通圬工梁泄水孔作业的质量控制要点是什么？

17. 在铁路桥梁支座检查作业中，作业负责人由什么职务人员担当？

18. 简述铁路桥梁支座检查作业的作业流程。

19. 在支座除锈涂油作业中，气温在多少摄氏度以下禁止油漆作业？

20. 支座除锈涂油作业的作业准备有哪些？

21. 隧道雨棚检查时，雨棚外部登顶检查及内部登顶检查为何需停电天窗？

22. 简述隧道雨棚检查的作业流程。

23. 隧道外部环境检查为何宜在晴朗天气且风力小于 3 级的白天进行检查，避开积雪期？

24. 隧道外部环境检查的质量控制要点有哪些？

25. 在隧道机械排水设施检查中，全封闭泵房可在什么时间作业？

26. 隧道机械排水设施检查的作业准备有哪些？

27. 隧道渗漏水、结冰检查为何必须在天窗内进行作业？

28. 简述隧道渗漏水、结冰检查的作业流程。

29. 在隧道渗漏水整治作业中，注浆压力不宜超过多少？

30. 简述隧道渗漏水整治作业的作业流程。

习　题

（一）单选题

1. 封闭栅栏内刷新水尺标必须在（　　）内作业。

　　A. 施工天窗　　　B. 维修天窗　　　C. 垂直天窗　　　D. 临时天窗

2. 在水标尺刷新作业中，涂刷新尺标时，水标尺宽为（　　）mm。

　　A. 100　　　　　B. 150　　　　　C. 200　　　　　D. 250

3. 清理桥涵淤积作业时，封闭栅栏内作业必须在（　　）时间内进行。

　　A. 天窗　　　　　B. 白天　　　　　C. 夜间　　　　　D. 无特殊要求

4. 钢结构人工除锈及涂漆作业，应选择（　　）天气作业。

　　A. 雨天　　　　　B. 大风天　　　　C. 晴朗天气　　　D. 雪天

5. 大跨度连续梁检查时，梁内及以下部位检查可在天窗外进行，但需（　　）。

　　A. 加快速度　　　　　　　　　B. 做好安全防护措施

　　C. 无须特殊操作　　　　　　　D. 申请特殊许可

6. 桁式结合梁检查时，若检查上部结构则必须申请（　　）天窗。

　　A. 停电　　　　　B. 维修　　　　　C. 施工　　　　　D. 垂直

7. 墩台混凝土整修作业中，封闭栅栏内作业必须在（　　）内进行。

　　A. 临时天窗　　　B. 维修天窗　　　C. 施工天窗　　　D. 垂直天窗

8. 整治墩台顶流水坡作业时，养生期内保持草袋湿润，养生时间不少于（　　）d。

　　A. 5　　　　　　B. 7　　　　　　C. 10　　　　　　D. 14

9. 疏通坞工梁泄水孔作业，若在夜间天窗内作业，需（　　）。

　　A. 停止作业　　　　　　　　　B. 布置照明设备

　　C. 加快速度　　　　　　　　　D. 申请延期

10. 铁路桥梁支座检查作业中，作业负责人由（　　）及以上职务人员担当。

　　A. 工班长　　　　B. 技术员　　　　C. 安全员　　　　D. 作业员

11. 支座除锈涂油作业中，气温在（　　）℃以下禁止油漆作业。

　　A. 0　　　　　　B. 5　　　　　　C. 10　　　　　　D. 15

12. 隧道雨棚检查时，雨棚外部登顶检查及内部登顶检查时需（　　）天窗。

　　A. 维修　　　　　B. 施工　　　　　C. 停电　　　　　D. 垂直

13. 隧道外部环境检查宜在（　　）且风力小于 3 级的白天进行检查，避开积雪期。

　　A. 阴天　　　　　B. 雨天　　　　　C. 晴朗天气　　　D. 雪天

14. 隧道机械排水设施检查中，全封闭泵房可在（   ）作业。

A. 白天   B. 夜间   C. 天窗内   D. 无特殊要求

15. 隧道渗漏水、结冰检查必须在（   ）内进行作业。

A. 施工天窗   B. 维修天窗   C. 天窗   D. 垂直天窗

16. 隧道渗漏水整治作业中，注浆压力不宜超过（   ）MPa。

A. 0.3   B. 0.5   C. 0.7   D. 1.0

17. 隧道衬砌漏水（结冰）安设导流槽作业中，电气化区段须申请（   ）停电天窗。

A. 接触网   B. 电力系统   C. 通信系统   D. 信号系统

18. 隧道衬砌锚杆（钢带）加固作业中，作业负责人由（   ）及以上职务人员担当。

A. 技术员   B. 工班长   C. 安全员   D. 作业员

19. 隧道波纹板套衬检查中，徒步检查每（   ）不少于一遍。

A. 月   B. 季度   C. 半年   D. 年

20. 有砟轨道隧道中心水沟检查井检查必须在（   ）内进行作业。

A. 临时天窗   B. 施工天窗   C. 天窗   D. 垂直天窗

21. 整修涵洞伸缩缝作业中，封闭栅栏内作业必须在（   ）内进行。

A. 维修天窗   B. 施工天窗   C. 垂直天窗   D. 临时天窗

22. 水标尺刷新作业中，清除旧尺标使用（   ）等工具。

A. 钢丝刷   B. 角磨机   C. 砂纸   D. 砂纸

23. 清理桥涵淤积作业中，清淤应遵循（   ）的原则进行。

A. 由上至下，由内向外   B. 由下至上，由外向内

C. 由上至下，由外向内   D. 由下至上，由内向外

24. 在钢结构人工除锈及涂漆作业中，除锈按照（   ）的原则除掉钢结构表面旧漆膜和锈蚀。

A. 先下后上，先易后难，先角落、后大面

B. 先上后下，先难后易，先角落、后大面

C. 先上后下，先易后难，先大面、后角落

D. 先下后上，先难后易，先大面、后角落

25. 在大跨度连续梁检查中，用彩笔在纵向支座外侧上下支座板、相邻简支梁纵向支座侧面上下支座板标记画线，每月进行观测，记录测量时（   ）、梁体温度及活动端伸缩量。

A. 湿度   B. 气压   C. 温度   D. 风力

26. 在桁式结合梁检查中，检查主桁节点板与横梁下缘焊缝裂纹，采用（   ）的方法进行检测。

A. 目视   B. 敲击   C. 无损检测   D. 超声波检测

27. 在墩台混凝土整修作业中，修补时，若混凝土大面积是完好的，只需凿去与锈蚀钢筋衔接部分的混凝土，清除混凝土深度至少超过钢筋（　　）mm。

　　A. 10　　　　　　B. 20　　　　　　C. 30　　　　　　D. 40

28. 在整治墩台顶流水坡作业中，3，m 以上高墩，需用（　　）进行作业。

　　A. 梯子　　　　　B. 脚手架　　　　C. 升降车　　　　D. 吊篮

29. 在疏通圬工梁泄水孔作业中，用（　　）等工具疏通泄水孔、管。

　　A. 铁钎、大锤　　　　　　　　　B. 电镐、手镐

　　C. 锹、镐　　　　　　　　　　　D. 抬筐、抬杠

30. 铁路桥梁支座检查作业中，使用（　　）测量支座部件之间的间隙。

　　A. 钢卷尺　　　　B. 塞尺　　　　　C. 游标卡尺　　　D. 千分尺

（二）多选题

1. 水标尺刷新作业的作业条件包括（　　）。

　　A. 天窗条件：封闭栅栏内刷新水尺标必须在维修天窗内作业

　　B. 天气条件：宜在枯水期晴朗天气作业

　　C. 人员条件：需 5 人以上参与作业

　　D. 工具条件：需准备水准仪等工具

2. 清理桥涵淤积作业的作业准备包括（　　）。

　　A. 人员准备：至少安排 3 人参与作业，封闭网内作业需增设一名防护人员

　　B. 机具、工具准备：锹、镐、抬筐、抬杠等

　　C. 数据准备：提前调查清淤范围，精确确定清挖部位和数量

　　D. 材料准备：准备水泥、砂浆等材料

3. 钢结构人工除锈及涂漆作业的安全控制要点包括（　　）。

　　A. 作业平台安全：作业平台牢固稳定

　　B. 人员防护：作业人员必须穿专用劳保服装及安全防护设备

　　C. 材料使用安全：严禁用煤油、汽油、柴油作为稀释剂

　　D. 工具使用安全：使用角磨机等电动工具时，严格按照操作规程操作

4. 大跨度连续梁检查的作业流程包括（　　）。

　　A. 检查连续梁内病害　　　　　B. 连续梁伸缩观测

　　C. 连续梁支座检查　　　　　　D. 连续梁桥面检查

5. 桁式结合梁检查的质量控制要点包括（　　）。

　　A. 关键杆件检查：关注钢桥面板焊缝裂纹等

　　B. 钢梁保护涂装检查：关注起泡、裂纹、脱落等问题

　　C. 联结系节点及拼接板检查：检查焊缝裂纹、拼接板裂纹

　　D. 结合梁桥面板检查：查看桥面板与纵、横梁连接处流锈、缝隙等问题

6. 墩台混凝土整修作业的质量控制要点包括（　　　）。

　　A. 材料使用：混凝土修补材料量要适当，宜在 1 h 内使用

　　B. 修补质量：补修圬工面表面平整，新旧结合密实，无飞边断裂

　　C. 材料质量：严格控制水泥、砂、混凝土修补材料等的质量

　　D. 作业人员资质：作业人员需有 5 年以上工作经验

7. 整治墩台顶流水坡作业的安全控制要点包括（　　　）。

　　A. 人员防护：作业人员必须佩戴安全帽、系好安全带（绳）

　　B. 登高设备安全：使用梯子作业时，确保梯子稳固，梯脚防滑措施有效；使用升降车作业时，严格按照操作规程操作

　　C. 工具使用安全：使用手锤、电镐等工具时，严格按照操作规程进行操作

　　D. 安全监督：安排专人负责安全监督，全程监督作业过程

8. 疏通圬工梁泄水孔作业的质量控制要点包括（　　　）。

　　A. 疏通质量：泄水孔、管疏通要彻底

　　B. 滤网安装质量：滤网固定后，做到衔接平顺，有流水坡不影响排水

　　C. 泄水管状态：清理完毕的泄水管状态良好，无损坏

　　D. 作业人员数量：作业人员不少于 5 人

9. 铁路桥梁支座检查作业的作业流程包括（　　　）。

　　A. 现场检查：清除支座表面灰尘或污物，进行敲击检查、测量等

　　B. 记录：发现病害详细记录在《高速铁路桥隧建筑物检查记录簿》内

　　C. 质量验收：由作业负责人进行作业质量的验收

　　D. 安全检查：检查作业现场的安全设施

10. 支座除锈涂油作业的作业准备包括（　　　）。

　　A. 人员准备：安排作业负责人一名，作业人员一名，可根据工作量适当增设作业人员

　　B. 机具、工具准备：扳手、扭力扳手、钢丝刷、砂布等

　　C. 材料准备：底漆、面漆、稀释剂、防尘罩、黄甘油等

　　D. 数据准备：通过前期检查，确定需要保养的支座数量、位置、型号等基础数据

11. 隧道雨棚检查的作业流程包括（　　　）。

　　A. 雨棚外部检查：布置照明设备，登顶检查，记录病害

　　B. 雨棚内部检查：运行隧道检查车至作业地点，布置照明设备，调整平台进行检查，记录病害

　　C. 质量验收：由作业负责人进行作业质量的验收

　　D. 安全检查：检查作业现场的安全设施

12. 隧道外部环境检查的质量控制要点包括（　　　）。

　　A. 地表既有排水设施是否完好，有无冲空、破损、淤堵等

　　B. 地表有无塌陷、陷坑、积水坑、大裂纹等

C. 地表是否存在集中汇水、集中排水处所，自然排水是否存在断头现象

D. 地表是否存在采矿、打井、堆载、违规建筑、非法施工等

13. 隧道机械排水设施检查的作业准备包括（　　　）。

A. 人员准备：安排 2～4 人参与作业，明确分工

B. 机具、工具准备：卷尺、塞尺、检查锤、铁锹、扫把、编织袋等

C. 材料准备：准备水泥、砂浆等材料

D. 数据准备：提前调查排水设施的运行情况

14. 隧道渗漏水、结冰检查的作业流程包括（　　　）。

A. 全面检查隧道二衬：利用强光手电进行全覆盖检查

B. 详细查看渗漏水、结冰处：利用高倍望远镜查看周围二衬状态

C. 标记与记录渗漏水信息：标记并记录渗漏水的时间、位置、大小等内容

D. 清理结冰：使用锹镐对结冰进行清理

15. 隧道渗漏水整治作业的作业流程包括（　　　）。

A. 注浆堵水治理缝渗漏：确定埋嘴方式，表面处理，钻孔，安设注浆嘴，清洗裂缝，注浆

B. 凿槽引排法治理缝渗漏：清洗裂缝，凿槽，表面清理，埋设排水暗管，铺设保温板与涂抹防水砂浆

C. 质量验收：由作业负责人进行作业质量的验收

D. 安全检查：检查作业现场的安全设施

16. 隧道衬砌漏水（结冰）安设导流槽作业的安全控制要点包括（　　　）。

A. 伴热带防漏电措施：将伴热带底部呈 U 形固定，防止漏水沿伴热带流至空气断路器处造成联电跳闸

B. 积冰清理：及时清理二衬边墙、排水沟内积冰

C. 永久整治与拆除：待条件允许后应对隧道漏水处所进行永久整治，并及时拆除导流槽装置

D. 导流槽安装规范：导流槽安设时应采用通长一段，不应利用两段或两段以上导流槽接长或搭接

17. 隧道衬砌锚杆（钢带）加固作业的质量控制要点包括（　　　）。

A. 材料质量：钢带及锚杆质量应符合使用需求

B. 锚杆安装精度：锚杆必须垂直打入围岩，打入长度必须达到要求

C. 锚杆承载力：按照最不利承载力计算，确保锚杆能有效承载

D. 作业人员资质：作业人员需有 3 年以上工作经验

18. 隧道波纹板套衬检查的安全控制要点包括（　　　）。

A. 作业人员防护：作业人员必须佩戴安全帽、安全带等防护用品

B. 作业平台安全：搭设脚手架时，确保脚手架结构稳固；使用隧道检查车平台时，操作前检查平台的安全装置

  C. 停电作业安全：登顶检查需停电天窗时，严格执行停电作业程序

  D. 工具使用安全：使用检查锤、活口扳手等工具时，注意操作方法，避免工具滑落伤人

19. 有砟轨道隧道中心水沟检查井检查的作业流程包括（ ）。

  A. 石砟清理：清理两线间表层石砟

  B. 沉箱安设：利用钢板沉箱在开挖四周安设固定

  C. 检查井开启：掀开中心检查井盖板等

  D. 井底检查：检查井底及中心排水管状态

20. 整修涵洞伸缩缝作业的质量控制要点包括（ ）。

  A. 清理与填塞质量：确保缝内尘土清除干净，填塞材料紧密、密实，表面平整，无漏水、断裂或挤出现象

  B. 抹面质量：修补后的伸缩缝要平整顺直，无翻砂、空洞、裂缝

  C. 材料质量：严格控制沥青、水泥、砂浆等材料的质量

  D. 施工尺寸：保证伸缩缝的宽度符合设计要求

（三）判断题

1. 水标尺刷新作业中，只需涂刷新尺标，无须标注历史最高洪水。（ ）

2. 清理桥涵淤积作业时，可在雨、雪、大雾等恶劣天气下进行。（ ）

3. 钢结构人工除锈及涂漆作业中，可在雨天、大风等恶劣天气下施工。（ ）

4. 大跨度连续梁检查时，桥面检查需利用维修天窗，梁内及以下部位检查也必须在天窗内进行。（ ）

5. 桁式结合梁检查时，检查上部结构可在有电天窗内进行。（ ）

6. 在墩台混凝土整修作业中，封闭栅栏内作业可在临时天窗内进行。（ ）

7. 整治墩台顶流水坡作业时，养生期内可根据情况适当减少浇水次数。（ ）

8. 疏通圬工梁泄水孔作业中，滤网固定后无须检查排水效果。（ ）

9. 铁路桥梁支座检查作业中，作业人员不得少于3人。（ ）

10. 在支座除锈涂油作业中，3 m以下墩台作业时可使用升降车。（ ）

11. 隧道雨棚检查时，雨棚外部检查宜在风力大于3级时进行作业。（ ）

12. 隧道外部环境检查时，可在积雪期进行检查。（ ）

13. 在隧道机械排水设施检查中，半封闭泵房可在白天作业。（ ）

14. 隧道渗漏水、结冰检查时，无须复查问题库内的渗漏水情况。（ ）

15. 在隧道渗漏水整治作业中，注浆顺序为由上而下。（ ）

16. 隧道衬砌漏水（结冰）安设导流槽作业中，作业负责人可由普通作业人员担任。（ ）

参考文献

[1] 国家铁路局. 铁路隧道设计规范：TB 10003—2016[S]. 北京：中国铁道出版社，2016.

[2] 中国铁路总公司. 铁路隧道设计规范（极限状态法）：Q/CR 9129—2018[S]. 北京：中国铁道出版社，2019.

[3] 国家铁路局. 铁路隧道盾构法技术规程：TB 10181—2017[S]. 北京：中国铁道出版社，2017.

[4] 中国铁路总公司. 铁路隧道监控量测技术规程：Q/CR 9218—2015[S]. 北京：中国铁道出版社，2015.

[5] 隋修志，高少强，王海彦. 隧道工程[M]. 2 版. 北京：中国铁道出版社，2010.

[6] 蒋雅君. 隧道工程[M]. 北京：机械工业出版社，2021.

[7] 宋玉香，刘勇. 隧道工程[M]. 北京：中国建筑工业出版社，2018.

[8] 中国铁路总公司. 铁路隧道超前地质预报技术规程：Q/CR 9217—2015[S]. 北京：中国铁道出版社，2015.

[9] 铁道部. 铁路隧道运营通风设计规范：TB 10068—2010[S]. 北京：中国铁道出版社，2010.

[10] 国家铁路局. 铁路隧道防灾疏散救援工程设计规范：TB 10020—2017[S]. 北京：中国铁道出版社，2017.

[11] 中国铁路总公司. 高速铁路隧道工程施工技术规程：Q/CR 9604—2015[S]. 北京：中国铁道出版社，2015.

[12] 中国铁路总公司. 客货共线铁路隧道工程施工技术规程：Q/CR 9653—2017[S]. 北京：中国铁道出版社，2017.

[13] 国家铁路局. 铁路隧道工程施工安全技术规程：TB 10304—2020[S]. 北京：中国铁道出版社，2020.

[14] 中国铁路总公司. 铁路隧道锚杆支护技术规范：Q/CR 9248—2020[S]. 北京：中国铁道出版社，2020.

[15] 中国铁路总公司. 铁路隧道衬砌施工技术规程：Q/CR 9250—2020[S]. 北京：中国铁道出版社，2020.

[16] 中国铁路总公司. 铁路隧道湿喷混凝土施工技术规程：Q/CR 9249—2020[S]. 北京：中国铁道出版社，2020.

[17] 王成. 隧道工程[M]. 北京：人民交通出版社，2019.

[18] 殷艳萍. 隧道工程[M]. 长沙：中南大学出版社，2016.

[19] 骆宪龙. 铁路隧道施工与维护[M]. 2 版. 北京：中国铁道出版社，2015.

[20] 中国铁路总公司. 普速铁路桥隧建筑物修理规则：TG/GW 103—2018[S]. 北京：中国铁道出版社，2018.

[21] 成志宏，魏广源，郝玉强，等. 复杂地质条件下隧道施工技术[M]. 北京：中国铁道出版社，2020.

[22] 肖广志，郑孝福. 铁路盾构机 TBM 隧道施工技术及实例[M]. 北京：人民交通出版社，2020.

[23] 周文波. 盾构法隧道施工技术及应用[M]. 北京：中国建筑工业出版社，2004.

[24] 李永华. 铁路隧道工程施工技术：上册[M]. 北京：中国铁道出版社，2014.

[25] 高军. 铁路隧道工程施工技术：下册[M]. 北京：中国铁道出版社，2014.

[26] 孟维军，王国博. 高速铁路隧道工程施工技术[M]. 北京：中国铁道出版社，2014.

[27] 赵勇，肖明清，肖广智. 中国高速铁路隧道[M]. 北京：中国铁道出版社，2016.

[28] 王梦恕. 中国隧道及地下工程修建技术[M]. 北京：人民交通出版社，2010.

[29] 巩江峰，唐国荣，王伟，等. 截至 2021 年底中国铁路隧道情况统计及高黎贡山隧道设计施工概况[J]. 隧道建设，2022，42（3）：508-516.

[30] 王梦恕，罗琼. 北京地铁浅埋暗挖法施工：复兴门折返线工程[J]. 铁道工程学报，1988，12（4）：107-117.

[31] 张鹏，王立川，李林毅. 高强度岩溶水致铁路隧道衬砌破损的处治理念与实践[J]. 现代隧道技术，2022，59（2）：227-239.

[32] 李永生，罗锡波. 乌鞘岭隧道大台竖井施工通风技术[J]. 隧道建设，2022，25（5）：61-64.

[33] 周建飞. 关于铁路圬工桥梁维修加固技术探究[J]. 建筑工程技术与设计，2017（4）：114.

[34] 陈忠祥. 老旧圬工梁加固及养护技术[J]. 养护技术，2017（2）.

[35] 马伟斌，郭小雄，马超锋. 铁路隧道服役状态评价及病害整治[M]. 北京：中国铁道出版社，2021.

[36] 曹彦国. 隧道养护[M]. 北京：中国铁道出版社，2013.